Un livre fasci

« Ce livre captivant et subversif pose une question fondamentale : 'Comment développer et exploiter le talent humain pour répondre aux grands défis de notre époque ?' *Les Multiplicateurs* bouleverse un grand nombre de vieilles idées reçues. »

—**Gareth Jones, professeur invité, IE Madrid,**
et co-auteur de *Why Should Anyone Be Led By You ?*

« Ce livre aborde une vérité essentielle du leadership, qui attendait d'être nommée, analysée et enfin traitée. Liz Wiseman a créé tout un vocabulaire qui nous accompagnera très longtemps et aura un impact réel sur des millions de personnes. »

—**Verne Harnish, fondateur de Entrepreneurs' Organization (EO)**
et auteur de *Scaling Up (Rockefeller Habits 2.0)*

« *Les Multiplicateurs* est un ouvrage brillant qui ne pouvait pas mieux tomber ! Il doit absolument figurer dans la bibliothèque de tout leader ou spécialiste en leadership qui se respecte. »

—**Roderick M. Kramer, titulaire de la chaire William R. Kimball sur le**
comportement entreprisenel, School of Business de l'Université de Stanford

Les Multiplicateurs

Les Multiplicateurs

Comment les meilleurs leaders
font ressortir le génie en chacun

Liz Wiseman

Publié par Mango Publishing, un département de Mango Publishing Group, Inc.

Graphisme de couverture, maquette et mise en page : Joy O'Meara

Traduction en français : Laure Valentin et M.J. Fievre

Pour toute demande de permission, veuillez contacter l'éditeur :

Mango Publishing Group
2850 S Douglas Road, 4th Floor
Coral Gables, FL 33134 USA
info@mango.bz

Pour des commandes spéciales, achats en grande quantité, formations et ventes institutionnelles, veuillez écrire à l'éditeur à : sales@mango.bz. Pour toutes les questions de distribution, veuillez contacter Ingram Publisher Services à : customer.service@ingramcontent.com ou au +1.800.509.4887.

Les Multiplicateurs : Comment les meilleurs leaders font ressortir le génie en chacun

Numéro au catalogue de la Library of Congress : 2022931116
ISBN : (imprimé) 978-1-64250-830-7, (numérique) 978-1-64250-831-4
Code de classification BISAC : BUS071000, BUSINESS & ECONOMICS / Leadership

Table des matières

Avant-propos

par Stephen R. Covey

Il m'est arrivé de travailler avec un multiplicateur, quand j'avais une vingtaine d'années. Cette expérience a profondément bouleversé ma vie. J'avais décidé de faire
une pause dans mes études pour une longue période de bénévolat. Dans ce cadre,
on m'a invité en Angleterre. Quatre mois et demi seulement après mon arrivée, le
président de l'organisme est venu me voir et m'a dit : « J'ai une nouvelle mission
pour vous. Je veux que vous voyagiez à travers tout le pays et que vous formiez des
responsables locaux. » J'étais sous le choc. Qui étais-je pour former des responsables âgés d'une cinquantaine et d'une soixantaine d'années ? Certains travaillaient
depuis deux fois plus longtemps que moi. Percevant mon doute, il m'a regardé dans
les yeux et m'a dit : « J'ai confiance en vous. Vous pouvez le faire. Je vous fournirai
le matériel nécessaire afin de vous aider à préparer votre mission d'enseignement. »
Je ne surestime pas l'impact que ce leader a eu sur moi. Dès mon retour, ce jour-là,
j'ai commencé à pressentir le genre de travail auquel je voulais consacrer ma vie.

Sa capacité particulière à obtenir des autres plus qu'eux-mêmes n'avaient
conscience de pouvoir en donner m'a fasciné. J'y ai longtemps réfléchi en me
demandant : « Qu'a-t-il su faire pour obtenir autant de ma part ? » La réponse à
cette question se trouve dans ces pages.

Dans ce livre, Liz Wiseman explore cette idée avec une précision plus fine que
tout ce que j'ai pu lire sur la question. Ce texte ne pourrait pas mieux tomber.

De nouvelles exigences pour des ressources insuffisantes

À une époque où de nombreuses entreprises n'ont pas le luxe de développer ou
d'ajuster leurs ressources afin de relever les défis majeurs auxquelles elles sont

confrontées, elles sont contraintes de puiser dans leurs compétences existantes. La capacité d'extraire et de multiplier l'intelligence déjà existante dans une entreprise est un problème éminemment actuel. Dans tous les secteurs d'activité et dans tous les organismes, les leaders sont aujourd'hui confrontés à ce que David Allen résume ainsi : « de nouvelles exigences pour des ressources insuffisantes ».

Pendant une quarantaine d'années, j'ai travaillé avec des entreprises confrontées à cette dualité de « nouvelles exigences pour des ressources insuffisantes ». Je suis intimement persuadé que le principal défi de notre époque en matière de leadership n'est pas l'insuffisance des ressources, mais plutôt notre incapacité à accéder aux ressources les plus précieuses dont nous disposons.

Lorsque je demande à l'occasion de mes séminaires : « Combien d'entre vous sont d'accord pour dire qu'une grande majorité de la main-d'œuvre recèle bien plus de capacités, de créativité, de talents, d'esprit d'initiative et d'ingéniosité que leur emploi actuel ne leur permet ou ne leur demande d'exercer ? » Les réponses sont d'environ 99 % de l'assistance.

Ensuite, je pose une seconde question : « Qui parmi vous subit la pression de devoir produire plus avec moins ? » À nouveau, c'est une marée de mains levées.

En mettant ces deux questions côte à côte, on comprend aisément les enjeux. Comme ce livre nous le rappelle, nous sommes bien souvent « trop sollicités mais sous-employés ». Certaines entreprises ont pour stratégie de recruter les individus les plus intelligents, en partant du principe que des personnes plus intelligentes sauront résoudre les problèmes plus rapidement que la concurrence. Bien sûr, ce n'est efficace que si les entreprises sont capables d'accéder à cette intelligence. Celles qui parviendront à mieux puiser dans ces ressources largement sous-exploitées offriront non seulement des cadres de travail plus agréables, mais elles seront aussi plus performantes que leurs concurrentes, ce qui, dans le contexte mondial actuel, peut faire toute la différence entre la réussite et l'échec. À l'image de nombreux autres défis du monde de l'entreprise, le leadership est sans conteste la force déterminante à partir de laquelle tirer le meilleur parti des capacités de l'entreprise.

Une nouvelle idée

Les Multiplicateurs : Comment les meilleurs leaders font ressortir le génie en chacun n'est autre que la présentation du paradigme de leadership nécessaire pour accéder à l'intelligence et au potentiel de chaque personne dans les entreprises du monde entier. Ce livre met en lumière et explique pourquoi certains leaders sont capables de créer du génie autour d'eux tandis que d'autres limitent les forces et les capacités de leur entreprise.

Peter Drucker évoque ce qui est en jeu ici lorsqu'il écrit :

> *La contribution la plus importante et véritablement unique du management au XXe siècle a été la multiplication par cinquante de la productivité du travailleur manuel dans l'industrie manufacturière.*
>
> *La contribution la plus importante que le management doit apporter au XXIe siècle est l'augmentation de la productivité du travail intellectuel et de ses travailleurs.*
>
> *Si l'actif le plus précieux de l'entreprise du XXe siècle était son matériel de production, le plus précieux d'un organisme du XXIe siècle, à but lucratif ou non, sera ses travailleurs intellectuels et leur productivité.* »[1]

Ce livre explique avec une grande clarté les différents types de leaders qui répondent à la promesse décrite par Drucker ainsi que les autres.

À travers ce livre, j'ai compris que les multiplicateurs sont des managers coriaces. Ils ne font pas dans la douceur. Ils obtiennent les meilleurs résultats de leurs collaborateurs en les poussant à réaliser l'extraordinaire. Une autre idée qui fait écho en moi, c'est que les gens deviennent plus intelligents et plus compétents en présence de ces multiplicateurs. Ils ne se sentent pas seulement plus intelligents, ils le deviennent réellement. Ils sont capables de résoudre des problèmes plus difficiles, de s'adapter plus rapidement et de prendre des mesures plus intelligentes.

En comprenant ces idées, on est en route pour passer, comme le décrivent les auteurs de ce livre, du statut de génie (essayer d'être la personne la plus intelligente du groupe) à celui de révélateur de génies (utiliser son intelligence pour accéder au génie des autres et le faire fructifier). On ne vantera jamais assez la puissance d'un tel changement. La différence qu'il produit est immédiate.

Ce que j'aime dans ce livre

J'admire le travail des auteurs et les idées de ce livre pour plusieurs raisons.

Primo, pour l'intégrité de recherche et la ténacité qui ont permis aux auteurs d'analyser le travail de plus de 150 cadres en Amérique, Europe, Asie et Afrique, et de nous offrir un livre foisonnant d'exemples riches et vivants, recueillis dans le monde entier.

Secundo, parce qu'il concentre la discussion sur les quelques éléments permettant de distinguer concrètement les multiplicateurs des réducteurs d'intelligence. Il ne s'agit pas d'un livre général sur le leadership, détaillant toutes les bonnes qualités d'un côté et tous les défauts de l'autre. Bien plus précis que cela, il identifie et illustre uniquement les cinq disciplines les plus révélatrices.

Tertio, pour son « amplitude de mouvement ». Ce livre nomme les phénomènes comme on pourrait le retrouver chez Malcolm Gladwell, mais il creuse au-delà, sur plusieurs niveaux, pour nous donner un aperçu pratique qui nous aide à comprendre comment devenir un leader multiplicateur.

Quarto, pour la clarté avec laquelle les auteurs associent des idées d'avant-garde à des principes intemporels. On retrouve souvent l'un ou l'autre dans ce genre de littérature, mais rarement les deux. Ainsi, c'est un livre qui se rapporte à notre vie actuelle, mais qui parle également à notre conscience.

Une idée à point nommé

Les Multiplicateurs est un ouvrage pertinent pour le monde entier. Les dirigeants d'entreprise en saisiront immédiatement l'importance, mais également les responsables de l'éducation, des hôpitaux, des fondations, des organismes à but non lucratif, des start-ups, des systèmes de santé, des PME et des gouvernements locaux, régionaux et nationaux. Selon moi, c'est un livre précieux pour tout le monde, depuis le manager débutant jusqu'au leader international.

Et il est offert au monde dans un moment où il est d'une nécessité criante, une période de « nouvelles exigences pour des ressources insuffisantes », où les directeurs financiers et les responsables des ressources humaines se mettent curieusement d'accord sur le besoin de trouver une approche permettant de mieux exploiter les ressources existantes. Les principes de ce livre sont vrais en tout temps, mais dans le climat économique actuel, ils l'emportent sur le marché des idées. Leur pertinence leur vaudra le succès et l'attention qu'ils méritent. Ce sont des idées avec lesquelles il faudra désormais compter, car comme l'a écrit Victor Hugo, « rien n'est plus puissant qu'une idée dont l'heure est venue ».

J'imagine déjà les milliers de leaders qui vont prendre conscience qu'ils ont involontairement limité les personnes qui les entourent et qui, à partir de ce moment-là, prendront les mesures qui s'imposent pour devenir des multiplicateurs. J'imagine des écoles en perte de culture qui sauront se réinventer autour des principes des multiplicateurs, pour le bien de toute la communauté. J'imagine des leaders sur la scène mondiale qui apprendront à mieux servir l'intelligence et les capacités de leurs clients, afin de relever certains des défis les plus difficiles au monde.

Je vous mets vous aussi au défi de prendre conscience de l'occasion que vous tenez entre les mains. Ne vous contentez pas de lire ce livre. Donnez-vous les moyens de devenir réellement un multiplicateur. Ce concept ne doit pas devenir un simple mot à la mode dans votre entreprise. Utilisez ses principes pour réinventer votre organisation et y développer une véritable culture du multiplicateur, de ceux qui savent obtenir des autres plus qu'eux-mêmes ne pensaient pouvoir en donner. Choisissez d'être un multiplicateur pour votre entourage, tout comme ce leader l'a été pour moi il y a quelques années, en Angleterre. Je ne doute pas des bienfaits qui peuvent résulter d'une telle approche du leadership au sein de votre équipe et de toute votre entreprise. Imaginez ce que pourrait devenir notre monde si tous les dirigeants de la planète faisaient un pas de plus, s'éloignant du rôle de réducteur pour se rapprocher de celui de multiplicateur.

Nous pouvons y arriver.

Préface

Ce livre se base sur un constat simple : il y a plus d'intelligence dans nos entreprises que nous n'en exploitons. Cela m'a conduite à l'idée qu'il existait un type de leader, que j'ai appelé multiplicateur. Il perçoit, utilise et encourage l'intelligence chez les autres, par opposition à d'autres leaders, que j'ai appelés les réducteurs, qui étouffent l'intelligence de ceux qui les entourent.

À la publication de ce livre, en 2010, cette idée a touché une corde sensible chez les managers du monde entier, peut-être parce qu'elle est arrivée au lendemain d'une récession mondiale, dans une période où un changement fondamental s'opérait dans le monde du management, ébranlant jusqu'à nos fondations. Ce qui était autrefois prévisible et gérable est devenu fluctuant, incertain, complexe et ambigu. Avec l'explosion des données, par exemple, qui doublent tous les neuf mois dans les domaines de la science et de la technologie[2], il y a tout simplement trop d'informations pour une seule personne. Par conséquent, le rôle du leader a évolué, lui aussi, passant du modèle du manager qui sait, dirige et ordonne, à celui du manager qui voit, provoque, suggère et révèle les capacités des autres.

Des idées autrefois considérées comme subversives sont devenues la nouvelle norme. Les leaders réducteurs existeront toujours, mais à l'image des anciens téléphones BlackBerry, ce n'est qu'une question de temps avant qu'ils ne deviennent obsolètes et que les gens ne les troquent contre des modèles plus récents. Les calculs parlent d'eux-mêmes : les entreprises prennent conscience qu'elles ne peuvent tout simplement pas se permettre d'avoir des leaders qui gaspillent les talents des collaborateurs, entravent les innovations déterminantes et ralentissent la croissance de l'entreprise. Après tout, pourquoi choisir des leaders obsédés par les résultats sous peine de limiter les gens alors que l'on pourrait favoriser des leaders qui produisent des résultats tout en faisant évoluer ceux qui les entourent ? Nous voyons de plus en plus souvent des leaders réducteurs contraints de s'adapter... ou de prendre la porte.

Prenez l'exemple de Jorgen, directeur général d'une grande entreprise pharmaceutique multinationale[3]. Jorgen était un réducteur classique qui dirigeait une branche nationale comme un dictateur, rendant la vie impossible à ses subordonnés directs. Pendant des années, son comportement a été seulement toléré parce qu'il produisait des résultats, mais un jour, l'entreprise a subi une importante restructuration afin de mieux répondre aux changements du marché. Ce n'était plus une seule personne qui dirigeait depuis le sommet, mais plusieurs équipes dynamiques capables de dépasser les limites de l'entreprise. Habitué à être le seul maître à bord, Jorgen a eu du mal à s'adapter à cette approche non autocratique. Quelques mois plus tard, il a été convoqué au siège de l'entreprise, en Europe, où on lui a annoncé que son mode de leadership ne fonctionnait plus. Jorgen a répondu par une présentation convaincante, détaillant les performances de sa branche. L'équipe de direction l'a arrêté dans son discours en lui disant : « C'est un problème de style, purement et simplement. Vous ne pouvez plus être leader chez nous. » Jorgen a été démis de ses fonctions de directeur général et affecté à un poste de niveau inférieur. Ses anciens subordonnés se sont réjouis de la nouvelle, notamment l'un d'entre eux qui était sur le point de démissionner. Mais ce n'est pas une rébellion du personnel qui a poussé Jorgen vers la sortie. Il a été victime du contexte. C'est l'environnement économique qui a incité son entreprise à quitter le camp des réducteurs, le laissant sur la touche. Nous voyons de plus en plus d'éminents responsables laissés pour compte dans des scénarios similaires.

Alors que certaines entreprises recherchent l'innovation et l'agilité à tout prix, d'autres s'efforcent de faire plus avec moins. Matthew Haas, surintendant adjoint du département scolaire public du comté d'Albemarle, en Virginie, a expliqué : « Nous fonctionnons en effectifs réduits. Il nous serait impossible de travailler en silos sans collaborer. Avant, on pouvait s'isoler, mais aujourd'hui, l'efficacité passe par la collaboration. Quand on pense à ce qui est le mieux pour l'organisme en mettant son ego de côté, il n'y a pas d'autre choix que d'être un multiplicateur. »

Si la direction à emprunter est claire, nous n'y sommes pas encore. L'étude « State of the Global Workplace » de Gallup révèle que dans 142 pays, seuls 13 % des gens sont pleinement engagés au travail[4]. La Society For Human Resource Management rapporte que si 86 % des Américains étaient satisfaits de leur travail en 2009, ce pourcentage n'a cessé de baisser depuis, lentement mais sûrement[5].

Ce manque d'engagement n'est pas seulement un problème personnel et émo-tionnel. C'est le fruit d'un gaspillage des ressources fondamentales qui alimentent la plupart des entreprises aujourd'hui : leur capital intellectuel. En 2011, après avoir évalué des centaines de cadres, nous avons constaté que les managers n'utilisaient en moyenne que 66 % des capacités de leurs collaborateurs. En d'autres termes, si les managers paient leurs ressources un dollar, ils n'en tirent que 66 cents en matière de capacités (soit un gâchis de 34 %). Si l'on considère uniquement leurs subordon-nés directs, ce chiffre passe à 72 %. En suivant cet indicateur sur les cinq dernières années, nous avons constaté une amélioration lente et régulière, passant de 72 % en 2011 à 76 % en 2016[6]. Si les managers se sont améliorés dans leurs capacités à esti-mer leur impact réducteur sur les autres, la plupart surestiment encore leurs quali-tés de multiplicateurs. Ils pensent produire un effet favorable et libérateur sur leurs équipes, mais ce n'est pas forcément la vision de leurs subordonnés. Certes, nous notons une amélioration, mais de trop nombreuses entreprises souffrent encore d'un sur-management doublé d'un sous-leadership.

Si notre objectif est de produire une méthode de travail plus subtile, de nom-breuses questions essentielles perdurent : À quelle vitesse pouvons-nous y parve-nir ? Quel est le meilleur moyen d'obtenir un impact réel ? Qui est capable d'aborder ce virage et qui ne l'est pas ? Que faire de ceux qui en sont incapables ? Comment modifier et remodeler une culture d'entreprise au complet ? Comme de nombreux auteurs le reconnaîtront, les idées les plus fondamentales dans un domaine ont ten-dance à émerger longtemps après la publication du livre qui y est consacré. Cette nouvelle édition intègre donc ce que mes collègues et moi-même avons appris en prenant ces questions à bras-le-corps, en enseignant et en observant les entreprises novatrices sur la question ainsi que leurs dirigeants.

Voici les trois idées principales qui sous-tendent cette nouvelle édition :

1. C'EST UN BESOIN UNIVERSEL. En étudiant le leadership, on en apprend autant sur les dirigeants que sur les suiveurs. J'ai appris que les gens, quels que soient leur culture, leur profession ou leur secteur d'activité, se rendent chaque matin au travail dans l'espoir d'être correctement utilisés. Ils ne veulent pas qu'on les accable de travail, mais que l'on reconnaisse la contribution qu'ils sont capables d'apporter en leur confiant des tâches plus stimulantes. Le besoin d'un leadership de type multiplicateur s'étend bien au-delà des industries et des frontières culturelles. Il ne concerne pas seulement les centres d'innovation comme la Silicon Valley. Il est tout aussi pertinent dans des secteurs tels que la production industrielle, l'éducation et les soins de santé que dans des villes comme Shanghai, Séoul et São Paulo. Dans les cultures où la hiérarchie occupe un rôle prépondérant, nous constatons toujours la présence de leaders multiplicateurs, mais nous notons aussi que les effets des leaders réducteurs sont plus prononcés. La différence de ×2 entre les multiplicateurs et les réducteurs devient une différence de ×3 (le réducteur moyen employant environ 30 % des capacités de ses employés au lieu des 48 % de moyenne mondiale).

Cela ne concerne pas seulement les Millennials. Il est certain que les jeunes employés s'attendent à être traités différemment de leurs prédécesseurs. Mais je ne suis pas convaincue que les exigences des Millennials soient si différentes des besoins et des désirs de leurs collègues de tous âges. Tout le monde aimerait que ses idées comptent, que sa voix soit entendue et que son lieu de travail lui permette de s'épanouir. Les Millennials sont tout simplement trop impatients pour attendre et trop puissants pour se taire, notamment grâce à la technologie. Dites-vous que ce qui est bon pour les Millennials est bon pour tout le monde.

2. LES GENTILS SONT PARFOIS LES MÉCHANTS. Quand j'ai commencé ce travail de recherche, la plupart des réducteurs semblaient être des tyrans narcissiques et autoritaires. Mais je me suis rendu compte au fil du temps que la grande majorité des réductions constatées sur nos lieux de travail partent souvent des meilleures intentions, par ce que j'appelle les réducteurs involontaires (de bonnes personnes qui s'efforcent d'être de bons managers). J'ai alors cessé de chercher à connaître le profil du réducteur pour m'intéresser surtout à ce qui provoquait les tendances réductrices à l'œuvre en chacun de nous. Le chapitre 7, intitulé « Le réducteur involontaire », est nouveau. Il nous montre comment nos meilleures intentions peuvent parfois déraper et comment, par une prise de conscience de ce problème et la mise en œuvre de solutions simples, des managers bienveillants peuvent devenir de grands leaders. Si l'ajout de ce chapitre m'a paru intéressant, c'est qu'il ne s'agit pas uniquement de réformer les réducteurs endurcis pour obtenir les meilleurs résultats, mais surtout d'aider les réducteurs involontaires à devenir des multiplicateurs volontaires et à augmenter le nombre de moments propices à la multiplication (allant, pourquoi pas, jusqu'à faire passer l'exploitation des talents des employés de sa moyenne actuelle de 76 % à son objectif de 100 %).

3. LES PRINCIPAUX OBSTACLES RELÈVENT DU CONTEXTE ET DE LA CULTURE. Pour développer des entreprises où l'intelligence est abondamment exploitée, il faut un plan offensif et défensif. La plupart des leaders qui lisent cet ouvrage aspirent à diriger comme des multiplicateurs et à trouver « les meilleurs anges de leur nature », pour reprendre la formule d'Abraham Lincoln. Mais leurs

efforts sont parfois vains parce qu'ils consacrent une trop grande part de leur énergie mentale à résister contre les démons qui les entourent. D'autres sont tellement
fatigués par la diminution du nombre de collègues que leur volonté d'être de bons
leaders s'en trouve affaiblie. Pour comprendre comment contrecarrer les effets des
réducteurs myopes et inattentifs, j'ai interrogé et interviewé des centaines de professionnels. Ainsi, j'ai appris que les effets délétères d'un réducteur n'étaient pas inévitables. Certes, vous ne pouvez pas changer les autres, mais vous pouvez changer
votre réaction et atténuer l'effet réducteur d'un patron ou d'un collègue. Le chapitre
8, « Affronter les réducteurs », propose des stratégies et des tactiques permettant
d'inverser le cycle de réduction, ou du moins d'en minimiser les effets.

Libérer le potentiel de chacun n'est pas seulement une question de volonté personnelle et de changement comportemental à l'échelle individuelle. Des systèmes
entiers sont concernés et ce n'est pas facile de bouleverser la volonté collective. Pour
vous aider à manœuvrer dans les complexités du changement à grande échelle, mon
équipe du Wiseman Group et moi-même avons étudié les entreprises qui réussissent ce changement. Le chapitre 9, « Devenir un multiplicateur », met en lumière
les moyens par lesquels des entreprises entières parviennent à surmonter l'inertie et
à passer de la compréhension à l'impact réel.

Cette nouvelle édition propose également des ressources supplémentaires (nouveaux exemples de multiplicateurs issus du monde entier, ainsi que l'annexe E, une
série d'expériences destinées à vous aider à développer des mentalités et des pratiques multiplicatrices). Par ailleurs, la Foire Aux Questions de l'annexe B a été
étendue. Elle répond maintenant aux questions les plus ardues que m'ont posées
des milliers de lecteurs, dont : Peut-on parler du leadership en temps de crise ?
Le genre joue-t-il un rôle dans tout cela ? Que penser des leaders emblématiques,
comme Steve Jobs, qui présentent pourtant de fortes tendances à la réduction ? ...
et d'autres encore.

Notre monde évolue rapidement. Pour suivre le rythme et offrir des cadres de
travail favorables à l'épanouissement, les leaders réducteurs doivent être remplacés
par de véritables multiplicateurs qui inspirent l'intelligence et favorisent les capacités collectives à grande échelle. La tâche est immense, tant par ce qu'elle promet que
par ce qu'elle exige, alors commençons sans plus attendre.

—*Liz Wiseman*
Menlo Park, Californie, 2017

UN

L'effet multiplicateur

Il paraît qu'après avoir rencontré l'incroyable Premier ministre
britannique William Ewart Gladstone, on repartait avec le sentiment
que cet homme était la personne la plus intelligente du monde, mais
qu'après avoir rencontré son rival, Benjamin Disraeli, on repartait
avec le sentiment d'être soi-même la personne la plus intelligente.[7]

—BONO

Au cours de l'été 1994, Derek Jones s'est engagé dans la marine américaine pour fuir
sa ville natale de Détroit, dans le Michigan, en pleine décrépitude. Derek, un jeune
homme de dix-huit ans à l'esprit vif et plein d'assurance, a obtenu un score élevé à
l'examen d'aptitude de la marine et a été sélectionné pour intégrer le programme
d'informatique électronique avancée. Après neuf semaines d'entraînement dans l'Il-
linois et huit mois de formation intensive sur les systèmes de tir de missiles, Derek
a été promu au rang de sergent de troisième classe et a été recruté pour une formation avancée de technicien de réseau informatique AEGIS. Il est sorti premier de
sa promotion et, en guise de reconnaissance, a eu l'honneur de choisir le navire sur
lequel il souhaitait servir. Il a opté pour le tout nouveau destroyer à missiles guidés
de classe Arleigh Burke. En quelques mois, il s'est imposé parmi les deux cent dix
recrues comme un agent de qualité supérieure, reconnu par ses officiers comme
l'un des officiers de marine les plus brillants et les plus appliqués du bateau. En passe

de décrocher une importante promotion, Derek se sentait à l'apogée de ses compétences jusqu'à l'arrivée d'un nouveau venu, le commandant Fredricks.

Fredricks était diplômé de l'Académie de la marine américaine, et son affectation en tant que capitaine de ce destroyer Arleigh Burke le plaçait dans une classe d'officiers d'élite habilités au commandement de croiseurs. Sauf erreur majeure de sa part, il était en bonne voie pour être promu amiral. Fredricks avait une fine connaissance en matière de navigation dont tous ses hommes étaient témoins. Il gérait jusque dans les moindres détails les opérations du bateau, chaque situation et chaque marin[8].

Alors qu'elle préparait le premier exercice de tir sous le commandement de Fredricks, l'équipe de Derek devait s'assurer que les systèmes d'armement du bateau étaient disponibles à 100 %. Quelques jours avant l'exercice, Derek et ses camarades se sont rendu compte qu'il manquait une pièce essentielle au bateau. Ils l'ont donc réparée avec les moyens du bord, en faisant appel à leurs réseaux informels, avant de la remettre en service. Quelques jours plus tard, Fredricks a eu vent de cet épisode par le commandant d'un autre bateau, qui lui a fait savoir que ses propres hommes avaient fourni la pièce. Au lieu de se réjouir que les jeunes marins aient fait preuve d'initiative et de débrouillardise, le commandant Fredricks s'est fâché, gêné que son bateau ait dû faire appel à une aide extérieure. Derek est immédiatement devenu la cible des foudres de Fredricks et l'objet d'une surveillance accrue.

Au cours d'un exercice classique de tir de missiles, le commandant et l'officier d'action tactique du bateau doivent examiner la zone de combat, repérer l'ennemi, déterminer une solution de tir, viser, tirer et atteindre la cible, tout cela en un temps record et tout en subissant le feu ennemi. Des centaines d'informations simultanées doivent être gérées, classées par ordre de priorité, traitées et mises en action. Le succès dépend d'une concentration intense et d'une aptitude mentale exceptionnelle. Ces opérations peuvent être particulièrement intimidantes, car le commandant se trouve souvent tout près de l'opérateur AEGIS, à observer et commenter chaque décision.

Derek et son équipe effectuaient désormais ces opérations sous l'œil attentif de Fredricks, qui se moquait publiquement de leurs efforts quand ils échouaient à déterminer les solutions de tir adéquates pour les cibles assignées. Bientôt, non seulement Derek obtenait de mauvais résultats aux exercices, mais il échouait dans presque tous les cas de figure. Lui qui avait été excellent en classe et à l'entraînement, sous le regard permanent de Fredricks qui analysait chaque détail et débusquait chaque erreur, il sentait monter la tension. Derek n'arrivait pas à réfléchir correctement et il avait du mal à être performant. À mesure que l'examen se déroulait, Derek et son équipe étaient de moins en moins compétents. En quelques semaines, ils étaient convaincus d'être incapables de faire fonctionner les systèmes d'armement du navire sans la supervision du commandant. L'échec était si évident que Fredricks a retiré à Derek son habilitation à contrôler les systèmes AEGIS. À partir de ce moment, les performances de Derek sur le bateau n'ont cessé de se dégrader.

Cette régression n'a été interrompue que trois mois plus tard, à l'arrivée d'un nouveau commandant. Le commandant Abbot était également diplômé de l'Académie de la marine et avait tout autant confiance en ses marins qu'en ses propres capacités[9]. Le commandant Abbot avait déjà travaillé pour un haut fonctionnaire de la défense qui lui avait confié des projets le poussant jusqu'aux limites de ses capacités. Informé des problèmes qu'avait rencontrés Derek avec le précédent commandant, Abbot a rapidement contacté Derek pour lui annoncer qu'ils allaient emmener le navire en mer pour un autre exercice de tir avant un déploiement. « Jones, je compte sur vous pour cet exercice. Assurez-vous que nous soyons prêts à réussir le test. Je vous fais confiance, ainsi qu'à vos camarades. » Pendant une semaine, l'équipe de Derek a exécuté sans faille les systèmes AEGIS dans tous les cas de figure prévus par l'exercice. Pendant qu'ils se préparaient, le nouveau commandant les surveillait de loin, serein et attentif. Derek n'avait plus l'impression d'être mis à l'épreuve, mais plutôt d'apprendre et de travailler avec le commandant pour relever un défi commun.

Le jour de l'exercice, alors que le nouveau commandant se tenait derrière lui, Derek a réussi à gérer la console AEGIS, offrant des solutions correctes chaque fois, sans erreur, et obtenant ainsi le meilleur score que le bateau ait connu depuis plus d'un an. Le commandant Abbot a annoncé par haut-parleurs à tout l'équipage : « Le sergent de marine Jones et son équipe ont remporté la bataille pour nous aujourd'hui. »

Derek a continué à monter en grade sur le navire. Il a été nommé sergent de marine de deuxième classe en un temps record, nommé « marin du trimestre » à bord du bateau, un insigne honneur. Abbot a placé Derek dans les 5 % supérieurs de l'équipage, le nommant pour le STA-21, le programme Seaman to Admiral, où il obtiendrait son diplôme universitaire et un poste d'officier de la marine. Après sa formation, Derek a été récompensé chaque fois que son dossier a été examiné. En moins de neuf ans, il a été sélectionné pour devenir commandant en second, chargé de la formation d'autres officiers. Aujourd'hui, il sert toujours dans la marine américaine en tant que lieutenant-commandant et il est appelé à de grandes réussites à ce poste à responsabilités.

L'expérience de Derek dans la marine illustre ce qu'un changement de commandement peut entraîner en matière de capacités. Il était tétanisé par la peur sous le premier chef, mais intelligent et brillant sous le second. Qu'a dit ou fait Fredricks pour réduire drastiquement l'intelligence et les capacités de Derek ? Et qu'a fait Abbot pour restaurer et développer sa capacité à raisonner et à gérer des tâches complexes ?

Certains leaders nous rendent meilleurs et plus intelligents. Ils font ressortir ce qu'il y a de meilleur en nous. Ce livre traite de ces leaders, qui savent accéder à l'intelligence des autres pour la mettre en valeur. Je les appelle les multiplicateurs. Ce livre vous montrera comment ils favorisent le génie en chacun et rendent tout le monde plus intelligent et plus compétent.

Le génie en question

Il existe des observateurs d'oiseaux et des observateurs de baleines. Moi, je suis une observatrice de génies. Je suis fascinée par l'intelligence des autres. Je la remarque, je l'étudie et j'ai appris à en identifier les différentes catégories. Oracle Corporation, le géant du logiciel à 174 milliards de dollars, m'a offert le cadre idéal pour cette observation. Pendant les dix-sept années où j'y ai occupé un poste de direction, j'ai eu la chance de travailler aux côtés de nombreux cadres brillants, recrutés dans les meilleures entreprises et les universités les plus prestigieuses pour leurs performances hors du commun. En tant que vice-présidente responsable de la stratégie globale de développement des talents de l'entreprise et de la formation continue, j'ai travaillé en étroite collaboration avec ces cadres, aux premières loges pour étudier leurs méthodes de leadership. De ce point de vue privilégié, j'ai commencé à observer comment ils utilisaient leur intelligence et je me suis intéressée à l'effet qu'ils produisaient sur les membres de leur entreprise.

Le problème du génie

À l'inverse, certains leaders semblent étouffer l'intelligence et les capacités des personnes qui les entourent. L'accent qu'ils mettent sur leur propre intelligence et leur détermination à se montrer les plus brillants de leur domaine ont un effet réducteur sur les autres. En d'autres termes, s'ils veulent paraître intelligents, il faut que les autres paraissent plus bêtes. Ce sont de véritables trous noirs. Nous avons tous connu ces gens-là. Ils créent des vortex qui siphonnent l'énergie de tous et de tout autour d'eux. Quand ils entrent dans une pièce, le QI collectif semble dégringoler et la réunion dure deux fois plus longtemps. Dans d'innombrables contextes, ces leaders étouffent les idées et détruisent les élans créatifs. Les initiatives des autres se flétrissent et meurent en leur présence et la circulation des idées cesse brusquement. Avec ces leaders, l'intelligence ne circule plus que dans un sens : d'eux vers les autres.

D'autres utilisent leur intelligence comme un outil plutôt qu'une arme. Ils se servent de leur intelligence pour décupler les capacités de leur entourage. À leur contact, les gens deviennent plus intelligents et meilleurs. Les idées se développent, les défis sont surmontés, les problèmes difficiles résolus. Quand ces leaders entrent dans une pièce, des ampoules s'allument au-dessus de la tête des gens. Les idées fusent si vite qu'il faut repasser la réunion au ralenti pour bien comprendre ce qui se passe. Avec eux, les réunions consistent à mettre en commun des idées. Ces leaders semblent rendre tous ceux qui les entourent meilleurs et plus compétents. Non seulement ils sont intelligents, mais ils multiplient l'intelligence des autres.

Ces leaders ont peut-être compris que la personne qui trône au sommet de la hiérarchie de l'intelligence est le créateur de génie, et non le génie lui-même.

Thérapie post-Oracle

L'idée de ce livre est née de ma thérapie post-Oracle. Quitter Oracle m'a fait l'effet de descendre d'un train à grande vitesse pour découvrir soudain que le monde bougeait au ralenti. Cette brusque accalmie m'a permis de réfléchir à cette question : Comment certains leaders créent-ils l'intelligence autour d'eux, alors que d'autres la réduisent ?

Quand j'ai commencé à enseigner et à coacher des cadres, j'ai vu la même dynamique se produire dans d'autres entreprises. Certains leaders semblaient augmenter le QI général tandis que d'autres asphyxiaient l'épanouissement mental de leurs employés. J'ai travaillé avec des cadres très intelligents qui luttaient contre leur propre tendance à imposer le silence à leur entourage, ouvertement ou de manière détournée. J'ai également travaillé avec de nombreux leaders qui s'efforçaient de faire un meilleur usage de leurs ressources. La plupart avaient développé leurs compétences de leadership en période de croissance. Mais dans un climat plus aride, ils étaient dans l'incapacité de résoudre les problèmes sans y consacrer plus de ressources. Ils devaient trouver des moyens d'accroître la productivité des personnes dont ils disposaient déjà.

Je me souviens d'une conversation particulièrement importante avec un client du nom de Dennis Moore, un cadre supérieur au QI de génie. Alors que nous discutions de l'effet que les leaders pouvaient exercer sur l'intelligence collective de l'entreprise afin de susciter une forme de contagion, il a répondu : « Ces leaders sont comme des amplificateurs. Ce sont des amplificateurs d'intelligence. »

En effet, certains leaders amplifient l'intelligence. Ces leaders, que nous avons qualifiés de multiplicateurs, savent créer une intelligence collective et contagieuse dans leurs entreprises. D'autres, en revanche, agissent comme réducteurs et privent leur organisme d'une intelligence et d'une capacité déterminantes. Alors, que font les multiplicateurs ? Et surtout, que font-ils différemment des réducteurs ?

J'ai été frustrée en explorant les ressources des écoles de commerce et sur internet, ainsi que la documentation des clients, à la recherche de réponses à ces questions. Ce vide a été le point de départ de mes recherches sur ce phénomène. J'étais bien déterminée à trouver des réponses à apporter aux leaders qui souhaitaient multiplier l'intelligence de leurs entreprises.

La recherche

Ma première grande avancée a été la rencontre avec mon partenaire de recherche, Greg McKeown, qui étudiait à la Graduate School of Business de l'Université de Stanford. Greg a un esprit curieux et persévérant, ainsi qu'une passion pour le leadership qui lui a donné la même détermination que moi à trouver les réponses. Nous avons commencé nos recherches en définissant la question qui allait nous occuper pendant les deux années suivantes : Quelles sont les quelques différences déterminantes entre les réducteurs d'intelligence et les multiplicateurs d'intelligence, et quel impact ont-elles sur les entreprises ? En me réveillant pendant 730 jours avec la même question en tête, j'avais un peu l'impression d'être dans le film *Un jour sans fin*, dans lequel Bill Murray se réveille chaque jour à la même heure avec la même chanson sur son radio-réveil, condamné à revivre les mêmes événements que la veille. Mais c'est en creusant cette question avec abnégation que nous avons acquis une compréhension profonde de l'effet multiplicateur.

Nous avons commencé nos recherches en sélectionnant tout un ensemble de sociétés et d'industries dans lesquelles l'intelligence individuelle et collective procurait un avantage concurrentiel. Comme les entreprises se développent ou s'effondrent en fonction de leurs actifs intellectuels, nous sommes partis du principe que l'effet multiplicateur y serait prononcé. Nous avons donc interrogé des professionnels de haut rang au sein de ces entreprises, en leur demandant d'identifier deux leaders, l'un correspondant à la description du multiplicateur et l'autre à celle du réducteur. Au total, nous en avons étudié plus de 150 par des entretiens et une évaluation objective de leurs pratiques de leadership. Pour un grand nombre d'entre eux, nous avons ensuite suivi un processus intensif d'entretiens à 360 degrés avec des membres de leur équipe de direction, anciens ou actuels.

Au fil de nos recherches, nous avons étudié d'autres dirigeants d'entreprises et d'industries à la recherche d'éléments communs aux secteurs des affaires et des organismes à but non lucratif, ainsi qu'aux différentes régions géographiques. Notre voyage nous a conduits sur quatre continents et nous a permis de découvrir un ensemble de leaders incroyablement riche et varié. En les étudiant plus en profondeur, nous avons appris à connaître certains d'entre eux ainsi que leurs entreprises.

Deux des leaders que nous avons étudiés offrent un contraste frappant entre les deux modes de leadership identifiés. Ils travaillaient tous les deux au sein de la même entreprise et occupaient le même poste. L'un avait la main de Midas du multiplicateur, et l'autre l'effet destructeur du réducteur.

Le conte des deux managers

Vikram[10] a été responsable de l'ingénierie sous la direction de deux responsables différents chez Intel. Chacun pouvait être considéré comme un génie et tous deux ont eu un impact profond sur Vikram. Le premier était George Schneer, un directeur de département pour l'une des activités d'Intel.

Manager n° 1 : le créateur de génie

Chez Intel, George avait la réputation de diriger des entreprises florissantes. Toutes les entreprises qu'il avait dirigées étaient rentables et s'étaient épanouies sous sa direction. Mais ce qui le distinguait le plus, c'était l'impact qu'il opérait sur les gens.

Vikram nous a confié : « J'étais comme une rock star avec George. Il m'a façonné. Grâce à lui, je suis passé d'un statut d'employé lambda à celui de manager à temps plein. En sa présence, j'avais l'impression d'être un cerveau, et tout le monde avait cette impression. Il obtenait 100 % de moi, c'était exaltant. » L'équipe de George partage la même observation : « Nous ne savons pas exactement ce que George a fait, mais nous avions le sentiment d'être des génies et des battants. Faire partie de cette équipe a été le point culminant de nos carrières.

George développait l'intelligence des autres en la motivant. Il n'occupait pas le centre de l'attention et ne se souciait pas de paraître intelligent. Ce qui intéressait George, c'était d'extraire l'intelligence et d'obtenir l'effort maximal de chaque membre de son équipe. Lors d'une réunion typique, il ne parlait qu'environ 10 % du temps, bien souvent pour présenter l'énoncé du problème. Ensuite, il se mettait en retrait et laissait à son équipe le temps de trouver une réponse. Souvent, les idées ainsi générées valaient des millions. L'équipe de George a permis à l'entreprise d'obtenir une croissance exceptionnelle du chiffre d'affaires et d'opérer la transition qui a permis à Intel de se positionner dans le secteur des microprocesseurs.

Manager n° 2 : le génie

Plusieurs années plus tard, Vikram a quitté le groupe de George pour aller travailler auprès d'un second directeur de département. C'était l'architecte de l'un des premiers microprocesseurs. Ce deuxième directeur était un brillant scientifique qui avait été promu à la direction de l'usine où étaient produites les puces. Il était extrêmement intelligent à tous points de vue et laissait son empreinte sur tout ce et tous ceux qui l'entouraient.

Le problème, c'était qu'il assurait lui-même l'intégralité des réflexions. Vikram a déclaré : « Il était vraiment très intelligent. Mais les gens avaient tendance à se fermer en sa présence. Il tuait nos idées, en quelque sorte. Dans une réunion d'équipe, il monopolisait environ 30 % de la parole et laissait peu de place aux autres. Il nous donnait constamment son avis, la plupart du temps pour souligner la médiocrité de nos idées. »

Ce manager prenait toutes les décisions lui-même ou avec un seul collaborateur. Ensuite, il annonçait ces décisions à l'entreprise. Vikram nous a dit : « On savait toujours qu'il aurait une réponse pour tout. Il avait des opinions très arrêtées et mettait toute son énergie à vendre ses idées aux autres et à les convaincre de les mettre en pratique. L'opinion des autres ne comptait jamais. »

Ce manager a embauché des personnes intelligentes, elles aussi, qui n'ont pas tardé à comprendre qu'elles n'avaient pas la liberté de penser par elles-mêmes. Elles finissaient toutes par démissionner ou menacer de le faire. En fin de compte, Intel a embauché un directeur adjoint pour travailler avec lui et lutter contre la fuite des cerveaux. Malgré cela, Vikram nous a confié : « Mon travail consistait plus à tourner la manivelle qu'à créer. Il n'a obtenu de moi qu'environ 50 % de ce que j'avais à offrir. Et je ne travaillerai plus jamais pour lui ! »

Réducteur ou multiplicateur ?

Le second leader était tellement absorbé par sa propre intelligence qu'il étouffait les autres et noyait l'intelligence et les capacités pourtant précieuses de l'entreprise. George, en revanche, faisait ressortir l'intelligence des autres et créait une intelligence collective et contagieuse. L'un était un génie. L'autre était créateur de génie.

Ce n'est pas ce que vous savez qui compte. Ce qui compte, c'est l'accès que vous avez à ce que savent les autres. Il ne s'agit pas seulement de l'intelligence des membres de votre équipe, mais de la part de cette intelligence que vous pouvez extraire et exploiter.

Nous avons tous fait l'expérience de ces deux catégories de leaders. À quelle catégorie de leader appartenez-vous en ce moment ? Êtes-vous un génie ou un créateur de génie ?

L'effet multiplicateur

Les multiplicateurs sont des créateurs de génie. Ce que nous entendons par là, c'est qu'en leur présence, ceux qui les entourent deviennent plus intelligents et plus compétents. Les multiplicateurs font appel à l'intelligence unique de chacun et créent une atmosphère propice au génie (innovation, effort productif et intelligence collective).

En étudiant les multiplicateurs et les réducteurs, nous avons compris qu'ils obtiennent des résultats radicalement différents les uns des autres. Leur logique et leur approche de l'intelligence des autres divergent et nous avons identifié certains points qui diffèrent radicalement entre eux. Examinons d'abord l'impact de l'effet multiplicateur. Pourquoi devient-on plus intelligent et plus compétent en présence de multiplicateurs ? Et comment font-ils pour exploiter deux fois plus leurs ressources que les réducteurs ?

Les multiplicateurs obtiennent davantage de leurs collaborateurs parce que ce sont des leaders qui voient au-delà de leur propre génie et qui consacrent leur énergie à extraire et à développer le génie des autres. Ce qu'ils obtiennent en retour n'est pas un léger mieux, mais infiniment plus.

L'effet multiplicateur ×2

L'impact d'un multiplicateur peut être perçu de deux manières : du point de vue des personnes avec lesquelles il travaille et du point de vue des entreprises qu'il réforme et qu'il crée. Commençons par étudier en quoi les multiplicateurs influencent ceux qui travaillent autour d'eux.

Extraire l'intelligence

Les multiplicateurs extraient l'intégralité des capacités de leurs collaborateurs. Au cours de nos entretiens, les employés nous ont souvent dit que les multiplicateurs savaient tirer d'eux bien plus que les réducteurs. Nous avons demandé à chacun d'identifier le pourcentage de ses capacités qu'un réducteur avait su extraire. Les chiffres se situaient généralement entre 20 et 50 %. Quand nous leur avons demandé d'identifier le pourcentage de leurs capacités que le multiplicateur avait extrait, les chiffres se situaient plutôt entre 70 et 100 %[11]. En comparant les deux ensembles de données, nous avons eu la surprise de constater que les multiplicateurs obtenaient en moyenne 1,97 fois plus, ce qui représente une augmentation de près du double : l'effet ×2. Même après avoir bouclé notre recherche officielle, nous avons continué à poser cette question dans les séminaires et auprès des équipes de direction, en demandant aux gens de réfléchir à leurs anciens leaders multiplicateurs et réducteurs. Dans tous les domaines, dans le secteur public, privé comme dans les organismes à but non lucratif, nous avons continué à constater que les multiplicateurs obtenaient au moins deux fois plus de leurs collaborateurs.

Imaginez ce que vous pourriez accomplir si vous obteniez deux fois plus des vôtres ?

Cette différence s'explique par le fait qu'en travaillant avec des leaders multiplicateurs, les gens ne se restreignent pas. Ils offrent le meilleur de leur réflexion, de leur créativité et de leurs idées. Ils donnent plus que ne l'exige leur poste et ne comptent pas leurs efforts, leur énergie et leur ingéniosité. Ils recherchent activement des moyens plus efficaces de contribuer. Ils s'imposent des exigences plus élevées et donnent 100 % de leurs capacités au travail, et plus encore.

Étendre l'intelligence

Les multiplicateurs ne se contentent pas d'extraire les capacités et l'intelligence des autres, ils le font de manière à étendre et à développer cette intelligence. Au cours des entretiens, les employés nous disent souvent que les multiplicateurs ont accédé à plus de 100 % de leurs capacités. Au début, j'ai protesté quand ils me disaient : « Oh, ils ont obtenu de moi 120 % », objectant que c'était mathématiquement impossible. Mais il n'était pas rare que les personnes que nous interrogions répètent cette affirmation et nous avons commencé à nous demander : pourquoi disent-ils tous que les multiplicateurs d'intelligence ont su obtenir plus qu'ils n'avaient à offrir ?

Nos recherches ultérieures nous ont confirmé que, non contents d'accéder aux capacités réelles des gens, les multiplicateurs les développent. Ils obtiennent plus des autres qu'eux-mêmes ne sont conscients de pouvoir donner. Les employés nous ont souvent déclaré qu'ils étaient devenus plus intelligents en côtoyant des multiplicateurs.

Notre recherche part du principe que l'intelligence elle-même est capable de s'étendre. Cette idée est confirmée par d'autres recherches récentes sur la nature extensible de l'intelligence. Penchons-nous sur quelques études récentes :

> ➤ Carol Dweck, de l'Université de Stanford, a mené des recherches révolutionnaires démontrant que les enfants qui se voient soumettre des énigmes de plus en plus difficiles et dont on flatte l'intelligence stagnent par crainte d'atteindre leurs limites. Les enfants à qui l'on confie la même série d'énigmes en les flattant non pour leur intelligence, cette fois, mais pour leur travail acharné, augmentent concrètement leur capacité à raisonner et à résoudre les problèmes. Une fois que ces enfants sont félicités pour leurs efforts de réflexion, ils acquièrent la conviction, puis la certitude, que l'intelligence se développe.[12]

➤ Eric Turkheimer de l'Université de Virginie a découvert que les environnements néfastes amoindrissent le QI des enfants. Quand des enfants
pauvres sont adoptés par des familles de la classe moyenne supérieure,
leur QI augmente de 12 à 18 points.[13]

➤ Richard Nisbett, de l'Université du Michigan, a analysé des études
montrant que : 1) les niveaux de QI des étudiants baissent pendant les
vacances d'été, et 2) les niveaux de QI dans la société n'ont cessé d'augmenter au fil du temps. Le QI moyen en 1917 n'équivalait qu'à 73 points
du test de QI actuel.[14]

Après avoir lu ces études, j'ai repris le calcul des données de nos entretiens de
recherche à leur valeur nominale, en utilisant le véritable pourcentage de capacité
que, d'après les personnes interrogées, les multiplicateurs étaient capables d'obtenir de
leur part. En prenant en compte dans notre calcul cet excédent de capacité (au-delà
de 100 %), nous avons constaté que les multiplicateurs obtenaient en réalité 2,1 fois
plus que les réducteurs. Imaginez que vous obteniez non seulement deux fois plus de
votre équipe (soit tout ce qu'elle a à offrir), mais aussi une prime de croissance de 5 à
10 % parce qu'elle devient plus intelligente et plus compétente tout en travaillant sous
votre direction ?

Cet effet ×2 est le résultat de la précieuse influence que les multiplicateurs exercent
sur leurs ressources. Quand on extrapole l'effet ×2 des multiplicateurs à toute l'entreprise,
on commence à en percevoir la pertinence d'un point de vue stratégique. En d'autres
termes, cette influence sur les ressources crée un véritable avantage concurrentiel.

Une influence sur les ressources

Prenons l'exemple de Tim Cook, actuel PDG d'Apple Inc. Quand Tim était directeur
délégué, il a lancé un examen du budget dans un département commercial, rappelant
à l'équipe de direction que l'impératif stratégique était la croissance du chiffre d'affaires.
Tout le monde s'y attendait, mais l'équipe a malgré tout été surprise lorsqu'il a exigé cette
croissance sans fournir d'effectifs supplémentaires. Le directeur commercial présent à
la réunion a déclaré que cet objectif de chiffre d'affaires était réalisable, mais seulement
avec plus de personnel. Il a suggéré de suivre un modèle linéaire de croissance progressive des effectifs qui avait fait ses preuves. Après tout, tout le monde savait qu'une
augmentation du chiffre d'affaires passait par une augmentation des effectifs. Les deux
cadres ont poursuivi cette conversation pendant des mois sans jamais parvenir à trouver un terrain d'entente tant leurs logiques étaient opposées. Le directeur commercial
parlait le langage de l'addition (obtenir une croissance plus élevée en ajoutant plus de

ressources) alors que Tim parlait le langage de la multiplication (une croissance plus élevée en exploitant mieux les ressources existantes).

La logique de l'addition

C'est la logique qui a longtemps prédominé dans la planification d'entreprise : on ajoutera des ressources quand de nouvelles demandes seront formulées. Les cadres supérieurs demandent une augmentation de la production, et par conséquent, les responsables intermédiaires demandent plus d'effectifs. Les négociations vont et viennent jusqu'à ce que tout le monde se mette d'accord sur un scénario du type : 20 % de production en plus avec 5 % de ressources en plus. En fin de compte, ni le cadre supérieur ni les responsables intermédiaires ne sont vraiment satisfaits.

Les responsables des opérations ancrés dans la logique de l'attribution des ressources et de l'addition présentent les arguments suivants :

1. Notre personnel a trop de travail.
2. Nos meilleurs éléments sont aussi les plus sollicités.
3. Par conséquent, pour réaliser une tâche plus importante, il faut augmenter les ressources.

C'est la logique de l'addition. Elle semble convaincante, mais elle ne tient pas compte de la possibilité d'exploiter plus intensément les ressources existantes. La logique de l'addition se base sur un scénario selon lequel les gens sont trop sollicités, mais sous-employés. Plaider en faveur de l'augmentation de ressources sans s'intéresser à leur optimisation est coûteux pour l'entreprise.

Les professeurs d'école de commerce et gourous de la stratégie, Gary Hamel et C. K. Prahalad, ont écrit : « Le management supérieur s'est trop concentré sur l'allocation des ressources par rapport à leur exploitation... Si le management supérieur consacre plus d'efforts à évaluer la faisabilité stratégique des projets par le prisme de l'allocation de nouvelles ressources plutôt qu'à chercher à multiplier l'efficacité des ressources existantes, sa valeur ajoutée restera modeste. »[15]

Imaginez des enfants devant un buffet. Ils se servent copieusement, mais une grande part de ce qu'ils ont pris reste intacte dans leurs assiettes. Ils picorent et jouent avec la nourriture, mais en fin de compte, elle est délaissée. À l'image de ces enfants, les réducteurs cherchent à faire le plein de ressources, et ils peuvent même parvenir à effectuer le travail, mais de nombreuses personnes restent inexploitées, leur capacité gaspillée. Considérez, par exemple, ce qu'a coûté ce cadre exécutif en développement de produits dans une entreprise technologique.

LE RÉDUCTEUR QUI COÛTE CHER. Jasper Wallis[16] avait tout pour lui. Il était intelligent et capable d'exprimer une vision convaincante de ses produits et des bénéfices que ses clients en retireraient. Jasper est également un fin tacticien doué pour la politique. Le problème, c'est que l'entreprise de Jasper était incapable de mettre en œuvre ce que promettait sa vision, car les employés tournaient en rond autour de lui.

Jasper était un stratège, un homme d'idées. Mais son cerveau travaillait plus vite et produisait plus d'idées que son entreprise ne pouvait en exécuter. Presque toutes les semaines, il lançait un nouvel objectif ou une nouvelle initiative. Son directeur des opérations s'en souvient : « Il nous disait le lundi que nous devions rattraper le concurrent untel et que nous devions le faire cette semaine. » Alors, l'entreprise mettait les bouchées doubles, tentait de faire des miracles et obtenait des progrès pendant quelques jours, mais elle finissait par perdre pied lorsqu'on lui assignait un nouvel objectif dès la semaine suivante.

Ce leader était tellement impliqué dans les détails qu'il était devenu un véritable goulot d'étranglement dans l'entreprise. Il travaillait avec acharnement, mais son entreprise avançait lentement. Son besoin de microgestion limitait ce que le reste de l'équipe pouvait apporter. Parce qu'il tenait à laisser son empreinte personnelle sur tout, il entraînait un gaspillage des ressources. En fin de compte, son département de 1000 personnes ne fonctionnait qu'avec environ 500 d'entre elles.

La stratégie de Jasper était de créer une concurrence en matière de ressources avec un département plus important de l'entreprise, qui produisait une technologie similaire. Le principal objectif de Jasper était de surpasser cet autre département. Pour cela, il embauchait à tour de bras, mettant en place sa propre infrastructure interne et son propre personnel... même si tout cela faisait doublon avec l'infrastructure déjà existante de l'autre département. Il a même convaincu l'entreprise de construire une tour de bureaux exclusivement dédiée à son département.

La situation a fini par rattraper Jasper. Il est devenu évident que ses produits avaient un effet feu de paille et que l'entreprise perdait des parts de marché. Quand le calcul du retour sur investissement a été effectué, il a été évincé de l'entreprise et son département intégré à l'autre. L'infrastructure doublon qu'il avait bâtie a finalement été supprimée, mais entre-temps, plusieurs millions de dollars avaient été gaspillés et l'entreprise avait laissé passer de formidables opportunités sur le marché.

Les réducteurs coûtent cher.

La logique de la multiplication

Nous avons examiné la logique de l'addition et les insuffisances qui en découlent en matière de ressources. Pour mieux exploiter et utiliser les ressources de l'entreprise, il convient d'adopter une nouvelle logique fondée sur la multiplication. Au lieu de viser une croissance linéaire en ajoutant de nouvelles ressources, les leaders ancrés dans la logique de la multiplication sont convaincus que l'on peut extraire plus efficacement les capacités de son personnel et assister à une forte croissance en multipliant la puissance des ressources dont on dispose.

Voici la logique qui sous-tend la multiplication :

1. La plupart des gens dans les entreprises sont sous-exploitées.
2. Il est possible d'exploiter toutes les capacités avec le bon type de leadership.
3. Par conséquent, l'intelligence et les capacités peuvent être multipliées sans investissement supplémentaire.

Par exemple, lorsqu'Apple Inc. a cherché à obtenir une croissance fulgurante avec des ressources limitées au sein d'un même département, ils ne l'ont pas fait en augmentant leur force de vente. Non, ils ont réuni les acteurs principaux des différents domaines, ont pris une semaine pour étudier la question et ont élaboré une solution en collaboration. Ainsi, ils ont modifié le modèle de vente pour réaliser des centres de compétences et mieux exploiter leurs meilleurs vendeurs et leurs différents experts dans le cycle de vente. Ils ont atteint une croissance à deux chiffres en une seule année, avec des ressources pratiquement identiques.

Salesforce, une entreprise de logiciels de 7 milliards de dollars, pionnière du logiciel de service, est passée de la logique de l'addition à celle de la multiplication. Elle a connu une décennie de croissance exceptionnelle grâce à cette bonne vieille méthode consistant à « consacrer des ressources au problème ». Elle a su répondre aux nouveaux clients et aux nouvelles demandes en recrutant les meilleurs talents techniques et commerciaux disponibles, et en les déployant efficacement pour relever les défis. Mais lorsque l'environnement du marché a changé, la direction de l'entreprise s'est vu imposer un nouvel objectif : obtenir une meilleure productivité à partir des ressources actuellement disponibles. Ils ne pouvaient plus fonctionner sur les notions dépassées d'utilisation des ressources. Alors, ils ont commencé à former des leaders capables de multiplier l'intelligence et les aptitudes des autres et d'augmenter la capacité de travail de l'entreprise afin de répondre à ses besoins de croissance.

Cette mobilisation des ressources ne se résume pas à « faire plus avec moins ».

C'est plus subtil que cela. Les multiplicateurs n'obtiennent pas plus avec moins, ils obtiennent plus en utilisant plus. Plus d'intelligence et de capacités, d'enthousiasme et de confiance de la part de leurs collaborateurs. Comme l'a dit un PDG : « 80 personnes peuvent fonctionner avec la productivité de 50, ou bien de 500. » Et comme ces multiplicateurs obtiennent une meilleure efficacité des ressources, ils bénéficient d'une position concurrentielle renforcée par rapport aux entreprises qui demeurent ancrées dans la logique de l'addition.

Il faut s'attaquer à la racine de cette logique dépassée de l'addition. Demandons-nous comment les multiplicateurs accèdent à l'intelligence et parviennent à tant obtenir de leurs collaborateurs. La réponse réside dans la mentalité et les cinq disciplines du multiplicateur.

La mentalité du multiplicateur

En étudiant les réducteurs et les multiplicateurs, nous avons systématiquement constaté qu'ils avaient une vision radicalement différente de l'intelligence des personnes avec lesquelles ils travaillent. Cette vision pourrait bien expliquer une grande partie de la différence entre le fonctionnement des réducteurs et celui des multiplicateurs.

LA MENTALITÉ DU RÉDUCTEUR. Le point de vue du réducteur sur l'intelligence disponible est fondé sur l'élitisme et la rareté. Les réducteurs semblent croire que les personnes réellement intelligentes sont une espèce rare et qu'ils en font eux-mêmes partie. À partir de cette hypothèse, ils en arrivent à la conclusion qu'ils sont si spéciaux que les autres n'arriveront jamais à résoudre les problèmes sans eux.

Je me souviens d'un leader avec lequel j'ai travaillé. La meilleure expression pour le décrire serait « suprémaciste intellectuel ». Ce cadre supérieur dirigeait une entreprise de technologie qui employait plus de 4000 employés hautement qualifiés, pour la plupart diplômés des meilleures universités du monde entier. J'ai participé à l'une de ses réunions, au cours de laquelle vingt membres de son équipe de direction cherchaient à résoudre un important problème lié à la mise sur le marché de l'un de leurs produits.

Après la réunion, nous sommes revenus sur la conversation et les décisions prises. Il s'est arrêté, s'est tourné vers moi et m'a dit posément : « En réunion, je n'écoute généralement que deux personnes. Les autres n'ont jamais grand-chose à proposer. » Il a dû voir mon inquiétude, car aussitôt, il a ajouté maladroitement : « Bien sûr, vous en faites partie. » J'en doutais. Sur les vingt managers les plus importants d'une branche de 4000 personnes, il estimait que seuls deux avaient quelque chose à proposer. Tout en marchant dans le couloir, nous sommes passés devant les rangées successives de bureaux en open-space occupés par son personnel. En tant qu'observatrice extérieure, j'ai tout de suite associé cette étendue à un immense désert de cerveaux. J'avais envie de faire une annonce publique et de leur dire à tous qu'ils pouvaient rentrer chez eux, puisque leur cadre supérieur estimait qu'ils n'avaient pas grand-chose à proposer.

En plus de considérer l'intelligence comme une denrée rare, nos recherches ont montré que les réducteurs considéraient l'intelligence comme un élément constitutif de la personnalité qui ne pouvait pas vraiment évoluer. Pour eux, c'est un élément immuable, incapable de changer avec le temps ou selon les circonstances. Cette attitude correspond à ce que le docteur Carol Dweck, psychologue de renom et auteure, appelle une « mentalité figée », c'est-à-dire la croyance que l'intelligence et les qualités d'une personne sont gravées dans le marbre à tout jamais.[17] La logique en deux étapes des réducteurs semble être la suivante : ceux qui ne « comprennent pas » maintenant ne comprendront jamais ; par conséquent, je dois perpétuellement réfléchir pour tout le monde. Dans le monde des réducteurs, il n'y a pas de répit pour les personnes intelligentes !

Vous avez certainement deviné comment le cadre que nous venons de décrire travaillait au quotidien. Demandez-vous comment vous fonctionneriez si, au fond de vous, vous partagiez ses convictions. Vous diriez sûrement aux autres quoi faire, vous prendriez toutes les décisions importantes et vous interviendriez pour prendre le relais à chaque défaillance réelle ou supposée. En fin de compte, vous auriez presque toujours raison, car votre vision vous conduirait à créer une ambiance de subordination et de dépendance.

LA MENTALITÉ DU MULTIPLICATEUR. Les multiplicateurs ont des visions bien différentes. Si les réducteurs voient le monde de l'intelligence en noir et blanc, les multiplicateurs le voient en Technicolor. Ils entretiennent une vision riche de l'intelligence de ceux qui les entourent. Dans leur monde, il n'y a pas qu'une poignée de personnes dignes de réfléchir. Par ailleurs, les multiplicateurs considèrent que l'intelligence est en constante évolution. Cette observation correspond à ce que Dweck appelle une « mentalité de croissance », la conviction que les qualités de base comme l'intelligence et les capacités peuvent être cultivées par l'effort.[18] Ils partent du principe que les gens sont intelligents et capables de trouver la solution. Pour eux, leur entreprise regorge de personnes talentueuses qui peuvent apporter leur pierre à l'édifice à des niveaux bien plus élevés. Ils raisonnent comme cette manager que nous avons interrogée et qui fait le point sur les membres de son équipe en se demandant : « En quoi cette personne est-elle intelligente ? » En répondant à cette question, elle découvre des capacités variées souvent cachées juste sous la surface. Au lieu de balayer les gens en les considérant comme étant insignifiants, elle se demande : « Que pourrait-on faire pour développer et accroître ses capacités ? » Elle trouve alors une mission parfaitement adaptée, qui permet à la fois de développer l'individu et de servir les intérêts de l'entreprise.

En voyant les opportunités et les défis complexes qui les entourent, les multiplicateurs se disent : « Il y a des gens intelligents partout, qui vont trouver des solutions et, ce faisant, devenir encore plus intelligents. » Ils sont conscients que leur travail consiste à rassembler les bonnes personnes dans un environnement sachant tirer le meilleur de chacun, puis à les laisser faire !

Comment fonctionneriez-vous avec une telle vision ? Dans les moments les plus difficiles, vous feriez confiance à vos collaborateurs. Vous leur proposeriez des défis ardus et leur laisseriez l'espace nécessaire pour qu'ils assument leurs responsabilités. Vous feriez appel à leur intelligence de telle sorte qu'ils deviendraient réellement plus intelligents.

Le tableau ci-dessous résume l'effet puissant que ces visions radicalement opposées exercent sur le style de leadership des réducteurs et des multiplicateurs :

Comment assureriez-vous :	Réducteur « Ils ne trouveront jamais sans moi »	Multiplicateur « Ils sont intelligents et ils trouveront »
La gestion des talents ?	Utilisation	Développement
La résolution des erreurs ?	Reproche	Exploration
La direction ?	Ordre	Défi
La prise de décisions ?	Décision	Consultation
La réalisation ?	Contrôle	Soutien

Il est capital d'identifier et de comprendre ces visions fondatrices, car tout un comportement en découle. Si l'on veut diriger comme un multiplicateur, on ne peut pas simplement imiter les pratiques du multiplicateur. Il faut commencer par penser comme tel. En vingt ans d'observation et de coaching des cadres, j'ai observé en quoi la vision des dirigeants affectait leur style de management. Si une personne commence par se pencher sur sa propre vision pour l'améliorer au besoin, elle adoptera plus facilement et spontanément les cinq disciplines du multiplicateur pour un impact positif.

Les cinq disciplines du multiplicateur

Alors, quelles pratiques sont propres au multiplicateur ? En analysant les données de plus de 150 leaders, nous avons dégagé un certain nombre de domaines dans lesquels les multiplicateurs et les réducteurs agissent de la même manière. Les deux types de leaders sont axés sur le client. Tous deux font preuve d'un sens des affaires aigu et d'une bonne connaissance du marché. Ils s'entourent de personnes brillantes et se considèrent comme des leaders d'opinion. Mais en recherchant dans ces données les ingrédients actifs propres aux multiplicateurs, nous avons distingué cinq disciplines dans lesquelles les multiplicateurs se distinguent des réducteurs.

1. ATTIRER ET OPTIMISER LES TALENTS. Les multiplicateurs sont des aimants à talents. Ils les attirent et les développent au maximum, quelle que soit l'origine de la ressource. Les gens se bousculent pour travailler avec eux, conscients qu'ils vont s'épanouir et réussir. En revanche, les réducteurs fonctionnent comme des bâtisseurs d'empires. Ils doivent posséder et contrôler toutes les ressources pour être plus productifs. Ils ont tendance à diviser les ressources entre celles qu'ils possèdent et celles qu'ils ne possèdent pas, laissant ensuite ces distinctions artificielles entraver l'exploitation efficace de toutes les ressources et limiter la croissance. Les employés peuvent être initialement attirés par un réducteur, mais par la suite, leurs carrières stagnent.

Le réducteur est un bâtisseur d'empires qui acquiert des ressources et les gaspille. Le multiplicateur est un aimant à talents qui exploite et développe le génie de chacun.

2. CRÉER UN CLIMAT PROPICE À LA RÉFLEXION OPTIMALE. Les multiplicateurs savent créer un environnement de travail unique et extrêmement motivant, dans lequel chacun a la permission de penser et l'espace nécessaire pour travailler au mieux de ses capacités. Les multiplicateurs fonctionnent comme des libérateurs, produisant un climat à la fois confortable et stimulant. Ils sont capables d'éliminer la peur et de créer une sécurité qui invite les gens à donner le meilleur d'eux-mêmes. En même temps, ils établissent un climat exigeant qui pousse aux efforts de chacun. Par opposition, les réducteurs agissent comme des tyrans, ils jugent et instillent la peur du jugement, entraînant un effet délétère sur la réflexion et le travail. Les réducteurs essaient d'exiger le meilleur de chacun, mais ils ne l'obtiennent pas.

Le réducteur est un tyran qui met en place un environnement stressant. Le multiplicateur est un libérateur qui met en place un environnement sûr, propice à l'audace et à la créativité.

3. RELEVER DES DÉFIS. Les multiplicateurs se mettent constamment au défi, cherchant à dépasser leurs connaissances et poussant les autres à en faire de même. Comment y parviennent-ils ? Ils créent des occasions, lancent des défis qui mettent l'entreprise à rude épreuve et, en même temps, forgent la conviction que les équipes sont prêtes à les relever et l'enthousiasme nécessaire. A contrario, les réducteurs agissent comme des experts et donnent des directives pour démontrer leurs connaissances. Si les réducteurs fixent une direction, les multiplicateurs s'assurent qu'une direction est fixée.

Le réducteur se place en expert ultime et donne des directives. Le multiplicateur pose des défis et crée des opportunités.

4. PRENDRE DES DÉCISIONS ENSEMBLE. Les multiplicateurs favorisent le débat et prennent des décisions éclairées grâce à l'avis de chacun. Le processus décision-nel qu'ils privilégient contient toutes les informations dont l'entreprise a besoin pour être prête à exécuter ces décisions. Les multiplicateurs incitent les gens à débattre des problèmes en amont, ce qui conduit à des décisions que les équipes comprennent et peuvent exécuter efficacement. En revanche, les réducteurs prennent des décisions qui paraissent efficaces, dans un petit cercle restreint de décideurs, mais leurs équipes ignorent les réflexions qui les sous-tendent et en viennent à douter de leur bien-fondé, sans compter qu'elles sont privées de la satisfaction d'avoir contribué à les élaborer et à les affiner.

Les réducteurs sont des décideurs qui essaient de vendre leurs décisions aux autres. Les multiplicateurs sont des créateurs de débats qui suscitent une réelle adhésion.

5. INCULQUER LES NOTIONS DE PROPRIÉTÉ ET DE RESPONSABILITÉ. Les multiplicateurs produisent et conservent des résultats supérieurs en inculquant des attentes élevées dans toute l'entreprise. Ils agissent comme des investisseurs qui four-nissent les ressources nécessaires à la réussite. Par ailleurs, ils tiennent les gens respon-sables de leurs propres engagements. Les attentes élevées des multiplicateurs s'incarnent par une présence rigoureuse qui pousse les gens à assumer leurs responsabilités, souvent avec une exigence accrue et sans l'intervention directe du multiplicateur. À l'inverse, les réducteurs jouent le rôle de micromanagers qui cherchent des résultats tout en retenant la propriété, intervenant sur les détails et gérant directement les résultats.

Le réducteur est un micromanager qui ne cesse de faire de brèves incursions dans le processus. Le multiplicateur est un investisseur qui délègue aux autres la propriété et l'entière responsabilité.

Le tableau suivant résume les cinq disciplines déterminantes qui différencient les réducteurs et les multiplicateurs :

LES CINQ DISCIPLINES DU MULTIPLICATEUR

	RÉDUCTEURS	MULTIPLICATEURS
OBSERVER	**LA SUPPOSITION** « Les autres ne résoudront rien sans moi »	**LA SUPPOSITION** « Les autres sont intelligents et calculeront bien »
AGIR	**LES DISCIPLINES** **1. Le bâtisseur d'empire** Acquiert des ressources et les gaspille **2. Le tyran** Crée un environnement stressant qui a un effet délétère sur la réflexion et le travail **3. Le je-sais-tout** Se place en expert ultime et donne des directives **4. Le décideur** Prend des décisions sans demander l'avis de son équipe qui en vient à douter de leur bien-fondé **5. Le micro-manager** Cherche des résultats tout en retenant la propriété	**LES DISCIPLINES** **1. L'aimant à talents** Exploite et développe le génie de chacun **2. Le libérateur** Met en place un environnement sûr, propice à l'audace et à la créativité **3. Le lanceur de défis** Pose des défis et crée des opportunités **4. Le créateur de débats** Prend des décisions éclairées grâce à l'avis de chacun **5. L'investisseur** Délègue aux autres la propriété et l'entière responsabilité.
OBTENIR	**RÉSULTATS** <50%	**RÉSULTATS** 2×

Découvertes surprenantes

En étudiant les multiplicateurs dans le monde entier, nous avons constaté une remarquable cohérence et identifié plusieurs modèles qui sont venus confirmer nos premières observations. Voici quatre résultats surprenants et intrigants que nous souhaitons vous partager.

Ils sont durs

L'un des traits les plus importants qui ressortent de notre étude sur les multiplicateurs est la poigne de ces managers. Ils attendent beaucoup de leurs collaborateurs et les poussent à atteindre des résultats extraordinaires. Ils sont extrêmement motivés par les résultats, durs et exigeants. Les multiplicateurs font en sorte que leurs équipes se sentent intelligentes et capables, mais ils n'y parviennent pas en incarnant un management « bienveillant ». S'ils analysent chacun pour déceler ses capacités, ils tiennent à accéder à toutes les capacités ainsi identifiées et exploitent les gens au maximum. Ils voient beaucoup de choses, et c'est pour cette raison que leurs attentes sont élevées.

Au cours de nos entretiens, si les personnes interrogées ont exprimé leur reconnaissance envers les multiplicateurs avec lesquels elles avaient travaillé, cette gratitude relevait plus de la satisfaction profonde qu'elles avaient éprouvée en travaillant auprès d'eux que du plaisir de la relation. L'une dès personnes interrogées a décrit ainsi sa collaboration avec Deb Lange, vice-présidente senior responsable de la fiscalité dans une grande entreprise : « Travailler avec elle, c'était comme une séance de sport intensive. C'était épuisant, mais vraiment exaltant. » Une autre a confié à propos de son ancien manager : « Il obtenait de moi des choses dont je ne me savais même pas capable. J'aurais presque tout fait pour ne pas le décevoir. » Un cadre qui travaillait pour Derek Williams, vice-président exécutif de la région Asie-Pacifique d'Oracle, a déclaré : « Quand on quittait son bureau, on se sentait beaucoup plus grand. »

L'approche multiplicatrice du management n'est pas seulement une vision éclairée du leadership. Il s'agit d'une approche permettant d'obtenir de meilleures performances en tirant beaucoup plus des employés tout en leur faisant vivre une expérience enrichissante et satisfaisante. Comme l'a souligné l'un des premiers lecteurs de ce livre, ces leaders ne sont pas « tout sucre, tout miel ».

Ils jouent gros

On croit souvent à tort que les leaders multiplicateurs doivent s'effacer pour attirer les projecteurs sur les autres, ou jouer petit afin que les autres puissent jouer gros. Je me suis rendu compte que ces leaders exploitaient non seulement toute l'intelligence et le talent des personnes qui les entouraient, mais également les leurs. L'un de mes multiplicateurs préférés est Magic Johnson. Même au lycée, alors qu'il n'était qu'Earvin Johnson Jr, il était déjà un joueur de basket-ball extrêmement talentueux. Son entraîneur lui a dit : « Earvin, chaque fois que tu as le ballon, je veux que tu tires. » C'est ce qu'il a fait. Il a marqué de nombreux points et ils ont remporté tous les matches. L'équipe a marqué 54 points, dont 52 grâce à Earvin. L'entraîneur l'adorait et les joueurs aussi. Après tout, qui ne voudrait pas faire partie d'une équipe invincible ? Mais après un match, alors que les joueurs quittaient le gymnase pour rejoindre leurs voitures, Earvin a remarqué les visages des parents qui étaient venus voir leurs fils jouer au basket, mais qui n'avaient vu que le jeu de la superstar. Il a déclaré : « J'ai pris la décision, très tôt, d'utiliser le talent que Dieu m'a donné pour aider tous les membres de l'équipe à devenir de meilleurs joueurs. »[19] Et cette décision lui a valu le surnom de Magic, pour sa capacité à élever le niveau d'excellence de toutes les équipes avec lesquelles il a joué et de tous leurs membres. Ces multiplicateurs ne se diminuent pas pour grandir les autres, mais ils jouent de telle sorte que les autres se sentent eux aussi invités à jouer gros.

Ils ont le sens de l'humour

Sur une intuition, nous avons ajouté « sens de l'humour » à notre enquête sur le leadership. Il s'est avéré que nous avions vu juste. Non seulement ce trait de caractère est prédominant chez les multiplicateurs, mais c'est aussi l'une des caractéristiques les plus opposées avec l'état d'esprit des réducteurs. Les multiplicateurs ne sont pas forcément de grands clowns, mais ils ne se prennent pas au sérieux et ne dramatisent pas. Peut-être parce qu'ils n'ont pas besoin de défendre leur propre intelligence, les multiplicateurs sont capables de rire d'eux-mêmes et de voir le potentiel comique d'une erreur et des aléas de la vie. Leur sens de l'humour exerce un effet libérateur sur les autres. De multiples études sur la vie au travail concluent que l'humour renforce les relations, réduit le stress et augmente l'empathie. Ceux qui travaillent dans un environnement propice à l'humour sont plus productifs, plus efficaces sur le plan interpersonnel et moins souvent absents pour cause de maladie. Les leaders dotés du sens de l'humour créent un environnement favorable, dans lequel les gens peuvent donner le meilleur d'eux-mêmes.

Pensez à George Clooney quand il est question de l'humour du multiplicateur (un esprit d'autodérision et la capacité de mettre les autres à l'aise et de leur permettre d'être eux-mêmes). Comme l'a écrit un journaliste à propos de Clooney : « Au bout d'un quart d'heure, il m'a mis à l'aise dans ma propre maison. » Un collègue de Clooney a déclaré : « Il n'a pas son pareil pour vous mettre au défi... c'est irrésistible. » Par leur humour, les multiplicateurs créent du confort et stimulent l'énergie et l'intelligence naturelles des autres.

Le réducteur involontaire

Nous avons été tout particulièrement étonnés de constater que peu de réducteurs comprenaient l'impact restrictif qu'ils exerçaient sur les autres. La plupart d'entre eux avaient toujours été félicités pour leur intelligence personnelle et avaient gravi les échelons de la hiérarchie grâce à leur propre mérite, souvent de nature intellectuelle. En devenant « les patrons », ils sont logiquement partis du principe que leur travail consistait à être les plus intelligents dans leur gestion d'un groupe de subordonnés. D'autres avaient présenté autrefois une mentalité et une personnalité de multiplicateur, mais à force de travailler parmi des réducteurs, ils avaient hérité d'un grand nombre de leurs pratiques et absorbé leur vision du monde. Comme l'a dit un cadre : « En lisant vos découvertes, j'ai pris conscience que je vivais depuis si longtemps dans le pays des réducteurs que j'en étais devenu moi-même autochtone. » Après avoir travaillé pour des réducteurs, et en être sortis indemnes, certains dirigeants en présentent toujours les stigmates dans leur propre leadership. La bonne nouvelle, pour le réducteur involontaire, c'est qu'il existe un moyen de devenir un multiplicateur.

Le chapitre 7, « Le réducteur involontaire », s'adresse aux leaders bien intentionnés qui sous-exploitent leurs collaborateurs en dépit de leur bonne volonté.

La promesse de ce livre

En étudiant les multiplicateurs et les réducteurs, nous avons obtenu les témoignages de nombreuses personnes intelligentes sous-exploitées par leurs dirigeants. Nous avons entendu leur frustration quand elles nous ont raconté le peu que certains leaders obtenaient d'eux, en dépit de leurs propres efforts et de leur volonté d'en donner plus. Nous avons pris conscience qu'il était possible d'être à la fois trop sollicité et sous-exploité. Le talent en sommeil est partout. Les entreprises regorgent de ressources sous-exploitées.

Heureusement, les multiplicateurs savent trouver cette intelligence latente, la stimuler et l'exploiter au mieux. Il existe de grands multiplicateurs dans toutes les entreprises, dans le secteur de l'éducation, du bénévolat ou dans les gouvernements. Voici quelques exemples qui seront développés par la suite.

1. K. R. Sridhar, entrepreneur et PDG dans le domaine des technologies vertes. Il recrute des talents de haut niveau, leur offre un environnement où la pression est forte, mais le stress très faible, et leur permet de tenter des expériences et de prendre des risques jusqu'à ce que la bonne technologie et les bonnes solutions émergent.

2. Alyssa Gallagher, directrice adjointe. Elle a révolutionné l'apprentissage dans son département scolaire en confiant l'initiative aux enseignants et en les laissant être les acteurs de leur propre révolution.

3. Lutz Ziob, directeur général de Microsoft Learning. Son équipe dit de lui : « Il crée un environnement favorable. Il recrute des personnes formidables, autorise les erreurs et débat ardemment sur les décisions importantes. Il exige le meilleur de nous-mêmes, mais partage ensuite le succès avec toute l'équipe. »

4. Sue Siegel, ancienne présidente d'une société de biotechnologie devenue investisseur en capital-risque. Son partenaire a décrit « l'effet Sue : tout ce qui l'entoure s'améliore et les entreprises se développent sous sa direction. Je me demande souvent comment sont les gens qui ne fréquentent pas Sue. »

5. Larry Gelwix, entraîneur principal de Highland Rugby, une équipe universitaire qui a enregistré 392 victoires et seulement neuf défaites en trente-quatre ans. Il attribue ce record extraordinaire à une philosophie de leadership mûrement réfléchie qui fait appel à l'intelligence de ses joueurs, sur le terrain mais aussi en dehors.

Les leaders de ce type doivent inspirer ceux qui souhaitent devenir des multiplicateurs.

La promesse est simple : vous *pouvez* être un multiplicateur. Vous pouvez favoriser le génie autour de vous et obtenir une meilleure contribution de la part de vos collaborateurs. Vous pouvez choisir de penser comme un multiplicateur et de fonctionner comme tel. Ce livre vous montrera comment, et pourquoi c'est important.

Cet ouvrage s'adresse à tous les managers qui s'efforcent de gérer des ressources dans un contexte de crise économique. C'est un message destiné aux leaders qui doivent accomplir plus et tirer le meilleur de leurs collaborateurs. Alors que les entreprises se débarrassent de leurs ressources excédentaires, le besoin de leaders capables de multiplier l'intelligence et les capacités est plus criant que jamais. Ce livre s'adresse autant aux multiplicateurs acharnés qui cherchent à mieux comprendre ce qui paraît naturel chez eux qu'aux multiplicateurs en herbe qui souhaitent tirer le maximum de leurs collaborateurs en matière de capacités et d'intelligence. Enfin, il sera utile aux réducteurs, qui apprendront à mieux comprendre les effets négatifs d'un leadership centré sur leur propre intelligence. En résumé, il s'adresse à tout manager cherchant à obtenir la promesse du multiplicateur : augmenter l'intelligence partout et chez tout le monde.

Au fil de votre lecture, vous retrouverez plusieurs messages centraux :

1. Les réducteurs sous-exploitent les gens et délaissent un certain nombre de capacités.
2. Les multiplicateurs augmentent l'intelligence des collaborateurs et des entreprises. À leur contact, les gens deviennent plus intelligents et plus compétents.
3. Les multiplicateurs savent exploiter leurs ressources. Les entreprises peuvent tirer deux fois plus de leurs ressources existantes en transformant les plus intelligentes en multiplicateurs d'intelligence.

Avant de nous pencher sur les pratiques du multiplicateur, précisons ce que ce livre n'est pas. Il ne s'agit pas d'une prescription pour un modèle de leadership bienveillant et rassurant. Au contraire, c'est une approche plutôt énergique du management visant à permettre à chacun de contribuer au mieux de ses capacités. Même si nous évoquons souvent des multiplicateurs et des réducteurs, ce livre ne traite pas de leurs réalisations. Il est surtout question de l'impact que ces leaders ont sur les autres et de la promesse du multiplicateur. Enfin, les idées proposées ici n'ont pas pour vocation de placer dans des cases votre patron et vos collègues réducteurs, mais de vous offrir un cadre de travail qui vous permettra de développer vous-même les pratiques d'un multiplicateur.

Ce livre est conçu comme une expérience d'apprentissage. Il vous offre la possibilité de comprendre et de mettre en œuvre les idées des multiplicateurs. Cette introduction vous a donné un premier aperçu de l'effet multiplicateur et une vision d'ensemble de ce dont il retourne. Les chapitres suivants vont aborder plus en profondeur les différences entre les multiplicateurs et les réducteurs. Ils vous présentent

les cinq disciplines du multiplicateur et les solutions pour limiter ses propres tendances involontaires à la réduction. Vous obtiendrez également un ensemble de
stratégies à adopter avec les réducteurs qui vous entourent inévitablement. De
nombreux témoignages de multiplicateurs et de réducteurs vous sont proposés,
mais notez que nous avons changé les noms des réducteurs et de leurs entreprises
pour des raisons évidentes. À la fin de l'ouvrage, vous trouverez une feuille de route
qui vous accompagnera dans votre parcours pour devenir un leader multiplicateur
et instaurer une culture multiplicatrice dans toute votre entreprise.

Le défi à relever

Si le système multiplicateur/réducteur peut paraître binaire, je tiens à souligner
qu'il existe un continuum entre les multiplicateurs et les réducteurs. En réalité,
seules quelques personnes se situent aux deux extrémités. Nos recherches ont montré que la plupart des gens évoluent quelque part sur ce spectre, avec la capacité de
tendre vers le côté du multiplicateur. Avec de bonnes intentions, il est possible de
développer son approche multiplicatrice du leadership. Alors, voici de bonnes nouvelles : 1) les multiplicateurs existent, 2) nous les avons étudiés pour découvrir leurs
secrets, et 3) vous pouvez apprendre à en devenir un. Non seulement vous pouvez
devenir vous-même un multiplicateur, mais vous pouvez également identifier et
créer d'autres multiplicateurs. En quelque sorte, vous deviendrez un multiplicateur
de multiplicateurs.

Dans cet état d'esprit, je vous invite à lire ce livre à plusieurs niveaux. Au niveau
le plus fondamental, il pourrait éclairer ce que vous avez certainement déjà expérimenté : certains leaders favorisent le génie tandis que d'autres l'étouffent. Mais vous
pouvez aller au-delà et réfléchir aux archétypes de multiplicateurs et de réducteurs
que vous avez rencontrés dans votre carrière et votre vie en général. La meilleure
façon d'aborder ce livre reste peut-être d'admettre que si vous-même ou vos collègues êtes parfois des multiplicateurs, vous vous reconnaissez aussi dans la peau
d'un réducteur. Le but de ce livre est de vous faire prendre conscience que vous avez
peut-être l'esprit d'un multiplicateur, mais que vous avez vécu dans un monde de
réducteurs et que vous vous êtes perdu en chemin. Il est possible que vous soyez un
réducteur involontaire.

Au cours de mon aventure dans le monde des multiplicateurs et des réducteurs, je me suis souvent retrouvée devant un miroir, actuel ou passé, et j'ai trouvé
des illustrations dans mon propre travail d'enseignement et d'accompagnement des

leaders du monde entier. J'en suis venue à constater que la plupart d'entre nous ont un côté réducteur, ou du moins quelques vulnérabilités, souvent issues des meilleures intentions. C'est certainement le cas en ce qui me concerne. Même si nous ne pouvons pas nous débarrasser intégralement de nos tendances à la réduction, nous pouvons sans nul doute nous efforcer de favoriser les moments de multiplication.

Les Multiplicateurs est un guide pour vous qui souhaitez suivre la voie du multiplicateur et, à l'image du Premier ministre britannique Benjamin Disraeli, laisser ceux qui vous rencontrent penser qu'ils sont les plus intelligents du monde plutôt que de passer pour tel. C'est un livre destiné aux cadres qui souhaitent planter dans leurs entreprises la graine des multiplicateurs afin qu'autour d'eux, tout et tout le monde s'améliore.

Il est temps pour moi de vous introduire au monde riche et fascinant de ces leaders que nous appelons multiplicateurs. Ils viennent de tous les horizons, depuis les conseils d'administration des entreprises jusqu'aux salles de classe de nos écoles, en passant par les bureaux de direction et les champs africains. Les leaders que nous avons sélectionnés représentent diverses idéologies. Je vous encourage à tirer des leçons de chacun, même de ceux dont vous ne partagez pas les opinions politiques. Aucun n'est parfait, mais en nous penchant sur leurs plus belles réussites en tant que multiplicateurs, nous découvrons de nouveaux possibles. J'espère que vous trouverez leurs histoires, leurs expériences et leur impact inspirants, autant que nous lorsque nous avons pénétré dans leurs mondes.

Résumé du chapitre un

Multiplicateurs versus réducteurs

MULTIPLICATEURS: Ces leaders sont des créateurs de génie qui font ressortir l'intelligence des autres. Ils savent bâtir une intelligence collective et contagieuse dans les entreprises.

RÉDUCTEURS: Ces leaders sont absorbés par leur propre intelligence au détriment des autres et privent l'entreprise d'intelligences et de capacités essentielles.

Les cinq disciplines des multiplicateurs

1. L'aimant à talents : Attire et optimise les talents
2. Le libérateur : Exige les meilleures réflexions
3. Le lanceur de défis : Étend la portée des défis
4. Le créateur de débats : Débat autour des décisions
5. L'investisseur : Inculque la notion de responsabilité

Le réducteur involontaire

Si les authentiques réducteurs sont plus faciles à repérer, une grande part des réductions opérées au travail proviennent de leaders bien intentionnés, qui essaient sincèrement de diriger ou d'aider leurs équipes et, ce faisant, entravent les idées et restreignent les autres.

Les résultats

En exploitant toutes les capacités de leurs collaborateurs, les multiplicateurs en obtiennent deux fois plus que les réducteurs.

DEUX

L'aimant à talents

J'utilise non seulement tous les cerveaux dont je dispose,
mais aussi tous ceux que je peux emprunter.

—WOODROW WILSON

Dès que l'on franchit le porche de sa maison de Menlo Park, en Californie, on sent que Meg Whitman, PDG d'eBay, a passé du temps sur la côte Est. Avec son architecture et sa façade en bois blanc, sa maison évoque le pavillon typique de Nouvelle-Angleterre. Elle rappelle peut-être à Meg le temps qu'elle a passé à Cambridge, dans le Massachusetts, pour ses études de commerce.

Nous sommes en septembre 2007, au début de la course à l'investiture pour la présidentielle de 2008. De nombreux candidats sont en lice pour les deux principaux partis. Ce jour-là, c'est l'occasion pour les habitants de la région de rencontrer de plus près l'un des candidats. Pour moi, c'est aussi l'occasion d'approfondir nos recherches et de mieux appréhender deux leaders intéressants.

Alors que les invités se rassemblent sur la pelouse de son jardin, Meg Whitman prend le micro et commence à présenter Mitt Romney, candidat à la présidence des États-Unis. Son discours était simple.

Quand j'étais jeune consultante chez Bain & Company, au début de ma carrière, j'ai eu la chance de travailler pour Mitt Romney. Dès le recrutement, tous les nouveaux consultants se bousculaient pour faire partie des équipes de

projet de Mitt. Pourquoi ? On disait qu'il était le meilleur patron, parce qu'il
savait comment diriger ses équipes et tirer le meilleur de ses collaborateurs.
Au contact de Mitt, tout le monde se sentait grandi.

Imaginez Meg, fraîchement diplômée d'un MBA de Harvard, prête à se faire une place dans le monde des affaires. Comme de nombreux diplômés, elle choisit de commencer sa carrière chez Bain & Company, un cabinet de consulting de premier plan. Elle sait que le département dont elle relèvera dès son arrivée déterminera sa croissance et la progression de sa carrière, ainsi que sa valeur sur le marché. L'un des consultants les plus expérimentés lui dit : « Si vous êtes intelligente, vous vous trouverez une place dans l'équipe de Mitt Romney. » Elle ne sait pas vraiment pourquoi Mitt est un si bon leader, mais comme elle est intelligente, elle se crée une place dans son équipe. En commençant à travailler avec lui, elle ne tarde pas à comprendre pourquoi.

Dans l'équipe de Mitt, les gens sont impliqués. Il prend le temps de la connaître et de déterminer quelles capacités elle peut apporter à l'équipe. Cela va bien au-delà d'un simple examen du CV. Mitt détermine ce pour quoi chacun est naturellement doué et trouve un moyen d'exploiter tous ces talents dans le cadre de telle ou telle mission. Au moment d'assigner les gens à certaines tâches, Mitt pose des questions comme « Quel est le prochain défi pour vous ? Quelle serait votre mission la plus ambitieuse ? » Il n'est pas rare que Mitt prête l'un de ses collaborateurs à une autre équipe si ses compétences peuvent aider à sauver un projet en difficulté. Lors des réunions individuelles, Mitt ne se contente pas de poser des questions sur l'avancement des livrables du projet, mais il interroge aussi sur les obstacles, l'une de ses questions préférées étant : « Qu'est-ce qui vous empêche de réussir ? »

Pendant ce temps, de nombreux collègues de Meg n'ont pas bénéficié des mêmes conseils et travaillent pour des chefs d'entreprise qui semblent plus préoccupés par l'avancement de leur propre carrière que par le développement des membres de leurs équipes. Les réunions se résument généralement à de longs briefings des chefs de projet, suivis par l'état d'avancement du projet selon chacun des consultants, avec un point sur les progrès dans leurs domaines respectifs. Tout le monde se cantonne strictement à son rôle au sein de l'équipe. Lorsqu'une personne rencontre des difficultés, elle souffre en silence et passe quelques nuits blanches plutôt que de faire appel à ses collègues. Bien sûr, en fin de compte, le travail est fait, mais les efforts individuels ne sont pas reconnus. La seule reconnaissance visible prend la forme de félicitations réservées exclusivement au chef de projet et d'une extension de ses missions. Quant aux membres de l'équipe, ils obtiennent à coup sûr un rôle du même ordre dans le projet suivant, qui ressemblera en tous points au précédent.

Dans toute entreprise, il existe des aimants à talents, des personnes qui attirent les meilleurs, les exploitent au maximum de leurs capacités et les préparent pour la prochaine étape. Ces leaders ont la réputation non seulement de produire des résultats, mais également de créer un cadre propice au développement des jeunes talents. Ils agissent comme accélérateurs de la carrière des autres.

Mitt Romney fonctionnait comme un aimant à talents. Il a accéléré la carrière de Meg Whitman, qui est devenue PDG d'eBay par la suite, multipliant par 88 le chiffre d'affaires de son entreprise. Mitt a ainsi joué le rôle d'aimant et d'accélérateur dans la carrière de centaines de personnes aux parcours similaires à celui de Meg.

Vous êtes peut-être un aimant à talents. Vos collaborateurs vous décriraient-ils comme quelqu'un qui sait reconnaître les personnes talentueuses, les attirer et les exploiter au maximum ? Diraient-ils qu'ils ont progressé avec vous plus qu'avec n'importe quel autre manager auparavant ? Ou diraient-ils que vous les avez attirés non pas comme des talents à développer, mais plutôt comme des ressources à essorer, puis à laisser dépérir ? Diraient-ils qu'ils ont été attirés au moment du recrutement par des promesses alléchantes, mais qu'on ne leur a pas donné de rôle significatif, ni même de visibilité, et qu'ils ont servi de faire-valoir ou de vernis de façade dans votre entreprise ?

Certains leaders sont comme des aimants qui attirent les talents et les développent au maximum, alors que d'autres cherchent uniquement à acquérir des ressources pour bâtir leur empire. Ce chapitre explore les différences entre ces deux approches de la gestion des talents, et l'impact que ces deux modes de leadership ont sur les équipes.

Bâtisseur d'empires versus aimant à talents

Les multiplicateurs agissent comme des aimants à talents qui attirent les personnes talentueuses et les exploitent au maximum de leurs capacités, en travaillant au mieux de leur contribution. Les multiplicateurs ont accès aux meilleurs talents, non qu'ils soient systématiquement de bons recruteurs, mais les gens se bousculent pour travailler pour eux. Comme Meg Whitman avec Mitt Romney, les gens recherchent les aimants à talents, en sachant qu'avec eux, leurs capacités seront appréciées et valorisées sur le marché.

À l'inverse, les réducteurs fonctionnent comme des bâtisseurs d'empires qui accumulent les ressources et sous-emploient les talents. Ils recrutent les meilleurs talents avec de grandes promesses, mais ils finissent par les sous-employer et, en fin de compte, les licencier. Pourquoi ? Parce qu'ils amassent souvent les ressources pour leur propre promotion et leur propre bénéfice. Les bâtisseurs d'empires accumulent au lieu de multiplier. Ils collectionnent les collaborateurs comme des objets hétéroclites dans un cabinet de curiosités, les exposant à la vue de tous sans véritablement s'en servir.

Chacune de ces approches engendre un cercle qui se répète. L'aimant à talents engendre un cercle vertueux d'attraction, tandis que le bâtisseur d'empires engendre un cercle vicieux de déclin.

Le cercle d'attraction

En 1914, quand l'éminent explorateur britannique Ernest Shackleton s'est embarqué dans une expédition pour traverser l'Antarctique, il a publié l'annonce de recrutement que voici dans le *Times* (Londres) :

Recherche hommes. Pour un voyage dangereux. Salaire faible, températures glaciales, longs mois d'obscurité totale, danger constant, retour à bon port incertain. Honneur et reconnaissance en cas de succès.

Curieusement, des centaines d'hommes ont posé leur candidature. Shackleton, avec la sagesse d'un capitaine expérimenté, a constitué son équipage avec des hommes correspondant à un certain profil : attirés par l'aventure et la reconnaissance, mais également préparés de manière réaliste aux difficultés qu'ils allaient rencontrer. Il ne fait aucun doute que la capacité de Shackleton à s'entourer de la bonne équipe a fortement contribué à la survie de chacun de ses membres.

Le cercle d'attraction commence par un leader doté de l'assurance et du magnétisme nécessaires pour s'entourer des meilleurs talents (les acteurs A, avec un talent brut et l'intelligence adéquate pour relever les défis). Sous la direction de l'aimant à talents, le génie de ces acteurs est révélé et exploité au maximum. Ainsi stimulés, ils deviennent plus intelligents et plus compétents. En quelque sorte, les acteurs A deviennent des joueurs A+ qui attirent les projecteurs et reçoivent félicitations et reconnaissance pour leur travail. Ils éveillent l'intérêt et leur valeur augmente sur le marché des talents, en interne comme en externe. Les portes s'ouvrent devant les acteurs A+ et ils saisissent les nouvelles opportunités avec le soutien total de l'aimant à talents.

Ensuite, c'est un cercle vertueux qui se répète. Alors que ce modèle d'exploitation, de croissance et d'opportunités se perpétue, d'autres personnes au sein de l'entreprise et à l'extérieur commencent à le remarquer, et le leader comme son entreprise acquièrent une réputation de « facilitateurs de croissance ». Cette réputation prend de l'ampleur et des acteurs de premier plan toujours plus nombreux affluent pour travailler dans l'entreprise de l'aimant à talents. En fin de compte, un flux constant de talents attend devant la porte, remplaçant ceux qui partent se développer ailleurs.

Le cercle d'attraction détaillé ci-dessous correspond à ce qui est arrivé à Mitt Romney chez Bain & Company, la raison pour laquelle Meg Whitman a tenu à rejoindre son entreprise.

LE CERCLE D'ATTRACTION

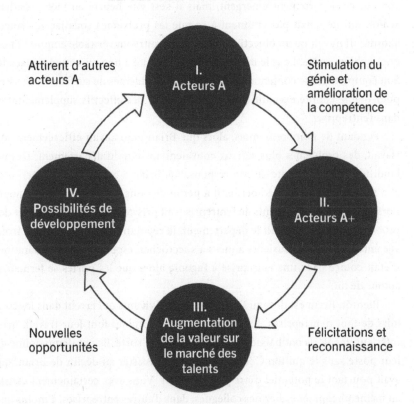

Attirent d'autres acteurs A

I. Acteurs A

Stimulation du génie et amélioration de la compétence

IV. Possibilités de développement

II. Acteurs A+

Nouvelles opportunités

III. Augmentation de la valeur sur le marché des talents

Félicitations et reconnaissance

Les aimants à talents génèrent une force puissante qui non seulement attire les talents, mais accélère le développement de l'intelligence et des capacités chez les autres, ainsi qu'en eux-mêmes. Ces leaders fonctionnent comme une force électromagnétique qui, grâce aux interactions entre les atomes, propulse la matière dans l'univers.

Le cercle de déclin

Pendant de nombreuses années, j'ai eu le plaisir de travailler en étroite collaboration avec Brian Beckham[20], un Canadien brillant et avenant. Brian avait la réputation d'être intelligent, optimiste et collaboratif, capable de résoudre n'importe quel problème complexe qui se présentait à lui. Cette réputation lui a valu le poste déterminant de vice-président des opérations dans un département en pleine croissance. L'ennui, c'était que le département était dirigé par un réducteur effréné, un bâtisseur d'empires acharné.

Brian s'est mis au travail pour résoudre les problèmes complexes que rencontrait ce département émergent, mais il s'est vite heurté au vice-président senior, qui ne tenait pas vraiment à ce que les problèmes sous-jacents soient abordés. Il n'avait qu'un objectif en tête, faire croître un véritable empire ! Et ce, quoi qu'il en coûte. Le rôle de Brian s'est vite limité à une opération de façade. Son équipe et lui se contentaient de régler les problèmes de surface, juste assez pour que le comité exécutif continue à financer des effectifs supplémentaires dans l'entreprise.

Pendant de nombreux mois, alors que Brian poursuivait efficacement son travail, des problèmes plus sérieux couvaient au sein du département. Devant l'indifférence persistante de son responsable, Brian a commencé à s'encroûter et à s'installer dans la médiocrité. Il a perdu de bons acteurs dans son équipe. Lorsque les autres dirigeants de l'entreprise ont pris conscience de l'ampleur des problèmes que rencontrait le département, la réputation de Brian s'en est trouvée entachée. Après plusieurs années à s'accrocher, espérant une amélioration, il était coincé dans une entreprise à l'agonie alors que les portes se fermaient autour de lui.

Bientôt, Brian est devenu l'un de ces morts-vivants qui errent dans les couloirs de tant d'entreprises. Extérieurement, ces zombies font leur travail, mais intérieurement, ils ont baissé les bras. En quelque sorte, ils ont démissionné de leur poste sans le quitter. C'était douloureux d'assister au déclin de Brian, qui avait pourtant le potentiel d'être une superstar. Vous avez certainement assisté au même phénomène chez des collègues, dans d'autres entreprises, à moins que vous ne soyez vous-mêmes passés par là. Peut-être même est-ce exactement ce qui se produit au sein de votre propre entreprise.

Les bâtisseurs d'empires créent un cercle vicieux de déclin. Les talents recrutés dans leur entreprise perdent rapidement leur implication et s'étiolent. Le cercle de déclin commence de la même manière que le cercle d'attraction (voilà pourquoi on peut facilement se laisser tromper par les réducteurs). Les bâtisseurs d'empires cherchent à s'entourer d'acteurs A. Mais contrairement aux aimants à talents, ils les accumulent pour paraître plus intelligents et plus puissants. Le leader étouffe le véritable génie des gens en les réduisant à des cases de l'organigramme. Par conséquent, les acteurs A ont un impact limité et commencent à ressembler davantage à des A- ou des B+. Ils ne parviennent pas à se faire remarquer pour leur travail et perdent confiance en leurs capacités intellectuelles. Ils ont tendance à s'effacer dans l'ombre du bâtisseur d'empires. Leur valeur sur le marché du travail décroît, et avec elle, les opportunités s'évaporent. Ils restent sur place et attendent en espérant que la situation va s'améliorer. Ce cercle de déclin n'affecte pas seulement les individus, mais toute l'entreprise. Elle devient alors comme un cimetière d'éléphants, là où les gens vont pour mourir. Pour reprendre les propos d'une superstar des technologies au moment de quitter son poste de vice-président : « J'ai clairement dépassé ma date de péremption ici. » Il était résigné. En d'autres termes, s'il était du lait, il aurait tourné depuis longtemps.

Entravés par leur réputation de destructeurs de carrières, les bâtisseurs d'empires peinent à attirer les meilleurs talents dans leurs entreprises. C'est peut-être la raison pour laquelle ils s'efforcent d'engranger les ressources dont ils disposent. Au départ, les bâtisseurs d'empires sont peut-être en mesure d'attirer les meilleurs, mais en se concentrant sur leur propre évolution et celle de leur entreprise, ils sous-emploient les véritables talents dont ils disposent. Par conséquent, l'entreprise stagne et tombe dans l'inertie.

Ils entraînent un cercle de déclin qui s'inscrit dans une spirale descendante, comme illustré à la page suivante.

Les bâtisseurs d'empires accumulent les ressources et sous-exploitent les talents. Les aimants à talents, quant à eux, attirent les personnes talentueuses et les exploitent au maximum de leurs capacités. Penchons-nous à présent sur les aimants à talents, ces multiplicateurs qui développent l'intelligence autour d'eux par leur cercle vertueux d'attraction.

LE CERCLE DE DÉCLIN

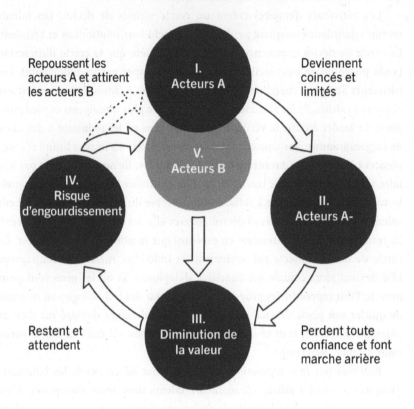

Repoussent les acteurs A et attirent les acteurs B

I. Acteurs A

Deviennent coincés et limités

V. Acteurs B

IV. Risque d'engourdissement

II. Acteurs A-

Restent et attendent

III. Diminution de la valeur

Perdent toute confiance et font marche arrière

L'aimant à talents

L'aimant à talents génère un cercle d'attraction qui augmente les performances et développe le génie. Mais est-ce uniquement applicable aux meilleurs talents et aux acteurs de premier plan ? Ou un véritable aimant à talents est-il capable de trouver et de développer le génie chez tout un chacun ?

Hexal AG est un fabricant de médicaments génériques dont le siège se situe dans un village près de Munich, en Allemagne. Hexal a été fondé en 1986 par Thomas et Andreas Strüengmann, des frères jumeaux et entrepreneurs autodidactes. Andreas, médecin de formation, est l'autorité médicale du duo tandis que Thomas est un génie du marketing international. Ces frères ont mis en commun leur savoir-faire pour créer une entreprise pharmaceutique prospère, développée principalement à partir de la réserve de talents locaux que recelait le village. Ce qui rend cette entreprise unique, c'est son approche exceptionnelle de la notion de talent, qui lui a permis d'obtenir des résultats extraordinaires à partir de personnes très ordinaires.

Tout commence par le recrutement. Ces deux dirigeants expliquent : « En entretien, nous posons une ou deux questions. Si la personne ne convient pas, nous ne poursuivons pas la conversation. Si la personne nous paraît individualiste, nous savons d'avance qu'elle ne s'adaptera pas à notre culture d'entreprise. Quand nous trouvons une personne qui correspond à notre philosophie, nous passons beaucoup de temps avec elle pour nous assurer de bien appréhender ses capacités et ce qu'elle pourrait nous apporter. » Les frères Strüengmann sont doués pour repérer et attirer les talents les plus pertinents. Une fois que les gens intègrent Hexal, ils découvrent une autre des pratiques originales mises en œuvre par les Strüengmann. Hexal n'a pas de fiches de poste à proprement parler, pas plus que d'organigramme. Et ce n'est pas comme certaines entreprises de pointe qui choisissent délibérément de ne pas publier leur organigramme de peur que d'autres ne leur volent leurs talents. Hexal n'a tout simplement pas d'organigramme, car les Strüengmanns n'y accordent aucune valeur. Les postes sont librement créés en fonction des intérêts et des capacités uniques de chacun.

Ils intitulent leur approche le « modèle de l'amibe ». En voici le fonctionnement.

Ursula était chargée d'assister le responsable du service à la clientèle. Dans ce cadre, elle était témoin d'un grand nombre de demandes répétitives pour la même action et devait continuellement informer leurs auteurs du statut de ces demandes. Elle a alors eu l'idée d'utiliser internet pour créer un système de suivi du flux de travail. Elle a rédigé une petite proposition qu'elle a envoyée à ses collègues par e-mail en leur demandant : « Qu'en pensez-vous ? » Certains lui ont répondu par e-mail, d'autres sont venus la voir dans son bureau pour en discuter en personne, mais tous s'accordaient à dire que c'était une bonne idée et qu'ils voulaient qu'elle se concrétise. Ursula a donc rassemblé les personnes dont elle avait besoin et obtenu un budget. L'équipe ainsi improvisée a conçu le système avant de le présenter aux frères Strüengmann, qui ont applaudi leurs efforts ainsi que le leadership et l'initiative d'Ursula. Les jumeaux estimaient que si une idée recevait le soutien de nombreuses personnes, alors cela signifiait qu'elle était bonne. Chez Hexal, dès qu'il y a de l'énergie, il y a matière à travailler.

En encourageant leurs employés à rechercher constamment la pertinence, ils ont réussi à obtenir d'eux une contribution maximale. Ils n'ont pas enfermé les gens dans des emplois, limitant ainsi leur participation. Au contraire, ils les ont laissé travailler là où se trouvaient leurs idées et leur énergie, là où ils pouvaient contribuer au mieux. Ils ont laissé les talents circuler, comme une amibe, et s'orienter vers les meilleures opportunités.

Les raisons de leur succès sont multiples, bien évidemment, mais il est intéressant de noter que les frères Strüengmann ont vendu Hexal (ainsi que des participations dans une autre société) à Novartis en 2005 pour 7,6 milliards de dollars. À l'âge de cinquante-cinq ans, ils valaient chacun 3,8 milliards de dollars. Lorsqu'ils dirigeaient Hexal, les frères Strüengmann ont obtenu des résultats extraordinaires chez des personnes très ordinaires. Pourquoi ? Parce que ces deux aimants à talents savaient comment libérer le génie de chacun au sein de leur entreprise.

Comment un aimant à talents trouve-t-il et libère-t-il le génie ? Une partie des réponses vous est proposée dans les quatre pratiques de l'aimant à talents.

Les quatre pratiques de l'aimant à talents

Parmi les multiplicateurs que nous avons étudiés dans le cadre de nos recherches, nous avons identifié quatre pratiques actives qui, ensemble, catalysent et font perdurer ce cercle d'attraction. Les aimants à talents : 1) recherchent le talent partout ; 2) trouvent le génie intrinsèque des gens ; 3) les exploitent au maximum de leurs capacités ; et 4) éliminent les obstacles. Examinons chacune d'entre elles pour comprendre exactement comment l'aimant à talents crée le génie chez les autres.

1. Rechercher le talent partout

Les aimants à talents sont toujours à la recherche de nouveaux talents, et ils regardent bien au-delà de leur propre circonscription. Les multiplicateurs ratissent large. Ils sont capables de découvrir des talents dans de nombreux contextes et sous diverses formes, conscients que l'intelligence revêt différentes facettes.

Savoir reconnaître tous les types de génie

En 1904, le chercheur français Alfred Binet a mis au point un test d'intelligence, qui est devenu par la suite le célèbre test de QI, afin d'évaluer les progrès de l'apprentissage chez les écoliers français. Il partait de l'hypothèse qu'une intelligence inférieure n'était pas le signe d'une incapacité à apprendre, mais d'un besoin d'enseignement plus important et différent[21]. Cet outil est rapidement devenu incontournable, utilisé comme mesure déterminante de la capacité intellectuelle. Au cours de ces deux dernières décennies, de nombreux travaux ont été réalisés par des psychologues cognitifs dans le monde entier et des méthodes supplémentaires ont été mises au point pour identifier et développer l'intelligence (théorie des intelligences multiples d'Howard Gardner, professeur à Harvard ; travaux de Daniel Goleman sur l'intelligence émotionnelle ; travaux de Carol Dweck, professeure à Stanford, sur l'effet des mentalités sur les capacités). Chaque fois, le message est sans appel : le QI est une mesure certes pratique, mais limitée, qui ne permet pas d'englober tout le spectre de l'intelligence humaine. Nous sommes plus intelligents, à bien des égards, qu'il n'est possible de le mesurer par un simple test de QI.

L'aimant à talents sait que le génie se présente sous diverses formes. Certains esprits excellent dans l'analyse quantitative ou le raisonnement verbal (des capacités mesurées par le QI, le SAT et autres tests d'intelligence cognitive traditionnels). D'autres esprits font preuve de génie créatif et innovent par des idées révolutionnaires et inédites. D'autres encore sont critiques, capables de repérer tous les problèmes ou les écueils cachés d'un plan. Le génie de certains consiste à trouver des moyens de contourner ces écueils. Par exemple, un PDG devenu investisseur en capital-risque à Tokyo nous expose la règle qu'il applique chaque fois qu'il écoute le discours de l'équipe de direction des start-ups venues chercher un financement : si les trois membres de l'équipe sont des ingénieurs, il ne se penche même pas sur le business plan. Il recherche la diversité en sachant qu'il faut un mélange de différentes formes d'intelligence pour lancer une entreprise, même axée sur les technologies.

Bill Campbell, l'ancien PDG d'Intuit décédé en 2016, était l'un de ces leaders capables de reconnaître la diversité des talents nécessaire à la création d'une entreprise florissante. Cet étudiant en économie et entraîneur de football américain à l'Université de Columbia était réputé pour avoir su diriger et conseiller l'élite des experts en technologies de la Silicon Valley. Bill a déclaré : « Leurs cerveaux sont capables d'accomplir ce que le mien ne peut pas faire. Ils ont un génie que je n'ai pas. » Il communiquait ce respect pour l'intelligence des autres au travers de ses choix. Il admettait volontiers qu'il ne pensait pas comme eux et qu'il appréciait à sa juste valeur ce qu'ils apportaient. Il écoutait attentivement les idées et les conseils de ceux qui lui offraient une perspective différente, et il demandait aux gens de lui enseigner ce qu'il ignorait. C'est grâce à cette capacité à reconnaître le génie des autres que cet ancien entraîneur de football est devenu le conseiller personnel des PDG d'Apple, de Google et de bien d'autres entreprises.

Ignorer les frontières

Dans leur quête pour rassembler les meilleurs, les aimants à talents ne tiennent pas compte des frontières établies par l'entreprise. Ils ne voient que de multiples formes d'intelligence. Les aimants à talents vivent dans un monde sans barrières ni limitations hiérarchiques ou latérales. Au contraire, ils perçoivent des réseaux de talents.

On repère facilement les aimants à talents au sein des entreprises, car ce sont ceux qui ignorent les organigrammes. Ces tableaux sont pratiques pour savoir qui travaille pour qui, et qui est responsable en cas de problème, mais ce sont des questions sans grande importance quand il s'agit de chercher le génie. Pour les aimants à talents, les organigrammes ne sont pas pertinents. Pourquoi ? Parce que tout le monde travaille pour eux (ou du moins, toutes les personnes dont ils sont en mesure de déceler le génie). L'esprit du multiplicateur fonctionne ainsi : Si je peux découvrir le génie de quelqu'un, alors je peux le faire travailler.

L'idée est simple. Les multiplicateurs comprennent que les gens aiment mettre leur génie à contribution. S'ils font l'effort de découvrir le génie chez les autres, ils leur ouvrent des pistes de contribution. Ils peuvent les utiliser. Les multiplicateurs ne se découragent pas si telle ou telle personne ne dépend pas officiellement d'eux d'après l'organigramme. Ces leaders voient une réserve de talents illimitée dans laquelle puiser. Aux yeux d'un multiplicateur, tout le monde peut travailler pour lui.

Voilà pourquoi les multiplicateurs qui dirigent des projets transversaux ou inter-entreprises peuvent occuper des postes clés ou se trouver au sommet de l'organigramme. Le dénominateur commun est leur capacité à rechercher des talents au-delà des frontières. Le PDG d'une entreprise high-tech à Pékin était constamment à la recherche des meilleurs talents dans les universités et chez ses concurrents. En fin de journée, il attendait devant les bureaux d'un concurrent dans son Uber et interceptait les employés. Une fois dans la voiture, il entamait une conversation avec eux, cherchant activement à débusquer leur génie. Si rester en planque devant les bureaux d'un concurrent jusque tard dans la nuit peut paraître extrême, c'est un excellent exemple de la ténacité avec laquelle les aimants à talents recherchent le génie partout et l'étudient ensuite afin de dévoiler et de libérer les véritables capacités de chacun.

2. Trouver le génie intrinsèque des gens

En tant que responsable du fonctionnement global au sein d'une multinationale, je passais beaucoup de temps dans des réunions transversales et des groupes de travail. Il était presque inévitable que lors de ces réunions, quand la situation devenait complexe, quelqu'un me remette un feutre et me montre le tableau blanc en disant : « Liz, dirigez la réflexion. » Je m'empressais de m'exécuter, puis je rendais le feutre. Au bout d'un moment, j'ai commencé à me demander pourquoi je n'avais presque jamais l'occasion d'assister à une réunion de A à Z, assise au fond de la salle à consulter mes e-mails. Je me suis demandé : « Pourquoi me demande-t-on toujours de diriger ces réunions difficiles ? Pourquoi me désigne-t-on toujours comme responsable alors que ce n'est même pas mon travail ? »

Après avoir vu ce schéma se répéter pendant de nombreuses années et dans divers groupes, j'ai pris conscience que l'on ne me demandait pas d'être simplement responsable, mais un type très particulier de « responsable ». J'étais sollicitée lorsqu'un groupe avait besoin d'un facilitateur et non d'un patron autoritaire. Je me rappelle très bien que l'un de mes collègues a essayé de m'expliquer pourquoi c'était toujours à moi que l'on demandait de diriger ce type de réunions. Ben m'a dit : « C'est parce que tu arrives facilement à formuler le problème, à synthétiser ce que les gens disent et à proposer un plan d'action. » Quoi ? Je l'ai dévisagé en essayant d'interpréter ce qu'il me disait. Pour moi, cela revenait à me dire que j'étais douée pour respirer. Je n'aurais jamais cru que cela puisse être particulièrement important ni difficile pour qui que ce soit. C'était aussi facile que de respirer, du moins selon mon point de vue. Ce que mes collègues m'apprenaient, c'était que j'avais une qualité intrinsèque : quelque chose que je faisais facilement et librement.

Chercher ce qui est intrinsèque

Les aimants à talents savent découvrir et accéder au génie intrinsèque des autres. Par « génie intrinsèque », j'entends quelque chose d'encore plus spécifique qu'une force ou une compétence qui pourrait obtenir une bonne note dans une évaluation à 360 degrés. Le génie ou le talent intrinsèque est quelque chose que les gens font non seulement avec un brio exceptionnel, mais tout à fait naturellement. Pour eux, c'est facile (sans effort particulier) et libre (sans condition).

Ce que les gens font facilement, ils le font sans effort conscient. Ils le font mieux que tout le reste et ils n'ont pas besoin de fournir d'effort extraordinaire pour cela. Ils obtiennent des résultats qui dépassent de loin ceux des autres, sans verser la moindre goutte de sueur.

Ce que les gens font librement, ils le font sans condition. Ils n'ont pas besoin d'être rémunérés ni récompensés pour cela, et souvent, ils n'ont pas besoin qu'on le leur demande. C'est quelque chose qui leur procure une satisfaction intrinsèque et ils offrent leurs capacités volontairement et même avec empressement. Comme cela ne leur demande aucun effort, ils sont prêts et disposés à contribuer, qu'il s'agisse d'une exigence professionnelle officielle ou non.

Trouver le génie intrinsèque de quelqu'un permet de libérer chez lui des réalisations annexes. Cela incite les gens à dépasser ce que l'on attend strictement d'eux pour mettre toute leur intelligence à disposition. Afin de trouver le génie d'une personne, il faut d'abord l'observer attentivement à l'œuvre et chercher à déceler ses élans d'enthousiasme authentiques et son flux d'énergie naturel. En observant des collaborateurs en action, demandez-vous :

- ➤ Que font-ils mieux que tout le reste ?
- ➤ Que font-ils mieux que ceux qui les entourent ?
- ➤ Que font-ils sans effort ?
- ➤ Que font-ils sans qu'on le leur demande ?
- ➤ Que font-ils volontiers sans être rémunérés ?

Lui donner un nom

Le génie intrinsèque peut être si instinctif pour les gens qu'ils ne comprennent peut-être même pas que ces capacités leur sont propres. Vous connaissez peut-être l'expression : « Les poissons sont les derniers à découvrir l'eau. » Or si les gens ne sont pas conscients de leur génie, ils sont incapables de l'utiliser délibérément. En expliquant aux gens ce que l'on constate, on peut les sensibiliser et leur faire gagner en assurance, leur permettant ainsi d'exploiter plus pleinement leurs capacités.

Les joueurs de Larry Gelwix, l'entraîneur aujourd'hui à la retraite de l'équipe de rugby presque invincible de la Highland High School, témoignent souvent qu'il a su tirer d'eux bien plus que d'autres entraîneurs. Avant de travailler avec Larry, John se considérait comme un sportif doué, mais pas exceptionnel. Larry lui a pourtant fait une remarque qui a révolutionné sa vision de lui-même. John se souvient : « Larry a complimenté ma vitesse devant tout le monde. » John a été surpris lorsque l'entraîneur a évoqué sa vitesse devant les autres co-équipiers. Il a poursuivi : « Je pensais être plutôt rapide, mais pas tant que ça. Comme Larry l'a souligné, je me suis mis à développer cette vérité sur moi-même : J'étais rapide. Et chaque fois que je me suis retrouvé dans une situation où la vitesse était requise, je me suis souvenu de son commentaire et j'ai repoussé mes limites. » John n'est pas seulement devenu rapide, il est devenu très rapide.

En nommant explicitement le génie qu'il voyait en lui, Larry a libéré cette capacité chez John. Comme John, la première réaction des gens lorsqu'ils entendent quelqu'un décrire l'un de leurs talents intrinsèques peut être l'étonnement. Vous savez que vous avez touché un point sensible du génie lorsque l'on vous répond :

« Vraiment ? Tout le monde ne peut pas faire ça ? » ou « Mais c'est trois fois rien ! » Trouver le génie intrinsèque des gens, puis réussir à le nommer, est l'une des clés permettant d'obtenir le meilleur de leur intelligence.

3. Exploiter les autres au maximum de leurs capacités

Une fois qu'un aimant à talents a découvert le génie intrinsèque des autres, il va chercher la moindre occasion pour faire appel à cette capacité. Certaines sont évidentes, d'autres demandent un regard neuf sur l'entreprise ou l'organisme. Une fois que l'aimant à talents a identifié le véritable génie d'une personne, il va braquer un projecteur sur elle afin que d'autres puissent voir son génie en action.

Associer les gens et les opportunités qui leur correspondent

Courtney Cadwell, professeure de mathématiques au collège, venait de prendre son premier poste à l'Egan Junior High School, dans le département scolaire de Los Altos. Elle avait un amour profond et sincère pour les mathématiques et les sciences, ainsi qu'un penchant pour l'innovation et la volonté d'expérimenter de nouvelles idées. Que ferait un proviseur typique avec une personne comme Courtney ? S'assurerait-il qu'elle soit épanouie au travail ? La ferait-il passer au niveau supérieur ou lui donnerait-il les meilleures classes ? En procédant ainsi, il ne manquerait pas de montrer sa valeur à l'école tout entière, ce qui renforcerait sa motivation à enseigner.

La passion de Courtney pour l'expérimentation et l'innovation en classe a attiré l'attention de sa directrice, à qui l'on avait demandé de recommander un enseignant en particulier pour piloter une solution d'apprentissage intégré qui serait récupérée par la Khan Academy. Le département avait en effet établi les lignes directrices d'une vision nouvelle avec pour objectif de révolutionner l'apprentissage pour tous les élèves. La surintendante adjointe Alyssa Gallagher devait mettre sur pied une équipe pilote.

Les quatre enseignants sélectionnés, tous passionnés par la refonte de l'enseignement des mathématiques, se sont lancés dans le projet. Alors qu'ils développaient de nouvelles approches pour intégrer en profondeur la technologie et l'apprentissage en ligne dans leur programme, ils se sont heurtés à de nombreux obstacles et à des zones d'ombre. Courtney est intervenue, posant des questions, explorant diverses options et aidant ses collègues à comprendre les difficultés rencontrées. Alyssa a remarqué que ces zones d'ombre semblaient faire ressortir le leadership naturel de Courtney. Mais pourquoi ? En l'observant plus attentivement, Alyssa a remarqué que Courtney avait le génie de s'épanouir dans la complexité. Plus les problèmes étaient complexes, plus Courtney était douée.

Après avoir mené à bien son projet pilote, Alyssa a fait appel à l'équipe de Courtney pour faire passer ces nouvelles stratégies pédagogiques d'apprentissage intégré au niveau supérieur et étendre ces pratiques à toutes les classes de mathématiques, impliquant plus de cinquante enseignants. Elle a demandé à Courtney d'être la référente en mathématiques du département et de consacrer la moitié de son temps à sa propre classe et l'autre aux enseignants, qu'elle guiderait dans la mise en œuvre des technologies au sein de leurs classes. Chaque fois que ces professeurs se heurtaient à des obstacles, Courtney les aidait à s'orienter. Lorsqu'un enseignant s'est avéré incapable de se projeter dans une classe sans un ordinateur pour chaque élève, Courtney lui a demandé ce qu'il pensait être capable de mettre en œuvre avec cinq ordinateurs seulement. Ils ont rapidement trouvé un moyen de faire tourner les élèves autour des quelques postes disponibles. Grâce à l'encadrement attentif de Courtney, les enseignants ont réussi à transcender leurs questions pour passer aux étapes suivantes jusqu'à ce que les nouvelles stratégies d'apprentissage intégré soient devenues évidentes dans les classes de tout le département.

Dès la troisième année, cette passion pour l'innovation était devenue contagieuse dans toute l'école. La communauté des parents d'élèves s'en est aperçue et s'est empressée de fournir des fonds supplémentaires pour financer trois postes d'encadrement à temps plein (un consultant en intégration des technologies, un consultant en stratégies d'innovation et un consultant STEM, science, technologie, ingénierie et mathématiques). En tant que consultante STEM à temps plein, Courtney pouvait désormais encourager tous les enseignants à repenser leurs pratiques pédagogiques, non seulement en mathématiques, mais aussi en sciences. L'intérêt pour l'innovation de cette équipe était tel qu'Alyssa a organisé des journées portes ouvertes afin que d'autres chefs d'établissement viennent apprendre comment créer des environnements d'apprentissage intégré et révolutionner eux aussi leurs méthodes. Le moment venu, Courtney était disponible pour les aider à affronter les zones d'ombre.

Quand les leaders associent les passions naturelles des gens et leur génie intrinsèque avec les meilleures opportunités, on peut dire qu'ils les exploitent véritablement au mieux de leurs capacités. Pour Alyssa, il ne s'agissait pas d'une agréable surprise, mais d'une approche mûrement délibérée. Elle a étudié Courtney, ainsi que chacun des autres membres de l'équipe, et elle a remarqué ce que chacun d'entre eux faisait naturellement et librement. Ensuite, elle les a fait travailler au mieux de leurs capacités, répondant ainsi aux besoins qu'avait le département de révolutionner l'apprentissage pour tous les élèves.

Connaissez-vous certaines personnes dans votre équipe qui pourraient amorcer une véritable révolution si seulement on les associait aux opportunités qui leur correspondent ? Connaissez-vous certaines personnes dans votre équipe qui ne sont pas utilisées au maximum de leurs capacités ?

Braquer les projecteurs

Chaque été, dans les Sierra Mountains en Californie, environ soixante-quinze adolescentes se réunissent avec enthousiasme pour leur camp annuel de jeunes filles (une semaine de bons moments, d'aventure et de camaraderie qui constitue souvent un rendez-vous majeur dans leurs jeunes vies). Le camp est entièrement géré par une soixantaine de bénévoles. Ces six dernières années, Marguerite Hancock a occupé le poste de directrice bénévole du camp, responsable de ce formidable groupe de jeunes et de chefs.

Marguerite est la directrice exécutive du Computer History Museum et elle a exercé avant cela en tant que directrice de recherche à l'Université de Stanford. C'est une femme intelligente, accomplie et extraordinairement compétente, une leader forte aux idées uniques et porteuses. L'une de ses directrices adjointes a confié : « Marguerite est si compétente qu'elle pourrait gérer elle-même presque tous les aspects du camp. » Or ce qui est intéressant chez Marguerite, ce n'est pas qu'elle pourrait le faire, mais justement qu'elle ne le fait pas. Au contraire, en bonne multiplicatrice, elle fait appel à l'intelligence et au dévouement des cinquante-neuf autres responsables qui permettent la mise en œuvre de ce camp.

Marguerite commence par constituer une « dream team » recrutée avec soin pour le génie individuel de chacun. L'une des directrices adjointes nous a dit : « Marguerite étudie les gens. Elle les observe jusqu'à découvrir ce qu'ils font de mieux. Elle a choisi ses directeurs adjoints non seulement pour leurs atouts, mais aussi parce que nous avions tous des forces dans les domaines où elle s'estimait faible. » Ensuite, elle trouve une place où le génie de chaque personne peut briller. Pour certains, il s'agit du travail en tête à tête avec les jeunes filles, pour d'autres la gestion du programme sportif, pour d'autres encore l'animation de la veillée autour du feu de camp. Toujours est-il que les rôles sont attribués avec soin pour tirer parti des talents uniques de chaque membre de l'équipe.

Marguerite explique ensuite clairement à chacun pourquoi il a été sélectionné pour tel ou tel rôle. Elle ne se contente pas de désigner leur talent, elle le nomme et le décrit. Un responsable du camp a déclaré : « Elle m'explique le talent qu'elle voit en moi et en quoi c'est important. Elle me dit pourquoi le camp sera meilleur grâce à moi et à mon travail. » Mais Marguerite ne s'arrête pas là. Elle s'assure aussi que tous les autres le sachent. Il n'est pas rare qu'elle présente quelqu'un au groupe en disant :

« Voici Jennifer. Cette fille est un génie créatif, et nous avons beaucoup de chance de l'avoir à la tête de notre programme artistique. »

Une fois son équipe de talent réunie, Marguerite se rend au fond de la salle, derrière les projecteurs, et les braque successivement sur chacun. Elle ne tarit pas d'éloges, mais ce ne sont jamais des banalités. Ses compliments sur le travail des autres sont toujours personnalisés et publics. Les responsables voient ainsi le lien direct entre leur travail et le succès du camp. Une responsable du camp a déclaré : « Elle ne se contente pas de vous dire que vous faites un excellent travail, mais elle vous explique en quoi cela va compter pour les filles. Je sais que mon travail est apprécié. »

Marguerite trouve le génie des autres et le met en lumière afin que chacun puisse voir son talent en action. Et qu'est-ce qui en résulte ? Une expérience qui forge le caractère et transforme la vie de soixante-quinze jeunes filles, mais également une expérience profondément enrichissante pour les cinquante-neuf responsables qui travaillent aux côtés de Marguerite.

4. Éliminer les obstacles

Les aimants à talents attirent et développent le génie et l'intelligence, et les leaders qui agissent comme multiplicateurs fournissent à la fois l'espace et les ressources nécessaires à ce développement. Pourtant, les aimants à talents ne se contentent pas de donner des ressources aux gens. Ils éliminent aussi les obstacles, ce qui revient souvent à éliminer les personnes qui entravent et empêchent le développement des autres. Dans presque toutes les entreprises, il y a des personnes qui écrasent les autres et consomment les ressources qui auraient autrement servi à favoriser le développement de leurs collègues. Un peu comme les mauvaises herbes dans un jardin, elles étouffent le développement de l'intelligence qui les entoure.

Se débarrasser des divas

Bloom Energy, au cœur de la Silicon Valley, a mis au point un système de piles à combustible qui produisent de l'énergie propre, durable et abordable. Première entreprise de technologie verte de la société de capital-risque Kleiner Perkins Caufield & Byers, Bloom Energy est devenue leader de son secteur. À la tête de Bloom Energy, on retrouve K. R. Sridhar, scientifique réputé dans les secteurs de l'aéronautique, de l'espace et de l'environnement, et leader visionnaire dans le domaine de l'énergie.

Lorsque Sridhar a lancé Bloom Energy, il a commencé par ce qu'il appelle « l'ingénierie du patrimoine génétique ». K. R. explique : « Les meilleurs acteurs attirent d'autres meilleurs acteurs. Leur intelligence et leur passion donnent envie à d'autres personnes intelligentes et passionnées de venir travailler ici. Les cinquante premiers employés sont donc les plus importants et les plus difficiles à obtenir. » Au moment où Bloom Energy devait embaucher ses cinquante premiers employés, les industries vertes n'étaient pas encore développées comme aujourd'hui. K. R. a donc décomposé chaque technologie dont ils auraient besoin pour construire leurs générateurs d'énergie, puis il a identifié la meilleure entreprise dans chaque technologie. Ensuite, il a effectué des recherches et trouvé la personne la plus indispensable au sein de chacune, celle que l'entreprise en question ne voulait perdre sous aucun prétexte. Il a alors contacté ces personnes, leur expliquant le défi audacieux que Bloom Energy s'apprêtait à entreprendre, et les a recrutées. Ainsi, il s'assurait de créer un « patrimoine génétique » de talents techniques de pointe, les meilleurs dans leurs domaines respectifs. Il a établi une règle : ici, pas de diva (laissez votre ego à la porte et travaillez en équipe). Il disposait enfin des talents dont il avait besoin, et le travail de mise en place d'une équipe capable de fournir ces technologies énergétiques intégrées a pu commencer.

Au sein de cette équipe d'élite, un expert en technologie s'est avéré particulièrement indispensable. Stefan, un scientifique exceptionnel, était l'expert mondial de la technologie qui constituait le pivot de leur solution. À mesure que l'équipe travaillait, il est devenu évident que Stefan ne pouvait pas collaborer et qu'il campait sur ses positions quant à la direction technique que l'entreprise devait prendre. La tension montait au sein de l'équipe, car la société venait de s'engager à livrer une importante version bêta dans les mois à venir. K. R. a donc convoqué Stefan dans son bureau pour lui exposer la situation, mais ce dernier ne voulait pas céder. Conscient qu'il était essentiel à la viabilité technique de l'entreprise, K. R. s'est rendu à l'évidence : c'était soit lui, soit l'équipe. K. R. a eu beau lui en faire part, l'ego de Stefan l'empêchait de renoncer.

Après réflexion, et après avoir mesuré les risques encourus, K. R. a pris sa décision. Il avait choisi l'équipe. Dans l'heure qui a suivi, il a raccompagné Stefan à la porte, puis il s'est tourné vers le reste de l'équipe et lui a expliqué ses raisons. « Je nous fais courir un risque important, mais je sais que nous avons la capacité de surmonter cela. Je suis convaincu que nous allons nous en sortir, même s'il faut prévoir des retards importants », a-t-il expliqué. Au début, le groupe est resté silencieux, ébahi que K. R. soit prêt à laisser partir son meilleur expert. Un membre de l'équipe a fini par troubler le silence pour déclarer : « Il n'y aura pas de retard. Nous réussirons ce que nous n'avons encore jamais fait, mais nous allons y arriver. » Avec une énergie renouvelée, l'équipe a travaillé d'arrache-pied sans compter ses week-ends ni ses heures supplémentaires. Elle a fait appel à des consultants dotés de l'expertise qui leur manquait et a maintenu le rythme pendant dix-huit mois, tout en développant ses compétences pour combler le vide laissé par le départ de Stefan. Ils ont fini par livrer le produit avec succès, avec deux jours de retard seulement sur leur échéance initiale !

Cet incident a permis à l'entreprise de poser ses bases : uniquement les meilleurs du secteur, mais pas de diva. K. R. Sridhar a accéléré le développement des actifs intellectuels de son entreprise en se débarrassant de la diva qui entravait l'intelligence de l'équipe. Aujourd'hui, Bloom Energy est une entreprise florissante souvent citée comme la raison qui pousse Kleiner Perkins à continuer d'élargir son portefeuille de technologies vertes.

Le génie individuel peut être trompeur. À première vue, il peut sembler trop coûteux d'éliminer un acteur particulièrement intelligent, même si son effet sur l'équipe est réducteur. Mais il suffit de faire le calcul pour prendre conscience du coût inestimable du génie destructeur. Nos recherches ont confirmé invariablement que les réducteurs poussaient les autres à fonctionner à environ 50 % de leur intelligence et de leurs capacités. Il peut être difficile de se débarrasser d'un employé ou d'un leader brillant, mais les bénéfices peuvent s'avérer précieux. Dans une équipe de travail de onze personnes, le retrait d'un réducteur peut entraîner l'équivalent d'un recrutement de cinq personnes à temps plein, avec dix personnes fonctionnant à 100 % de leurs capacités. Vous perdez peut-être un cerveau, mais vous en regagnez cinq. C'est une loi mathématique.

Bien souvent, les leaders savent qui sont ces personnes qui entravent les autres. L'erreur la plus commune qu'ils commettent est d'attendre trop longtemps pour les éliminer. Demandez-vous si vos collaborateurs les plus brillants n'entravent pas l'intelligence de votre entreprise et si vous ne perdez pas du temps en repoussant le moment d'éliminer ces obstacles. Pour libérer le talent en sommeil dans votre entreprise, identifiez les mauvaises herbes et arrachez-les. Ne cherchez pas la discrétion. Comme K. R. Sridhar, réunissez immédiatement le reste de l'équipe et faites-leur savoir que vous avez écarté telle personne parce qu'elle freinait le groupe. Donnez aux autres la permission de penser à nouveau pleinement.

Prendre ses distances

Parfois, l'aimant à talents élimine la diva qui fait obstacle à l'intelligence des autres, mais parfois, il arrive que l'obstacle soit le leader lui-même. Le regretté gourou du management C. K. Prahalad (décédé en avril 2010) était l'un de mes mentors. Un jour, il m'a fait part d'un vieux dicton indien : « Rien ne pousse sous un banian. »

C'est un arbre qui fournit de l'ombre, dont le tronc et les racines sont confortables, mais qui ne laisse pas passer suffisamment de soleil pour la croissance. De nombreux leaders sont des banians, ils protègent leurs équipes, mais rien ne pousse sous leur supervision.

Une vice-présidente avait un leitmotiv qu'elle répétait souvent et qui était inscrit sur sa porte : « Ignorez-moi autant que nécessaire pour réaliser votre part du travail. » Ce simple mantra témoignait d'une grande confiance dans le discernement et les capacités des autres. Ses employés savaient qu'il était plus important d'exercer leur jugement et d'effectuer efficacement le travail que de plaire à leur patronne. Elle expliquait aux nouvelles recrues : « Bien sûr, par moments, je serai dans tous mes états parce que j'aurais fait les choses différemment, mais je m'en remettrai. Je préfère que vous fassiez confiance à votre discernement, que vous avanciez et que vous assuriez le travail. »

Les aimants à talents suppriment les obstacles qui entravent le développement de l'intelligence de leurs collaborateurs.

Le monde de l'aimant à talents est en mouvement perpétuel. Le talent est attiré par la puissante attraction gravitationnelle de l'aimant. Il est alors pleinement exploité, développé et constamment disposé à relever de nouveaux défis. La vie avec un bâtisseur d'empires n'offre pas les mêmes sensations fortes. C'est un monde de stratégie, de prés carrés et de limitations.

L'approche de la gestion des talents par le réducteur

Les multiplicateurs partent du principe que le talent existe partout et qu'ils peuvent l'exploiter à son maximum s'ils parviennent à identifier le génie des autres. Les réducteurs, en revanche, estiment que les autres doivent constamment leur rendre des comptes pour avancer. Un directeur général appartenant à cette catégorie a déclaré que la seule chose qui n'allait pas dans le département informatique aux résultats insatisfaisants, c'était qu'il ne dépendait pas de lui. À ses yeux, la principale solution était de posséder lui-même les ressources. Les réducteurs sont des propriétaires de talents et non des développeurs. Et comme ils ne développent pas activement les talents, les membres de leur entreprise dépérissent et courent le risque de régresser.

Maintenant, penchons-nous sur la vision du monde entretenue par les réducteurs et demandons-nous en quoi ces comportements affectent les personnes et les entreprises :

ACQUÉRIR DES RESSOURCES. Les bâtisseurs d'empires concentrent leur énergie sur l'acquisition des ressources et leur intégration dans des structures où elles seront visibles, sous la supervision clairement identifiée du leader. Pour certains, cette accumulation de talents peut même devenir une obsession.

Souvenez-vous de Jasper Wallis, le réducteur du premier chapitre, un homme coûteux pour son entreprise et obsédé par l'importance de son département par rapport à ceux de ses pairs de l'équipe de direction. Après avoir passé des années à bâtir son empire de la main droite tout en masquant, de la gauche, les problèmes sous-jacents, Jasper a obtenu la totale, avec une tour de bureaux, un centre des relations à la clientèle et un campus de formation pour son département uniquement. Mais son entreprise s'était fragilisée après une croissance aussi rapide et débridée, accumulant de nouveaux problèmes d'intégration et de coordination. Le gouffre n'a cessé de se creuser jusqu'à ce que le département soit drastiquement réduit et intégré à un autre. À l'image de la Rome impériale, son empire a fini par devenir trop étendu et s'est effondré sous son propre poids.

ENFERMER LES GENS DANS DES CASES. Diviser pour mieux régner, tel est le modus operandi des bâtisseurs d'empires. Ils font appel à de grands talents et leur confient des fiefs, mais ils ne les encouragent pas à sortir de leurs murs. Au lieu d'offrir un large champ d'action à leurs équipes, les bâtisseurs d'empires s'assurent d'être eux-mêmes l'unique point d'intégration. On repère facilement un bâtisseur d'empires, parce qu'il ou elle exerce exclusivement au moyen de tête-à-tête individuels ou organise les réunions du personnel sous forme de rapports officiels de chaque fief.

Un manager était connu pour prendre d'importantes décisions en tête-à-tête plutôt qu'avec son équipe, favorisant ainsi les stratégies en sous-main de ses subalternes. Chacun se battait pour obtenir le tête-à-tête tant convoité (celui du vendredi après-midi). Pourquoi ? Parce que tout le monde savait qu'il prenait ses décisions seul pendant le week-end et qu'il les annonçait lors de sa réunion du personnel le lundi matin. Son équipe n'avait pas tardé à comprendre que la personne avec laquelle il s'entretenait en dernier le vendredi après-midi exerçait sur lui le plus d'influence. Non seulement son approche « diviser pour mieux régner » maintenait les autres dans des rôles trop étroitement définis, mais c'était une méthode de prise de décisions dangereuse et coûteuse.

LAISSER LES TALENTS DÉPÉRIR. Les bâtisseurs d'empires étouffent souvent leurs talents en leur volant la vedette. Ils se comportent souvent comme des divas, insistant pour passer le plus clair de leur temps sous les projecteurs et pour que les scénarios leur fassent la part belle. Si les aimants à talents mettent en valeur, les bâtisseurs d'empires tirent la couverture à eux.

En attirant les projecteurs sur eux, les bâtisseurs d'empires restreignent les autres, mais pire encore que ce qu'ils font, notons ce qu'ils ne font pas. Ces managers recherchent activement les talents, mais n'encouragent pas leur développement. Pour la plupart, ils ne prêtent pas attention à l'épanouissement des autres. Dans la partie quantitative de notre recherche, nous avons constaté que « développer les talents de l'équipe » figurait parmi les trois compétences les plus faibles du réducteur.

Une autre façon d'étouffer les talents, c'est de ne pas se débarrasser du bois mort. L'un des réducteurs que nous avons étudiés était connu pour avoir fait dépérir son entreprise par son inaction. Les gens disaient : « Avec son équipe de direction, il ne prenait jamais de décisions. Ils ne faisaient pas de vagues et se contentaient d'analyser. » Au lieu de renvoyer les leaders toxiques ou inefficaces, il leur retirait lentement leurs pouvoirs. Un observateur a commenté : « C'était une torture de voir certains de ses employés se faire peu à peu mettre au placard. C'était comme un enfant qui arrache les pattes d'une araignée une à une et la regarde essayer de boitiller. »

Les leaders de type bâtisseurs d'empires font appel à de grandes ressources, mais ils les sous-exploitent pour la simple raison qu'ils les sous-estiment. Ils continuent à fonctionner sur le mode « un cerveau, plusieurs mains » qui freine le développement de l'intelligence et du talent autour d'eux. Les réducteurs bâtissent des structures où les gens sont condamnés à mourir. Voilà pourquoi ils coûtent si cher aux entreprises. Les actifs de leur portefeuille ne prennent jamais de valeur.

Devenir un aimant à talents

La promesse d'un multiplicateur est d'obtenir deux fois la capacité de ses employés, plus un bonus sous forme de croissance à mesure que leur génie se développe sous sa direction. Examinons maintenant quelques points de départ pour quiconque souhaite devenir un aimant à talents.

Comment créer ce cercle vertueux de croissance et de développement au sein de votre entreprise ? Il est possible d'amorcer la dynamique en apprenant à devenir un chasseur de génie (repérer le génie intrinsèque de tous ceux qui vous entourent). Imaginez par exemple une directrice d'entreprise, « chasseur de génie », qui observe les membres de son équipe et remarque ce qu'ils font naturellement et librement. Au lieu de dresser l'inventaire de ceux qui mènent à bien leurs missions, elle se demande : « Comment pourrais-je utiliser leur génie naturel afin de remplir nos principaux objectifs ? » Ou encore, imaginez ce nouveau directeur de lycée qui, après avoir pratiqué la chasse au génie dans sa propre équipe pendant deux semaines, se rend compte qu'il devient de plus en plus facile pour lui de repérer le génie partout. Alors qu'il assiste à une réunion du département scolaire, il remarque Ellen, la conseillère d'orientation d'un lycée concurrent, qui souligne les nombreuses difficultés que les établissements risquent de rencontrer en adoptant tel ou tel programme. Son talent pour faire remonter à la surface les problèmes potentiels l'avait agacé lors des précédentes réunions, mais cette fois, il lui semble utile et il en vient à se demander qui, dans son équipe, dispose de ce génie pour déceler les obstacles et en quoi il pourrait l'utiliser.

Si vous souhaitez améliorer votre capacité à voir, nommer et exploiter le génie de ceux qui vous entourent, essayez les trois expériences suivantes. Chacune d'entre elles correspond à une compétence essentielle pour l'aimant à talents en devenir. L'annexe E reprend les fiches de travail complètes qui vous permettront de réaliser la plupart des expériences mentionnées dans le livre.

1. **NOMMER LE GÉNIE.** Amorcez ce cercle vertueux en puisant dans le génie intrinsèque d'une personne en particulier et en libérant ses réserves cachées de génie naturel. Vous pouvez commencer par identifier le génie intrinsèque de chaque membre de votre équipe (ce qu'ils font facilement et librement). Vous pouvez choisir d'être sélectif et vous concentrer sur une personne avec laquelle vous avez du mal à travailler ou que vous ignorez comment exploiter à son plein potentiel. Vous avez peut-être eu l'intention d'évincer cette personne de l'équipe. Au lieu de vous demander : « Cette personne est-elle intelligente ? », essayez de vous demander : « En quoi cette personne est-elle intelligente ? » Vous pourriez découvrir quelque chose qui viendra interrompre le cycle des idées reçues. Une fois que vous aurez pris l'habitude d'identifier le génie intrinsèque (chez vous et chez les autres), vous pourrez réaliser cet exercice avec l'ensemble de l'équipe de direction afin que chacun soit conscient du génie intrinsèque des autres membres de l'équipe.

2. **TAILLER PLUS GRAND.** Quand vous réfléchissez au travail de quelqu'un, adoptez la même approche que lorsque vous achetez des chaussures pour un petit enfant. Comment le parent astucieux choi-

sit-il la pointure ? Il commence par mesurer le pied de l'enfant, puis il achète une paire d'une pointure supérieure. Et comment réagit le parent lorsque son enfant essaie ces chaussures et avance d'un pas hésitant dans l'allée du magasin en se plaignant qu'elles lui font un drôle d'effet et que ses pieds remuent à l'intérieur ? Il le rassure : « Ne t'inquiète pas, tu vas grandir avec. »

Essayez d'estimer à la hausse le travail de quelqu'un. Évaluez ses capacités actuelles, puis confiez-lui un défi un peu trop grand pour lui (confiez à un collaborateur un rôle de leader, donnez à un responsable plus de pouvoir de décision). S'il vous paraît surpris, reconnaissez ouvertement que ce nouveau rôle ou cette responsabilité peut sembler étrange à première vue, puis prenez vos distances et regardez-le évoluer.

3. **SE SÉPARER D'UNE SUPERSTAR.** Ce qui est peut-être plus difficile que de voir un acteur de premier ordre quitter votre équipe, c'est de savoir que c'est vous qui l'avez encouragé à partir. Si la plupart des managers essaient de retenir leurs meilleurs éléments, les meilleurs leaders savent quand l'heure est venue de les laisser partir. Ils savent reconnaître quand une superstar a pris trop d'ampleur pour son environnement. Comme des parents qui regardent leur enfant partir à l'université, ils éprouvent des sentiments mitigés, mais ils savent au fond d'eux que l'autre a besoin de défis plus grands. Y aurait-il quelqu'un dans votre équipe qui a besoin d'un défi plus grand et qui risque de s'étioler si vous ne le laissez pas partir ?

Viser en haut à droite

Sue Siegel, ancienne présidente d'Affymetrix et multiplicatrice extraordinaire, a réfléchi à l'ensemble de son expérience en tant que leader. Elle a déclaré : « Le meilleur a toujours été ces moments où les membres de mon équipe m'appelaient après avoir atteint un objectif difficile ou surmonté un obstacle majeur. Ils étaient généralement épuisés, mais ils débordaient d'enthousiasme. Ce défi les avait fait grandir. Ces moments étaient exaltants pour eux comme pour moi. » En effet, ceux qui ont travaillé pour Sue décrivent cette période comme un moment déterminant dans leur carrière.

Les aimants à talents encouragent les autres à se développer, puis à partir. Ils rédigent des lettres de recommandation et aident les membres de leur équipe à accéder à leurs prochaines étapes. Quand ces derniers quittent le groupe, ils fêtent leur départ et rappellent leurs succès à tout le monde. Dites-vous que ces félicitations sont leur meilleur outil de recrutement.

Jack et Suzy Welch ont écrit : « L'avantage de compter parmi les employeurs préférés des gens, c'est que cela vous permet d'avoir de bons collaborateurs et d'amorcer un cercle vertueux. La meilleure équipe attire la meilleure équipe, et les succès entraînent souvent d'autres succès. C'est une aventure que vous et vos employés ne voudrez jamais abandonner. »[22] Les aimants à talents créent un cercle d'attraction exaltant pour l'employeur comme pour l'employé. Leurs entreprises sont des cadres de travail très convoités et les gens se bousculent pour travailler pour elles, sachant que l'aimant à talents les fera progresser et s'épanouir, véritable accélérateur pour leur carrière. C'est un tour de montagnes russes avec la frénésie et l'enthousiasme qui l'accompagnent. Et comme le tableau du chiffre d'affaires dont rêve tout directeur financier, ils visent sans cesse « en haut à droite ».

Résumé du chapitre deux

Bâtisseur d'empires versus aimant à talents

BÂTISSEURS D'EMPIRES attirent de grands talents, mais ils les sous-emploient parce qu'ils accumulent les ressources et ne les exploitent que pour leur propre bénéfice.

AIMANTS À TALENTS ont accès aux meilleurs talents parce que les gens ont envie de travailler pour eux, sachant qu'ils seront pleinement employés et encouragés, prêts pour la prochaine étape.

Les quatre pratiques de l'aimant à talents

1. *Rechercher le talent partout*
   - Savoir reconnaître tous les types de génie
   - Ignorer les frontières
2. *Trouver le génie intrinsèque des gens*
   - Chercher ce qui est intrinsèque
   - Lui donner un nom
3. *Exploiter les autres au maximum de leurs capacités*
   - Associer les gens et les opportunités qui leur correspondent
   - Braquer les projecteurs
4. *Éliminer les obstacles*
   - Se débarrasser des divas
   - Prendre ses distances

Devenir un aimant à talents

1. Nommer le génie
2. Tailler plus grand
3. Se séparer d'une superstar

Mobilisation des ressources

	Bâtisseurs d'empires	Aimants à talents
Ce qu'ils font	Accumuler les ressources et sous-exploiter les talents	Attirer les talents et les développer pour en tirer la meilleure contribution
Ce qu'ils obtiennent	La réputation d'être une personne pour laquelle les acteurs A devraient éviter de travailler (« là où les gens vont pour mourir »)	La réputation d'être une personne pour laquelle les acteurs A devraient travailler (« là où les gens vont pour s'épanouir »)
	Des personnes sous-exploitées dont les capacités s'atrophient	Des personnes pleinement exploitées dont le génie ne cesse de se développer
	Des acteurs A désabusés qui se coupent des autres acteurs A	Des acteurs A inspirés qui attirent d'autres acteurs A dans l'entreprise
	Une stagnation des talents, et des joueurs A désabusés qui se démotivent	Un flot d'acteurs A attirant d'autres acteurs A tandis qu'ils évoluent dans l'entreprise et au-delà

Découvertes surprenantes

1. Les aimants à talents et les bâtisseurs d'empires attirent tous deux les meilleurs talents. Ce qui les différencie, c'est ce qu'ils font de ces talents une fois qu'ils ont franchi la porte de l'entreprise.

2. Les aimants à talents ne sont jamais à court de talents même lorsqu'ils poussent leurs employés vers des opportunités plus belles et meilleures, car il y a un afflux constant de talents impatients de travailler dans leur entreprise.

Le Libérateur

La seule liberté qui ait une importance durable est celle de l'intelligence, c'est-à-dire la liberté d'observation et de jugement.

—JOHN DEWEY

Michael Chang[23] a commencé sa carrière dans une petite société de consulting. En tant que jeune manager, il exprimait ses opinions avec conviction et favorisait l'honnêteté franche et abrupte. Avec le temps, il a compris les effets néfastes d'une telle approche et s'est dit : « À l'évidence, cela n'aide pas les gens à s'épanouir. »

Michael a pris conscience que lorsqu'on devient leader, le centre de gravité cesse d'être soi-même. Son mentor lui a appris que le travail du leader consistait à mettre les autres en valeur. Lorsqu'il a commencé à se concentrer sur les autres, il est devenu moins autoritaire et a appris à leur laisser de l'espace. Là où il avait l'habitude d'intervenir et de tout faire à leur place, il a appris à se retenir. Il a ainsi découvert que non seulement les autres prenaient des initiatives, mais qu'ils pouvaient même surprendre en produisant quelque chose de mieux que ce qu'il aurait fait lui-même. En devenant un leader plus mature, il a appris à se montrer direct sans être destructeur, à créer un environnement dans lequel il pouvait dire la vérité et faire grandir les autres.

Aujourd'hui, ce manager est le PDG d'une start-up en plein essor. Il a développé de nombreuses pratiques qui permettent aux autres de donner le meilleur d'eux-mêmes. Il fournit un effort conscient pour créer un environnement favorable à la formation en recrutant des personnes présentant un vif intérêt pour l'apprentissage et en admettant lui-même ses propres erreurs. Ainsi, il donne aux autres la permission de commettre des erreurs et d'apprendre de leurs erreurs. Lorsqu'il donne son avis, il distingue les « opinions dures » des « opinions molles ». Les opinions molles sont un signal pour son équipe, en d'autres termes, quelques pistes de réflexion à prendre en compte. Les opinions dures, en revanche, sont réservées aux moments où il est nécessaire de donner un avis tranché.

C'est un exemple de leader qui a commencé sa carrière en tant que tyran autoritaire, mais qui est devenu un multiplicateur et un libérateur. C'est une évolution radicale si l'on considère que le chemin de moindre résistance, pour la plupart des leaders intelligents et investis, est de devenir un tyran. Même Michael a dit : « J'admets qu'il est tentant d'être tyrannique quand c'est une possibilité. »

Regardons les choses en face. Les environnements professionnels et les entreprises modernes offrent la configuration parfaite pour le leadership de réduction, avec une forme de tyrannie systémique. Les organigrammes, la hiérarchie, les fiches de poste, les matrices d'approbation détournent le pouvoir vers le sommet et incitent les gens à baisser la tête et à se conformer. Dans toute entreprise basée sur la hiérarchie, le terrain est rarement égalitaire. Les leaders confirmés sont au sommet et les idées descendent tout naturellement du haut vers le bas. Les protocoles (établis pour créer un certain ordre) empêchent involontairement les gens de réfléchir. Dans le meilleur des cas, ces protocoles limitent la liberté de mouvement intellectuelle en enfermant dans un carcan la pensée de ceux qui s'y soumettent. Dans le pire des cas, ces systèmes empêchent toute réflexion.

Ces structures hiérarchiques permettent aux tyrans de régner sans partage. En tant que chefs, ces leaders peuvent facilement étouffer et restreindre la pensée de ceux qui les entourent.

Penchons-nous sur l'histoire de Kate, une chef d'entreprise qui a commencé sa carrière en tant que jeune employée intelligente, motivée et créative. Elle a été promue à un poste à responsabilités, passant rapidement du statut de simple manager à celui de vice-présidente, avant de prendre la tête d'une grande entreprise. Elle se considère toujours comme un leader visionnaire créatif et ouvert d'esprit. Mais dans un récent rapport d'évaluation à 360 degrés, elle a eu la désagréable surprise de constater que ses collaborateurs n'étaient pas de cet avis. En lisant le rapport, elle a constaté que ses idées pourtant percutantes entravaient la créativité et les capacités de ses collaborateurs. De plus, sa soif de résultats empêchait les autres d'être honnêtes et de prendre des risques. L'un des commentaires disait : « Il est plus facile de se mettre en retrait et de laisser Kate réfléchir. » Kate était sous le choc.

Chaque étape qu'elle avait franchie en gravissant les échelons de l'entreprise lui avait donné un peu plus de pouvoir pour étouffer sans le vouloir les idées des autres. La nature de la hiérarchie faisait pencher les jeux de pouvoir, de sorte que chaque conversation de Kate avec un subordonné s'en trouvait biaisée, car le terrain jouait en sa faveur. Une remarque spontanée pouvait être interprétée comme une ligne directrice et transformée en protocole pour son département. Il suffisait qu'elle lève les yeux au ciel ou soupire après le commentaire de quelqu'un pour que tout le monde s'en rende compte et se garde bien de dire quoi que ce soit sous peine de provoquer la même réaction. Elle avait plus de pouvoir qu'elle ne le croyait. En fin de compte, elle était devenue une réductrice involontaire.

J'ai dû faire une overdose de films de guerre à l'université, car ils ont tous commencé à se ressembler. Inévitablement, il y avait cette scène où un soldat qui sentait arriver la catastrophe se mettait au garde-à-vous et demandait nerveusement au commandant : « Je demande la permission de parler librement, monsieur. » Je n'ai jamais compris cette étrange tradition et pourquoi quelqu'un avait besoin de la permission de parler librement. Après tout, j'étais moi-même à la fac, où penser et parler librement étaient la norme. Mais après plusieurs années dans la vie professionnelle, tout est devenu clair. Les hiérarchies formelles étouffent les voix, et souvent les idées, de ceux qui se trouvent au bas de l'échelle.

Les multiplicateurs, en revanche, libèrent les gens des forces oppressives de la hiérarchie. Ils leur permettent ainsi de penser, de parler et d'agir avec discernement. Ils créent un environnement propice, où les meilleures idées émergent et où les collaborateurs donnent le meilleur. En un mot, ils accordent aux autres la liberté de penser.

Tyran versus libérateur

Les multiplicateurs créent un environnement passionné où la pensée et le travail de grande qualité peuvent s'épanouir. Les tyrans, en revanche, créent un environnement crispé qui étouffe la pensée et les capacités des gens.

Un leader crispé

Jenna Healy était vice-présidente des opérations de terrain pour une grande entreprise de télécommunications. Du haut de son mètre soixante, elle donnait pourtant l'impression de dominer les gens qui travaillaient pour elle. Jenna était un leader intelligent et sérieux, avec une solide expérience, et pourtant c'était un tyran absolu.

Ses collègues nous ont confié : « Elle a créé un environnement d'hystérie. Elle instillait la peur autour d'elle, intimidait et brimait les gens jusqu'à obtenir ce qu'elle voulait. Sa principale approche du leadership était : Que pouvez-vous faire de plus pour moi ? » Quand quelqu'un a ajouté : « Elle ressemble un peu à l'impitoyable Miranda Priestly dans *Le Diable s'habille en Prada* », j'ai tout de suite saisi l'image.

Non seulement Jenna harcelait ses employés, mais elle frappait au hasard. Il était difficile de prévoir ce qui la mettrait en colère ou qui serait la prochaine victime. Une personne se souvient : « On avait l'impression qu'on pouvait être le prochain à tout moment. J'étais stressé, à bout de nerfs et toujours sur la corde raide. » Ses collègues plaisantent : « Il faudrait un système d'alarme spécial Jenna, histoire que les gens sachent quand ils doivent partir se mettre à l'abri. »

La réunion trimestrielle de Jenna à Denver était l'un de ces moments. Jenna avait réuni une équipe transversale pour faire le point sur la situation de l'entreprise sur le marché américain. Il s'agissait d'un compte-rendu typique de l'activité, chaque service présentant à tour de rôle où il en était. Après plusieurs présentations, Daniel, le responsable des technologies de l'information, a commencé la sienne en montrant aux autres chefs de service les données sur l'utilisation que faisait le personnel de terrain des outils informatiques que son équipe avait créés. Puis il a ajouté : « À la lumière de ces chiffres, je me demande si les équipes de terrain profitent vraiment des outils informatiques mis à leur disposition. » À en juger par la réaction de Jenna, on aurait pu croire qu'il venait de lui annoncer que son équipe était stupide et paresseuse. Elle a rétorqué : « Vous ne savez pas de quoi vous parlez », avant de le sermonner devant le groupe. L'échange s'est envenimé et a duré pendant dix minutes gênantes. Lorsque quelqu'un a finalement proposé une pause, tout le monde s'est précipité vers la porte, mais Daniel est resté dans l'espoir de poursuivre sa confrontation avec Jenna. Une fois seuls dans la salle, ils ont continué sans retenue et des cris ont résonné dans le couloir.

Si la dispute était houleuse dans la salle de conférence, à l'extérieur il régnait un silence glacial. Tout le monde applaudissait silencieusement Daniel pour avoir osé tenir tête à cette brute, mais ceux qui n'avaient pas encore fait leur présentation étaient pétrifiés de peur. La tension était palpable. Les chanceux qui avaient déjà pris la parole souhaitaient bonne chance à leurs collègues, qui s'empressaient de remanier leurs exposés à la dernière minute, supprimant tout ce qui risquait de susciter la controverse chez leur supérieure déjà remontée. Chacun a édulcoré sa présentation et la réunion s'est terminée sans encombre, mais en fin de compte, il n'y avait eu aucune avancée majeure.

L'entreprise de Jenna a connu des progrès modestes, sans jamais atteindre ses objectifs en matière de chiffre d'affaires et de qualité de service. Un jour, elle est allée trop loin et s'en est prise à l'un de ses partenaires, ce qui lui a valu d'être licenciée. Son poste suivant a été celui de directrice d'exploitation, mais elle n'a tenu que deux semaines avant d'être rétrogradée. Six mois plus tard, on lui a demandé de partir.

Les gens se brident avec des leaders comme Jenna. Ces tyrans bloquent le flux d'intelligence, ce qui les empêche bien souvent d'obtenir le meilleur de leurs collaborateurs. Partout où ils vont, les gens en font moins que ce qu'ils pourraient réellement faire. Il n'est donc pas étonnant qu'ils recourent à l'intimidation, croyant obtenir ainsi ce qu'ils veulent (de meilleures réflexions et un travail de qualité). Mais l'intimidation et la peur produisent rarement un travail remarquable.

Penchons-nous maintenant sur l'exemple d'un autre responsable des ventes et des services.

Un leader passionné

Robert Enslin est le président des Global Customer Operations pour SAP AG, le géant mondial du logiciel. Originaire d'Afrique du Sud, il s'exprime avec une assurance placide. Robert est très respecté et jouit d'une réputation de directeur des ventes juste et pertinent qui fait grandir les entreprises pour lesquelles il travaille et obtient d'excellents résultats.

Accessible à tous, Robert se place au même niveau que tous ses collaborateurs. L'un de ses managers nous a confié à son sujet : « Il n'a pas son pareil pour vous désarmer. C'est un homme ordinaire, comme les autres. Même si vous vous situez trois échelons en dessous de lui, il tient à connaître votre opinion. » Ainsi, les gens sont plus transparents avec lui. Ils n'ont pas l'impression de devoir lui dire ce qu'il veut entendre. Cette approche facile crée une sécurité pour l'entourage de Robert. Et cette sécurité lui permet de diriger son immense département des ventes sans mauvaises surprises.

Il y a plusieurs années, on a demandé à Robert de prendre en charge la filiale japonaise de SAP afin de résoudre des problèmes spécifiques de performances commerciales. Lorsqu'il a rencontré sa nouvelle équipe de direction au Japon, lors de la première réunion prospective, il a constaté que le processus était catastrophique. Au lieu d'user de son autorité, de juger leur échec et de leur dicter sa solution, Robert a pris du recul et a amorcé un processus d'apprentissage. Il les a aidés à prendre conscience des limites de leur processus et des avantages d'une nouvelle approche. Ensuite, il s'est appuyé sur leur connaissance de l'entreprise japonaise et leur a demandé : « Comment pourrions-nous passer au niveau supérieur ? » Il a permis à l'équipe de tester de nouvelles approches et de résoudre le problème par elle-même. Il est resté avec eux pendant des mois jusqu'à ce qu'ils soient capables de mettre en place un processus de prospective produisant des résultats fiables et prévisibles pour l'entreprise.

Robert était connu pour son approche collective, sa constance et son calme, des qualités qui ont été mises à rude épreuve lorsqu'il est devenu responsable de la branche nord-américaine en 2008, au moment où l'économie mondiale s'effondrait. Alors que les dépenses étaient suspendues et les importants achats de capitaux mis en attente, tous les cadres commençaient à paniquer. La tension était à son comble aux bureaux de SAP à Newtown Square, près de Philadelphie. Et la tension augmentait plus on se rapprochait de la porte vitrée de la direction.

Dans une salle de conférence, Robert et sa nouvelle équipe de direction se sont réunis pour prévoir leur stratégie de vente dans ce nouvel environnement économique. Tous les membres de l'équipe savaient que Robert avait rencontré les cadres supérieurs et qu'il subissait une forte pression. Ils sont donc arrivés à la réunion prêts à souffrir à leur tour (après tout, c'était le service des ventes). Mais Robert est demeuré calme et fidèle à lui-même en dépit du chaos. Son équipe en est venue à se demander s'il n'avait pas lu les nouvelles ou s'il avait été absent lors des réunions de direction. Il a ouvert la réunion en reconnaissant la gravité de la situation économique, mais il a suggéré de mettre cela de côté. Ensuite, il a fait en sorte que l'équipe se concentre sur les problèmes qu'elle maîtrisait, puis il a demandé : « Que pourrions-nous faire pour nous démarquer dès maintenant ? » En sécurité dans leur domaine d'expertise et leur champ de maîtrise, les membres du groupe ont travaillé à identifier la proposition qui les aiderait à positionner leurs solutions dans ce climat tourmenté. Après la discussion, il a demandé : « Comment pourrions-nous aider les gens à se tourner vers nos produits pour qu'ils en tirent la meilleure valeur économique ? » Une fois de plus, le groupe a pu s'atteler à cette question et mettre un plan sur pied.

Son équipe a déclaré : « Nous savons qu'il a dû subir une pression de la part de ses supérieurs, mais il n'a pas reporté son anxiété sur nous. Il est resté serein et n'a jamais craqué. Il n'y a pas eu de coup de fouet pour ses collaborateurs. » Un autre leader de chez SAP a dit : « En cas de crise, il pose encore plus de questions (les mêmes qui vous obligent à réfléchir à la situation, mais plus nombreuses). On sent sa main en arrière-plan qui guide les décisions. »

Le calme de Robert n'est pas synonyme de mollesse. Il est aussi passionné et concentré que n'importe quel autre cadre performant. La différence réside dans sa manière de se concentrer. Son collègue poursuit : « Il est dur sur les questions, mais doux avec les gens. Les gens sentent qu'il les soutient, et quand ils commettent une erreur, il les aide à la réparer sans s'en prendre à eux. Il dégage une aura qui semble dire que nous sommes tous dans le même bateau. Le stress est réparti sur l'ensemble du groupe de sorte qu'aucun individu ne le ressente de façon disproportionnée. » Un membre de son équipe de direction a déclaré : « Robert ne ramène pas les choses à lui. Avec lui, il n'est question que des autres et il cherche à obtenir le meilleur de chacun. »

La solidité de Robert et son ouverture d'esprit ont apporté sagesse et stabilité à une entreprise qui aurait facilement pu sombrer dans la crise.

Crispé versus passionné

Les tyrans créent un environnement crispé, chargé de stress et d'angoisse. Les libérateurs comme Robert, en revanche, favorisent un environnement passionné qui exige concentration, application et énergie. Les gens sont encouragés à penser par eux-mêmes et ressentent l'obligation de faire de leur mieux.

Les réducteurs créent un environnement stressant parce qu'ils ne cèdent pas aux autres le contrôle de leurs propres performances. Ils se comportent comme des tyrans, exerçant leur volonté sur l'entreprise et poussant les autres à se restreindre, à se replier et à se censurer. En présence d'un tyran, les gens ne veulent pas se faire remarquer. C'est un peu comme l'attitude d'un peuple sous le règne d'un dictateur politique. Les tyrans obtiennent des autres une réflexion réduite, les propositions les moins risquées et un travail tout juste passable.

Si le tyran crée un stress qui pousse les gens à se restreindre, le libérateur crée l'espace nécessaire pour que les autres se mettent en avant. Si le tyran varie constamment, créant des coups de pression dans l'entreprise, le libérateur impose une stabilité qui génère un véritable élan créatif.

Le libérateur

Le libérateur crée un environnement favorable au positif, les conditions où l'intelligence peut entrer en jeu, se développer et aboutir à des réussites concrètes. Quelles sont les conditions nécessaires à ce cercle d'apprentissage et de réussite ? Citons notamment :

➤ On génère facilement des idées.
➤ Les gens apprennent rapidement et s'adaptent à de nouveaux environnements.
➤ Les gens travaillent en coopération.
➤ On résout des problèmes complexes.
➤ On accomplit des tâches difficiles.

Penchons-nous sur trois libérateurs, issus de secteurs très différents, qui ont su créer ces conditions et libérer leurs entreprises pour leur permettre de penser et de mieux fonctionner.

Libérateur n° 1 : L'investissement dans l'entreprise

L'Argentin Ernest Bachrach est le directeur et associé d'Advent International, une société d'investissement privé. Fort de vingt-sept ans d'expérience dans le domaine de l'investissement international et diplômé de l'Université de Harvard, Ernest est sans conteste un expert. Mais son génie réside surtout dans l'environnement qu'il a su mettre en place pour libérer le génie de son entreprise.

L'un de ses analystes a décrit ainsi son approche : « Ernest fait un effort conscient pour créer un environnement favorable. Il organise des forums pour que les gens puissent exprimer leurs idées. Mais il a des exigences précises sur ce que chacun doit faire avant d'exprimer son opinion. Il faut présenter des données. Il n'aime pas les opinions infondées. »

Ernest a créé un système d'apprentissage dans son entreprise. Chaque fois qu'il identifie des problèmes de performance, il s'empresse de donner son avis. Ce sont des commentaires directs et parfois sévères, mais il les dispense à petites doses afin que chacun puisse y remédier, en tirer des leçons et s'adapter. Il enseigne à son entreprise que les erreurs font partie de la vie dans le secteur des investissements. Comment réagit-il aux erreurs ? Tout d'abord, il ne panique pas et ne lance pas des reproches au hasard. Un membre de son équipe a déclaré : « Il nous fait savoir que lorsque les décisions sont collectives, les erreurs le sont tout autant. Personne n'est directement coupable. » Ensuite, l'équipe procède à une autopsie et apprend comment éviter l'erreur la fois suivante. Il semble qu'Ernest sache créer un environnement qui tire le meilleur parti des investissements qu'il a faits dans son personnel.

Libérateur n° 2 : Rencontres du premier type

Tout le monde connaît Steven Spielberg en tant que réalisateur à succès, et il y a de fortes chances que votre liste des dix meilleurs films comprenne l'un des siens.

Mais pourquoi ses films ont-ils autant de succès, avec une moyenne de 156 millions de dollars par film ? Certains diront que c'est son génie créatif et sa capacité à raconter des histoires. D'autres souligneront son éthique au travail. Mais le véritable « ingrédient actif » est peut-être sa capacité à obtenir davantage de son équipe que les autres réalisateurs. Les personnes qui ont travaillé sur les films de Spielberg témoignent : « C'est avec lui qu'on travaille le mieux. »

S'il suscite les meilleures réflexions chez ses collaborateurs, c'est parce qu'il sait ce qu'ils sont réellement capables de produire. Bien qu'il connaisse intimement le travail de chacun, il ne le fait pas à leur place. Il leur explique qu'il les a engagés parce qu'il admire leur travail. Il utilise sa connaissance du travail et de leurs capacités personnelles pour établir une norme et exiger d'eux les meilleurs efforts.

Il arrive avec des idées fortes, mais il précise aussi que les mauvaises idées sont un bon point de départ. « Toutes les bonnes idées commencent par de mauvaises idées. Voilà pourquoi cela prend autant de temps. » Il crée un environnement ouvert et créatif, mais il exige toujours de son équipe un travail hors du commun. L'un des membres de son équipe déclare : « Il attend des gens qu'ils fassent de leur mieux. Et quand vous ne donnez pas le meilleur de vous-même, vous le savez. »

Alors, pourquoi Spielberg produit-il autant de films à succès ? Parce que son équipe est deux fois plus productive que celle de certains réalisateurs tyranniques que nous avons étudiés. Parce que Spielberg crée un environnement dans lequel les gens peuvent donner le meilleur d'eux-mêmes, et où les artistes et le personnel s'engagent à travailler avec lui sur de futurs projets. Spielberg va même jusqu'à gérer bien souvent deux projets simultanés à différents stades de production, car son équipe est fidèle et lui permet de passer directement au projet suivant. Il obtient ainsi le meilleur de leur travail et une productivité deux fois supérieure ! Quant à eux, ils ont le plaisir de créer des films primés à ses côtés.

Libérateur n° 3 : Un enseignant exemplaire

Prenez le temps de penser aux meilleurs professeurs que vous avez eus. Arrêtez-vous un instant et identifiez-en un ou deux. Quels types d'environnement d'apprentissage ont-ils créés ? De quel espace et de quelle liberté de pensée disposiez-vous ? Quelles étaient les attentes à l'égard de vos performances ? Comment développaient-ils et utilisaient-ils votre potentiel ? Et quelles étaient vos performances réelles ? J'ai posé ces questions à une dizaine d'élèves de quatrième qui suivaient les cours de Monsieur Kelly.

Patrick Kelly enseigne l'histoire des États-Unis et les sciences sociales dans un collège public de renom en Californie. Son cas a attiré mon attention quand j'ai appris que, chaque année, lors de la cérémonie de remise des diplômes du collège, il recevait non seulement plus d'applaudissements et de remerciements de la part des élèves diplômés que n'importe quel autre enseignant, mais qu'il en recevait plus que l'intégralité du corps enseignant réuni. C'est son nom qui revient le plus souvent, on l'aime et on le déteste plus que n'importe quel autre professeur de l'établissement. Pourquoi ?

J'ai obtenu un premier élément de réponse lors de la soirée de rentrée des parents d'élèves du collège La Entrada. C'est l'une de ces soirées que redoutent les parents de plusieurs enfants, car personnellement, avec mes quatre enfants, je dois me démultiplier pour assister aux présentations de différents professeurs, souvent en même temps, défiant ainsi les lois de la physique. Ma fille, élève de quatrième, m'a dit : « C'est mon emploi du temps. Assiste à autant de cours que tu peux, mais surtout, tu dois aller au cours de sciences sociales de Monsieur Kelly. Ne sois pas en retard. Ne parle pas pendant sa présentation. Et ne réponds pas au téléphone. Mais surtout, ne sois pas en retard. Maman, tu as bien compris qu'il ne faut pas être en retard ? » Quand je suis arrivée dans sa classe, j'étais à la fois intimidée et intriguée. Après les douze minutes de présentation de Monsieur Kelly, je suis repartie passionnée pour les études sociales de niveau quatrième, prête à démissionner pour retourner au collège apprendre l'histoire des États-Unis.

Comment fait-il pour toucher les élèves et les parents de manière aussi puissante ?

Tout commence par l'environnement de sa classe. Il fait clairement comprendre que vous êtes ici pour travailler dur, pour réfléchir et pour apprendre. Un élève témoigne : « Dans son cours, il ne tolère pas la paresse. On doit toujours travailler, se creuser la tête et comprendre ses erreurs pour en tirer des leçons. » C'est un environnement sérieux propice à la concentration, qui devient plus léger et chaleureux à mesure que les élèves deviennent plus studieux. Dans ce contexte, les élèves sont encouragés à prendre la parole et à exprimer leurs opinions. Il est tout aussi important de poser les bonnes questions que de répondre à l'une des siennes.

Les attentes de Monsieur Kelly en matière d'éducation sont à la fois claires et extrêmement élevées. Un élève déclare : « D'après lui, des attentes élevées donnent des résultats élevés. Il exige le meilleur de nous-mêmes. Il nous fait comprendre que si nous nous donnons à fond, nous réussirons. » Un autre ajoute : « Il ne nous cache rien et nous fait savoir ce que nous devons améliorer. Il exige que nous travaillions au mieux de nos capacités. » Ni plus ni moins, au mieux de leurs capacités. Il n'y a pas de devoirs après les cours, rien d'obligatoire ni d'imposé. Au lieu de quoi, les élèves sont encouragés à conduire des « études indépendantes » afin de mieux comprendre leurs idées et réussir les examens. Les élèves, qui ont fait ce choix eux-mêmes, mènent ces études indépendantes avec application.

Tous les élèves n'aiment pas Monsieur Kelly. Certains le trouvent trop dur, trop exigeant, et ses attentes injustes par rapport à celles des autres enseignants. Pour les élèves qui recherchent la facilité, sa classe peut être un environnement inconfortable. Mais la plupart sont interpellés par son intelligence et sa dévotion et s'épanouissent sous ses conseils. Ils touchent du doigt sa passion contagieuse et deviennent eux-mêmes passionnés par les droits civiques, la constitution américaine et leur rôle dans le processus électoral.

Patrick Kelly est un multiplicateur qui permet à ses élèves de penser et d'apprendre. Il crée un environnement propice, où les élèves peuvent s'exprimer, tout en leur demandant de réfléchir et de donner le meilleur d'eux-mêmes. Sans surprise, 98 % des élèves de sa classe obtiennent des résultats de niveau « compétent » ou « avancé » aux tests gouvernementaux standard, contre 82 % trois ans plus tôt.[24]

Un climat hybride

Le secret de l'environnement que Monsieur Kelly a su créer dans sa salle de classe (ou Ernest Bachrach dans son entreprise, Steven Spielberg sur ses plateaux de tournage) réside dans cette dualité portée, d'après nos constats, par tous les libérateurs. Ils semblent tenir deux positions manifestement opposées avec une passion égale. Ils créent à la fois du confort et une forme de pression. Pour le libérateur, c'est du donnant-donnant : je te donne de l'espace, tu me donnes ton meilleur travail.

Les libérateurs donnent également aux autres la possibilité de commettre des erreurs. Ils créent un environnement propice à l'apprentissage, mais ils attendent des autres qu'ils apprennent de leurs erreurs. Une fois de plus, l'échange est équitable : je te donne la permission de commettre des erreurs, tu as l'obligation d'apprendre de ces erreurs et de ne pas les répéter. Le pouvoir des libérateurs provient de cette dualité. Il ne leur suffit pas de libérer la pensée des gens. Ils créent un environnement passionné qui exige le meilleur des réflexions et du travail des autres. S'ils génèrent de la pression, ils ne génèrent pas de stress.

Les libérateurs fonctionnent avec cette dualité comme une voiture hybride qui passe sans difficulté du moteur électrique au moteur à essence. À faible vitesse, une voiture hybride fonctionne en mode électrique. À grande vitesse, elle utilise l'essence pour répondre aux exigences supplémentaires du moteur. Ces leaders créent un environnement ouvert et confortable où les gens peuvent réfléchir et contribuer librement. Lorsqu'ils ont besoin de plus de puissance, ils font tout simplement appel à leur exigence, attendant des autres leurs meilleures performances.

Comment les libérateurs créent-ils des environnements sûrs et ouverts, tout en exigeant sans relâche le meilleur des réflexions et du travail de leur entourage ? Comment libèrent-ils le plein potentiel des cerveaux de leur organisation ? Penchons-nous sur les pratiques du libérateur pour trouver les réponses à ces questions.

Les trois pratiques du libérateur

Chez les multiplicateurs que nous avons étudiés dans le cadre de nos recherches, nous avons identifié trois pratiques communes. Les libérateurs : 1) dégagent de l'espace ; 2) exigent le meilleur chez les autres ; et 3) génèrent des cycles d'apprentissage rapides. Nous allons analyser chacune de ces pratiques.

1. Dégager de l'espace

Tout le monde a besoin d'espace. Nous avons besoin d'espace pour apporter notre contribution et pour travailler. Les libérateurs ne partent pas du principe que les autres disposent de l'espace dont ils ont besoin. Ils vont donc dégager consciemment de l'espace afin que les autres puissent contribuer à leur aise. Étudions quelques exemples.

Libérer les autres en se retenant soi-même

C'est une petite victoire que de parvenir à dégager un espace où les autres se sentiront libres de contribuer, et c'est une grande victoire que de maintenir cet espace et de résister à la tentation de venir l'occuper soi-même. C'est tout particulièrement vrai dans les entreprises classiques à structure hiérarchique, où les gens ont l'habitude de s'en remettre à leurs dirigeants.

Ray Lane, ancien président d'Oracle Corporation et éminent spécialiste du capital-risque de la Silicon Valley, est passé maître dans l'art de la retenue. L'un des PDG de son portefeuille a observé : « Ray comprend l'importance de la retenue dans le leadership. Il sait que moins correspond à plus, et il ne gaspille jamais une opinion. »

Lorsque Ray part en visite auprès de la direction d'un client potentiel, vous pouvez compter sur deux choses : 1) le client voudra entendre Ray parler du haut de sa grande expérience ; et 2) Ray sera prêt. Pourtant, aussi attirant que ce soit, il se retiendra. Il échangera quelques banalités en guise d'introduction, mais il laissera l'équipe de vente s'occuper de l'affaire. Au cours de la conversation, des questions seront soulevées sur lesquelles Ray aura un point de vue, mais il attendra toujours. Son équipe, tout en sachant que Ray assurerait certainement mieux qu'elle, poursuivra néanmoins son travail. Ce n'est qu'une fois qu'elle aura terminé que Ray interviendra dans la conversation. Il n'assenera pas ses idées et ne se lancera pas dans un long monologue. Il écoutera attentivement avec, en tête, les idées précises qu'il aura l'intention de placer. Il dispensera ses opinions à petites doses, mais avec passion.

Un collègue de longue date de Ray a fait à son sujet la remarque suivante : « Il garde souvent le silence pendant de longues périodes lors des réunions importantes. Il écoute ce que disent les autres. Et quand il prend enfin la parole, tout le monde l'écoute. »

Ray a la réputation d'être un brillant stratège, et c'est peut-être l'un des communicants les plus pertinents de son secteur. Mais au lieu d'en faire trop et de mettre ses propres idées en avant, il sait faire de la place aux autres et accorder sa présence là où elle aura le plus de puissance et d'impact pour son équipe.

Modifier le ratio entre écoute et parole

Les libérateurs ne sont pas vaguement doués pour écouter, l'écoute est leur point fort. Ils écoutent pour alimenter leur soif de connaissances, pour apprendre ce que savent les autres et l'ajouter à leur propre réserve de savoirs. Comme me l'a dit un jour le regretté gourou du management, C. K. Prahalad : « Votre intelligence est définie par la clarté avec laquelle vous pouvez voir celle des autres. » Les libérateurs écoutent attentivement, parce qu'ils essaient d'apprendre et de comprendre ce que savent les autres.

John Brandon, l'un des principaux cadres d'Apple Inc., dirige une entreprise qui génère des dizaines de milliards de dollars de chiffre d'affaires chaque année dans trois régions du monde. John est un chef des ventes rempli d'énergie, avec un emploi du temps si chargé, entre voyages d'affaires et réunions, qu'il peut être difficile d'y dégager du temps. Pourtant, quand ses collaborateurs directs le rencontrent en tête-à-tête, il leur accorde sa présence pleine et entière. John les écoute attentivement et cherche à comprendre leur réalité, ce qui se passe réellement sur le terrain, avec les clients et les affaires en cours. Il pose des questions pertinentes qui vont au cœur du problème. L'un de ses subordonnés a déclaré : « La différence avec John n'est pas qu'il écoute, mais qu'il écoute à l'extrême. » Dans une conversation classique, il passe 80 % de son temps à écouter et à poser des questions. En écoutant, en posant des questions et en approfondissant les sujets, John acquiert une connaissance des réalités de l'entreprise et comprend, auprès de son équipe, les opportunités et les problèmes auxquels elle est confrontée. Cette approche collaborative a permis à l'entreprise de John de connaître une croissance phénoménale de 375 % au cours des cinq dernières années. John, qui a pourtant toute la capacité d'impressionner son auditoire, sait se retirer et écouter.

Les libérateurs n'écoutent pas seulement une partie du temps, ils écoutent la plupart du temps, modifiant le ratio en profondeur et dégageant un espace pour que les autres puissent partager ce qu'ils savent.

Créer un espace pour la découverte

John Hoke, chef du design global de Nike Inc., a réuni ses responsables pour une semaine de séminaire afin d'explorer les nouvelles idées en matière de design et identifier des pistes sur la manière dont ils pourraient multiplier leurs talents au sein de l'entreprise, m'invitant à intervenir. Il ne s'attendait pas à entendre que son optimisme débordant pouvait être un problème, mais il a rapidement pris conscience que son style de leadership et son espoir écrasant pouvaient être à l'origine d'une certaine angoisse. Son équipe lui a fait part de la pression extraordinaire qu'elle ressentait systématiquement quand venait le moment de livrer un design qui se devait d'être impeccable. À l'approche des Jeux olympiques et avec les promesses de la marque, le groupe a tenu à souligner qu'il n'y avait tout simplement aucune place pour l'échec.

Avec les encouragements de John, son équipe et moi-même avons entrepris de définir un espace d'expérimentation. Nous avons réparti leurs différents scénarios de travail en deux catégories : dans l'une, l'échec était acceptable ; dans l'autre, le succès était l'unique option. Le groupe a débattu de chacun d'eux jusqu'à se mettre d'accord sur tous les scénarios. En moins d'une heure, ils avaient créé une sorte de terrain de jeu, un espace où l'équipe pouvait se mettre en difficulté sans danger et courir le risque d'échouer sans nuire à leurs partenaires ou à leur entreprise. Une fois les limites clairement définies, l'équipe de John n'avait pas besoin de son optimisme unilatéral, car un espoir vibrant d'énergie irradiait à présent de l'intérieur.

Cette réflexion s'est propagée au reste de la communauté du design chez Nike, incitant d'autres leaders comme Casey Lehner, directrice principale des opérations de design global, à introduire l'objectif de performance « risquer et tenter ». Chaque directeur des opérations de design était invité à identifier un élément pour lequel il prendrait un risque, puis à tenter des solutions tout au long de l'année. Casey a déclaré : « Pour moi, il ne s'agit pas d'échouer, mais de tester des prototypes. Si un membre de mon équipe a une idée qu'il souhaite approfondir, je lui suggère de se lancer et je lui apporte mon soutien au besoin. Si la tentative ne fonctionne pas, nous pouvons toujours apprendre et évoluer à partir de là. »

Cette initiative de « risquer et tenter » rendait légitime la possibilité d'un échec et créait un espace de sécurité permettant aux designers de prendre à bras-le-corps des problèmes intimidants. L'un des vingt membres de son équipe a déclaré : « Elle nous donne les moyens de nous confronter à la pression et de prendre des risques. » Un autre a ajouté : « Elle nous offre cet équilibre incroyable entre la liberté de tester et sa présence constante à nos côtés quand nous avons besoin de soutien. » En 2012, le personnel de Casey Lehner l'a secrètement présentée au prix du Multiplicateur de l'Année, avant de fêter sa victoire lorsqu'elle l'a remporté[25].

Niveler le terrain

Dans toute entreprise traditionnelle, le terrain est inégal et certaines voix sont naturellement privilégiées. Il s'agit généralement des cadres supérieurs, des leaders influents, des départements essentiels comme le développement de produits ou les ventes, et de tous ceux qui disposent d'une connaissance approfondie de l'entreprise. Si rien ne change, d'autres voix qui pourraient être plus proches des vrais problèmes risquent d'être étouffées. Les libérateurs savent amplifier ces voix pour en extraire le maximum d'intelligence et donner l'avantage aux idées qui émergent au bas de l'échelle.

Mark Dankberg est président du conseil d'administration et PDG de ViaSat Inc., qu'il a cofondé en 1986. Sous sa direction, ViaSat a toujours été l'une des entreprises de technologies américaines à la croissance la plus impressionnante, nommée trois fois dans la liste des 500 entreprises privées à la croissance la plus rapide. Pourtant, même s'il est à la tête d'une grande entreprise dont le chiffre d'affaires annuel s'élève à 1,4 milliard de dollars et qui compte plus de 4000 employés.

Mark veille à ce que la structure hiérarchique n'empêche pas les meilleures idées d'être entendues et de remonter. Il part du principe que si vous embauchez des personnes vraiment compétentes, vous n'avez pas à vous laisser entraver par les organigrammes. Si un membre de l'équipe d'ingénierie identifie un problème dans un autre secteur, il est invité à s'exprimer et l'entreprise va chercher à y remédier. Chez ViaSat, un vice-président ou un PDG peut être interpellé par un ingénieur de première année, tout juste sorti de l'université. D'ailleurs, on encourage les nouvelles recrues à prendre la parole et on leur prête toujours une oreille attentive. Mark précise : « La sagesse ne vient pas seulement du sommet ; on la retrouve dans tous les secteurs de l'entreprise. Mais en tant que leader, il ne faut pas se contenter de ne pas la décourager, il faut encourager activement les gens à s'exprimer. Le leader doit poser des questions et inviter même les employés les plus récents à exprimer leurs idées. »

Keven est le directeur juridique de ViaSat. Il a commencé à travailler avec Mark alors qu'il était jeune avocat dans un cabinet externe. Keven a déclaré : « Ce qui est intéressant, c'est que, quel que soit mon niveau, Mark m'a toujours traité de la même manière. Avec lui, je me sens encouragé à réfléchir et à apporter mon point de vue mûrement pensé. Les titres ne vous accordent pas plus de respect ; ce qui compte, c'est ce que vous apportez. Quand j'étais plus jeune, Mark écoutait toujours mes idées. » Keven se souvient d'un jour où il était nouveau chez ViaSat et travaillait pendant les vacances. Il a accompagné son chef dans le bureau de Mark pour lui faire part de son opinion sur une question précise. Le débat qui s'en est suivi a duré trois heures. Keven a été très impressionné de constater que l'opinion d'un jeune avocat comptait pour ce PDG, et cette expérience l'encourage encore des années plus tard.

Lorsque l'activité de transport commercial de ViaSat a connu une croissance rapide, l'entreprise a réuni une équipe comprenant à la fois des leaders chevronnés et des managers plus novices pour élaborer un plan de développement. Alors que l'équipe commençait à prendre des décisions sur les différentes fiches de poste, un cadre expérimenté a dit : « Je vais parler de cette fiche de poste à James et voir ce qu'il en pense. » Un manager récemment recruté a paru surpris qu'un cadre supérieur consulte ainsi un jeune employé : « Lui parler ? On ne décide pas entre nous de ce qu'il va faire ? Ce n'est pas une démocratie. » À ces mots, Mark a jugé bon de clarifier : « Si, ViaSat est en quelque sorte une démocratie. On ne se contente pas de dire aux gens en quoi consisteront leurs emplois. On leur donne le choix de ce sur quoi ils travaillent, tant qu'ils sont performants et se montrent au niveau qu'attendent leurs collègues. »

Les libérateurs commencent par dégager un espace pour permettre à tous de contribuer, mais ils vont au-delà. Et ils attendent un travail exemplaire en retour.

2. Exiger le meilleur chez les autres

Henry Kissinger, secrétaire d'État américain sous Richard Nixon, était un diplomate exigeant, mais il est également à l'origine de moments mémorables ayant entraîné un puissant effet multiplicateur. On raconte que son chef de cabinet lui a remis un jour un rapport qu'il avait rédigé sur un point de politique étrangère. Lorsque Kissinger a reçu le rapport, il a demandé : « C'est le mieux que vous puissiez faire ? » Après réflexion, craignant que son patron estime que le rapport n'était pas assez bon, le chef de cabinet a répondu : « Monsieur Kissinger, je pense pouvoir faire mieux. » Kissinger a donc rendu le rapport. Deux semaines plus tard, le chef a rendu la version remaniée. Kissinger l'a gardée pendant une semaine, puis l'a renvoyée avec une note disant : « Êtes-vous sûr que c'est le mieux que vous puissiez faire ? » Comprenant que quelque chose devait manquer à son travail, le chef a réécrit une nouvelle fois le rapport. Cette fois, en le remettant à son patron, il a dit : « Monsieur Kissinger, c'est le mieux que je puisse faire. » En entendant cela, Kissinger a alors répondu : « Très bien, cette fois, je vais le lire. »[26] Voici quelques mesures que prennent les libérateurs pour exiger le meilleur de ceux qui les entourent.

Imposer une norme

Larry Gelwix, l'entraîneur de Highland Rugby, était au centre d'un groupe de joueurs sur le bord du terrain pour le premier débriefing de la saison. Larry a posé une question : « Avez-vous donné le meilleur de vous-mêmes ? »

Un joueur a pris la parole avec enthousiasme : « Nous avons gagné, non ? » Avec bienveillance, Larry a répondu : « Ce n'est pas la question que j'ai posée. » Un autre joueur a répondu : « Nous avons dominé cette équipe et gagné 64 à 20. Que demander de plus ? » Larry a dit : « Quand vous avez participé aux qualifications, j'ai dit que j'attendais le meilleur de votre part. Cela signifie que vous devez donner le meilleur de vous-mêmes et produire votre plus bel effort physique. Est-ce ce que vous avez donné aujourd'hui ? »

Un joueur décrit un match disputé sur l'île de Tonga, où il a bel et bien donné le meilleur de lui-même comme l'exigeait Larry. « J'avais une contusion douloureuse à l'épaule après un plaquage terrible sur mon adversaire. J'étais prêt à abandonner et à laisser tomber mon équipe. Je ne pouvais pas lever le bras et la douleur était insoutenable. Je me rappelle avoir commencé à chanter le haka [chant de guerre traditionnel maori] dans ma tête. J'ai regardé le coucher de soleil à travers les palmiers. À ce moment précis, le match m'a paru suspendu et je me suis trouvé face à un choix. Une voix m'a dit que je devais continuer et faire de mon mieux, non seulement pour moi, mais aussi pour ce que je représente, et surtout pour mon équipe, mes frères. Cette voix, c'était le souvenir d'innombrables entraînements et matches au cours desquels l'entraîneur Gelwix m'avait simplement demandé : « Est-ce que tu as fait de ton mieux ? » J'ai terminé ce match avec deux essais (chacun équivalant à un touchdown au football américain), devenant ainsi le premier lycéen américain à marquer à Tonga. »

En tant que manager, vous savez quand un membre de votre équipe est en dessous de ses performances habituelles. Le plus difficile à percevoir, c'est quand les gens donnent tout ce qu'ils ont. En leur demandant s'ils donnent le meilleur d'eux-mêmes, vous leur offrez l'occasion de se surpasser. C'est en partie pour cette raison que les gens nous disent que les multiplicateurs obtiennent d'eux plus de 100 % de leur intelligence.

Distinguer le travail des résultats

Demander aux gens de donner le meilleur d'eux-mêmes, ce n'est pas la même chose que d'insister sur les résultats attendus. On crée du stress en attendant des gens qu'ils produisent des résultats qui ne dépendent pas entièrement d'eux. En revanche, ils ressentent une pression positive lorsqu'on leur demande de donner le meilleur d'eux-mêmes.

K. R. Sridhar, PDG de Bloom Energy, innovateur mondial en production d'énergie verte et scientifique de renom, veille à cette distinction dans son entreprise. « Si vous voulez que votre entreprise prenne des risques, vous devez distinguer l'expérience du résultat. J'ai une tolérance zéro si quelqu'un ne mène pas l'expérience à bien. Mais je ne le tiens pas responsable du résultat. Mes employés sont uniquement responsables de l'exécution. » C'est l'un des secrets de Bloom Energy pour innover dans des technologies intégrées complexes.

K. R. fait le distinguo entre pression et stress. Il cite la célèbre image de Guillaume Tell perçant d'une flèche une pomme sur la tête de son fils : « Dans ce scénario, Guillaume Tell ressent de la pression. Son fils, lui, ressent du stress. » K. R. maintient la pression sur son équipe pour qu'elle agisse, mais il ne crée pas de stress en la rendant responsable de résultats qui échappent à son contrôle.

3. Générer des cycles d'apprentissage rapides

En étudiant les multiplicateurs, je me suis souvent demandé s'il fallait être d'une intelligence exceptionnelle pour être un multiplicateur. La réponse de Bill Campbell, ancien PDG d'Intuit, est parfaite : « Il faut être suffisamment intelligent pour apprendre. »

Le plus important est peut-être que les libérateurs donnent aux autres la permission de commettre des erreurs et l'obligation d'en tirer des leçons.

Admettre et partager ses erreurs

Lorsque Lutz Ziob a pris la direction générale de l'activité « éducation » de Microsoft en 2003, celle-ci n'atteignait pas ses objectifs en matière de chiffre d'affaires et de portée. Lutz devait progresser rapidement. Il aurait facilement pu créer un environnement stressant autour de lui. Mais il voulait surtout que l'entreprise soit créative et prenne des risques pour rattraper son retard sur le marché. C'était un dilemme classique de gestion. Si vous prenez la voie la plus évidente, le climat devient tendu et vos collaborateurs risquent de développer une aversion pour le risque. Mais si vous diminuez la pression en allégeant les objectifs, votre entreprise se repose sur ses lauriers. Lutz n'a fait ni l'un ni l'autre.

Au lieu de quoi, il a créé un environnement avec autant de pression que d'apprentissage. Lutz n'a jamais reculé devant la pression naturelle de la performance de l'entreprise, mais il a fait en sorte que ses collaborateurs puissent prendre des risques et commettre des erreurs. Il y est parvenu par sa façon de réagir à ses erreurs comme à celles des autres.

Lutz ne cache pas ses propres erreurs et ne les reporte pas sur son personnel. Il les avoue ouvertement. Il aime raconter des anecdotes et ses préférées portent sur ses erreurs. Après avoir lancé un produit ayant connu un échec commercial, il en a parlé sans tabou pour expliquer ce qu'il en avait retiré. Un membre de son équipe de direction a déclaré à son sujet : « Sa curiosité intellectuelle le pousse à vouloir comprendre pourquoi les choses n'ont pas marché. » En rendant ses erreurs publiques, il a permis aux autres de prendre le risque d'échouer.

Insister sur les leçons tirées de ses erreurs

L'environnement créé par Lutz permet aux autres de commettre des erreurs. Quand Chris Pirie, directeur général des ventes et du marketing sous la direction de Lutz, a été promu à la tête des ventes chez Microsoft Learning, il a tenté un lancement risqué. Malheureusement, ce fut un échec. Au lieu de minimiser son erreur, il est allé voir Lutz, a reconnu son faux pas et en a tiré des leçons avant d'essayer quelque chose de différent. Chris déclare : « Avec Lutz, on a le droit à l'erreur. Mais il attend de vous que vous appreniez vite. Avec lui, l'échec n'est pas un problème. Cependant il est hors de question de commettre deux fois la même erreur. »

Lutz aime avoir des retours sur son travail. Ce n'est pas seulement qu'il est ouvert à la critique, mais il insiste pour en recevoir. L'un de ses subordonnés directs se souvient d'une fois où il a dû remettre les pendules à l'heure avec lui sur un projet essentiel qui le passionnait tout spécialement. Fort de son sujet, Lutz monopolisait les discussions. Son collaborateur a donc fixé un rendez-vous avec lui, s'est assis dans le bureau de Lutz et lui a fait part de son avis : « Lutz, vous aspirez tout l'oxygène de la pièce. Personne d'autre n'a la place de respirer. Vous devez vous mettre en retrait. » Comment pensez-vous que Lutz a réagi ? Comment auriez-vous réagi si l'un de vos inférieurs hiérarchiques vous accusait d'être trop présent et de vous accaparer tout l'oxygène du service ? La curiosité de Lutz était piquée et il a demandé tout simplement : « Comment identifier ces moments ? Sur qui mes prises de parole ont-elles un impact ? Comment éviter que cela ne se reproduise ? » Après avoir pris le temps de comprendre son erreur, il a demandé à son subordonné direct : « Vous me le direz si je recommence ? » Pour conclure la conversation par ce dernier commentaire : « J'aurais aimé que vous me le disiez plus tôt. » Il était sincère.

Lutz a ainsi favorisé le climat qu'il souhaitait, même dans un contexte stressant, en générant des cycles d'apprentissage rapides. Comme le dit Chris Pirie : « Lutz crée un environnement qui permet aux bonnes choses d'émerger. » Même en période d'intense pression extérieure, Lutz a créé un climat qui pousse les autres à donner le meilleur d'eux-mêmes tout en conservant une excellente dynamique créative.

Les tyrans comme les libérateurs s'attendent aux erreurs. Mais les tyrans s'en prennent à ceux qui les commettent alors que les libérateurs sont prêts à tirer le maximum de leurs erreurs. Même les idées les plus exceptionnelles ne peuvent voir le jour sans apprentissage, et l'apprentissage passe par les erreurs. Les libérateurs obtiennent le meilleur de la pensée des autres en créant une communication rapide entre la pensée, l'apprentissage, la mise en œuvre et la correction des erreurs. Ainsi, ils génèrent les meilleures idées et obtiennent une entreprise agile. Comme l'explique K. R. Sridhar : « Nous recommençons rapidement afin de réduire la durée du cycle. Ce cycle en constant renouvellement favorise la création d'un environnement où les gens se sentent libres de prendre des risques et de corriger leurs erreurs plus tôt. » A. G. Lafley, ancien PDG de Procter & Gamble, a déclaré : « Il vaut mieux que vos employés échouent tôt, rapidement et sans graves conséquences... pour mieux en tirer des leçons. »

Les réducteurs ne génèrent pas de tels cycles. Ils peuvent demander (ou plutôt exiger) le meilleur des gens, mais ils échouent à créer un environnement où les idées sont facilement exprimées et développées jusqu'à leur pleine maturité et efficacité.

L'environnement selon l'approche du réducteur

Les réducteurs ne développent pas cette alternance fluide entre confort et pression. Au contraire, ils créent des pics de tension dans l'entreprise en oscillant entre deux modes : 1) l'acharnement sur leurs propres idées et 2) l'indifférence passive aux idées et au travail des autres.

Timothy Wilson est un accessoiriste reconnu à Hollywood. Avec son équipe, il plante les décors et crée les ambiances au cinéma. Il a travaillé sur certains des films les plus connus et les plus réussis. C'est un génie créatif, mais le coût est élevé. Pourquoi ? Parce que très peu de gens sont prêts à travailler deux fois pour lui.

L'un de ses employés a déclaré : « J'accepterai n'importe quel autre poste avant de travailler pour lui. » Travailler sous les ordres de Timothy est synonyme de peur et de stress pour un plaisir très limité. Ceux qui l'ont connu disent : « Vous n'avez aucune envie de revenir au travail le lendemain. » Dès que Timothy entre sur le plateau, l'ambiance change. Les gens se préparent à essuyer des critiques. En le voyant se diriger vers l'un des accessoires sur lesquels il a travaillé ces deux derniers jours, Jeremy se demande à laquelle des insultes habituelles il aura droit. À moins qu'il reçoive l'un de ses rares compliments ? Timothy inspecte l'accessoire et émet sa critique habituelle, à voix haute et devant tout le groupe : « On dirait un accessoire de film de série B. » Toute la journée, il est énervé par toutes sortes de détails. Si le chariot des accessoires n'est pas organisé correctement, il devient fou. Un jour, il était si tendu qu'il s'est disputé avec le directeur de la photographie et lui a jeté son talkie-walkie à la figure. La tension n'a cessé d'augmenter sur le plateau, si bien que tout le monde commençait à reculer.

Certains leaders créent un environnement passionné qui exige le meilleur de la pensée et du travail de leurs collaborateurs. Mais Timothy a créé un environnement tendu en accaparant tout l'espace, en générant de l'anxiété et en jugeant les autres de telle sorte que leurs réflexions et leur travail s'en trouvaient étouffés.

ACCAPARER L'ESPACE. Les tyrans sont comme un gaz qui s'étend et consume tout l'espace disponible. Ils dominent les réunions et monopolisent tout le temps disponible. Ils laissent peu de place aux autres, ce qui étouffe souvent l'intelligence de leurs collaborateurs. Ils expriment des opinions arrêtées, mettant leurs idées en avant pour essayer de garder le contrôle. Garth Yamamoto, directeur du marketing d'une société de produits de consommation, absorbe presque chaque centimètre cube de l'espace autour de lui. Il interrompt de manière intempestive les présentations des autres, exprime des opinions extrêmes et sans nuances et passe son temps à faire de la microgestion, sauf lorsqu'il brille par son absence. Les gens préviennent ainsi leurs nouveaux collègues : « Pour réussir ici, il faut comprendre Garth. » Un membre de son groupe a constaté : « Je crois que je m'atrophie ici. Je dois lui consacrer 50 % de mon énergie. » Depuis, cette personne a quitté l'entreprise et s'épanouit ailleurs.

GÉNÉRER DE L'ANXIÉTÉ. La marque de fabrique d'un tyran est son comportement capricieux et imprévisible. Les gens ne savent pas ce qui va les mettre en colère, mais il est presque inévitable que l'ambiance change en leur présence. Les tyrans imposent une « taxe d'anxiété » partout où ils passent, car leurs équipes consacrent un important pourcentage de leur énergie mentale à éviter de les contrarier. Il suffit de penser à la productivité gaspillée en plateau avec Timothy. Au lieu d'utiliser toute son énergie à fabriquer les accessoires du prochain succès du cinéma, l'équipe de Timothy s'inquiète de ce qu'il va dire ou faire (ou même lancer, en l'occurrence).

JUGER LES AUTRES. Les tyrans centralisent leur pouvoir et jouent à l'arbitre, au juge et au bourreau. Contrairement aux cycles d'apprentissage rapide favorisés par le libérateur, les tyrans créent des cycles de critique, de jugement et de repli. Comme les intervenants qui s'empressent de modifier leurs présentations pour s'adapter à Jenna Healy (la responsable des ventes dans le domaine des télécommunications qui ressemblait à Miranda Priestly du *Diable s'habille en Prada*), les gens se replient dans une position plus sûre où leurs idées ne seront pas critiquées ni exposées. Les Japonais ont un dicton pour cela : *Deru kui wa utareru*, qui se traduit par : « On enfonce le pieu qui dépasse à coups de marteau. »

En devenant tyrans, les leaders entravent la pensée et les capacités des gens. Leurs équipes se restreignent alors et travaillent avec prudence, n'osant proposer que des idées sûres avec lesquelles le leader a toutes les chances d'être d'accord. Voilà pourquoi les réducteurs sont si coûteux pour les entreprises. Sous l'influence d'un réducteur, l'entreprise paie le prix fort pour une ressource, mais ne reçoit qu'environ 50 % de sa valeur.

Les réducteurs estiment que la pression augmente les performances. Ils exigent que les gens donnent le meilleur d'eux-mêmes, mais ils ne l'obtiennent jamais, car ils n'ont pas su créer d'environnement favorable, où les gens se sentent en sécurité pour s'exprimer réellement ou exposer leurs idées. Un environnement incertain ne produit que les idées les plus convenues. En revanche, les multiplicateurs savent que les gens sont intelligents et qu'ils trouveront la solution d'eux-mêmes. Parce qu'ils font appel à l'intelligence naturelle des autres, ils en obtiennent tout le potentiel intellectuel. Avec une base de sécurité et de confort, les collaborateurs se sentent libres de proposer leurs idées les plus audacieuses (et pas seulement les plus sûres, celles qui les mettront à l'abri de la colère du tyran). Le contexte d'apprentissage permanent leur permet de prendre des risques et de corriger rapidement leurs erreurs à peu de frais.

Une hypothèse sous-tend les pratiques du libérateur : les meilleures idées se donnent, mais ne se prennent pas. Un manager peut être en mesure d'insister sur certains degrés de productivité, mais l'effort général d'une personne, y compris celui qu'il produit de bonne grâce, doit être donné volontairement. Cette notion modifie profondément le rôle de leader. Au lieu d'exiger directement le meilleur, les libérateurs créent un environnement propice où non seulement le meilleur leur est offert, mais où il est perçu comme nécessaire. Comme l'environnement l'exige naturellement, les autres vont donner librement le meilleur de leur pensée et de leur travail.

Devenir un libérateur

N'oubliez pas que le chemin de moindre résistance est souvent le chemin du réducteur. Comme l'a dit Michael : « J'admets qu'il est tentant d'être tyrannique quand c'est une possibilité. » Devenir un libérateur demande un engagement à long terme. Voici quelques pistes de départ.

Les starting-blocks

1. JOUER MOINS DE JETONS. Pour laisser aux autres l'espace de contribuer librement, et surtout si vous avez tendance à dominer les discussions, que diriez-vous d'une partie de poker ?

Matthew est un leader intelligent et pertinent. Mais il était souvent frustré, trop en avance sur son entreprise. Il avait du mal à rallier son équipe de projet à ses idées et il peinait à se faire entendre. Il avait de grandes idées, mais il parlait trop et occupait trop de place dans les réunions d'équipe. J'ai travaillé avec lui à la préparation d'un forum critique sur le leadership pour son département. Il attendait avec impatience l'occasion de partager ses idées sur la stratégie à adopter pour faire passer l'entreprise au niveau supérieur. Au lieu de l'encourager, je lui ai lancé un défi.

Je lui ai donné cinq jetons de poker, chacun d'une valeur de quelques secondes de temps de parole. L'un d'entre eux valait 120 secondes, les trois suivants 90 secondes et le dernier seulement 30. Je lui ai suggéré de limiter sa participation lors de la réunion à cinq commentaires, représentés par chacun des jetons. Il pouvait les dépenser quand il le souhaitait, mais il n'en avait que cinq. Après la stupeur initiale (il se demandait comment il pourrait bien transmettre toutes ses idées en cinq commentaires seulement), il a relevé le défi. Je l'ai vu se retenir sagement et filtrer ses pensées pour n'en conserver que l'essentiel tout en cherchant le bon moment pour les exprimer. Il a joué habilement ses jetons de poker et a obtenu deux résultats importants : 1) Il a laissé aux autres un véritable espace de liberté. Au lieu d'être la session de stratégie de Matthew, cette réunion est devenue un forum permettant à ce groupe hétéroclite d'exprimer ses idées et de créer ensemble la stratégie à adopter.

2) Matthieu a augmenté sa propre crédibilité et assis sa présence en tant que leader. En faisant preuve d'une certaine retenue en matière de leadership, il a permis à tous de se faire entendre tout en s'exprimant à bon escient.

Essayez de vous allouer un budget de jetons de poker dans le cadre d'une réunion. Peut-être cinq, ou bien juste un ou deux. Utilisez-les avec parcimonie et laissez le reste de l'espace aux autres pour qu'ils puissent contribuer.

2. CLASSER SES OPINIONS. Comme vous le savez, les entreprises traditionnelles peuvent entraîner une forte méfiance envers les opinions et la pensée du leader. Un cadre m'a décrit sa première semaine en tant que nouveau président d'une grande entreprise. Les gens venaient vers lui de toutes parts pour le bombarder de questions. Comme il était nouveau et qu'il voulait se montrer utile, il leur a donné son opinion à la volée. À sa grande surprise, des semaines plus tard, il s'est rendu compte que ses avis étaient devenus un ensemble de règlements disparates. Tout en démêlant cet imbroglio, il a appris à bien marquer la différence entre un commentaire informel, une opinion et une décision politique.

Essayez l'astuce employée par Michael Chang quand il a entrepris de devenir un libérateur. Divisez vos avis en « opinions molles » et « opinions dures » :

➤ *Opinions molles :* vous avez un angle de vue et des pistes à proposer à quelqu'un d'autre.
➤ *Opinions dures :* vous avez une idée claire et précise, idéalement bienveillante.

En procédant ainsi, vous créez un espace favorable où les gens peuvent se sentir à l'aise pour exprimer leur désaccord avec vos « opinions molles » et défendre leurs propres points de vue. Réservez les « opinions dures » pour les moments les plus importants.

3. PARLER DE SES ERREURS. Il n'y a pas mieux pour encourager à l'expérimentation et à l'apprentissage que de partager des anecdotes sur vos propres erreurs. Voir leur responsable reconnaître ouvertement ses erreurs donnera à vos collaborateurs la permission de faire l'expérience de l'échec, de continuer à apprendre et de rectifier le tir avec dignité et de meilleures capacités.

C'est ce que font les meilleurs parents avec leurs enfants. Ils comprennent que leurs enfants se sentent libres quand ils ont conscience que les parents sont humains et commettent des erreurs tout comme eux. Ils apprécient tout particulièrement de savoir que leurs parents ont appris de leurs fautes et les ont corrigées. En aidant les autres à trouver un moyen de rectifier ses erreurs, on amorce un cycle d'apprentissage.

Quand vous partagez vos erreurs avec votre équipe, essayez ces deux approches :

1. **PARLEZ DE VOUS :** Faites part aux gens des erreurs que vous avez personnellement commises et de ce que vous en avez retiré. Faites-leur savoir comment vous avez intégré cet apprentissage dans vos décisions et vos pratiques de leadership actuelles. En tant que directeur d'un groupe de consulting, vous pouvez partager avec votre équipe la fois où vous avez mené un projet qui a échoué et comment vous avez échangé ensuite avec le client furieux. Vous pouvez vous concentrer sur ce que cette expérience vous a appris et la manière dont elle a modelé votre approche actuelle de la gestion de projet.

2. **PARLEZ EN PUBLIC :** Au lieu de partager vos erreurs en petit comité ou en tête-à-tête, parlez-en ouvertement, dans un contexte où la personne qui s'est trompée aura la liberté de respirer et où tout le monde pourra en bénéficier. Essayez d'intégrer ces moments à vos pratiques de manager.

   En tant que directrice, je poussais souvent cette pratique à l'extrême. Un élément récurrent de mes réunions du personnel était la « gaffe de la semaine ». Si un membre de mon équipe de direction, y compris moi-même, commettait une erreur embarrassante, c'était le moment de la rendre publique, de rire un bon coup et de tourner la page. Cette simple mesure envoyait un message à l'équipe : les erreurs font partie intégrante du progrès.

4. LAISSER DE LA PLACE AUX ERREURS. Définissez la place de l'expérimentation dans le travail de votre équipe en clarifiant les domaines où il est permis d'échouer et ceux où l'échec n'est pas envisageable. Cette délimitation est comme la ligne de flottaison d'un navire (comme le décrit l'auteur spécialiste du management Jim Collins) : au-dessus de la « ligne de flottaison », on peut tenter des expériences et prendre des risques sans chavirer ; mais en dessous, les erreurs sont comme des boulets de canon qui peuvent entraîner un échec catastrophique et couler le navire. La création d'une « ligne de flottaison » claire pour votre équipe lui donnera confiance pour tenter de nouvelles expériences et prendre des mesures innovantes, tout en lui rappelant qu'elle doit faire preuve d'une extrême rigueur dès que les enjeux sont élevés. Cette distinction vous indiquera également à quel moment vous tenir en retrait et à quel moment intervenir pour prêter main forte.

Chacune des étapes décrites ci-dessus n'est qu'un point de départ. Mais si elles sont appliquées de manière cohérente au fil du temps, ces pratiques peuvent faire d'un leader une véritable puissance capable de libérer l'intelligence au sein de son entreprise.

Liberté de penser

Lorsque les gens fonctionnent sous la pression, ils se replient sur eux-mêmes. Si le stress est trop fort, ils finissent par se rebeller, allant jusqu'à renverser leurs leaders despotiques. Pour des entreprises où les gens sont capables de réfléchir et de faire de leur mieux, il ne faut pas se contenter de chasser les tyrans et des dictateurs trop oppressifs. Nous avons besoin de leaders qui agissent comme des libérateurs, donnant à leurs équipes l'espace nécessaire pour réfléchir et apprendre tout en exerçant une pression suffisante pour exiger le meilleur d'eux-mêmes.

Les multiplicateurs libèrent les gens de l'intimidation des entreprises hiérarchiques et de la domination des leaders tyranniques. Les multiplicateurs ne leur disent pas ce qu'ils doivent penser, ils leur disent à quoi ils doivent penser. Ils posent des défis encourageant chacun à donner le meilleur de ses réflexions et générant une volonté collective. En d'autres termes, ils créent un environnement où chaque cerveau est utilisé à sa juste valeur et où chaque voix est entendue. Au lieu de la rébellion, ils créent une dynamique.

Résumé du chapitre trois

Tyran versus libérateur

LES TYRANS créent des environnements crispés qui entravent la pensée et la capacité des autres. Par conséquent, les gens se brident, proposent des idées convenues avec lesquelles le leader sera d'accord et travaillent avec une extrême prudence.

LES LIBÉRATEURS créent des environnements passionnés qui exigent le meilleur de chacun, en matière de réflexion comme de travail. Par conséquent, les gens partagent leurs idées les plus pertinentes et font preuve d'audace, en un mot, ils donnent le meilleur d'eux-mêmes.

Les trois pratiques du libérateur

1. *Dégager de l'espace*
   - Libérer les autres en se retenant soi-même
   - Modifier le ratio entre écoute et parole
   - Créer un espace pour la découverte
   - Niveler le terrain
2. *Exiger le meilleur chez les autres*
   - Imposer une norme
   - Distinguer le travail des résultats
3. *Générer des cycles d'apprentissage rapides*
   - Admettre et partager ses erreurs
   - Insister sur les leçons tirées de ses erreurs

Devenir un libérateur

1. Jouer moins de jetons
2. Classer ses opinions
3. Parler de ses erreurs
4. Laisser de la place aux erreurs

Mobilisation des ressources

	Tyrans	Libérateurs
Ce qu'ils font	Créer un environnement crispé qui entrave la réflexion et les capacités	Créer un environnement passionné qui exige le meilleur de chacun, en matière de réflexion comme de travail
Ce qu'ils obtiennent	Des personnes qui se brident même si elles semblent impliquées en apparence	Des personnes qui donnent le meilleur d'elles-mêmes et mobilisent réellement toutes leurs capacités intellectuelles.
	Des idées convenues avec lesquelles le dirigeant est déjà d'accord	Les idées les meilleures et les plus audacieuses
	Des personnes qui travaillent trop prudemment, évitent de prendre des risques et trouvent des excuses à leurs erreurs.	Des personnes qui s'investissent pleinement, qui prennent des risques et apprennent rapidement de leurs erreurs.

Découvertes surprenantes

1. Le chemin de moindre résistance est souvent le chemin de la tyrannie. Parce que de nombreuses entreprises sont biaisées, un leader peut être à peine supérieur dans la hiérarchie de l'entreprise et pourtant se comporter comme un tyran.

2. Les libérateurs entretiennent une dualité saine en accordant aux gens la permission de penser tout en leur donnant l'obligation de donner le meilleur.

3. Les multiplicateurs sont passionnés. Les leaders aptes au discernement et capables de faire la distinction entre un climat crispé et un climat passionné mobiliseront bien plus d'intelligence au sein de leurs entreprises.

QUATRE

Le Lanceur de défis

La principale différence entre un lauréat du prix Nobel et
les autres, ce n'est pas le QI ni l'éthique professionnelle,
mais le fait qu'il pose des questions plus importantes.

—PETER DRUCKER

Matt McCauley a pris la direction de Gymboree, une enseigne pour enfants de 790
millions de dollars basée à San Francisco, à l'âge de trente-trois ans, après avoir été
responsable de la planification et de la gestion des stocks. Matt était non seulement
le plus jeune PDG à diriger Gymboree en trente ans d'histoire, mais également le
plus jeune PDG d'une entreprise de l'indice Russell 2000 de Wall Street.

Grâce à sa jeunesse, McCauley est resté ouvert aux idées des autres. « J'adore
échanger des idées avec les autres. Quelle que soit leur fonction, [les employés de
Gymboree] sont tous talentueux et brillants », dit McCauley. Matt a pratiqué le saut
à la perche à l'université. Il plaçait une barre à cinq mètres trente-trois, la hauteur
qu'il savait pouvoir franchir, mais il gardait toujours une seconde barre à six mètres,
le record du monde de l'époque, pour se rappeler ce qu'il était possible d'accomplir.
Matt a adopté la même approche au travail.

REHAUSSER LA BARRE. Lorsque Matt a pris la présidence, il avait l'avantage
d'une gamme de produits récemment rajeunie et l'inconvénient de certaines opé-

rations commerciales insatisfaisantes. Il a vu une occasion non seulement d'augmenter les ventes, mais également d'accroître considérablement le bénéfice net, qui s'élevait à l'époque à 0,69 $ par action. Grâce à ses connaissances approfondies en matière d'optimisation des opérations et des stocks, il a estimé l'opportunité d'une hausse, puis s'est adressé au conseil d'administration pour lui annoncer que, selon lui, l'entreprise pouvait atteindre 1,00 $ par action. Les membres du conseil ont éclaté de rire, mais Matt est resté convaincu de cette possibilité.

Lors de sa réunion avec ses managers, Matt a exposé son raisonnement concernant l'opportunité de croissance des ventes et du bénéfice par action. Il leur a présenté les calculs d'optimisation des ventes et des dépenses qu'il avait étudiés au cours des cinq dernières années, avant de leur demander si c'était un objectif atteignable. Ensuite, il a lancé la « mission impossible » : un revenu net de 1,00 $. Il a posé cette question à chaque membre de son équipe : « Quelle serait votre mission impossible ? » Ses managers, enthousiasmés par son approche, ont commencé à demander à toute l'entreprise d'en faire de même. Bientôt, l'intégralité des 9500 employés avait un objectif de type mission impossible, une ambition folle. Le simple fait de leur demander d'identifier leur propre mission impossible personnelle a engendré chez eux la volonté de la rendre possible.

LA BARRE EST FRANCHIE. Un an plus tard, Matt a annoncé au conseil d'administration, à Wall Street et à tous les employés de Gymboree qu'ils avaient non seulement atteint l'objectif de la « mission impossible », à savoir 1 $, mais qu'ils avaient dépassé l'objectif de 1,19 $ par action, soit une amélioration de 72 % par rapport à l'année fiscale précédente.

Encouragé par cet exploit, qu'a fait Matt par la suite ? Il a mis la barre encore plus haut en suggérant au conseil d'administration qu'ils pourraient atteindre 2,00 $ par action. Cette fois, le conseil d'administration a trouvé l'idée outrancière, mais il s'est tourné vers son équipe pour obtenir un soutien, partager sa mission impossible et demander une fois de plus à chacun de créer son propre projet afin de répondre à l'objectif commun d'atteindre une action à 2,00 $. Au cours de l'exercice 2007, elle a atteint 2,15 $, soit une hausse de 80 %.

Une fois encore, Matt s'est adressé au conseil d'administration pour suggérer 3,00 $ par action. Un an plus tard, il a annoncé 2,67 $, et deux ans plus tard, en 2008, le montant incroyable de 3,21 $, soit une augmentation de plus de 50 % du bénéfice par action d'une année sur l'autre et une multiplication par presque cinq en quatre ans.

MISSION IMPOSSIBLE. Ce jeune PDG lanceur de défis a utilisé sa grande connaissance de l'entreprise pour entrevoir à la fois une opportunité et un moyen d'atteindre des niveaux de performance encore jamais réalisés. Il a formulé cette opportunité et défini le défi à relever par l'entreprise. Ensuite, il a demandé à chacun de se joindre à lui pour tenter l'impossible et déterminer comment y parvenir. En plaçant la barre aussi haut, il a donné à ses collaborateurs la permission de repenser l'entreprise. En leur demandant de créer leur propre mission impossible, il leur a permis d'accepter et de relever le défi eux-mêmes. En même temps, en reconnaissant le caractère impossible de la mission, il offrait aux gens la permission d'essayer sans craindre d'échouer.

Matt a obtenu des autres plus qu'eux-mêmes n'auraient jamais cru pouvoir donner, non pas en les convainquant qu'un objectif était possible, mais en les invitant à explorer l'impossible, cette zone de flou, délicate et inconfortable, qui nous pousse à développer notre imagination et nos capacités.

Penchons-nous maintenant sur l'approche d'un autre leader pour mieux définir les orientations à adopter.

L'expert

Richard Palmer a fondé SMT Systems au milieu des années 1990, au Royaume-Uni, une entreprise qui bâtissait des systèmes et des outils pour la réingénierie des processus. L'idée de départ de Richard, la base intellectuelle de la société, était fondée sur sa connaissance en tant qu'analyste des processus et des systèmes experts. Le travail de réingénierie des processus correspondait au sens aigu de la méthodologie et de la stratégie de Richard, deux qualités développées par des années de pratique du jeu d'échecs dans sa jeunesse.

Non seulement Richard était l'un des plus jeunes champions d'échecs d'Angleterre (avec un titre de maître), mais il est connu de tous dans l'entreprise et c'est généralement la première chose que les gens mentionnent à son sujet : champion d'échecs et diplômé de l'Université d'Oxford. À l'évidence, c'est un génie et le principal atout de l'entreprise. Il ne se contente pas de partager ses idées, il les vend, sans relâche et avec conviction. Pourtant, alors qu'il pense inspirer les autres, il semble plutôt les épuiser et les soumettre. Même s'il a accordé le titre de PDG à quelqu'un d'autre, tout le monde sait que Richard, qui est toujours président du conseil d'administration, décide de l'allocation des budgets, des prix, des produits, des rémunérations et de la stratégie de l'entreprise.

UNE ARMÉE DE PIONS. L'énergie change dans une pièce dès l'arrivée de Richard, comme lorsque le proviseur traversait la cour de l'école. Les gens commencent à rapetisser, réagissant comme lors d'une interrogation orale surprise. Ils se font tout petits sur leur chaise en espérant qu'il ne les appellera pas et ne les mettra pas en défaut. Mais si tout le monde craint que l'attention se tourne vers soi, elle reste généralement concentrée sur Richard, qui s'efforce d'être perçu comme l'expert et la personne la plus intelligente de la salle.

Lors d'une réunion de la direction, Richard a mis le directeur juridique de l'entreprise en difficulté en le soumettant à des questions sur un détail technique d'un code juridique très spécifique concernant la gouvernance d'entreprise. Richard s'inquiétait que son directeur juridique ne connaisse pas toutes les nuances de ce code en particulier, qui devait être déclaré à la mairie. Il s'est donc lancé dans un interrogatoire. Le directeur juridique y a répondu méthodiquement jusqu'à ce que les questions deviennent trop pointues, portant sur des nuances et des scénarios fumeux. Le directeur semblait perplexe, mais il répondait néanmoins aux questions au mieux de ses connaissances. Richard n'était toujours pas satisfait. Il a quitté le travail à temps pour passer dans une librairie WHSmith juste avant sa fermeture. Il n'a pas acheté n'importe quel livre sur la gouvernance, mais un manuel de 600 pages sur les codes de gouvernance d'entreprise les plus récemment publiés. Et il ne s'est pas contenté de chercher la réponse à la question qu'il avait posée, il n'a pas fermé l'œil de la nuit pour le lire dans son intégralité. Le lendemain, il a convoqué une réunion de l'équipe de direction. Naturellement, cette réunion d'urgence portait sur ce code particulier. Richard a profité de ses nouvelles connaissances pour faire savoir publiquement à tout le monde que son directeur juridique s'était trompé.

LE MOUVEMENT DU FOU. Richard n'a pas son pareil pour piéger les gens. Il ne pose que des questions dont il connaît les réponses. Il interroge pour tester les connaissances des autres et s'assurer qu'ils comprennent son point de vue. L'un de ses vice-présidents a déclaré à son sujet : « Je ne me souviens pas d'une seule fois où il ait posé une question dont il ne connaissait pas la réponse. »

Il est également maître dans l'art de faire traîner les choses, une technique qu'il utilise lorsqu'il n'a pas la réponse lui-même. Il est connu pour poser des questions insignifiantes durant les visioconférences afin de suspendre la conversation et d'avoir le temps de chercher les réponses sur Google et avoir ainsi une longueur d'avance sur les autres. L'une de ces interruptions a eu lieu lors d'une réunion avec l'équipe de gestion de compte qui préparait une proposition de vente pour un contrat avec British Telecom. L'équipe de vente examinait le contrat proposé. Richard, qui ne semblait pas encore savoir comment formuler le document, est intervenu en demandant : « Combien d'entre vous ont lu le manuel sur les opérations de terrain de British Telecom ? » Le document compte 600 pages et n'est pas précisément le type de livre de chevet habituel d'un représentant commercial. Craignant qu'il s'agisse d'une question piège, l'équipe a timidement avoué qu'elle ne l'avait pas lu. Richard a répondu : « Comment pouvez-vous comprendre ce contrat et vendre à BT si vous n'avez même pas lu leur manuel des opérations de terrain ? » Le processus de vente est resté suspendu le temps que toute l'équipe de gestion de compte, ainsi que Richard, le fondateur et président du conseil d'administration, lisent le manuel. Un membre de l'équipe a témoigné : « Ce n'était pas le genre de leader à dire : J'ai une idée, si on consultait le manuel pour mieux comprendre l'entreprise et le marché ? Non, il a préféré nous humilier en nous reprochant de ne pas l'avoir fait. »

ÉCHEC ET MAT. Il n'est pas surprenant que les personnes vraiment intelligentes et talentueuses ne restent pas longtemps dans cette entreprise. Certains sont poussés vers la sortie lorsque le fondateur découvre qu'ils ne sont pas aussi brillants qu'il le voudrait. D'autres baissent les bras et abandonnent sans pour autant démissionner, renonçant à apporter une contribution significative. Les personnes les plus brillantes s'en vont d'elles-mêmes, conscientes du temps et du talent gaspillés et sachant que l'entreprise ne peut pas se développer à cause de son fondateur. Bien que l'entreprise ait réussi à augmenter ses ventes sous la direction de Richard, la plupart du personnel estime qu'elle est intrinsèquement limitée. Ils déplorent : « Nous ne serons jamais une entreprise à prendre au sérieux. »

Dans nos deux exemples, l'un des cadres jouait le rôle de lanceur de défis, l'autre de je-sais-tout. Ce chapitre traite de la différence entre les deux.

Je-sais-tout versus lanceur de défis

L'approche de ces deux types de leaders illustre la différence essentielle entre le je-sais-tout et le lanceur de défis, comment chacun oriente son entreprise et saisit les opportunités qui s'offrent à lui.

Les réducteurs fonctionnent comme des je-sais-tout, partant du principe que leur travail consiste à en savoir le plus possible et à expliquer à leur entreprise ce qu'elle doit faire. L'entreprise tourne alors autour de ce qu'ils savent et les gens perdent leur temps à essayer de déduire l'opinion du patron et à donner l'impression d'agir en conséquence. En fin de compte, les réducteurs imposent une limite artificielle à ce que leur entreprise est capable d'accomplir. Parce qu'ils sont trop concentrés sur ce qu'ils savent, ils limitent à leurs propres connaissances ce que leur entreprise peut accomplir.

Lorsqu'ils définissent l'orientation de leur entreprise, les multiplicateurs ont une approche radicalement différente. Au lieu de donner la réponse, ils jouent le rôle de lanceurs de défis. Ils utilisent leur intelligence pour trouver les meilleures opportunités pour leur entreprise et la mettre au défi, l'inciter à aller de l'avant. Ils ne sont pas limités par ce qu'ils savent, mais ils poussent leurs équipes au-delà de leurs propres connaissances et de celles de l'entreprise. Par conséquent, ils créent des entreprises capables de comprendre les défis en profondeur. Ils disposent alors de la concentration et de l'énergie nécessaires pour les relever.

L'esprit d'un multiplicateur

Quelles hypothèses sous-tendent ces différentes approches ? Revenons sur nos deux PDG. Qu'est-ce qui a poussé Matt à remettre en question son entreprise de telle sorte qu'il a permis à ses équipes de donner le meilleur d'elles-mêmes ? Et pourquoi, avec Richard, l'intelligence et les capacités des autres ont stagné ? Nous savons que les deux leaders sont brillants, qu'ils ont une vision claire de leur entreprise et qu'ils sont passionnés par leur travail. Mais en examinant leurs approches, nous distinguons deux logiques différentes à l'œuvre.

La logique de Richard se base sur ce présupposé solidement ancré : Je dois avoir toutes les réponses. Il considère que c'est l'essence même de son travail de leader. S'il ne connaît pas les réponses, il doit les trouver lui-même ou bien donner l'impression de les connaître. Que fait-il lorsqu'il n'a pas la réponse ? Il gagne du temps jusqu'à ce qu'il la trouve (il achète un livre sur le sujet, lit le manuel d'exploitation, cherche la réponse sur Google). Il part du principe que son rôle consiste à savoir, à être l'expert. Il tient peut-être cette idée reçue de l'époque où il a étudié les systèmes experts.

Si un leader part du principe que son rôle consiste à fournir les réponses, et si les employés se résignent à ce mode de fonctionnement, cela entraîne en toute logique le cercle vicieux du je-sais-tout. Primo, le leader doit fournir toutes les réponses. Secundo, les subordonnés doivent attendre les directives qu'ils ont pris l'habitude d'attendre patiemment. Tertio, ils prennent des mesures en fonction des réponses du leader. Enfin, ce dernier conclut qu'ils n'auraient jamais réussi sans lui. Devant les preuves confirmant cette conviction, il conclut : il est évident que je dois toujours dire aux autres ce qu'ils doivent faire.

À l'opposé, le leadership de Matt chez Gymboree suit une logique bien différente. Il fait appel à son intelligence et à son énergie pour deux buts : premièrement, poser des questions pertinentes, et deuxièmement, morceler le défi en étapes raisonnables afin que l'équipe puisse développer son muscle intellectuel et la confiance qui grandit à mesure qu'elle franchit des barres de plus en plus hautes. Il semble partir du principe que les gens deviennent plus intelligents et plus forts lorsqu'ils sont mis au défi. À mesure que les gens relèvent les défis, leurs connaissances et leur confiance augmentent. Bientôt, l'impossible commence à paraître possible.

Si l'intelligence des leaders doit leur permettre à la fois de poser les questions et de trouver toutes les réponses, ils ont tendance à poser des questions dont ils connaissent déjà les réponses. Une fois qu'un leader reconnaît qu'il n'est pas obligé d'avoir toutes les réponses, il est libre de poser des questions beaucoup plus importantes, plus pertinentes et nettement plus intéressantes. Il peut ainsi entreprendre des choses qu'il ne sait pas nécessairement faire.

Observons à présent un autre lanceur de défis en action.

Le lanceur de défis

En 1995, le siège d'Oracle Corporation se trouve dans le quartier huppé de Redwood Shores, en bord de mer, dans la péninsule de San Francisco. Oracle a commencé à adapter ses produits à l'émergence d'internet, mais la stratégie commerciale n'est toujours pas au point. C'est à Ray Lane, le président d'Oracle qui a rejoint l'entreprise deux ans plus tôt et fait passer ses activités américaines de 571 millions de dollars à 1,2 milliard de dollars, de relever le défi.

LA RÉVOLUTION DE RAY. Ray décide de réunir les 250 principaux leaders de l'entreprise à travers le monde dans une série de séminaires afin de les informer de la stratégie de l'entreprise et d'aligner les équipes sur ces directives. Ray et les autres cadres supérieurs, dont le PDG Larry Ellison et le directeur financier Jeff Henley, ont préparé leurs présentations et réuni le premier groupe d'une trentaine de cadres. Ils ont donc fait leurs exposés, conduit des discussions et des échanges, mais au fil de la semaine, le groupe leur a paru de plus en plus circonspect. Un jour, un vice-président s'est fait le porte-parole du groupe en déclarant : « Nous ne comprenons pas bien la stratégie. Ça fait beaucoup de diapositives Power Point. »

Ray et son équipe se sont remis au travail pour procéder à une révision majeure de leurs présentations. Ils ont invité un autre groupe de trente cadres environ. Cette fois, les réactions ont été encore plus vives, avec une véritable rébellion. L'un des cadres a même pris le risque de leur dire : « Arrêtez de réunir les gens tant qu'il n'y aura pas de stratégie claire ! » L'équipe ne croyait pas à ce que Ray et les autres cherchaient à vendre.

FÊTE NATIONALE. L'équipe de direction s'est réunie chez Ray à l'occasion d'un jour férié, la fête nationale du 4 juillet. Ils avaient conscience que le marché international devenait plus complexe et plus diversifié qu'ils ne le pensaient à l'origine, et qu'ils ne pouvaient pas élaborer cette stratégie seuls au sein de l'équipe dirigeante. Ils ont donc décidé d'adopter une approche radicalement différente. Ray et l'équipe de direction avaient commencé par essayer de donner toutes les réponses aux autres. Cette fois, ils allaient partager les questions fondamentales, les tendances et les hypothèses qui les avaient conduits à leurs propres opinions. Lors du séminaire suivant, Ray et les autres cadres ont partagé ce qu'ils constataient dans l'entreprise et leur vision des orientations mondiales. Ray a mis en avant les opportunités que ces tendances présenteraient pour Oracle et leur a donné un cadre stratégique, quatre transformations essentielles et nécessaires. Ensuite, à partir de cette ébauche, il a cessé de parler pour demander : « D'après vous, ces transformations sont-elles nécessaires dans l'entreprise ? » et « Lesquelles de nos hypothèses pourraient être erronées ? »

Ray a lancé au groupe le défi de combler les lacunes. Ils disposeraient de deux jours pour examiner chacune des quatre transformations proposées, identifier les étapes clés et déterminer les implications pour l'entreprise, puis transmettraient leur réflexion aux participants du séminaire suivant, qui iraient encore plus loin. C'est exactement ce que le groupe a fait, étendant les réflexions de l'équipe de direction avant de transmettre leur travail aux cadres suivants. Ainsi, le groupe se réjouissait de son succès collectif et chacun quittait le séminaire en sachant qu'il avait amorcé quelque chose de grand. Le processus s'est poursuivi ainsi jusqu'à ce que chaque cadre exécutif ait été impliqué et que chaque groupe ait prolongé le travail qui avait été fait avant lui. Tous ont pris leur mission au sérieux, retournant la stratégie dans tous les sens à la recherche de failles éventuelles, de défauts de logique et de vulnérabilités. Au bout du compte, ils sont parvenus à valider et à affiner la réflexion collective. Et l'élan ne faisait que commencer.

LA CONVENTION. Ray et les autres ont conclu ce processus en réunissant l'ensemble de l'équipe de direction. Là, l'orientation stratégique de l'entreprise et les transformations nécessaires ont été dévoilées. Dans le monde entier, les cadres ont réagi avec un enthousiasme et un optimisme débordants, conscients qu'ils allaient entrer dans l'histoire de l'entreprise. La stratégie était nouvelle et convaincante, mais surtout, elle leur était familière car ils l'avaient créée et pouvaient presque y retrouver leurs empreintes.

Au sein des différents groupes régionaux constitués pour poursuivre les réunions, les réactions étaient loin d'être classiques. Au lieu des sempiternelles discussions du type « pourquoi ça ne marchera pas en Europe, au Moyen-Orient et en Afrique », la conversation dans la salle de réunion de cette région du monde était presque tapageuse, avec des questions telles que : « Quelle est la première étape ? » et « Où pourrions-nous commencer à mettre tout cela en œuvre en Allemagne ? » Dans la salle de réunion japonaise, la scène en disait long. Après avoir discuté de la stratégie et de ses implications pour le Japon, ils ont commencé avec une ferveur sereine à s'organiser comme pour partir au combat.

Ce qui avait été dévoilé lors de la réunion et des sessions en petits groupes était l'expression et la déclaration de la volonté collective de l'entreprise. Au cours des quatre années suivantes, sous la direction de Ray Lane et de Larry Ellison, Oracle est devenu le leader mondial du marché de l'informatique d'entreprise, passant de 4,2 milliards $ à 10,1 milliards, soit une multiplication du chiffre d'affaires par plus de deux.

Ray Lane avait sincèrement tenté de vendre sa stratégie à l'entreprise, mais il s'est avéré être un leader bien plus puissant en choisissant plutôt de créer des opportunités, puis de définir le défi à relever pour l'entreprise. Ainsi, il ne fixait pas la direction lui-même, mais il s'assurait que l'orientation soit désignée. C'est l'œuvre d'un lanceur de défis.

Les trois pratiques du lanceur de défis

Comment le lanceur de défis implique-t-il la totalité des forces vives de son entreprise ? Parmi les multiplicateurs que nous avons étudiés dans le cadre de nos recherches, nous avons décelé trois pratiques communes. Les multiplicateurs : 1) sèment les opportunités ; 2) lancent des défis ; et 3) suscitent l'adhésion. Penchons-nous sur chacune d'entre elles.

1. Semer les opportunités

Les multiplicateurs comprennent que les gens grandissent au travers des défis. Ils savent que l'intelligence se développe lorsqu'elle est étendue et mise à l'épreuve. Ainsi, même si le leader a une vision nette de la direction à prendre, il ne se contente pas d'en informer ses équipes. Les multiplicateurs ne donnent pas les réponses, au contraire, ils entament un processus de découverte : ils fournissent juste assez d'informations pour susciter la réflexion et aider les autres à découvrir et voir les opportunités par eux-mêmes.

Voici quelques exemples de moyens que choisissent les multiplicateurs pour semer les opportunités et amorcer le processus de découverte des solutions.

Faire comprendre les besoins

L'un des meilleurs moyens pour semer une opportunité, c'est de faire en sorte que l'autre la découvre lui-même. Quand les gens comprennent les besoins par eux-mêmes, ils développent une compréhension profonde des sujets. Bien souvent, tout ce que le leader doit faire après cela, c'est prendre ses distances pour les laisser résoudre les problèmes.

Le Bennion Center, sur le campus de l'Université de l'Utah, a pour but d'encourager les étudiants à s'engager dans des projets de service communautaire durant leurs études. Irene Fisher, la directrice du centre depuis quatorze ans, espérait que les étudiants s'engageraient à résoudre certains des problèmes les plus difficiles rencontrés par la ville.

Au lieu de faire un discours et de chercher à vendre sa vision du service auprès des membres les plus pauvres de la communauté, Irene a invité les étudiants à prendre des positions de leaders et à mobiliser leurs camarades pour travailler au sein de la communauté. Elle les a emmenés au centre-ville afin qu'ils puissent constater les problèmes par eux-mêmes. Ils se sont promenés dans les rues et ont observé la situation critique des sans-abri. Ils ont visité des refuges et discuté avec des mères célibataires qui peinaient à s'en sortir. En voyant les besoins de leurs propres yeux, ils se sont passionnés et ont développé une vraie curiosité quant aux pistes de changement. En même temps, ils ont beaucoup appris. À mesure de leur implication, ces leaders étudiants ont assumé des rôles de plus en plus difficiles. Elle observe que « les étudiants sont plutôt malins. Dès qu'ils voient quelque chose, ils commencent à poser des questions. Nos étudiants ont posé beaucoup de questions, puis ils se sont mis au travail. » Irene a semé l'opportunité, permettant aux étudiants de relever le défi. Elle ajoute : « Je ne me considère pas comme un vrai lanceur de défis. Disons plutôt que j'ai créé l'opportunité pour que les gens constatent eux-mêmes les défis avant de les relever. »

Le Bennion Center est toujours en plein essor aujourd'hui, fondé sur l'idée que l'on ne tire pas le meilleur parti des gens si l'on se contente de leur imposer quoi faire. On obtient un effort maximal en aidant les gens à découvrir eux-mêmes les opportunités et à se mettre au défi.

Remettre en question les idées reçues

Les multiplicateurs savent poser les questions qui remettent en cause les idées reçues d'une entreprise et bouleversent la logique dominante. Le célèbre gourou du management et professeur de stratégie, C. K. Prahalad, était connu pour poser des questions qui remettaient en question les idées reçues les plus ancrées dans les cultures d'entreprise. Il avait compris que la stratégie consistait à les identifier et à les mettre à l'épreuve. Dans son travail auprès des équipes de direction de grandes entreprises, C. K. Prahalad aimait poser des questions déstabilisantes qui ébranlaient les idées reçues et permettaient aux gens de découvrir les opportunités et les menaces du marché sous un jour différent.

En travaillant avec la société Philips, une entreprise multinationale, et après avoir soigneusement interrogé chaque membre de l'équipe de direction afin de connaître leurs idées reçues et les tensions qui régnaient dans l'entreprise, il s'est rendu compte qu'ils prenaient pour acquise leur invincibilité sur le marché. C. K. a alors formulé un plan. En arrivant sur le lieu du séminaire de stratégie de l'équipe de direction, il a commencé par rédiger un article fictif qui aurait pu paraître dans le *New York Times* et qui prévoyait la faillite de Philips. Ensuite, il a posé les questions suivantes : Quels changements dans le paysage concurrentiel actuel pourraient dévaster les sources de revenus de Philips ? Et si les entreprises A et B fusionnaient ? Quels changements sur le marché pourraient conduire à une faillite ? Quel est votre plan d'action en pareil cas ? Un silence sinistre est tombé sur la salle. Il venait d'ébranler les convictions sur lesquelles reposait la stratégie commerciale actuelle. À présent qu'il avait la pleine et entière attention de l'équipe de direction, il pouvait orienter la discussion et se mettre à explorer les réponses.

Reformuler les problèmes

Les multiplicateurs comprennent la puissance d'une opportunité. Comme l'a fait remarquer Peter Block, gourou du consulting et auteur, « le travail le plus puissant est réalisé en réaction à une opportunité et non à un problème ». Non seulement les multiplicateurs analysent les problèmes, mais ils les reformulent aussi pour bien faire comprendre l'opportunité que présentent les défis.

Analysons comment Alan G. Lafley, lorsqu'il était PDG de Procter & Gamble, a reformulé les problèmes que posait le défi de devoir générer une croissance du chiffre d'affaires à partir de la recherche et du développement de nouveaux produits, dans le cadre de ses initiatives générales pour redynamiser l'entreprise. Comme l'expliquent Larry Huston et Nabil Sakkab dans leur article « Connect and Develop » du *Harvard Business Review*, le modèle « inventer soi-même » ne permettait plus à P&G de maintenir un taux de croissance du chiffre d'affaires élevé. À 25 milliards de dollars, l'entreprise pouvait encore y parvenir, mais au-delà de 50, c'était impossible, d'autant plus que P&G avait perdu la moitié de sa capitalisation en bourse avec une action passée de 118 à 52 $.

Plutôt que de tomber dans le piège consistant à faire du neuf avec du vieux, Lafley a développé une nouvelle stratégie. L'innovation allait venir de l'extérieur. Au lieu d'entretenir la notion délétère que « le produit n'a pas été inventé ici », il a opté pour « le produit a été fièrement inventé ailleurs ». En d'autres termes, plutôt que de considérer l'innovation comme une « invention », où la recherche et le développement devaient être effectués dans ses propres laboratoires, Lafley a cherché des moyens d'unir ses forces avec des acteurs de sa chaîne d'approvisionnement avec lesquels ils pouvaient s'associer pour innover plus rapidement.

Par exemple, comme le rapportent Huston et Sakkab, quand l'idée a germé de produire des Pringles avec des images et des mots imprimés sur les chips, P&G a dû déterminer s'il convenait de créer une solution tout entière à partir de zéro ou de trouver une solution innovante, quelque part dans son réseau de partenaires. Par le passé, la mise sur le marché d'un nouveau produit représentait un investissement de deux ans. Mais avec la nouvelle vision de Lafley se dégageait une solution plus intelligente.

Dans le cas de Pringles, ils « ont créé un dossier technologique définissant les problèmes à résoudre et l'ont fait circuler dans leurs réseaux internationaux, à la fois auprès des individus et des entreprises, pour savoir si quelqu'un dans le monde avait une solution toute prête. C'est par le biais de [leur] réseau européen qu'ils ont découvert une petite boulangerie à Bologne, en Italie, dirigée par un professeur d'université qui fabriquait également du matériel de boulangerie. »[27] L'innovation du professeur a ainsi permis à P&G de commercialiser le produit en deux fois moins de temps et pour une fraction du montant qu'aurait coûté l'invention des solutions en interne. Le produit a remporté un succès immédiat qui a permis au département Pringles de connaître une croissance à deux chiffres pendant les deux années suivantes.

Poser un point de départ

Les multiplicateurs fournissent un point de départ, mais pas une solution complète. Ainsi, ils génèrent plus de questions que de réponses. Ces questions encouragent ensuite leurs équipes à définir les opportunités tout en leur donnant la conviction qu'ils s'appuient sur des bases solides. Ray Lane et la direction d'Oracle ont créé le squelette d'une stratégie de développement avant de demander à des groupes de cadres de travailler de manière systématique et en collaboration pour mener à bien l'ensemble de la stratégie.

Lorsqu'un lanceur de défis réussit à semer une opportunité, d'autres la découvrent par eux-mêmes. Et comme l'opportunité a été créée, mais n'a pas encore atteint sa pleine maturité, ils sont amenés à participer au processus de découverte. Ce processus d'exploration et de découverte stimule la curiosité intellectuelle et génère de l'engouement pour le défi. Comme les réponses ne sont pas encore claires, les gens savent qu'ils peuvent apporter leur pierre à l'édifice et ils se sentent motivés pour intervenir et s'impliquer.

2. Lancer des défis

Une fois que l'opportunité est lancée et que l'énergie intellectuelle est créée, les multiplicateurs établissent le défi à relever, générant un puissant élan dans l'entreprise. Alors que les réducteurs creusent des fossés entre ce qu'ils savent et ce que savent les autres, les multiplicateurs créent des espaces entre ce que les gens savent et ce qu'ils doivent savoir, ce qui les pousse vers le défi. Ils proposent un défi passionnant qui crée une forme de tension. Leurs collaborateurs perçoivent la tension et l'ampleur de l'effort à fournir, ils sont intrigués, et peut-être même fascinés.

Comment un multiplicateur parvient-il à créer une telle impulsion sans heurts ? Comment susciter la curiosité plutôt que l'appréhension ? Nos recherches nous ont permis d'identifier trois façons différentes dont les multiplicateurs atteignent un tel niveau de stimulation. Tout d'abord, ils lancent des défis clairs et concrets. Ensuite, ils posent les questions difficiles auxquelles il faut répondre pour relever ces défis, mais surtout, ils n'y répondent pas. Ils laissent les autres remplir les blancs.

Développer un défi concret

Sean Mendy est le directeur du développement du Boys and Girls Clubs of the Peninsula. Avant cela, il supervisait le programme extrascolaire du club à East Palo Alto, en Californie, une ville où en 1992 le taux de meurtres par habitant était le plus élevé des États-Unis et où l'abandon des études secondaires était la norme. Sean lui-même a dû affronter de nombreuses difficultés pendant son enfance, mais il a poursuivi ses études et obtenu un diplôme de l'Université de Cornell, puis de l'Université de Stanford et de l'Université de Californie du Sud. Avec un parcours comme le sien, Sean aurait toutes les raisons de dire aux adolescents avec lesquels il travaille ce qu'ils devraient faire pour réussir. Mais au lieu de cela, il leur lance des défis.

Lorsque Sean a rencontré pour la première fois Tajianna Robinson (ou Taji), c'était une jeune fille de douze ans timide et hésitante. Lorsqu'elle a serré avec réticence la main qu'il lui tendait, il l'a arrêtée et lui a dit avec un grand sourire : « Tu sais, il y a trois choses qu'il faut faire quand on rencontre quelqu'un. Premièrement, le regarder dans les yeux. Deuxièmement, lui serrer fermement la main. Troisièmement, agiter la main de haut en bas trois fois. » Taji était gênée, mais intriguée.

Sean a continué à lui proposer de petits défis précis. Il a demandé à Taji si elle voulait suivre un cours de journalisme. Comme elle était intéressée, il l'a encouragée à rédiger un article principal pour le journal de l'école, à rencontrer régulièrement un tuteur d'écriture et à apprendre à rendre de bonnes rédactions. Encore une fois, elle a réussi. Ensuite, il l'a encouragée à placer la barre plus haut et à participer au concours de l'élève de l'année organisé par son école. Et elle a gagné !

Sean développe ces défis en posant aux jeunes des questions difficiles, puis en leur donnant l'espace nécessaire pour la réflexion et la réponse. Comme le dit Taji, « il m'a appris à penser par moi-même. » Ainsi, Taji et les autres ont pu renforcer leurs muscles intellectuels et acquérir la confiance dont ils avaient besoin pour relever les défis les plus difficiles.

Très tôt dans sa relation avec Taji, Sean l'a regardée dans les yeux et lui a demandé : « Si tu pouvais sortir de cet environnement, qu'est-ce que tu ferais ? » Il y a eu un long silence, puis Taji a dit : « J'irais à l'université. » Sean a répondu : « Que faudrait-il pour que tu y ailles ? » Après un moment de réflexion, ses yeux se sont illuminés et elle a dit : « Il faudrait que j'aille dans le bon lycée ! » Ils se sont alors fixé comme objectif que Taji obtienne une bourse d'études dans l'une des meilleures écoles préparatoires des environs. Sean avait simplement demandé : « Par où devrions-nous commencer ? »

Taji a tout fait elle-même, mais ensemble, ils ont déterminé au préalable quelles écoles seraient les plus adaptées. Ils ont rempli les dossiers de candidature et se sont préparés aux entretiens avec les différents établissements. La veille de l'un des entretiens les plus importants, la famille de Taji l'a laissée chez elle pour qu'elle fasse ses devoirs pendant qu'ils allaient faire un tour en voiture. Alors que la famille s'arrêtait à un stop, un homme armé s'est approché et a tiré plusieurs balles dans le véhicule, qui transportait trois jeunes enfants. Le cousin aîné de Taji a reçu une balle dans le dos et sa sœur de six ans a été touchée à la jambe. Personne n'est mort, mais cet événement a été traumatisant à tous points de vue.

Le lendemain matin, Sean a suggéré à Taji de reporter l'entretien qu'ils avaient prévu au lycée. Mais en dépit de ses émotions, elle s'est écriée : « C'est mon seul moyen de sortir d'ici ! C'est ce que je dois faire pour avoir la vie que je veux. Et c'est comme ça que je pourrai aider ma famille et éviter que ça ne se reproduise ! » Elle a essuyé ses larmes, s'est rendue à l'entretien et a épaté tous ceux qu'elle a rencontrés. Tajianna a été acceptée dans quatre écoles préparatoires de renom, obtenant des bourses complètes dans chacune d'elles. Taji est devenue une jeune adolescente persévérante, motivée et brillante, qui a fréquenté le Sacred Heart, une école privée à Atherton, en Californie, et qui étudie maintenant à l'université.

Sur les dix-sept élèves du programme de Sean en classe de quatrième, douze ont obtenu des bourses d'études dans des écoles préparatoires prestigieuses et les cinq autres ont intégré des programmes rigoureux de formation universitaire. Sean a joué le rôle de lanceur de défis en aidant ces jeunes à placer plus haut la barre de leur ambition et à acquérir l'agilité mentale nécessaire pour qu'ils s'engagent et restent sur la voie de la réussite.

Qu'il s'agisse de Matt McCauley, chez Gymboree, qui a lancé le défi des 2 $, ou de Sean Mendy, avec le défi des étudiants, nos recherches ont montré que les multiplicateurs utilisent leur intelligence pour rendre les défis concrets pour les autres. Ces défis deviennent ainsi tangibles et mesurables, ce qui permet aux gens d'évaluer leurs performances. En rendant un défi bien réel, ils permettent aux autres de visualiser sa concrétisation et transmettent l'assurance que l'entreprise dispose bel et bien de l'intelligence collective requise. Cette assurance est essentielle, car les lanceurs de défis attendent de l'ensemble de l'entreprise qu'elle se dépasse et aille au-delà de ses capacités actuelles.

Poser les questions difficiles

Les réducteurs donnent les réponses. Les bons leaders posent des questions. Les multiplicateurs posent les questions encore plus difficiles. Ils posent des questions qui mettent les gens au défi non seulement de penser, mais aussi de repenser. Ils posent des questions si ouvertes que les autres ne peuvent pas y répondre sur la base de leurs connaissances ou de leur position actuelles. Pour répondre à ces questions, l'entreprise doit apprendre. Grâce à ces questions essentielles, un espace se crée entre ce que les gens savent et ce qu'ils doivent savoir, et entre ce qu'ils peuvent faire actuellement et ce qu'ils doivent être en mesure de faire. Cet espace crée une forte tension dans l'entreprise et engendre le besoin de la réduire. C'est comme un élastique qui serait étiré au maximum. Une extrémité cherche à se rapprocher de l'autre pour réduire la tension.

Matt McCauley, de Gymboree, a créé cette tension en demandant à chaque membre de son entreprise : « Quelle est votre mission impossible ? » Avec la tension ainsi créée, il leur est devenu impossible de stagner au même point.

Laisser les autres remplir les blancs

Comment les multiplicateurs amènent-ils les gens à relever un défi ? Ils transfèrent la charge de la réflexion aux autres. Au départ, lorsqu'ils mettent en place un défi concret, c'est à eux, en tant que leaders, qu'incombe la charge de la réflexion. En posant les questions difficiles et en invitant les autres à combler les blancs eux-mêmes, ils reportent la charge de la réflexion sur leurs collaborateurs. Il incombe désormais à leurs équipes de comprendre le défi et de trouver des solutions. Par ce changement, le multiplicateur crée de l'intelligence et de l'énergie autour de lui.

Après avoir pris la direction d'une nouvelle division d'une grande entreprise d'électronique reconnue en Corée, le PDG a convoqué son équipe de direction pour lui faire part de ses objectifs, devenir les numéro un sur le marché et une entreprise attrayante pour les meilleurs diplômés de l'enseignement supérieur. Il était clair que la trajectoire ascendante de l'entreprise ne serait pas lente et progressive. Il avait une grande vision. Ensuite, il a impliqué un large éventail de professionnels pour analyser le meilleur moyen d'atteindre la position de numéro un. Le groupe ainsi formé comprenait des cadres stratégiques, des membres de la famille fondatrice et des consultants externes. En réunissant ce groupe, il a semé l'opportunité et posé les questions difficiles, telles que : « Pourquoi sommes-nous dans cette entreprise ? », « Méritons-nous d'être dans ce secteur ? » et « Que devrions-nous faire pour être meilleurs que nos concurrents ? »

Ces questions ont touché le nerf vital de l'entreprise et provoqué le chaos. Pourtant, il n'a jamais reculé. La tension ainsi créée a forcé l'équipe à trouver des réponses. Il a posé les questions difficiles, puis les a laissé remplir les blancs. Pendant ce temps, il a fait en sorte de maintenir un calendrier serré. Il a dit : « Je n'ai pas besoin de réponses à 100 %. J'ai besoin d'une réponse à 30 % en deux jours. Donnez-moi une réponse à 30 %, puis nous en parlerons et nous déciderons si cela vaut la peine de chercher une réponse à 50 %. Et si nous y arrivons, nous bloquerons deux mois pour obtenir une réponse à 100 %. »

Au final, les réponses étaient claires. Le processus a duré des mois, avec des méthodes expéditives, mais il a permis de développer la force intellectuelle et l'énergie dont l'entreprise avait besoin pour relever le défi.

Lancer un défi ne se résume pas à ordonner aux gens de faire quelque chose. Il s'agit de poser les questions difficiles auxquelles personne n'a encore de réponse, puis de prendre du recul afin de laisser aux membres de l'équipe l'espace nécessaire pour réfléchir à ces questions, s'approprier le projet et trouver les réponses.

Une fois qu'un multiplicateur a réussi à poser le défi, les gens le remarquent, sont intrigués et s'impliquent intellectuellement. La charge de la réflexion a été transférée à l'entreprise. Ce processus d'appropriation et de développement continue à mobiliser l'énergie en créant le muscle intellectuel nécessaire pour relever le défi.

3. Susciter l'adhésion

En semant les opportunités et en lançant les défis, on intéresse les gens à ce qui est possible. Mais cela ne suffit pas à engendrer un mouvement. Les multiplicateurs savent susciter l'adhésion, convaincre les autres que l'impossible est bel et bien possible. Il ne leur suffit pas de voir et de comprendre l'effort à fournir, il faut également qu'ils le fournissent eux-mêmes.

Voici quelques méthodes employées par les multiplicateurs pour susciter la confiance au sein de leurs entreprises.

Réduire l'altitude

L'un des moyens de susciter l'adhésion est de relever le défi de terrain. K. R. Sridhar, PDG de Bloom Energy, dont la vision est de produire des générateurs d'électricité pour les individus et les entreprises en réduisant de moitié les émissions de carbone des générateurs d'électricité traditionnels, explique : « L'orientation doit être improbable, mais pas impossible. Elle ne peut pas culminer à 30 000 pieds d'altitude. Elle doit se situer à environ 1000 pieds. Il serait irresponsable de demander à votre équipe de faire quelque chose si l'exposition du PDG ne se situe qu'à 30 000 pieds. Il faut le faire descendre et montrer que c'est possible. Il faut montrer une possibilité et expliquer en quoi c'est possible. Il suffit de le faire une seule fois pour entraîner l'adhésion. » En « réduisant l'altitude » pour descendre au niveau de la réalité, les multiplicateurs avancent la preuve significative qu'un défi audacieux peut être relevé avec succès.

Cocréer le projet

Si les gens créent eux-mêmes le projet qu'ils finiront par mettre en œuvre, ils auront une confiance élevée en sa réalisation. Sous la direction de Ray Lane en 1996, Oracle n'a pas seulement élaboré une intention stratégique, mais l'entreprise a également fait naître au sein de son équipe la conviction profonde qu'ils pouvaient relever le défi de l'ère d'internet. Parce que les 250 cadres ont eu l'occasion de participer à la stratégie de l'entreprise, ils ont compris le défi qui les attendait et quelles actions seraient nécessaires pour le relever. Ils ont développé la volonté et l'énergie collectives nécessaires à son exécution. L'entreprise était prête à relever le défi.

Orchestrer une première victoire

Parfois, les leaders sont tentés d'aborder trop de problèmes à la fois. Nos recherches ont montré que les multiplicateurs commencent par de petites victoires et s'en servent pour susciter la confiance dans les défis plus importants.

Prenons l'exemple de la lauréate du prix Nobel Wangari Maathai, décédée en 2011. Elle dit : « J'entendais de nombreuses femmes de Nairobi se plaindre qu'elles n'avaient pas assez de bois de chauffage, elles se plaignaient aussi qu'elles n'avaient pas assez d'eau. Pourquoi ne pas planter des arbres ? leur ai-je demandé. Alors, elles ont commencé, très petit au début. Et très vite, elles ont commencé à se montrer leurs résultats les unes aux autres. Les communautés ont commencé à se donner les moyens de planter des arbres pour répondre à leurs propres besoins. »[28]

Depuis les sept premiers arbres plantés par Wangari le 5 juin 1977, à l'occasion de la Journée mondiale de l'environnement, le mouvement Green Belt a réussi à planter plus de 40 millions d'arbres en Afrique. Bien sûr, le mouvement va au-delà des arbres. Wangari a écrit : « Beaucoup ne saisissent pas que l'arbre n'est qu'un point de départ. C'est un point facile. Parce que c'est quelque chose que les gens comprennent, qu'ils peuvent faire. Ce n'est pas très cher et on n'a pas besoin de beaucoup de technologie. Mais une fois que l'on est entrés dans la communauté par la plantation d'arbres, on peut aborder de nombreux autres problèmes, les questions de gouvernance, de droits de l'homme, de conflits et de paix [et] les questions de gestion des ressources à long terme. »

Les cadres exécutifs des entreprises peuvent susciter l'adhésion dans les défis importants en orchestrant de petites victoires rapides.

Une fois que le multiplicateur a permis à son équipe de croire que c'est possible, le poids se déplace et l'entreprise est prête à quitter le domaine du connu pour s'aventurer dans l'inconnu.

Le documentaire *Le Funambule*, récompensé par un Oscar, revient sur l'exploit du célèbre funambule Philippe Petit en 1974, alors qu'il marchait sur une corde raide de quarante mètres de long entre les tours jumelles du World Trade Center à New York, hautes de plus de quatre cents mètres. Dans le film, Petit raconte ce moment de vérité où il se tenait sur le bord d'une tour, le pied arrière sur le bâtiment et le pied avant sur la corde. « J'ai dû prendre la décision de transférer mon poids d'un pied ancré au bâtiment à l'autre en l'air. Mon projet de marcher sur ce fil allait très probablement me tuer ! Et en même temps, quelque chose d'irrésistible... m'a attiré sur cette corde. »

J'ai vu ce transfert de poids se produire à de nombreuses reprises au sein des entreprises. On peut presque sentir l'énergie commencer à basculer dans une nouvelle direction. Ce changement s'opère lorsqu'un individu ou une entreprise a pleinement relevé un défi et accepté de croire au possible. Ce n'est pas le multiplicateur qui suscite cette adhésion. C'est plutôt le défi qu'il a lancé. Ce processus de défi engendre la force intellectuelle, l'énergie émotionnelle et l'intention collective d'aller de l'avant. Les multiplicateurs orchestrent simplement le nécessaire pour déplacer le poids d'une entreprise.

L'orientation selon l'approche du réducteur

Contrairement aux multiplicateurs, les réducteurs ont une approche fondamentalement différente des directives. Au lieu d'user de leur intelligence pour permettre aux gens de tendre vers une opportunité future, ils donnent des directives mettant en valeur leurs connaissances supérieures. Au lieu de semer une opportunité et de présenter un défi accessible, les réducteurs parlent trop et testent ce que les autres savent. Comme le stéréotype du je-sais-tout, ils étalent leurs connaissances, expliquent aux autres comment faire leur travail et testent leurs connaissances pour voir s'ils s'y prennent bien.

ÉTALER SES CONNAISSANCES. Les réducteurs se considèrent comme des leaders visionnaires et partagent volontiers leurs connaissances. L'ennui, c'est qu'ils les partagent rarement d'une manière qui invite à la contribution. Ils ont tendance à vendre leurs idées plutôt que de vouloir apprendre ce que les autres savent. En Europe, un manager « pompait tout l'oxygène de la salle » en parlant inlassablement de ses propres idées. Un collègue a dit de lui : « Il est tellement occupé à partager ce qu'il pense qu'il n'y a plus de place pour personne d'autre. » Un collaborateur direct a ajouté : « Je travaille dans le même service que lui depuis dix ans et il ne m'a jamais posé de questions. Pas une seule fois. Jamais. Je l'ai parfois entendu poser une question à la cantonade : Je me demande pourquoi nous faisons telle chose ? Et même dans ce cas, il remplissait le silence par ses propres pensées en formulant la réponse. »

VÉRIFIER LES CONNAISSANCES DES AUTRES. Lorsque les réducteurs engagent enfin le dialogue avec les autres, il n'est pas surprenant qu'ils veuillent vérifier que vous comprenez ce qu'ils savent. Ils posent des questions pour marquer des points plutôt que pour accéder à une meilleure compréhension ou générer un apprentissage collectif. Comme Richard Palmer, le fondateur dont nous avons parlé plus haut, ils sont passés maîtres dans l'art de poser des questions pièges. Avec les réducteurs, les gens sont stressés, mais pas tendus dans le sens positif du terme.

EXPLIQUER AUX AUTRES COMMENT FAIRE LEUR TRAVAIL. Plutôt que de transférer la responsabilité à d'autres personnes, les réducteurs restent aux manettes et disent aux autres (avec force détails) comment faire leur travail. Ils adoptent la posture de penseur principal, se donnant la permission de lancer à la fois les questions et les réponses.

Chip Maxwell, producteur exécutif sur le plateau d'une grande production cinématographique, était l'un d'entre eux. Même en ayant pris soin de réunir une équipe talentueuse de classe mondiale, il interférait constamment dans son travail, court-circuitant régulièrement le réalisateur pour dire à son personnel exactement quoi faire. Le directeur de la photographie a brusquement démissionné en plein tournage, affirmant que si Chip semblait savoir mieux que lui comment éclairer la scène, alors il pouvait également être directeur de la photographie. Ce directeur primé connaissait pourtant le nombre de lumières nécessaires et il savait sans conteste où les placer. Il savait aussi que ses talents pouvaient être mieux exploités sur un autre tournage.

Les réducteurs refusent souvent, sans le vouloir, de reconnaître l'intelligence des autres. La plupart ont bâti leur carrière sur leur propre expertise et ont été récompensés pour leurs connaissances supérieures. Pour beaucoup, ce n'est que lorsqu'ils commencent à stagner ou connaissent une crise dans leur carrière (ou lorsque le directeur de la photographie démissionne en plein tournage) qu'ils reconnaissent que leurs préjugés sont inexacts et les limitent, eux mais aussi les autres.

L'un de mes collègues a récemment passé un test de QI et obtenu un score de 144. Il était fou de joie, répétant qu'il n'était qu'à un point du statut de génie certifié. Il imaginait sans doute la lettre de bienvenue de l'organisation d'élite Mensa. En apprenant nos recherches, son enthousiasme s'est un peu émoussé : « J'ai travaillé toute ma vie pour prouver que je suis un génie, et juste au moment où je peux enfin dire que j'en suis un, j'apprends que cela n'a plus d'importance ! »

Bien sûr, ce n'est qu'à moitié vrai. La puissance mentale brute est toujours pertinente. Mais les leaders les plus puissants sont ceux qui non seulement possèdent eux-mêmes cette puissance mentale, mais savent aussi la multiplier et la développer chez les autres. Pensez à la différence entre un leader qui aspire à un point de QI supplémentaire pour porter son chiffre à 145, le niveau officiel du génie, et celui qui utilise son intelligence pour ajouter un point de QI à chaque membre de son entreprise ! Que pourrait accomplir votre entreprise si chaque personne gagnait « un point d'intelligence » ?

Il arrive qu'un leader soit si bien instruit et brillant qu'il ait la tentation de donner des directives centrées sur ce qu'il sait. Mais en fin de compte, les je-sais-tout limitent ce que leur entreprise peut réaliser à ce qu'ils savent faire eux-mêmes. Sous leur direction, l'entreprise n'exploite jamais l'intégralité de son intelligence et sa véritable capacité est étouffée ou grignotée par les tirs à boulets rouges du leader cherchant constamment à vérifier les connaissances de son équipe.

LES RÉDUCTEURS CRÉENT DES CYCLES D'INACTIVITÉ. Ce vice-président brillant d'une grande entreprise technologique mondiale était habitué à un environnement rapide et exigeant. C'était un concurrent redoutable sur le marché, qui ne cessait de lancer des défis, à lui-même et aux autres. Pourtant, après son transfert dans un département dirigé par un je-sais-tout typique, il est devenu désœuvré. Il a déclaré : « Je passe le plus clair de mon temps à attendre que mon patron prenne des décisions. Entre-temps, je ne peux pas faire grand-chose. Je travaille presque à temps partiel. Je m'ennuie, mais j'aime suivre des cours de voile ! » Ce vice-président était prêt pour une bataille navale acharnée, mais il a été relégué à une navigation par temps calme.

A contrario, les multiplicateurs créent des cycles rapides. En jouant le rôle du messager plutôt que du je-sais-tout, ils ont accès à plus de cerveaux, les font travailler plus rapidement et obtiennent un effort absolu de la part de leurs collaborateurs. Armés d'une vision claire des opportunités et des défis qui en découlent, ils comprennent qu'aucune ressource ne mérite d'être gaspillée. Sous la direction des lanceurs de défis, les équipes sont capables d'accélérer leurs performances. Comme l'entreprise n'a pas besoin d'attendre que le leader trouve l'idée en premier, elle peut résoudre les problèmes les plus difficiles à un rythme accéléré. Et parce que les gens comprennent le contexte, ils peuvent agir par eux-mêmes plutôt que d'attendre qu'on leur dise ou qu'on les approuve. Comme ils sont encouragés par leur hiérarchie à se montrer « plus intelligents que le leader », ils cessent de chercher à valider leurs idées et s'impliquent pour relever le défi. Par conséquent, l'intelligence se développe (individuellement et collectivement). L'intention collective générée au sein de l'entreprise permet à l'ensemble du groupe de relever des défis qu'aucun leader, aussi intelligent qu'il soit, n'aurait pu relever tout seul.

Cette compréhension conduit à une question déterminante : Comment peut-on fournir une orientation comme Matt McCauley chez Gymboree ou Ray Lane chez Oracle ? Comment cesser d'être un je-sais-tout pour devenir un lanceur de défis ?

Devenir un lanceur de défis

Les lanceurs de défis commencent par développer leur imagination débordante et un goût prononcé pour la curiosité. Dans le cadre de notre recherche, nous avons analysé comment les multiplicateurs et les réducteurs ont été évalués par rapport à quarante-huit pratiques de leadership. Il n'est pas surprenant que la pratique la mieux notée chez les multiplicateurs soit la curiosité intellectuelle. Les multiplicateurs créent du génie chez les autres parce qu'ils sont curieux par nature et suscitent la soif d'apprentissage chez ceux qui les entourent. La question « pourquoi » est au cœur de leur réflexion et prend la forme du besoin insatiable que l'entreprise approfondisse ses connaissances. Les lanceurs de défis sont des multiplicateurs qui réfléchissent aux possibilités. Ils veulent apprendre des gens qui les entourent. La curiosité intellectuelle est au cœur de tout défi. Ils se demandent constamment si l'impossible est atteignable. Une fois que l'on est profondément ancré dans une mentalité de curiosité, on est prêt à travailler comme un lanceur de défis. Voici quelques points de départ.

Les starting-blocks

1. RELEVER LE DÉFI EXTRÊME DES QUESTIONS. La plupart des cadres sont bombardés de questions et répondent en permanence à ceux qui leur demandent leur avis. Par la nature même du rôle de leader, il est facile de rester ancré du côté des réponses et de jouer les patrons unilatéraux. Un mauvais leader dira aux gens ce qu'ils doivent faire. Un bon leader posera des questions et laissera ses collaborateurs trouver les réponses. Les meilleurs leaders posent les questions qui focaliseront l'intelligence de leur équipe sur les problèmes pertinents. La première étape consiste à arrêter de répondre aux questions pour commencer à les poser.

Il y a quelques années, je m'apitoyais avec un collègue de travail sur les difficultés que nous rencontrions dans notre rôle de parents. Brian avait lui aussi plusieurs enfants en bas âge et il était d'accord avec moi sur le fait que j'étais devenue une mère autoritaire. Je disais constamment à mes enfants ce qu'ils devaient faire et je leur donnais des ordres. J'ai décrit en détail une soirée typique à la maison : « Prépare-toi à aller au lit. Arrête ça. Laisse-la tranquille. Ramasse tes jouets. Mets ton pyjama. Brosse-toi les dents. Non, retournes-y et utilise du dentifrice cette fois. C'est l'heure de l'histoire. Va te coucher. Retourne te coucher. Non, pas dans mon lit, dans le tien. Allez, maintenant, va dormir. »

Je ne cherchais pas de conseils, je prenais simplement plaisir à me plaindre. Mais Brian m'a proposé un défi intéressant. Il a dit : « Liz, rentre chez toi ce soir et essaie de parler à tes enfants uniquement sous forme de questions. Pas de déclarations, pas de directives, pas d'ordres. Rien que des questions. » J'ai tout de suite répliqué : « Mais c'est impossible. Je rentre à la maison à 18 h et je ne peux pas les envoyer au lit avant 21 h 30. Ça fait trois heures et demie ! » Brian m'a assuré qu'il comprenait, mais il a renouvelé le défi : « Pas d'affirmations. Rien que des questions. » En rentrant chez moi, j'étais de plus en plus intriguée et j'ai décidé de relever ce défi extrême. Tout ce que je dirais prendrait la forme d'une interrogation.

J'ai donc rassemblé mes forces, ouvert la porte de la maison et commencé l'expérience. Le dîner et le temps de jeu ont été intéressants. À l'approche de l'heure du coucher, j'ai regardé ma montre et demandé à mes enfants : « Quelle heure est-il ? » L'un d'eux a répondu : « L'heure d'aller au lit. » J'ai poursuivi : « Et qu'est-ce qu'on fait pour se préparer à aller au lit ? » Ils m'ont répondu : « On met son pyjama. » « Bon, qui a besoin d'aide ? » Le petit de deux ans s'est manifesté, alors je l'ai aidé pendant que les filles s'habillaient pour aller au lit. « Qu'est-ce qu'on fait maintenant ? » ai-je demandé. D'après leurs réponses, il était évident qu'ils connaissaient par cœur la routine du coucher et ils ont réagi avec empressement. Ils se sont brossé les dents. « Quelle histoire allons-nous lire ce soir ? Qui va la choisir ? Et qui va la lire ? » Après l'histoire, j'ai demandé : « Qui est prêt à se coucher ? » Avec enthousiasme, ils ont dit leurs prières et ont sauté dans leurs lits. Et ils y sont restés. Puis ils se sont endormis.

Je suis restée dans le couloir, sous le choc, à me demander : Ai-je assisté à un miracle ? Qu'est-il arrivé à mes enfants ? Et depuis combien de temps savent-ils faire tout cela ?

Intriguée par ce changement spectaculaire, j'ai poursuivi l'expérience quelques soirs supplémentaires. J'avais retrouvé un mode de communication plus équilibré, mais pour cela, il avait fallu que cette expérience entraîne un changement profond et permanent dans ma façon de diriger. Quand j'ai cessé de donner les réponses et commencé à poser des questions, j'ai découvert que mes enfants savaient faire beaucoup de choses que je faisais à leur place. J'ai décidé d'essayer au travail. J'ai commencé à poser des questions du type : « Selon toi, qu'est-ce qui pourrait mal tourner ? » ou « Comment résoudre ce problème ? » Quand j'ai commencé à moins parler et à plus interroger, j'ai découvert que mon équipe était encore plus intelligente que je ne l'avais vu jusqu'à présent. La plupart du temps, ils n'avaient pas besoin que je leur dise quoi faire. Ils avaient simplement besoin que je leur pose des questions pertinentes.

J'ai ainsi appris que les meilleurs leaders posent des questions et laissent les autres trouver les réponses.

Relevez le défi extrême des questions pour passer du mode je-sais-tout au mode lanceur de défis. Commencez par 100 % de vos interventions. Essayez d'abord à la maison et vous découvrirez peut-être que vos enfants (ou vos colocataires) sont de bons cobayes et de grands professeurs ! Au travail, faites le premier pas en trouvant une réunion à animer uniquement par des questions. Vous pourriez être étonné par ce que les gens autour de vous savent déjà. Si vous craignez que cette approche extrême ne vous paraisse trop abrupte ou étrange, faites savoir à votre équipe que vous expérimentez une nouvelle approche. Si ce défi extrême est un exercice utile pour remettre en question les comportements existants, il ne s'agit pas d'un mode de fonctionnement permanent. Une fois que vous aurez développé une meilleure capacité et une plus grande propension à diriger au moyen de questions, vous pourrez trouver un équilibre approprié entre les interrogations et les affirmations, en harmonie avec votre contexte culturel.

2. CRÉER UN DÉFI À LONGUE PORTÉE. Impliquez votre équipe en lui donnant une « mission impossible », un défi difficile et concret qui la poussera à se surpasser et à développer de nouvelles capacités. Identifiez un défi majeur et lancez-le à votre équipe en étant précis. Formulez-le comme une énigme intrigante en dressant la liste des contraintes, par exemple : « Comment pourrions-nous accomplir X avant la date Y, avec seulement Z ressources à notre disposition ? » Puis prenez vos distances et laissez votre équipe résoudre l'énigme. Quand les leaders proposent un défi et favorisent une culture de la confiance, l'entreprise s'élève. Les gens contribuent au-delà de ce qu'ils pensaient pouvoir fournir. Votre équipe trouvera sûrement cette expérience épuisante, mais exaltante, et elle sera impatiente de relever le prochain défi.

3. ORGANISER UNE SORTIE EN BUS. Noel Tichy, professeur à l'Université du Michigan, a raconté l'histoire d'un cadre de GE qui a trouvé un moyen créatif de lancer son défi et de pousser son entreprise à percevoir un besoin du marché.[29] Quand Tom Tiller a pris la tête du département des appareils électroménagers de GE, le service perdait de l'argent, réduisait ses effectifs et n'avait pas lancé de nouveau produit depuis des années. Tom a alors fait monter quarante personnes de son équipe de direction dans un bus loué pour l'occasion et s'est rendu au salon de la cuisine et de la salle de bain à Atlanta. Le groupe devait identifier les nouvelles tendances et les besoins, et générer de nouvelles idées de produits qui permettraient à l'usine de garder la tête hors de l'eau. Après quoi, le groupe a développé une nouvelle ligne de produits et redressé le département, qui est passé d'une perte vertigineuse à un bénéfice de 10 millions de dollars.

Il existe de nombreuses alternatives à la sortie en bus. Irene Fisher, du Bennion Center, a emmené ses étudiants dans les quartiers défavorisés pour qu'ils puissent constater par eux-mêmes les besoins des plus pauvres. En tant que directeur ou directrice, vous pouvez visiter l'usine d'un client afin de voir comment il utilise réellement votre produit. Vous pouvez emmener votre équipe au centre commercial du coin pour observer les gens effectuer leurs achats. Mais il est important de faire cette excursion ensemble, en bus (en minivan ou en train). Aidez les autres à voir le besoin qu'ils devront satisfaire. Faites-en une expérience éducative qui révélera ce besoin, créera l'énergie nécessaire et allumera le feu de l'ambition au sein de votre entreprise.

4. FAIRE UN PETIT PAS DE GRANDE ENVERGURE. Le monde de l'entreprise ne manque pas de vocabulaire pour désigner cette démarche : créer une première victoire, offrir une victoire symbolique et (l'expression consacrée) cueillir les fruits à portée de main. Le problème, c'est que la plupart des leaders le font de manière isolée. Ils choisissent un petit groupe pour mener un projet pilote qui attirera l'attention de la direction, mais n'obtiendra pas la visibilité nécessaire pour attirer l'attention de toute l'entreprise. Votre projet, donnez-lui de l'envergure. Il doit être visible. Consacrez par exemple une salle de conférence au développement d'une nouvelle technologie et organisez une journée portes ouvertes. Regagnez un client important grâce aux efforts d'un groupe de travail transversal entre différents départements. Amenez l'ensemble de l'entreprise à faire un premier pas, aussi petit soit-il. Mais faites-le ensemble afin que tout le monde puisse voir les résultats et commencer à croire que quelque chose de grand est possible. C'est cette conviction qui permettra de déplacer le poids de l'entreprise sur cette corde raide.

Un bon effort

Jimmy Carter a dit : « Si vous avez une tâche à accomplir et qu'elle vous intéresse au plus haut point, qu'elle vous enthousiasme et vous mette au défi, alors vous y consacrerez une énergie maximale. Mais avec l'excitation, la douleur de la fatigue se dissipe et la frénésie de ce que vous espérez réaliser vient à bout de l'épuisement. » Nos recherches ont montré que les multiplicateurs rendent les défis à la fois palpitants et atteignables, ce qui pousse les autres à se joindre à eux et à offrir leurs pleines capacités intellectuelles et mentales. Leur approche génère la volonté collective et l'énergie nécessaire pour relever les défis les plus importants.

D'après nos recherches, quand les gens travaillent pour des réducteurs, ils ne donnent que la moitié de leurs capacités, ce qui ne les empêche pas de témoigner systématiquement de leur épuisement. En revanche, sous la direction des multiplicateurs, les gens sont capables de se donner à 100 % et décrivent l'expérience comme « un peu fatigante, mais absolument palpitante ». Il est intéressant de constater que fournir la moitié de ses capacités peut être épuisant, mais donner l'intégralité de son potentiel peut être palpitant. On croit souvent que la fatigue professionnelle est la conséquence d'un travail trop dur. Le plus souvent, l'épuisement se produit après trop de répétitions de la même tâche ou lorsqu'on ne voit pas les fruits de son travail. Les bons leaders ne se contentent pas de donner plus de travail aux gens, ils leur donnent un travail plus difficile, un défi plus important qui suscite l'apprentissage, et par conséquent, la croissance.

Lorsque les leaders incarnent des lanceurs de défis (parlant moins et demandant plus), ils obtiennent de leurs collaborateurs des contributions qui dépassent de loin ce qu'ils pensaient avoir à donner. C'est cette exaltation qui pousse les équipes à s'impliquer encore plus. Pourquoi ? Parce qu'on leur propose une expérience réellement stimulante et gratifiante. Demandez plus et vous obtiendrez plus. C'est tout aussi valable pour ceux qui travaillent pour vous.

Résumé du chapitre quatre

Je-sais-tout versus lanceur de défis

LES JE-SAIS-TOUT donnent des directives qui montrent tout ce qu'ils savent. Par conséquent, ils limitent ce que leur entreprise peut réaliser à ce qu'ils savent faire eux-mêmes. L'entreprise dépense alors son énergie pour essayer de comprendre ce que pense le patron.

LES LANCEURS DE DÉFIS définissent les opportunités qui poussent les autres à aller au-delà de ce qu'ils savent faire. Par conséquent, ils obtiennent une entreprise qui comprend le défi et qui dispose de la concentration et de l'énergie nécessaires pour le relever.

Les trois pratiques du lanceur de défis

1. *Semer les opportunités*
   - Faire comprendre les besoins
   - Remettre en question les idées reçues
   - Reformuler les problèmes
   - Poser un point de départ
2. *Lancer des défis*
   - Développer un défi concret
   - Poser les questions difficiles
   - Laisser les autres remplir les blancs
3. *Susciter l'adhésion*
   - Réduire l'altitude
   - Cocréer le projet
   - Orchestrer une première victoire

Devenir un lanceur de défis

1. Relever le défi extrême des questions
2. Créer un défi à longue portée

3. Organiser une sortie en bus
4. Faire un petit pas d'une grande envergure

Mobilisation des ressources

	Je-sais-tout	Lanceurs de défis
Ce qu'ils font	Donner des directives qui mettent en valeur « leurs » connaissances	Définir des opportunités qui mettent les gens au défi d'aller au-delà de ce qu'ils savent faire
Ce qu'ils obtiennent	Des efforts dispersés, car les gens cherchent à attirer l'attention du patron	Une intention collective vers la même opportunité générale
	Des cycles d'inactivité dans l'entreprise, car les gens attendent qu'on leur dise ce qu'ils doivent faire ou de savoir si le patron va encore changer d'orientation	Des cycles rapides et la résolution accélérée des problèmes sans l'intervention du leader officiel
	Une entreprise qui ne veut pas prendre de l'avance sur son patron	L'effort volontaire et l'énergie intellectuelle nécessaires pour relever les défis les plus difficiles de l'entreprise.

Découvertes surprenantes

1. Même quand les leaders ont une vision claire de l'avenir, il y a des avantages à se contenter de semer les opportunités.

2. Les lanceurs de défis ont une amplitude de mouvement complète : ils peuvent voir et articuler les grandes idées et poser les questions pertinentes, mais ils peuvent aussi les associer aux étapes nécessaires pour créer l'élan.

3. Quand on a l'art et la manière de demander aux autres d'entreprendre l'impossible, on engendre plus de sécurité que si l'on demandait quelque chose de plus facile.

Le Créateur de débats

Il est préférable de débattre d'une décision sans s'y arrêter
que de s'arrêter sur une décision sans en débattre.

—JOSEPH JOUBERT

Le processus de prise de décision des leaders est fortement influencé par leur façon d'impliquer et d'exploiter les ressources qui les entourent. Nos recherches ont montré que les réducteurs avaient tendance à prendre des décisions tout seuls ou dans un cercle restreint. Par conséquent, non seulement ils sous-emploient l'intelligence à leur disposition, mais l'entreprise tourne en rond au lieu d'être efficace. Les multiplicateurs, en revanche, prennent des décisions en impliquant d'abord les gens dans un débat (non seulement pour prendre des décisions éclairées, mais aussi pour développer l'intelligence collective et préparer leur entreprise à l'exécution). Jonathan Akers a illustré à merveille la différence entre ces deux approches lorsqu'il a piloté une décision aux enjeux importants dans une multinationale de logiciels.

Jonathan Akers avait récemment obtenu un poste de vice-président de la planification d'entreprise et il était impatient d'avoir un impact sur son organisation. La société était embourbée dans une compétition pour la mainmise sur le marché des entreprises de taille moyenne. Son principal concurrent dominait le marché des PME, tandis qu'ils étaient les premiers dans le domaine des données d'entreprise. Afin de contrôler le marché et d'accroître son chiffre d'affaires, l'entreprise a décidé de viser les entreprises plus modestes alors que son concurrent s'adressait aux plus grandes. Le marché des moyennes entreprises était important d'un point de vue symbolique, mais pour le conquérir, il fallait un modèle commercial entièrement nouveau. Jonathan était donc chargé de diriger le développement d'un nouveau modèle de tarification qui leur permettrait de percer sur ce marché. C'était exactement l'occasion dont il avait besoin pour obtenir un succès concret.

Afin de ne pas commettre d'erreur sur une question d'une telle importance stratégique, Jonathan a réuni une équipe composée de tous les meilleurs acteurs, y compris des responsables des produits, du marketing, des services et pratiques commerciales, dont un grand nombre avait une connaissance approfondie du marché des moyennes entreprises. Le groupe s'est réuni dans une vaste salle de conférence au dernier étage de leur somptueux siège social de la Silicon Valley. Jonathan s'est assis à la tête de la longue table, un endroit stratégique où tout le monde pouvait le voir.

Il a entamé la conversation en exposant le défi au groupe, en soulevant les questions et en lançant le travail collectif. Il a clairement indiqué que le PDG et les autres cadres exécutifs attendaient des progrès significatifs auprès du marché des PME. Poussée par ces enjeux élevés, l'équipe a commencé à compiler des données et des analyses, et à les soumettre à Jonathan sur une durée de plusieurs semaines. De son point de vue, le groupe prenait un excellent départ. Les gens étaient galvanisés et pleins d'énergie.

Pourtant, le groupe de travail venait d'être mis en place, mais déjà la confusion commençait à régner. Jonathan n'avait pas spécifié le rôle que les membres du groupe de travail devaient jouer ni comment les recommandations et les décisions finales seraient prises. Au lieu d'utiliser sa puissance intellectuelle, Jonathan a utilisé le groupe pour répondre à des questions. Alors qu'il pensait pourtant être très clair, les participants avaient l'impression de n'être qu'un public pour ses propres idées. Il a passé la plupart du temps à parler à partir de ses propres préjugés ou à faire étalage de ses relations. Il avait beau recueillir des données auprès de chaque membre du groupe, aucune de ces informations n'était partagée ni discutée lors des réunions. De nombreuses données ont ainsi été recueillies, mais sans engendrer le moindre débat. Les réunions se sont réduites à des conversations basées sur des opinions uniquement, et principalement celles de Jonathan. Un membre du groupe de travail a partagé sa frustration : « J'ai participé à ces réunions en espérant entendre le groupe d'experts que nous avions réuni, mais tout ce que j'ai entendu, c'est le point de vue de Jonathan. »

Chacun avait été amené à croire qu'il jouerait un rôle essentiel dans la décision, avant de prendre conscience qu'aucune décision ne serait prise à cette occasion (ni même conseillée) ni aucun débat organisé pour confronter les idées individuelles et collectives. Leurs soupçons se sont avérés exacts. En fin de compte, la décision serait prise par une poignée de personnes à huis clos. Leur travail n'a pas donné de grands résultats, et quand ils ont reçu un e-mail de Jonathan avec pour objet « Annonce du nouveau modèle de tarification », ils ont compris que la décision avait été prise sans eux.

Ainsi, au lieu de générer une compréhension collective et un élan d'optimisme à l'égard de ce nouveau marché, Jonathan a causé une désillusion quant aux chances de l'entreprise de l'emporter auprès des PME et s'est acquis la réputation de gaspiller un temps précieux. Au lieu de dynamiser l'équipe, il l'a démotivée. L'impact immédiat s'est fait sentir lorsque Jonathan a tenté à nouveau de convoquer une réunion de travail : toutes les chaises de la salle de conférence étaient vides. Mais le résultat le plus néfaste est que l'entreprise a continué à stagner sur le marché des moyennes entreprises, tandis que ses concurrents gagnaient du terrain et des parts de marché.

Cette histoire se répète inlassablement dans d'innombrables salles de conférence au dernier étage des sièges sociaux. Elle se répète, car si de nombreux leaders comme Jonathan tentent de mettre en pratique l'esprit de coopération et la discussion, ils ne parviennent pas à se défaire de leur vision élitiste de l'intelligence, estimant que la matière grise de l'entreprise réside entre les mains de quelques privilégiés. Ils manquent de vision et ne savent pas reconnaître les nombreuses sources de connaissances et l'intelligence qui se développent quand on implique ses équipes et qu'on les met au défi.

La capacité d'un leader à tirer parti de toute l'intelligence de son entreprise dépend de ses préjugés les plus tenaces et profonds.

Le preneur de décisions versus le créateur de débats

Les réducteurs comme Jonathan Akers semblent partir du principe que seules quelques personnes valent la peine d'être écoutées. Parfois, ils l'affirment haut et fort, comme ce cadre admettant n'écouter qu'une ou deux personnes dans son entreprise de 4000 employés. Mais généralement, leurs préjugés s'exercent de manière plus subtile. Ils demandent à leurs subordonnés directs d'interroger des candidats pour un poste disponible, mais finissent par embaucher la personne que préfère leur « employé vedette ». Ils affirment pratiquer une politique de la porte ouverte, mais semblent passer beaucoup de temps dans des réunions à huis clos avec un ou deux conseillers très influents. Ils peuvent se montrer ouverts en demandant l'avis des autres, mais lorsqu'il s'agit de décisions aux enjeux importants, ils les prennent en privé avant de les annoncer à l'entreprise.

Les multiplicateurs ont une vision très différente. Ils ne se concentrent pas sur ce qu'ils savent, mais sur le moyen de savoir ce que les autres savent. Ils partent du principe que si le sujet mobilise suffisamment de cerveaux, la solution est à portée de main. Ils s'intéressent à toutes les perspectives pertinentes que les gens peuvent offrir. Comme ce cadre qui, tard dans la soirée, après un débat de douze heures, a insisté pour que l'équipe écoute le commentaire d'une jeune recrue. Il s'est avéré que ce commentaire était l'élément crucial qu'il leur manquait pour résoudre la question. Il n'est pas surprenant que les multiplicateurs abordent les décisions en rassemblant d'abord les gens, en cherchant à savoir ce qu'ils savent et en les encourageant à remettre en question et à approfondir leur réflexion mutuelle par un dialogue et un débat collectifs.

Ces attitudes préalables sont au cœur des différences dans la manière dont les réducteurs et les multiplicateurs prennent leurs décisions. En partant du principe qu'il n'y a que quelques personnes qui valent la peine d'être écoutées, les réducteurs fonctionnent comme des preneurs de décisions : quand les enjeux sont élevés, ils s'appuient sur leurs propres connaissances ou sur un cercle restreint de personnes pour prendre la décision.

À l'inverse, quand les multiplicateurs sont confrontés à une décision importante, leur réflexe naturel est de faire appel à toutes les ressources intellectuelles de leur entreprise. En exploitant ces connaissances, ils jouent un rôle de créateur de débats. Ils sont conscients que toutes les décisions n'exigent pas nécessairement une contribution et un débat collectifs, mais pour les plus importantes, ils mènent un débat rigoureux, abordant les questions avec des faits concrets sans s'accaparer les décisions. Grâce au débat, ils interrogent et étendent les connaissances de leurs équipes, ce qui décuple l'intelligence commune de l'entreprise et génère la volonté d'exécuter les décisions prises.

Le décideur versus les échanges civiques

Penchons-nous sur l'approche de deux hommes d'État, le premier président et le second chef des forces de police, qui révèlent des différences fondamentales dans leur prise de décision quand les enjeux sont élevés.

Notre premier exemple est le président George W. Bush, qui s'est lui-même défini comme « le décideur »[30]. Le magazine *Time*[31] a qualifié son travail de « Présidence de l'Intuition », d'après le livre *Intuition* écrit par Malcolm Gladwell sur le phénomène de la prise de décision immédiate.

Dans une interview accordée à Bob Woodward, auteur au *Washington Post*, le président Bush a déclaré : « Je suis un joueur instinctif. Je joue selon mes instincts. Je ne suis pas les règles du jeu. » Après avoir écrit une série de quatre livres sur le président, dont le résultat de onze heures d'entretiens personnels avec lui, Woodward a conclu : « Je pense que [Bush] est impatient. En d'autres termes, il n'aime pas les devoirs à la maison, ce qui implique la lecture, l'écoute de compte-rendu ou le débat. Et une partie du rôle de président, une partie des fonctions de gouvernement, notamment dans ce domaine, ce n'est que ça : le travail à la maison. »

Nous avons vu les conséquences de ces prises de décision rapides et centralisées, qui ont conduit les États-Unis à la guerre contre l'Irak en 2003. En ce qui concerne le renforcement de la présence américaine en Irak, en 2007, le président Bush a exigé de son équipe de sécurité les réponses à des questions plus difficiles que lors de l'assaut initial, car « une époque différente appelle des questions différentes »[32]. Mais il s'avère qu'il n'a pas participé à bon nombre des réunions où les décisions sur l'attaque étaient prises, comme il l'a confié à Woodward : « Je ne vais pas à ces réunions, vous serez content de l'apprendre, parce que j'ai d'autres choses à faire. »

Prenons l'exemple d'un autre dirigeant du service public, qui a abordé la prise de décisions importantes sous un autre angle, en s'appuyant directement sur les principaux intéressés. Arjan Mengerink est le chef de la police de district des Pays-Bas de l'Est, à IJsselland, Nieuwleusen. Avant le début de sa carrière, Arjan était un « garçon » de vingt ans qui rêvait de faire le bien et d'apporter une vraie différence autour de lui. Après sept ans de travail sur le terrain en tant qu'agent, il était prêt à passer à l'étape suivante et s'est inscrit à une formation de trois ans à l'académie de police. Ensuite, il est devenu superviseur, puis chef de police à 53 ans.

Au cours de sa carrière, Mengerink a toujours été conscient de l'importance de la coopération avec les agents de terrain. Il savait que les projets élaborés et discutés en haut lieu entraînaient des répercussions concrètes sur ses collègues, qui devaient les mettre en pratique dans les rues et auprès de la population.

Après une tentative de restructuration ratée, Arjan a déclaré : « Les plans étaient brillants, mais ils avaient été conçus dans les salons et non pas débattus avec le personnel qui devait les exécuter. La résistance a été si forte que nous sommes restés bloqués et que nous avons dû abandonner le projet. C'était une expérience douloureuse, mais j'ai appris comment gérer la situation la fois d'après. »

Lorsqu'Arjan a été confronté à une autre restructuration, il a adopté une nouvelle approche en s'appuyant sur l'aide de ses collègues. Dans son processus d'élaboration, il a invité les membres de la police nationale à jouer un rôle déterminant. Cherchant à impliquer les employés dans le processus, il a mené des séances et invité une centaine d'employés à partir d'un échantillon représentatif de l'organisation (depuis l'avocat jusqu'à la secrétaire et du chef de police au simple agent) afin que chacun puisse apporter ses connaissances professionnelles. Au cours de ces séances, son équipe a présenté des idées sur la restructuration et encouragé les agents de police à exprimer leur accord, leur désaccord et leurs points de débat en apportant leurs différentes perspectives.

Grâce à ces séances de discussion avec un échantillon représentatif des employés, Arjan a constaté que les plans étaient mieux conçus et que le processus permettait à tous d'en devenir les co-créateurs. Plutôt que de se voir imposer un projet, les agents le créaient et l'affinaient ensemble, et ils finissaient par y adhérer. Sans compter que, par la suite, ils transmettaient leur enthousiasme aux autres.

Ces deux approches résument la différence fondamentale entre les décideurs et les créateurs de débats. Les premiers prennent des décisions rapides, laissant les autres dans l'ignorance, à débattre entre eux pour essayer de comprendre le raisonnement qui sous-tend la décision unilatérale. Les seconds favorisent le débat avant la prise de décision et, ce faisant, bâtissent une équipe capable de prendre des mesures intelligentes.

Le créateur de débats

Lutz Ziob, le dirigeant de Microsoft dont nous avons parlé précédemment, aborde la prise de décision au sein de son entreprise avec l'esprit et les pratiques d'un créateur de débats. Quand il a pris la direction de la branche éducative de Microsoft en 2003, il s'agissait d'une structure traditionnelle qui dispensait des cours cinq jours par semaine par l'intermédiaire de partenaires en formation continue. Cependant, le département n'atteignait pas ses objectifs en matière de chiffre d'affaires et de portée.

Lutz était confronté à un double problème : l'entreprise devait de toute urgence renouer avec une croissance positive et rentable, et en même temps, étendre considérablement sa portée afin de s'assurer qu'un maximum de clients, réels et potentiels, maîtrisaient la technologie de Microsoft. En tant que directeur général de Microsoft Learning Business, Lutz avait le choix. Soit il cherchait à obtenir ce chiffre d'affaires et cette portée dans la base actuelle de partenaires de formation, soit il optait pour une nouvelle approche audacieuse (et potentiellement risquée) dans le secteur universitaire.

Lutz, qui s'exprime avec un léger accent allemand, est un homme qui possède ce rare mélange de passion et de retenue. C'est un vétéran du secteur de l'enseignement technologique et il maîtrise à la perfection la stratégie et les détails de la gestion de son entreprise. Son équipe est variée, et c'est exactement pour cela qu'il l'a recrutée. Certains sont des employés de longue date de Microsoft, d'autres ont acquis une grande expérience dans le domaine de l'éducation auprès d'autres entreprises de technologie du monde entier. Plusieurs sont nouveaux à leur poste, affectés à des missions qui s'étendent hors de leur domaine habituel et de leur expertise statutaire.

Après quinze minutes avec Lutz, on sent qu'il est tout à fait capable de prendre ces décisions lui-même en se basant sur ses connaissances. Au vu des enjeux, de nombreux cadres auraient été tentés de le faire. Mais Lutz affectionne tout particulièrement le débat et il est convaincu que plus la décision est cruciale, plus le processus de décision doit être rigoureux et inclusif. Il a donc impliqué son équipe de direction dans le défi qui se présentait à lui.

Il l'a réunie et a dressé les grandes questions : Fallait-il recentrer l'ensemble de l'activité sur le marché universitaire, en dispensant les formations par l'intermédiaire des établissements plutôt que des fournisseurs de formation continue ? Fallait-il risquer le modèle actuel de l'entreprise pour atteindre une portée potentiellement plus élevée ? Il a confié leurs missions aux membres de l'équipe avant de leur donner rendez-vous quelques semaines plus tard sur Orcas Island, près du siège social de Microsoft à Redmond, dans l'État de Washington. Ils devaient apporter toutes les informations qu'ils auraient recueillies et donner leurs opinions sur ce nouveau marché potentiel.

Réunie sur Orcas Island, l'équipe bénéficiait d'un terrain neutre (un cadre idéal, des feutres et des tableaux à profusion, une salle de conférence spacieuse et lumineuse), et surtout, ils avaient la permission de réfléchir ! Comme tout le monde était venu préparé, Lutz a rapidement reformulé la question et lancé le défi : « Comme vous le savez, l'ensemble de notre activité éducative, qui représente 300 millions de dollars, repose sur un modèle qui risque d'être obsolète. La décision à laquelle nous sommes confrontés est de savoir s'il faut s'accrocher à ce modèle commercial ou introduire un modèle totalement nouveau, qui transférerait l'éducation hors des espaces de formation continue et dans les universités, où nous aurions la chance d'atteindre les étudiants beaucoup plus tôt dans leur carrière. »

Il a ensuite fixé les conditions générales des débats, en insistant sur quelques points : « J'attends de vous les meilleures idées. Chacun doit se sentir non seulement libre de s'exprimer, mais également obligé de le faire. Nous irons au fond des choses, en explorant toutes les pistes et en posant toutes les questions difficiles. » Le premier de nombreux débats était officiellement lancé.

Il a suscité le débat en posant une série de questions audacieuses : « Devrions-nous intégrer le domaine universitaire ? » et « Que faudrait-il faire pour réussir ? » Après chaque question, il laissait l'équipe intervenir et le débat se dérouler librement.

Chaque fois que la discussion commençait à stagner, il allait plus loin, demandant à ses collègues de changer de camp et d'argumenter contre leur ancienne position : « Chris, changez de camp avec Raza. Raza, vous étiez pour cette idée, vous êtes maintenant contre. Chris, vous êtes maintenant pour. » Ce changement de rôles pouvait être gênant pendant un moment, mais rapidement, ils en sont venus à s'attaquer aux problèmes de l'autre point de vue. Ou, pour ouvrir leurs perspectives, il leur demandait d'assumer des rôles en dehors de leur domaine officiel. Lutz leur disait : « Teresa, vous nous avez donné une perspective internationale sur ce sujet, maintenant regardez-le d'un point de vue national. » Et : « Lee Anne, vous avez examiné les questions techniques. J'aimerais que vous discutiez du point de vue du marketing. » L'équipe s'écartait alors de ses positions et de nouvelles étincelles jaillissaient. Lutz adorait susciter la controverse et il aurait été nettement déçu si le débat n'était pas chargé d'étincelles.

Les membres de l'équipe ont écouté avec passion le foisonnement de points de vue divers. Ils remettaient en question les hypothèses les uns des autres et, bien souvent, les leurs. Ils ont volontiers abandonné le professionnalisme policé qui caractérise tant de réunions d'entreprise pour relever les défis avec un appétit presque vorace. C'était une approche aux enjeux élevés pour une décision aux enjeux élevés.

En fin de compte, l'entreprise a décidé de s'attaquer au marché universitaire et a passé les deux années suivantes à se réorienter autour des étudiants et de la formation initiale. En deux ans seulement, l'entreprise a étendu sa portée, passant de 1500 partenaires de formation continue à 4700 partenaires universitaires, soit trois fois plus. Cette activité est actuellement en passe de devenir le principal moteur de rayonnement de leur entreprise, désormais tout à fait rentable.

Lutz n'a pas laissé le débat au hasard, conscient que si la création d'un débat est facile, celle d'un débat rigoureux exige une approche volontaire et déterminée.

Les trois pratiques du créateur de débats

Au cours de nos recherches, nous avons constaté trois éléments que les multiplicateurs font différemment des réducteurs lorsqu'il s'agit de prendre des décisions. Alors que les réducteurs soulèvent des questions, dominent les discussions et forcent les décisions, les multiplicateurs : 1) définissent les sujets ; 2) initient le débat ; et 3) prennent des décisions éclairées. Examinons chacun plus en détail.

1. Définir les sujets

Nos recherches ont montré que le secret d'une grande décision réside dans ce que le leader fait avant le début du débat. Il prépare l'entreprise à la discussion et au débat en posant les bonnes questions et en mettant sur pied la bonne équipe. Ensuite, il définit les sujets et le processus de sorte que tout le monde puisse y contribuer. La définition des sujets comporte quatre parties :

➤ **LA QUESTION :** Quelle est la décision à prendre ? Entre quoi et quoi devons-nous choisir ?

➤ **LE POURQUOI :** Pourquoi est-il important de répondre à cette question ? Pourquoi la décision justifie-t-elle une contribution et un débat collectifs ? Que se passe-t-il si elle n'est pas abordée ?

➤ **LE QUI :** Qui participera à la prise de décision ? Qui donnera son avis ?

➤ **LE COMMENT :** Comment la décision finale sera-t-elle prise ? En fonction de la majorité ? Par consensus ? Ou bien vous (ou quelqu'un d'autre) prendrez la décision finale une fois que les autres auront fourni des informations et des recommandations ?

Un débat réussi commence par une question importante et provocatrice (pas n'importe quelle question, mais la bonne). Tim Brown, directeur général et président d'IDEO, la célèbre société mondiale de consulting en design innovant, a déclaré :

En tant que leaders, le rôle le plus important que nous puissions jouer est sans conteste de savoir poser les bonnes questions et de nous concentrer sur les problèmes pertinents. Dans le monde des affaires, il est très facile de se laisser entraîner à réagir à tous les problèmes et à toutes les questions qui se présentent à vous. Peu importe votre créativité en tant que leader, peu importe la qualité de vos réponses. Si vous vous concentrez sur les mauvaises questions, vous êtes incapable d'assurer le leadership comme vous le devriez.[33]

Tim Brown ajoute également : « Les bonnes questions ne poussent pas sur le sol, à attendre d'être ramassées et posées. »[34] Le travail du multiplicateur consiste à mettre le doigt sur le sujet pertinent et à formuler la bonne question, afin que d'autres puissent trouver les réponses.

Notons l'erreur courante consistant à tenter de débattre d'un thème plutôt que d'une question. Les débats les plus productifs sont ceux qui répondent à une question bien définie, avec des options claires qui s'opposent nettement les unes aux autres. Par exemple, une mauvaise formulation serait : Où doit-on réduire les dépenses ? Dans ce cas, il vaut mieux formuler la question ainsi : Doit-on réduire le financement du projet A ou du projet B ?

Une fois la question formulée, le leader doit résister à la tentation de se jeter lui-même à corps perdu dans le débat. Il doit avoir la sagesse de laisser à son équipe le temps de se préparer et de rassembler ses idées, sachant que cet espace de liberté sera utile pour renforcer la réflexion et éliminer les émotions de la discussion. Il ne se contente pas de formuler la question, mais il définit également la mission de chacun. Souvent, cette tâche consiste à présenter un point de vue mûrement réfléchi avec preuves à l'appui. Il est intéressant de noter que les équipes parviennent aux décisions les plus pertinentes lorsque leurs membres partent d'une position claire, plutôt que d'une position neutre.

Lorsque Lutz Ziob a engagé son équipe dans la décision importante décrite ci-dessus, il a clairement défini le sujet : Devaient-ils réorienter l'ensemble de leurs activités sur le marché universitaire, en dispensant leurs cours dans les établissements plutôt que par l'intermédiaire des fournisseurs de formation continue ? Il a expliqué en quoi cette décision était déterminante pour leurs objectifs de croissance et de formation du plus grand nombre d'utilisateurs potentiels. Il a décrit le processus et donné à chaque membre de son équipe deux semaines pour se préparer, en leur demandant de venir avec une opinion arrêtée et des données pour l'éclairer.

Une fois que le leader a bien défini le sujet, le reste de l'équipe sait exactement sur quoi se concentrer. Ils savent ce qui est acceptable et ce qui ne l'est pas. Cette définition initiale fonctionne un peu comme le drap chirurgical utilisé dans la plupart des procédures médicales. Imaginez que vous soyez assis sur une table d'opération pendant que le personnel infirmier vous prépare à une intervention au genou. On vous prodigue des soins préparatifs, on vous inspecte et on vous remet de nombreux formulaires à signer. Puis l'infirmière vous tend un gros marqueur noir en vous demandant d'écrire « non » sur le mauvais genou et « oui » sous le genou à opérer. Vous pouvez trouver cela déconcertant au début, mais vous ne tardez pas à comprendre que vous serez bientôt complètement anesthésié et vous écrivez avec empressement vos dernières instructions à votre chirurgien. Une fois dans la salle d'opération, une autre infirmière place un drap chirurgical bleu sur le genou désigné, bloquant l'accès à tout le reste à l'exception de la zone d'intervention, visible par l'ouverture carrée de quelques centimètres au centre du drap. L'équipe chirurgicale ne voit alors qu'un genou impersonnel, qui a besoin d'un nouveau ligament croisé antérieur. Libérée de toute distraction ou contamination, l'équipe chirurgicale est prête à se mettre au travail. Une fois que le leader a clairement défini le sujet (en clarifiant la question, le raisonnement et le processus attendu) et permis à son équipe de se préparer, alors cette dernière est prête à débattre.

Lorsqu'une décision sous-tend des enjeux importants, les créateurs de débats exigent que chacun fasse preuve de la meilleure réflexion possible. Ils savent que les gens réfléchiront mieux si les problèmes sont clairement formulés et définis, et si les questions sont précises. Ils savent que le débat sera plus riche s'il repose sur des données concrètes et non sur des opinions, et qu'il faut être prévoyant pour recueillir les bonnes informations en amont.

Parce qu'ils prennent le temps de préparer et d'encadrer le débat, les multiplicateurs sont capables de mobiliser davantage de capacités auprès de leurs collaborateurs que leurs homologues réducteurs. Les multiplicateurs veillent à ce que les autres ne gaspillent pas leur intelligence et leur enthousiasme en « tournant » autour de questions secondaires. En encadrant le débat sous forme de questions pointues dans un contexte clair, ils suscitent la motivation et favorisent la préparation, obtenant ainsi 100 % de leurs collaborateurs. Les multiplicateurs aiment le débat, et ce pour une raison précise. Ils savent ce qu'ils attendent du débat et ce qu'ils attendent des personnes impliquées. Les multiplicateurs ne sont pas seulement des débatteurs, ce sont de véritables créateurs de débats.

2. Initier le débat

Après avoir défini le sujet, les multiplicateurs initient le débat. Dans le cadre de nos recherches et de notre travail de coaching auprès des cadres, j'ai dégagé quatre éléments indispensables pour un débat réussi. Un bon débat est :

- ➤ **CAPTIVANT :** La question est convaincante et toutes les personnes présentes reconnaissent son importance.
- ➤ **COMPLET :** Les bonnes informations sont partagées pour une compréhension globale et collective des questions en jeu.
- ➤ **FONDÉ SUR DES DONNÉES :** Le débat est profondément ancré dans les faits réels et concrets, et non basé sur des opinions.
- ➤ **PÉDAGOGIQUE :** Les gens quittent les débats concentrés sur ce qu'ils ont appris, sans chercher à savoir qui a gagné ou perdu.

Comment mener ce genre de débat ? Deux éléments déterminants s'associent pour former le *yin* et le *yang* d'un débat réussi. Le premier est le climat de sécurité. Le second est l'exigence de rigueur. Les multiplicateurs apportent les deux.

Le yin : La sécurité pour mieux réfléchir

Comment les multiplicateurs favorisent-ils un climat propice à l'expression des meilleures idées ? Ils chassent la notion de peur. Ils éliminent les facteurs qui poussent les gens à douter d'eux-mêmes ou de leurs idées, la peur qui invite à la retenue. Un cadre supérieur que nous avons interrogé nous a confié à propos de son patron actuel : « Amit a des opinions fortes, mais il laisse la discussion se dérouler avant d'exprimer son opinion. » Puis il a ajouté : « Avec Amit, on sait à quoi s'en tenir. Il maintient un équilibre entre le respect et la franchise directe en cas d'incompréhension. Je n'ai jamais eu le moindre problème après avoir dit à mon chef ce que je pensais. »

Une responsable avec laquelle nous avons travaillé savait qu'elle avait la réputation d'être intelligente et déterminée, mais qu'elle pouvait aussi être intimidante. L'un de ses subordonnés directs a remarqué un changement récent chez elle : « Quand le groupe débat d'un sujet, Jennifer met un point d'honneur à retenir son point de vue jusqu'à la fin. Elle donne l'occasion à chaque membre de son équipe de direction d'exprimer son avis avant de partager le sien. »

Les multiplicateurs créent un climat de sécurité, tout en maintenant la pression et l'exigence d'un débat rigoureux et basé sur des faits concrets. En d'autres termes, les multiplicateurs s'assurent que tout le monde a bouclé sa ceinture de sécurité avant d'appuyer sur l'accélérateur.

Le yang : L'exigence de la rigueur

Comment les multiplicateurs exigent-ils la rigueur ?

Ils posent des questions qui remuent les pensées conventionnelles. Ils posent des questions qui révèlent les freins éventuels à la croissance de leur entreprise. Ils posent les questions qui poussent leurs collaborateurs à mieux réfléchir et à creuser plus profondément. Ils exigent des preuves. Selon l'un des membres de son équipe de direction, Jim Barksdale, ancien PDG de Netscape, aurait dit : « Si vous n'avez pas de données concrètes, nous nous baserons sur mon opinion. » Les créateurs de débats ne se laissent pas influencer par les opinions et les arguments émotionnels. Ils persistent dans leur exigence de preuves sourcées, y compris celles qui pourraient suggérer des points de vue nouveaux ou alternatifs.

Quand l'équipe de direction d'une entreprise européenne d'e-commerce s'est

réunie pour discuter de la possibilité d'ajouter une nouvelle fonctionnalité à sa bou-
tique en ligne, l'idée a reçu un fort soutien au sein de l'équipe. Mais le PDG ne
s'est pas contenté de l'intuition générale. Il voulait insuffler plus de rigueur dans
la réflexion collective. Alors, il a demandé à l'équipe de direction si la nouvelle
fonctionnalité pouvait réellement permettre d'augmenter les ventes. Au début, il a
reçu quelques opinions, mais il s'est montré intraitable : il voulait des données lui
permettant de savoir avec certitude ce que démontraient les faits. L'équipe a donc
commencé à creuser par une analyse superficielle. Une fois encore, le PDG a souhaité poursuivre les efforts. Il a demandé au groupe de procéder pays par pays, en
examinant les données afin de trouver une réponse aux questions.

Comme l'a dit l'un des cadres présents aux réunions : « Personne ne s'en tire
avec ses propres opinions. » Les équipes ont débattu de la question jusqu'à tirer
la conclusion qu'elles ne disposaient pas encore d'informations suffisantes pour
prendre une décision claire, puis elles ont identifié les données supplémentaires
dont elles avaient besoin. Le dirigeant de cette entreprise a maintenu le débat en
exigeant de la rigueur pour une prise de décision fondée.

Sue Siegel, lorsqu'elle était présidente d'Affymetrix, a conduit sa société à
prendre une décision déterminante en 2001. Elle s'est basée sur le pouvoir des données et de l'ouverture d'esprit afin d'exploiter toutes les ressources intellectuelles de
l'entreprise.

Affymetrix produisait des technologies de microréseaux, qui permettaient
aux scientifiques d'analyser des données génétiques complexes. C'était une société
cotée en bourse depuis trois ans et qui avait connu une croissance régulière jusqu'à
atteindre 800 employés. Sue avait reçu des retours troublants de la part de certains
clients, selon lesquels les microréseaux GeneChip présentaient des problèmes susceptibles d'entraîner des résultats inexacts, mais uniquement pour une portion
réduite de leurs applications. En tant que présidente, elle devait prendre l'une des
décisions les plus difficiles auxquelles l'entreprise serait confrontée au cours des
prochaines années : Devaient-ils rappeler le produit ?

Sue avait une grande expérience dans le secteur des sciences de la vie et une
connaissance approfondie de la technologie et de ses problèmes sous-jacents. Mais
au lieu de se fier uniquement à sa propre compréhension de la situation, elle a
dépassé la stricte hiérarchie pour rechercher des données et des idées au sein de
l'entreprise. Elle s'est adressée directement aux personnes capables de comprendre
les problèmes, leur faisant savoir qu'elle avait besoin de leur contribution.

Ensuite, elle a convoqué un groupe plus étendu composé d'acteurs de différents niveaux ainsi que de la direction. Elle a souligné l'ampleur du problème et son

impact éventuel sur l'entreprise. En biotechnologie, les cycles de développement de produits ont tendance à être longs et l'on ne peut pas leur apporter de modifications du jour au lendemain. Pour une jeune entreprise, il s'agissait d'une décision lourde de conséquences, et la réponse était loin d'être évidente. Quoi qu'il en soit, ils allaient subir les répercussions de cette décision pendant des années. Après avoir présenté quelques scénarios, elle a commencé à poser des questions pour s'assurer que le groupe réfléchirait bien à la décision sous tous les angles : Quel est l'impact pour nos clients ? Quelles sont nos obligations légales ? Quel serait l'impact financier ? Ensuite, Sue a demandé qu'on lui fasse remonter des données et des pistes à explorer. Le groupe a débattu avec animation pendant deux jours, puis Sue a demandé à l'équipe de direction de donner son avis avant de prendre la décision de rappeler le produit. Le lendemain, elle prenait l'avion pour se rendre à la conférence financière de Goldman Sachs à Laguna Niguel, en Californie, à laquelle assistaient plus d'un millier d'analystes, d'actionnaires et d'experts du secteur, afin de leur parler de l'erreur de son entreprise et de leur décision.

Le rappel du produit a entraîné un revers financier pour cette jeune entreprise, avec un impact négatif sur sa cotation en bourse pendant deux trimestres. Du jour au lendemain, elle était passée du statut de favorite de Wall Street à celui de pestiférée. Mais grâce à l'appui du personnel, la décision a pu être exécutée avec conviction et expliquée aux clients et aux acteurs du marché. Cette cohésion leur a permis de rebondir rapidement et de retrouver leur position sur le marché, allant jusqu'à dépasser leur cote initiale. Le rappel du produit a marqué un tournant dans leurs rapports étroits avec la clientèle et le respect de l'avis de leurs employés, qui allaient devenir la marque de fabrique de l'entreprise. Au cours des quatre années pendant lesquelles Sue a dirigé la société après le rappel des produits, Affymetrix a continué à augmenter ses ventes et a même dépassé ses attentes en matière de chiffre d'affaires et de bénéfices.

Sue Siegel a conduit avec succès cette entreprise à travers l'une de ses décisions les plus difficiles. Au lieu de se replier sur elle-même, elle s'est tournée vers l'extérieur et a employé toute l'intelligence à disposition pour prendre une décision fondée sur la transparence et les données réelles, toujours dans le meilleur intérêt de leurs clients.

Les créateurs de débats examinent tous les aspects de la question. Quand le groupe tombe d'accord trop rapidement, les multiplicateurs prennent du recul et demandent à quelqu'un de défendre le point de vue inverse. Ou bien, ils présentent eux-mêmes l'argument opposé. Ils retournent absolument toutes les pierres. Rappelez-vous comment Lutz Ziob a suscité une réflexion rigoureuse au cours de son débat. Chaque fois qu'un consensus était trouvé, il revenait à la charge pour faire bouger les choses, apportant de nouveaux éléments de controverse à résoudre. Ensuite, il procédait au « changement » : après avoir demandé aux participants de se préparer et d'adopter une position, il leur demandait de l'abandonner et de trouver des arguments du point de vue inverse. Imaginez l'effet qu'un tel procédé peut avoir sur une équipe. En argumentant à partir d'un point de vue opposé ou différent, les individus 1) voient les problèmes sous un autre angle, développent une empathie et une compréhension plus profondes, 2) doivent aller contre leurs propres positions, soulignant ainsi les problèmes et les écueils de leur avis initial, 3) trouvent de nouvelles options qui suscitent de meilleures idées parmi l'éventail de choix, et 4) peuvent renoncer à leurs positions. Une fois que la décision finale est prise, elle n'a plus d'initiateur ni de défenseur. Le groupe tout entier est à l'origine de la position finale.

Le tableau suivant résume certaines des pratiques employées par les créateurs de débats pour établir un climat de sécurité tout en exigeant de la rigueur :

Instaurer la sécurité pour mieux réfléchir (le yin)	Exiger de la rigueur (le yang)
· Partager son point de vue en dernier lieu, après avoir écouté celui des autres	· Poser les questions difficiles · Interroger les idées reçues
· Encourager les autres à adopter une position inverse	· Chercher des preuves dans les données
· Examiner toutes les perspectives	· Examiner la question sous plusieurs angles
· Se concentrer sur les faits	· Attaquer les problèmes, pas les individus
· Dépersonnaliser les questions et ne pas impliquer les émotions	· Demander « pourquoi » sans relâche jusqu'à ce que la raison profonde soit identifiée.
· Dépasser le cadre strict de la hiérarchie et des intitulés de poste	· Débattre équitablement des deux côtés de la question

3. Prendre des décisions éclairées

Si les multiplicateurs apprécient la richesse des débats, ils les recherchent avec une finalité précise : pouvoir prendre une décision éclairée. Ils s'en assurent de trois manières. Primo, ils prennent soin de clarifier le processus décisionnel. Secundo, ils prennent la décision ou la délèguent explicitement à quelqu'un d'autre. Tertio, ils communiquent efficacement sur la décision et les raisons qui l'ont motivée.

Clarifier le processus décisionnel

Une fois que la question a été débattue, les multiplicateurs informent leurs équipes de la prochaine étape du processus décisionnel. Ils résument les principales idées et les résultats du débat, annonçant à quoi s'attendre pour la suite. Ils abordent des questions telles que :

➤ Prenons-nous la décision maintenant ou devons-nous attendre plus d'informations ?

➤ S'agit-il d'une décision d'équipe ou seul le responsable prendra-t-il la décision finale ?

➤ S'il s'agit d'une décision d'équipe, comment allons-nous résoudre les éventuelles divergences d'opinions ?

➤ Les nouveaux éléments qu'a fait naître le débat ont-ils modifié le processus décisionnel ?

L'un des cadres dont nous avons étudié le cas était très attaché à ces précisions : « Allison nous explique qui va prendre la décision et quand. Comme ça, on ne reste pas dans le flou, à se demander comment la décision sera prise. »

Les multiplicateurs font savoir à leurs collaborateurs comment leurs pensées et leur travail seront exploités. Avec un sentiment d'accomplissement, ils sont assurés que leurs efforts n'auront pas été vains, ce qui leur permettra de se donner à 100 % la fois suivante. Ainsi, les multiplicateurs obtiennent une contribution absolue, non pas une seule fois, mais chaque fois que le besoin se présentera.

Prendre la décision

Bien que les multiplicateurs sachent susciter et exploiter la pensée collective, ils ne sont pas systématiquement orientés vers le consensus. Parfois, ils peuvent chercher à obtenir le consensus général, mais d'après nos recherches, ils sont parfaitement à l'aise lorsqu'il s'agit de prendre une décision finale.

Un responsable des marchés émergents au sein d'une entreprise technologique mondiale a dit de son leader : « Chris préfère les décisions collectives et le consensus, mais il a l'esprit pratique et il prendra la décision finale rapidement ou s'en remettra à quelqu'un d'autre dont il est certain de la compétence dans ce domaine. »

Communiquer sur la décision et ses raisons

L'un des avantages d'un débat ciblé et rigoureux est l'engouement et l'élan qu'il suscite par la suite, quand vient le temps de mettre en œuvre la décision. Lorsque les gens débattent d'une question de manière approfondie, ils acquièrent une compréhension fine des problèmes et des opportunités sous-jacents, ainsi que de l'obligation du changement. Ils laissent leur empreinte sur la décision, et grâce à cette compréhension collective, ils sont capables de l'exécuter tout aussi collectivement.

Lutz organisait souvent les débats de son entreprise dans une salle de conférence qu'ils ont fini par surnommer « le théâtre ». Le théâtre ressemblait à n'importe quelle autre salle de conférence, avec une grande table à laquelle les principaux acteurs s'asseyaient pour procéder aux débats. Mais ce n'était pas tout, il y avait deux fois plus de chaises disposées dans toute la salle, car ces débats étaient ouverts à tous les membres de l'entreprise. Tous ceux qui étaient intéressés par la question pouvaient venir écouter. L'équipe a choisi le surnom de théâtre, car cette disposition lui évoquait les amphithéâtres des hôpitaux universitaires, où chacun pouvait assister à une opération depuis les gradins. En regardant ces débats, les employés obtenaient une meilleure compréhension de certains problèmes. Et une fois les décisions prises, on était prêt à les exécuter à tous les niveaux. Avec ce modèle transparent, il est facile de communiquer sur la décision et ses raisons, car l'entreprise est déjà prête à aller de l'avant.

Le théâtre n'a pas seulement aidé les employés de cette entreprise à comprendre et à se préparer à exécuter les décisions, mais de même que les étudiants en médecine apprennent à pratiquer une intervention chirurgicale en y assistant, ils découvraient également ce que l'on attendrait d'eux lorsqu'ils seraient appelés à la table pour débattre d'une autre question.

Les débats selon l'approche du réducteur

Au lieu de chercher à obtenir des renseignements sur l'ensemble de l'entreprise, les réducteurs ont tendance à prendre des décisions rapidement, en se basant uniquement sur leurs propres opinions ou celles d'un cercle restreint. On en vient vite à tourner en rond, à spéculer dans le vide et à perdre tout enthousiasme au moment d'appliquer la décision.

Contrairement au théâtre que nous venons de mentionner, un réducteur avec lequel j'ai travaillé organisait les réunions dans son bureau, sous forme de deux cercles. Assis autour d'une petite table ronde, son cercle intérieur très restreint discutait du problème et prenait les décisions. Et sur le cercle extérieur, debout derrière eux dans la pièce, les autres collaborateurs gardaient le silence et prenaient des notes. Après avoir participé à cette curieuse forme de réunion, je n'ai pas pu m'empêcher de demander à l'une de ces personnes anonymes, sur le bord, quel rôle jouait ce groupe silencieux. Elle m'a répondu : « Oh, on ne participe jamais aux décisions et on ne risque pas de s'asseoir à la table. On prend des notes pour éviter que nos supérieurs nous expliquent quoi faire ensuite. » C'était moins un amphithéâtre d'hôpital universitaire qu'un auditorium de cours magistraux.

Au lieu de définir les sujets à débattre et les décisions à prendre, les réducteurs ont tendance à aborder les questions de manière abrupte, puis à dominer la discussion avant d'imposer leur décision.

ABORDER LES QUESTIONS. Lorsqu'un problème émerge, les réducteurs portent les questions et les sujets à l'attention de leurs équipes, omettant de les définir afin qu'elles puissent contribuer facilement. Lorsqu'ils soulèvent un problème, ils se concentrent sur le « quoi » plutôt que le « comment » ou le « pourquoi » d'une décision. Un directeur des systèmes d'information abordait régulièrement une variété de questions variées lors de ses réunions hebdomadaires avec le personnel. L'un de ses subordonnés témoigne : « Un jour, il est arrivé avec la question des claviers ergonomiques, puis il en a parlé pendant une heure. C'est un homme brillant et passionné, mais il est incapable de se concentrer. Il fait quelques pas dans mille directions à la fois. »

DOMINER LA DISCUSSION. Lorsque des questions sont abordées ou débattues, les réducteurs ont tendance à dominer la discussion avec leurs propres idées. Ce sont des débatteurs, pas des créateurs de débats. Reprenons le cas de Jonathan Akers. Où a-t-il échoué ? Il a pourtant rassemblé les bons acteurs et analysé les données. Mais il n'a jamais suscité de débats. Il s'est contenté de dominer les discussions avec ses opinions, étouffant l'intelligence (et le dynamisme) des acteurs qu'il avait rassemblés.

IMPOSER SA DÉCISION. Au lieu de prendre une décision judicieuse, les réducteurs ont tendance à imposer la leur en s'appuyant exclusivement sur leur propre opinion ou bien en évitant les débats trop pointus. Comme l'a exprimé un cadre pour tenter de conclure après avoir dominé la discussion lors d'une réunion de son groupe de travail : « Je pense que nous sommes tous d'accord pour centraliser cette fonction au niveau international. » Le groupe a paru perplexe en sachant que ce n'était pas l'opinion qui ressortait le plus. Une femme courageuse a brisé le silence en répondant : « Non, Joe, nous avons entendu votre opinion, mais nous ne sommes pas d'accord. »

Quel est l'impact sur l'entreprise de l'approche adoptée par le réducteur en matière de décisions ? À première vue, il semble que les réducteurs prennent des décisions efficaces. Cependant, comme leur approche ne fait appel qu'à l'intelligence d'un petit nombre de personnes et ignore la rigueur du débat, l'ensemble de l'entreprise est laissé pour compte et, finalement, ne comprend ni la décision ni les hypothèses et les données sur lesquelles elle repose. En l'absence de clarté, les employés préfèrent remettre en question le bien-fondé d'une décision en l'interprétant librement plutôt que de l'exécuter.

Ce phénomène de remise en question est l'une des raisons pour lesquelles les réducteurs engendrent une fuite des ressources plutôt qu'un effet amplificateur. Les décideurs échouent à exploiter l'ensemble des talents, de l'intelligence et des données dont ils disposent. Les capacités de l'entreprise ne sont pas optimisées. Pour lutter contre ce phénomène, ils continuent à réclamer plus de ressources tout en se demandant pourquoi ils ne sont pas plus productifs.

En revanche, les multiplicateurs ne se contentent pas de faire appel aux bonnes idées, ils utilisent le débat pour pousser la réflexion individuelle et collective. Alors que les décisions sont débattues ardemment, des faits et des problèmes réels émergent, contraignant le groupe à écouter et à apprendre. Ainsi, non seulement les multiplicateurs tirent pleinement parti de leurs ressources existantes, mais ils permettent d'étendre et d'accroître la capacité de l'entreprise à relever les futurs défis.

Devenir un créateur de débats

Qu'est-ce qui motive un créateur de débats ? Comment apprend-on à mener un débat comme Lutz chez Microsoft Learning ou Sue Siegel chez Affymetrix ? Et comment passe-t-on du statut de décideur à celui de créateur de débats ?

Nos recherches et notre expérience en matière de coaching des cadres révèlent que les leaders peuvent évoluer sur le spectre « réducteur-multiplicateur ». Mais il ne suffit pas d'intégrer quelques nouvelles pratiques. Bien souvent, il faut un changement radical de ses idées reçues et de ses préjugés. Ce changement s'opère naturellement lorsqu'un leader commence à voir son rôle sous un angle différent. Il peut s'opérer, par exemple, quand les leaders prennent conscience que leur principale contribution consiste à poser les questions qui entraîneront la réflexion et les réponses les plus rigoureuses.

Il y a quelques années, je me suis portée volontaire pour animer une discussion dans un programme de lecture, à l'école primaire. C'était un travail bénévole qui paraissait simple en apparence. La mission était claire, animer une discussion avec un groupe d'élèves de CE2 sur une œuvre de la littérature jeunesse. Je devais les pousser à creuser l'histoire pour en dégager le sens et en débattre avec leurs camarades. J'ai eu beau insister auprès des organisateurs pour préciser que je savais très bien animer une discussion, on m'a tout de même envoyée dans un atelier de formation d'une journée pour apprendre une technique intitulée « enquête partagée »[35]. J'ai découvert une technique simple, mais puissante, pour l'animation des débats.

L'enquête partagée obéit à trois règles :

1. **L'ANIMATEUR DU DÉBAT** ne fait que poser des questions. Il n'est pas autorisé à répondre à ses propres questions ni à donner son interprétation du sens de l'histoire. Ainsi, les élèves ne se fient pas à son avis.

2. **LES ÉLÈVES** doivent fournir des preuves étayant leurs théories. Si l'élève pense que Jacques a escaladé le haricot une troisième fois pour prouver qu'il était invincible, alors il doit identifier un passage (ou plusieurs) dans le texte qui soutient cette idée.

3. **TOUT LE MONDE** participe. Le rôle de l'animateur est de faire en sorte que tout le monde bénéficie d'un temps de parole. Souvent, l'animateur doit brider les voix les plus fortes et provoquer la participation des plus timides.

En tant qu'animateur du débat, j'ai trouvé libérateur de poser des questions sans donner les réponses. C'était même étrangement puissant. Quand les élèves ont donné leurs différents points de vue et interprétations de l'histoire, j'ai eu le plaisir de les regarder droit dans les yeux et de leur demander : « Est-ce que tu as des preuves pour cette interprétation ? » Au début, ils avaient l'air terrifiés. Mais ils ont vite appris qu'une opinion ne pouvait se passer de preuves. En acquérant de l'expérience, ils ont appris à répondre rapidement. Ils affirmaient une opinion, puis j'insistais (en prenant mon air le plus intimidant possible) : « Montre-moi tes preuves. » Alors, ils s'empressaient de trouver le passage exact du texte qui soutenait leur affirmation et le lisaient avec conviction. Comme tout le monde était sollicité, chaque élève a appris à exprimer son point de vue et à étayer ses idées par des données concrètes.

Cette expérience a renforcé ma conviction que, pour mener un débat réussi, il faut appliquer un procédé et des techniques.

Les starting-blocks

ORGANISER UN DÉBAT. Identifiez une décision importante qui gagnerait à être prise par une réflexion rigoureuse et un appel à l'intelligence collective. Définissez le sujet, préparez votre équipe et menez le débat... non pas avec des idées directrices, mais par un processus solide qui encourage vos collaborateurs à réfléchir avant d'agir.

Essayez de débattre comme un élève de CE2 avec ces trois conditions :

1. **POSEZ LA QUESTION DIFFICILE.** Posez la question qui vous permettra d'aller directement au cœur du problème et de la décision. Posez la question qui confrontera les idées reçues. Interrogez votre équipe, mais n'allez pas plus loin. Au lieu de donner votre avis, demandez-leur le leur.

2. **EXIGEZ DES PREUVES.** Quand quelqu'un émet une opinion, elle ne doit pas se baser sur une anecdote. Exigez des preuves. Ne vous contentez pas d'une seule donnée. Demandez tout un groupe d'informations ou une tendance générale. Cela doit devenir une habitude que vos collaborateurs doivent prendre : arriver aux débats armés de données (avec une boîte entière si nécessaire).

3. **INTERROGEZ TOUT LE MONDE.** Allez au-delà des voix dominantes pour recueillir et écouter toutes les opinions et toutes les données. Vous constaterez peut-être que les voix les plus discrètes sont pourtant celles des esprits analytiques parfois les plus pertinents et les plus objectifs. Vous n'aurez peut-être pas besoin d'interroger tout le monde, mais assurez-vous d'interroger suffisamment de personnes pour susciter une réflexion variée.

Pour donner plus de rigueur au débat, vous pouvez même essayer cette quatrième condition :

4. DEMANDEZ-LEUR DE CHANGER DE POSITION. Invitez les gens à considérer la question d'un autre point de vue. Ainsi, chacun sera moins attaché émotionnellement à son propre avis et le sentiment de participation collective en sera renforcé.

En remettant en question votre rôle en tant que leader, vous vous rendrez compte que votre meilleure contribution pourrait bien dépendre de votre capacité à poser la bonne question, et non à avoir la bonne réponse. Vous constaterez que toute bonne réflexion commence par une question provocatrice et un débat riche, que ce soit dans l'esprit d'une personne ou d'une communauté entière.

Discussion, désaccord et débat

Hubert H. Humphrey, vice-président américain sous Lyndon B. Johnson, a saisi le principe essentiel sur lequel repose le processus décisionnel des multiplicateurs, qu'il présente ainsi : « La liberté se forge sur l'enclume de la discussion, du désaccord et du débat. » Nos recherches ont montré qu'en effet, ce sont les discussions, les désaccords et les débats qui permettent de prendre les décisions les plus éclairées.

Quand les leaders sont aussi des décideurs, ils portent non seulement le fardeau de devoir prendre la bonne décision, mais également de la mener à bien. Comme seuls quelques privilégiés sont conscients des véritables enjeux, cela peut être un lourd fardeau. Mais lorsqu'un leader fait participer toute son équipe aux décisions les plus importantes, il répartit cette charge. À la lumière de l'intelligence collective, les décisions prises sont meilleures et plus mûrement réfléchies. Après avoir débattu et analysé les différents problèmes, l'équipe se renforce et pèse de tout son poids dans la balance. Grâce aux discussions, aux désaccords et aux débats, elle suscite une volonté collective et l'engagement de mener à bien cette décision, en résolvant les problèmes avec précision et efficacité. Pour reprendre la formule de Margaret Mead : « Ne doutez jamais qu'un petit groupe de citoyens éclairés et motivés soit capable de changer le monde. D'ailleurs, il n'y a qu'ainsi qu'il ait réellement changé. »

De trop nombreux leaders s'épuisent à essayer d'obtenir l'adhésion des multiples acteurs de leur communauté. Au lieu de susciter l'enthousiasme, leur travail engendre souvent du ressentiment, car les gens se soumettent à contrecœur à l'inévitable. Inversez ce cercle vicieux en y investissant toute votre énergie dès le départ. Laissez les autres s'exprimer, et ils vous donneront leur adhésion de leur plein gré.

Résumé du chapitre cinq

Décideur versus créateur de débats

LES DÉCIDEURS décident efficacement avec un petit cercle de collaborateurs, mais ils négligent le reste de l'entreprise. Ainsi, les autres remettent en question le bien-fondé de la décision au lieu de l'exécuter.

LES CRÉATEURS DE DÉBATS invitent à débattre des questions en amont, ce qui conduit à des décisions éclairées que tout le monde comprend et peut exécuter efficacement.

Les trois pratiques du créateur de débats

1. *Définir les sujets*
   - Définir la question
   - Former l'équipe
   - Recueillir les données
   - Expliquer la décision
2. *Initier le débat*
   - Instaurer la sécurité pour mieux réfléchir
   - Exiger de la rigueur
3. *Prendre des décisions éclairées*
   - Clarifier le processus décisionnel
   - Prendre la décision
   - Communiquer sur la décision et ses raisons

Devenir un créateur de débats

Organisez un débat à partir de quatre conditions : 1) poser la question difficile, 2) exiger des preuves, 3) interroger tout le monde, 4) leur demander de changer de position.

Mobilisation des ressources

	Décideurs	Créateurs de débats
Ce qu'ils font	Faire participer un cercle restreint au processus de décision	Accéder à un large éventail de réflexions dans le cadre d'un débat rigoureux avant la prise de décision
Ce qu'ils obtiennent	Sous-exploitation de la majeure partie des ressources, tandis que seules quelques personnes sont sollicitées à l'excès	Utilisation élevée de la majeure partie des ressources
	Un manque d'information de la part des personnes les plus proches du cœur de l'action, ce qui entraîne des décisions moins pertinentes	Les informations réelles nécessaires pour prendre des décisions éclairées
	Trop de ressources à la disposition de ceux qui n'ont pas la compréhension nécessaire pour exécuter les décisions de manière efficace	Une mise en œuvre efficace avec des niveaux de ressources inférieurs grâce à la compréhension approfondie des problèmes acquise par l'équipe, ce qui la prépare à exécuter les décisions

Découvertes surprenantes

1. En tant que leader, vous pouvez avoir une opinion tranchée tout en favorisant le débat, ce qui vous permet d'intégrer les points de vue des autres. Les données sont essentielles.

2. Les créateurs de débats n'ont aucune difficulté à prendre la décision finale. Ils ne recherchent pas le consensus à tout prix.

3. Un débat rigoureux ne crée pas de tension dans une équipe, au contraire, il la construit et la renforce.

SIX

L'Investisseur

Si tu veux construire un bateau, ne rassemble pas tes
hommes pour leur donner des ordres, pour expliquer
chaque détail, pour leur dire où trouver chaque chose.
Mais fais naître dans leur cœur le désir de la mer.

—ANTOINE DE SAINT-EXUPÉRY

Il est minuit passé dans les bureaux de McKinsey, à Séoul, en Corée du Sud. Les lumières sont éteintes, sauf dans une salle de conférence occupée par une équipe de projet, à deux jours d'une présentation déterminante chez l'un des plus importants clients du cabinet en Asie. L'équipe est dirigée par Hyunjee, une responsable de projet brillante et très appréciée. Jae Choi, l'un des partenaires de McKinsey à Séoul, s'est joint à eux pour la soirée. Jae sait que l'équipe a un délai critique à respecter et, comme d'habitude, il souhaite la guider, la mettre au défi et modeler sa réflexion pendant qu'elle élabore la première présentation de ses conclusions au client.

La responsable de projet, Hyunjee, se trouve au tableau blanc. Avec son équipe, elle teste à nouveau le scénario en tenant compte de certains éléments nouveaux découverts au cours de la semaine écoulée. L'équipe ne parvient pas à intégrer ces dernières découvertes dans le message global sur la transformation de l'entreprise du client. Jae écoute attentivement et pose de nombreuses questions, conformément à son rôle.

Il devient vite évident que l'équipe est bloquée. La responsable travaille méthodiquement sur ce problème difficile, mais elle regarde Jae comme pour lui faire
savoir qu'elle aurait bien besoin d'un coup de main. Jae a participé à un nombre
incalculable de ces projets et s'est souvent mis à la place du chef de projet. Il a en
tête un scénario que l'équipe, trop absorbée dans les détails, n'a pas encore envisagé.

Il propose alors quelques pistes de réflexion. Il se lève pour prendre le marqueur
de la responsable et se dirige vers le tableau, où il commence à énumérer plusieurs
thèmes émergents, encourageant l'équipe à aborder les faits sous un angle différent. Le groupe est ravi d'avoir une nouvelle perspective et des voix enthousiastes
s'élèvent, prêtes à tester, à creuser et à développer les idées malgré l'heure tardive.
Grâce aux idées neuves issues de ces discussions, Jae peut maintenant visualiser le
nouveau déroulement de la présentation dans son esprit. Il ressent un confort fami-
lier devant le tableau blanc et il aimerait vraiment conduire l'équipe vers le succès.
Il est tenté de tout leur expliquer pour que tout le monde puisse enfin rentrer se
reposer. Son côté consultant le pousse à continuer, à finir le travail et à conclure
lui-même la réflexion. Mais son côté leader le pousse à la retenue. Il cesse alors
d'écrire et se tourne vers la responsable de projet pour savoir si elle est satisfaite de
cette nouvelle orientation. En voyant son sourire, Jae lui dit : « Bien... on dirait que
nous avons une nouvelle ligne directrice à suivre. Voyons ce que vous pouvez faire
avec ça. » Puis il rend le marqueur à Hyunjee, qui reprend les rênes des opérations
et conduit l'équipe à élaborer une présentation exceptionnelle pour le client.

Il était sûrement très tentant pour Jae d'intervenir, de sauver l'équipe en difficulté et de mener lui-même la présentation à terme. Il aurait eu le sentiment d'être
un héros (et de rajeunir de plusieurs années, sans doute). Sans compter que l'équipe
aurait pu apprécier de terminer plus tôt, compte tenu de l'heure tardive. Mais Jae
tenait à investir dans les personnes et leur développement individuel. Il nous livre
cette réflexion sur le rôle de leader : « Vous pouvez intervenir, enseigner et coacher,
mais tôt ou tard, il faut rendre le stylo. Quand vous rendez le stylo, vos collaborateurs comprennent qu'ils sont toujours aux commandes. »

Si quelque chose déraille, préférez-vous prendre le relais ou investir ? Une fois
que vous prenez le stylo pour présenter vos idées, pensez-vous à le rendre ? Ou
reste-t-il dans votre poche ?

Les multiplicateurs investissent dans la réussite des autres. Ils peuvent intervenir pour enseigner et partager leurs idées, mais ils se limitent à leur champ d'action.

S'ils sont incapables de rendre la main aux autres, ils créent des entreprises
dépendantes. C'est ainsi que procèdent les réducteurs. Ils interviennent, sauvent
la mise ponctuellement et obtiennent des résultats grâce à leur implication per-

sonnelle. Mais quand les leaders rendent le stylo, ils replacent la responsabilité de l'action là où elle doit être et la renforcent. Ainsi, les entreprises n'éprouvent plus le besoin constant d'être secourues par leur leader.

Les multiplicateurs permettent aux autres de fonctionner de manière indépendante en leur confiant la responsabilité des résultats et en investissant dans leur réussite. Les multiplicateurs ne peuvent pas toujours être présents pour les sauvetages d'urgence, mais ils veillent à ce que les membres de leurs équipes soient autonomes et capables de fonctionner sans leur présence directe.

Jusqu'à présent, ce livre a exploré les moyens employés par les multiplicateurs pour encourager l'intelligence et la compétence de leurs collaborateurs en leur présence. Je vous propose maintenant de réfléchir à une question différente : Que se passe-t-il en l'absence du multiplicateur ? Qu'arrive-t-il aux équipes quand la lumière du multiplicateur ne brille pas sur elles ?

Ce chapitre aborde cette question intéressante : Comment les multiplicateurs créent-ils des équipes qui agissent intelligemment et obtiennent des résultats sans leur implication directe ?

Micro-manager versus investisseur

Les multiplicateurs fonctionnent comme des investisseurs. Ils investissent en donnant aux autres les ressources et la responsabilité dont ils ont besoin pour produire des résultats sans leur intervention. Ce n'est pas seulement de la bienveillance. Ils investissent et ils attendent des résultats.

Forts un jour, forts toujours

Larry Gelwix était sur le bord du terrain de rugby et regardait son équipe de lycéens s'entraîner. Il repensait à la première équipe qu'il avait accompagnée jusqu'aux championnats nationaux. Il se rappelait qu'ils se levaient avant l'aube pour s'entraîner tous ensemble. « Eh bien, c'était la belle époque », a soupiré Larry.

L'équipe en face de lui était douée, de toute évidence. Elle apprenait les subtilités du jeu, pourtant il remarquait qu'elle n'avait pas le dynamisme physique des équipes précédentes. Larry se sentait coincé. Ce n'était pas comme s'il n'avait rien essayé. Il le leur rappelait constamment à l'entraînement. Ses joueurs acquiesçaient, mais ensuite ils ne mettaient pas ses conseils en pratique.

Il pouvait toujours annuler les entraînements et organiser des séances de musculation à la place, mais cela mettrait en danger la compétence technique de son équipe. Il pouvait leur crier dessus, mais ce n'était jamais efficace plus d'un jour ou deux. Larry s'est penché vers un assistant pour lui dire : « Il faut confier cette tâche aux capitaines. » Le lendemain, Larry s'est levé, s'est approché du tableau et a tracé une ligne d'un côté à l'autre. Il a dit : « Il nous reste six semaines avant les championnats, et il faut six ou sept semaines à un bon athlète pour acquérir l'endurance nécessaire. » Les entraîneurs et les capitaines l'écoutaient attentivement. Il a continué : « Si nous trouvons une solution maintenant, nous avons une chance de remporter les championnats nationaux. Sinon, c'est la catastrophe assurée. »

Il leur a ensuite donné les grandes lignes : « Voici deux options : les entraîneurs peuvent continuer à essayer de trouver une solution, ou bien vous, les capitaines, vous pouvez chercher la solution. Alors, qu'est-ce qu'on fait ? »

Il y a eu une pause, puis le capitaine des arrières a répondu : « On s'en charge. »

Larry a dit : « Pour l'instant, ce défi est le mien, mais une fois que vous l'aurez relevé, il dépendra entièrement de vous. Nous attendrons un compte-rendu de votre part dans deux semaines, mais nous ne solliciterons absolument pas l'équipe à ce sujet. »

Les capitaines se sont regardés comme pour prendre leur décision sans un mot, puis le capitaine des attaquants s'est levé et il est allé au tableau. Il s'est tourné vers Larry, qui était allé s'asseoir avec les autres entraîneurs, et a dit : « Bon, nous avons quelques questions. » Larry et les autres ont pris le temps de répondre aux questions sur les types d'exercice permettant d'accroître la vitesse, l'agilité et l'endurance, jusqu'à ce que les entraîneurs prennent congé. Les quatre capitaines, tous adolescents, se sont mis à leur tour au travail, en demi-cercle autour du tableau.

Leur solution consistait à diviser l'équipe en petits groupes de quatre à six, chacun avec son propre chef. Les capitaines transmettaient la responsabilité aux sous-chefs, qui eux-mêmes impliquaient les joueurs. Les petits groupes ont pris l'habitude de se réunir avant ou après les cours pour s'entraîner pendant plusieurs semaines, et l'équipe est rapidement devenue l'une des mieux entraînées que Larry ait connues en trente-quatre ans. Ils sont restés premiers toute la saison et ont remporté le championnat national.

Comment un entraîneur qui pratique le micro-management aurait-il abordé ce même problème ? Inutile de nous poser la question.

Dans les moindres détails

En voyant John Kimball, Marcus Dolan a crié dans le couloir de l'école : « Viens par ici ! » Marcus était un coach à poigne qui tenait absolument à gérer tous les aspects de son équipe. John était l'un de ses capitaines. « N'organise jamais d'entraînement sans moi, sinon tu seras viré de l'équipe. Tu as sûrement déjà tout gâché. »

Sans surprise, John n'a jamais recommencé, et petit à petit, les autres joueurs et lui ont cessé de prendre des initiatives. Pour Marcus, les joueurs devaient se plier à ce qu'il disait sans poser de questions. Impossible de couper à ses interminables tours de terrain à l'échauffement. Même pendant les matches, il disait à chacun ce qu'il devait faire dans les moindres détails. L'équipe était tellement concentrée sur Marcus et dépendante de lui qu'aucun joueur n'était capable de réfléchir intelligemment ou de s'adapter rapidement aux changements sur le terrain. Ils ont perdu tous les matches. Marcus était parti d'une équipe à l'esprit collectif et à l'autonomie développés pour la détruire par la micro-gestion. Anecdote intéressante, le magazine *Sports Illustrated* a par la suite décerné à Marcus Dolan le titre d'entraîneur ayant comptabilisé le plus de défaites dans l'histoire du sport scolaire.

Plus intéressant encore, huit de ses joueurs ont finalement quitté l'équipe et sont allés jouer pour Larry Gelwix. Figurez-vous qu'ils faisaient partie de l'équipe décrite plus haut, qui se levait avant le jour pour s'entraîner, cette même équipe qui a donné à Highland son premier titre national.

Entrer sur le terrain

Pourquoi, lorsque les enjeux sont élevés, de nombreux managers interviennent-ils pour prendre eux-mêmes le relais ? J'ai assisté à des centaines de matches de football entre équipes de niveau scolaire, et je dois admettre que j'observe plus souvent les entraîneurs que les joueurs (déformation professionnelle du chasseur de génies). J'ai souvent vu des entraîneurs très frustrés quand l'équipe était menée et jouait mal. Ils agitaient furieusement les bras, criaient, piquaient des crises de colère sur la ligne de touche. Mais je n'ai jamais vu un entraîneur entrer sur le terrain, récupérer le ballon des pieds d'un joueur et aller marquer lui-même. Pourtant, chacun de ces entraîneurs avait les compétences requises pour marquer le but de la victoire. Et je suis même convaincue que certains étaient tentés de le faire.

Alors, pourquoi se retiennent-ils ? Au-delà de la raison évidente (c'est contraire au règlement), ce n'est tout simplement pas leur rôle. Leur rôle est d'entraîner, et celui de leurs joueurs est de jouer. Alors, pourquoi, quand les enjeux sont élevés, de nombreux managers en entreprise n'hésitent pas à entrer eux-mêmes sur le terrain de jeu, à voler le ballon et à marquer le but de la victoire ? S'ils interviennent, c'est parce que dans leur entreprise, ce n'est pas interdit, et que beaucoup sont incapables de résister à la tentation. Prenons deux exemples de ce qui se produit tous les jours au travail.

► Le directeur des ventes qui ne voit pas de progrès assez rapides auprès d'un important client potentiel et qui se lance lui-même sur le terrain pour essayer de remporter le contrat.

► La vice-présidente du marketing qui voit l'un de ses collaborateurs s'embrouiller lors de sa présentation du projet de commercialisation d'un nouveau produit devant le PDG. Quand ce dernier lui pose des questions difficiles, la vice-présidente intervient et non seulement répond aux questions à sa place, mais termine elle-même la présentation.

Vous pourriez vous demander : Comment exercer le rôle de coach si je ne peux pas intervenir sur le terrain ? Comment diriger si je ne peux pas prendre le relais ? Comment un multiplicateur réagit-il en cas de contre-performance ?

Les multiplicateurs comprennent que leur rôle est d'investir, d'enseigner et d'entraîner, mais ils confient la responsabilité du jeu aux joueurs eux-mêmes. Ainsi, ils créent des équipes capables de gagner sans eux sur le terrain.

Explorons à présent la discipline de l'investisseur et comment les multiplicateurs créent des équipes capables d'assurer et de gagner, non seulement sans leur présence, mais également bien après que leur influence directe a pris fin.

L'investisseur

Ela Bhatt (connue sous le nom d'Elaben) est une Indienne de soixante-dix-huit ans, avec une voix douce qui peut lui donner une apparence fragile. Elle habite dans un simple pavillon à deux chambres, avec son lit en guise de fauteuil de bureau. Elle a grandi en écoutant ses professeurs parler de la lutte pour l'indépendance de l'Inde et ses parents lui raconter des histoires de son grand-père qui a participé à la Marche du sel de vingt-quatre jours depuis l'ashram de Mohandas K. Gandhi à Ahmedabad jusqu'à la mer d'Oman pour y récolter du sel en défiant symboliquement la loi britannique.

Tenant à acquérir une expérience directe de la pauvreté rurale, Elaben est allée vivre dans les villages indiens pour constater par elle-même que l'indépendance politique acquise face à la domination britannique n'était pas suffisante. L'indépendance économique serait la prochaine victoire. Dans les villages, elle a pu constater à la fois la vitalité et les difficultés des couturières indépendantes, des vendeurs de rue et des ouvriers du bâtiment. Après cette expérience, elle a fondé l'Association des entrepreneures (Self-Employed Women's Association, SEWA) en 1972, qui a progressivement pris de l'ampleur jusqu'à devenir un important syndicat dans la région.

Il aurait été facile pour Elaben de se faire élire secrétaire générale de la SEWA tous les trois ans, comme le permet la loi, et ce indéfiniment. Elle aurait eu la main-mise sur le plan d'action de l'entreprise et aurait pu distribuer les tâches à sa guise. Après tout, c'était elle qui avait créé la SEWA. L'association avait germé dans son esprit et il aurait été compréhensible, voire logique, qu'elle en reste l'unique diri-geante à vie.

Mais Elaben a insisté pour transmettre la responsabilité de la gestion de la SEWA à de nouvelles dirigeantes plus jeunes. Elle a personnellement investi du temps et de l'énergie pour former ses membres au processus démocratique et les a encouragées à acquérir les connaissances politiques nécessaires pour se présenter aux postes vacants.

Jyoti Macwan incarne à merveille la mission et la philosophie managériale de la SEWA. Cette ouvrière pauvre parlait le gujarati et roulait des cigarettes pour gagner sa vie quand elle s'est inscrite à l'association. En peu de temps, elle est devenue secrétaire générale anglophone de la SEWA. À ce titre, elle a pris la direction de tout le syndicat qui, lors de ses dernières élections, comptait 1,2 million d'inscrites. Jyoti aurait pu passer toute sa vie à survivre au jour le jour, mais grâce au leadership d'Elaben, elle a utilisé son intelligence pour résoudre des problèmes complexes qui dépassaient les frontières internationales et touchaient plus d'un million de femmes comme elle. Récemment, elle s'est tenue aux côtés d'Elaben et de la secrétaire d'État américaine Hillary Clinton à l'occasion d'une conférence de presse.

L'histoire de Jyoti n'est qu'un début. Quand on se penche sur la deuxième géné-ration de directrices de toutes les entreprises SEWA, on constate qu'elles ont d'abord travaillé sous la tutelle d'Elaben. Chacune s'est vu confier de plus en plus de res-ponsabilités à mesure qu'elles gagnaient en compétences. Chaque fois qu'Elaben a créé un nouvel organisme, elle a investi dans les futurs dirigeants et s'est retirée de la gestion concrète, et chaque fois, la succession était un tel succès qu'elle pouvait partir avec la certitude que sa présence serait toujours ressentie, même lorsqu'elle serait ailleurs, à investir son énergie dans la création d'une autre institution. Au syndicat SEWA a succédé la création d'une banque (à partir de quatre mille femmes ayant déposé chacune dix roupies[36]), puis d'une fondation (Gujarat Mahila Housing SEWA Trust), d'une fédération coopérative (Gujarat State Mahila SEWA Coopera-tive Federation), d'une compagnie d'assurances (SEWA Insurance), d'un centre de formation (SEWA Academy), d'un réseau d'organisations (Homenet South Asia) et bien d'autres initiatives.

Elaben continue d'investir dans la formation de leaders et d'entreprises avec l'objectif qu'elles soient capables de fonctionner en toute indépendance. Son influence est comparable à celle d'une figure parentale ou d'un aîné qui dispense de sages conseils quand on le lui demande et apporte son soutien quand on a besoin de lui. Son approche du management découle de sa devise : « Un dirigeant est quelqu'un qui aide les autres à diriger. » Aujourd'hui, Elaben est membre de The Elders, une entreprise non gouvernementale internationale regroupant des vétérans de la politique, des militants pour la paix et des défenseurs des droits de l'homme réunis par Nelson Mandela en 2007.

Comment un leader comme Elaben peut-il former d'autres leaders capables de s'approprier la mission de l'entreprise et de la mener eux-mêmes à bien ? Les trois pratiques de l'investisseur nous donnent des éléments de réponse.

Les trois pratiques de l'investisseur

En étudiant les techniques employées par les multiplicateurs pour obtenir des résultats, j'ai constaté qu'elles étaient incroyablement similaires à un autre monde que je connais bien (un monde axé sur les actifs intellectuels et les multiples d'investissement, où les leaders technologiques et commerciaux forment d'autres leaders à la recherche de croissance, de rendement et de création de richesse).

C'est un monde dont le centre névralgique se trouve à un kilomètre et demi de chez moi à Sand Hill Road, à Menlo Park, en Californie. Dans la communauté du capital-risque de la Silicon Valley, on prend plusieurs fois par jour des décisions d'investissement de plusieurs millions de dollars. Les sociétés de capital-risque passent les industries au peigne fin pour chercher à investir dans les technologies émergentes et les start-ups destinées à devenir les leaders de l'industrie de demain. Lorsqu'une société de capital-risque fait un pari et investit des fonds, elle rédige des conditions qui régissent toute l'opération. Ce document est tout particulièrement important pour les parties prenantes en ce qu'il dresse les différents niveaux de responsabilité. Ces niveaux de responsabilité définissent la propriété relative de l'entreprise (après investissement) et mentionnent les attentes en matière de leadership et d'imputabilité. En d'autres termes, les conditions permettent aux différentes parties de savoir qui est aux commandes.

Une fois les responsabilités de la nouvelle entreprise établies, la société de capital-risque signe un chèque et l'investissement des ressources commence. Ce financement fournit les fonds nécessaires pour garantir le capital, la propriété intellectuelle et les ressources humaines qui feront tourner l'entreprise. Mais la valeur ne se limite pas aux questions financières. La valeur réelle émerge bien souvent des idées et de l'encadrement que la jeune entreprise reçoit de ses partenaires principaux de la société de capital-risque (des hommes et des femmes qui ont expérimenté la création d'entreprises, développé des technologies et dirigé eux-mêmes d'importantes sociétés). Ils ne se contentent pas d'investir le capital de départ, ils investissent également leur savoir-faire dans ces entreprises naissantes. Ils encadrent le PDG, mettent à disposition leur carnet d'adresses pour aider au développement commercial et aux ventes, et ils travaillent avec l'équipe de direction pour s'assurer que les objectifs financiers soient atteints.

Après avoir injecté le capital et le savoir-faire dans l'entreprise, ses partenaires attendent les retours prévus. Les retours sur le marché peuvent se faire attendre des années (ou même ne jamais se concrétiser), mais ils en surveillent les étapes essentielles. La responsabilité est claire. Si l'entreprise produit les résultats escomptés, un deuxième ou un troisième financement sont envisageables. Dans le cas contraire, l'entreprise doit se débrouiller seule ou péricliter.

De même, en tant qu'investisseurs, les multiplicateurs définissent les responsabilités dès le départ et font savoir aux autres ce qui relève de leur devoir et ce qu'ils sont censés construire. Ils investissent dans le génie des autres, enseignent et encadrent. Ils soutiennent les gens en leur apportant les ressources dont ils ont besoin pour réussir et devenir indépendants.

Les multiplicateurs accomplissent le même cycle d'investissement lorsqu'ils demandent aux autres de rendre des comptes. Ce n'est pas pour jouer les tyrans, bien au contraire. Cette dynamique génère une croissance extraordinaire de l'intelligence et des capacités chez les autres.

Penchons-nous sur chacune de ces trois étapes : 1) définir les responsabilités ; 2) investir des ressources ; et 3) demander des comptes.

1. Définir les responsabilités

Les investisseurs amorcent ce cycle en établissant les conditions dès le début. Ils décèlent l'intelligence et les capacités de ceux qui les entourent et leur donnent des responsabilités.

Nommer les responsables

Quand John Chambers, alors PDG de Cisco, a engagé son premier vice-président, Doug Allred, il lui a confié le contrôle du soutien à la clientèle et s'est assuré que leurs rôles respectifs soient clairement définis : « Doug, en ce qui concerne la gestion de ce secteur de l'entreprise, tu disposes de 51 % des voix (et tu es responsable à 100 % du résultat). Tiens-moi au courant et consulte-moi au fur et à mesure. » Quelques semaines plus tard, alors que Doug informait John de l'avancement du projet, ce dernier lui a répondu : « Je savais que tu me surprendrais en bien. » Et Doug n'est pas le seul à avoir obtenu la majorité des voix. John donne ainsi « 51 % des voix » à chaque cadre exécutif dans leurs domaines de responsabilité respectifs.

Si votre patron vous disait que vous possédiez 51 % des voix, comment procé- deriez-vous ? Vous remettriez-vous en question et lui soumettriez-vous toutes vos décisions ? Ou feriez-vous tout le contraire en prenant des décisions sans le consul- ter ? Sans doute ni l'un ni l'autre. Dans la plupart des cas, vous consulteriez votre patron pour les décisions importantes afin d'obtenir un deuxième avis, tandis que dans les petites choses, il serait plus pertinent de ne pas le solliciter pour effectuer votre travail.

En donnant à un collaborateur 51 % des voix et la pleine responsabilité, on crée l'adhésion et on renforce la confiance. Ainsi, au lieu de remettre en question vos décisions, vos employés viennent vous demander votre avis. En clarifiant le rôle que vous jouerez en tant que leader, vous donnez à vos équipes plus d'autonomie et non l'inverse. Elles comprennent alors la nature de votre implication, quand et comment vous comptez vous investir dans leur réussite. Plus important encore, elles com- prennent qu'elles détiennent la position de responsable majoritaire et que le succès ou l'échec dépend de leurs efforts.

Étendre la responsabilité au résultat final

Une équipe de direction est réunie en dehors de son lieu de travail afin de préparer une acquisition importante pour son entreprise. Ils commencent par un exercice de gestion simple, mais révélateur, intitulé le « tableau d'ensemble »[37]. L'équipe se divise en neuf binômes, et chacun reçoit un carré de quelques centimètres de côté sur lequel figure une image extraite d'un célèbre tableau moderne. Chaque équipe doit créer une reproduction et un agrandissement de sa partie du tableau. En d'autres termes, chaque équipe est responsable d'une partie d'un tout plus grand. L'objectif est de rassembler tous les agrandissements pour former une réplique homogène du tableau original. Le résultat doit être un tableau précis d'un point de vue tech- nique et parfaitement intégré. Tout le défi vient du fait qu'aucun binôme n'a vu le « tableau d'ensemble ».

J'espère que vous visualisez la scène. Chaque binôme, stimulé par le défi, étudie son carré et commence à le reproduire sur la grande feuille de papier devant elle. Ils se concentrent sur leur mission, dessinent, et bientôt, il y a des couleurs partout.

Quand le temps alloué à cette première phase de travail est écoulé, ils reportent leur attention vers leurs collègues voisins et commencent à associer les pièces pour remarquer alors que le tableau ne s'assemble pas très bien. Les lignes ne correspondent pas, les couleurs se mélangent mal. Leur peinture ressemble à une créature de Frankenstein.

Le responsable de la session leur rappelle alors que leur mission consiste à sublimer l'ensemble, et non leurs pièces individuelles. Ils commencent à prêter plus attention à la situation dans son ensemble et retravaillent leurs sections en se concentrant sur l'intégration et l'homogénéité, même s'il est trop tard pour créer un produit uni. Lorsque l'équipe livre enfin l'image d'ensemble, ce n'est qu'un patchwork qui ne ressemble que très moyennement à l'œuvre originale.

Quand on confie aux gens la responsabilité d'une partie seulement d'un ensemble plus vaste, ils ont tendance à optimiser cette partie, limitant leur réflexion à ce domaine immédiat. Quand on leur confie la responsabilité d'un tout, ils étendent leur réflexion et se mettent au défi de dépasser leur simple champ d'action.

Élargir la fonction

On constate systématiquement que les multiplicateurs mobilisent chez leurs collaborateurs deux fois plus de capacités que les réducteurs. Et chaque fois, on nous confirme que les multiplicateurs ont obtenu 100 % des compétences et du savoir-faire de leurs équipes, voire 120 % ou plus. Les multiplicateurs obtiennent plus de 100 % parce que leurs collaborateurs grandissent à leur contact. Pour stimuler cette croissance, les multiplicateurs demandent notamment aux gens de se dépasser et de tenter ce qu'ils n'ont encore jamais fait auparavant.

Prenons le cas de ces trois individus :

Eleanor Schaffner Mosh était une championne qui aimait les défis constants. En 1988, en tant que directrice du marketing pour la petite branche informatique de Booz Allen Hamilton, elle gérait des programmes élémentaires de génération de demandes. Mais la tâche s'est trouvée fortement complexifiée lorsque BAH a décidé de confier les rênes du département informatique à un autre partenaire bien déterminé à bouleverser la fonction. En quelques mois, elle a organisé un événement de lancement à l'échelle de l'entreprise afin de présenter les projets du service informatique. Ensuite, elle a lancé un séminaire avec les meilleurs directeurs des systèmes de l'information du monde. Lorsqu'elle s'est retrouvée assise à côté du PDG de Booz Allen Hamilton, à l'occasion d'une de ces réunions, elle lui a expliqué avec assurance pourquoi le secteur de l'informatique et sa pratique au sein de leur entreprise allaient changer le monde. Plus tard, elle a déclaré : « Je n'avais peur de rien ni de personne. Nous savions ce que nous faisions et nous avions le sentiment de pouvoir tout réussir. »

Mike Hagan était prêt à conquérir le monde, mais avant toute chose, il avait besoin d'un passeport. Il était directeur des ventes pour le département commercial américain d'une multinationale pesant un milliard de dollars. Son travail consistait à s'assurer que la force de vente respectait les règles de l'entreprise. Quand le président du département des ventes a voulu mondialiser et développer l'entreprise, il en a confié la responsabilité à Mike. Un jour, ce dernier jouait le rôle de la police du règlement, dressant des contraventions à tous ceux qui enfreignaient les politiques de vente, et le lendemain, il était propulsé architecte des opérations et des politiques de vente pour l'ensemble de l'entreprise internationale. Au début, Mike a protesté, invoquant son inexpérience du marché mondial et avouant qu'il n'avait même pas de passeport à jour. Mais le président n'a pas tenu compte de ses protestations. Il lui a dit qu'il était intelligent et qu'il trouverait sûrement une solution. En effet, c'est ce qu'il a fait. L'expérience s'est avérée aussi exténuante qu'enthousiasmante. Mike se souvient : « On m'a donné l'occasion de faire quelque chose que je n'avais jamais fait auparavant. En fait, personne ne l'avait jamais fait. » C'était une tâche phénoménale, mais Mike s'y est adapté comme prévu.

Polly Sumner était une force brute qui attendait d'être libérée. Lorsqu'un nouveau président a rejoint Oracle, il a remarqué le sens de la stratégie et le dynamisme de cette directrice des ventes et lui a confié le rôle de vice-présidente responsable des alliances et des partenariats stratégiques. Polly s'est retrouvée au cœur d'un conflit complexe et aux enjeux élevés. L'équipe de direction ne parvenait pas à s'entendre sur la vitesse à laquelle Oracle livrerait les nouvelles versions du code de sa base de données à SAP, son partenaire en applications (et concurrent). Polly a porté le problème à l'attention de son nouveau patron, qui lui a répondu : « C'est un problème complexe qui dépasse certainement le cadre de votre fonction, mais c'est à vous de veiller à le résoudre. » Polly s'est alors adressée directement aux professionnels capables de résoudre le problème, négociant une discussion entre les fondateurs et PDG milliardaires, Hasso Plattner de chez SAP et Larry Ellison de chez Oracle, dans la maison de thé japonaise préférée de Larry. Ils ont trouvé un terrain d'entente satisfaisant et Polly est devenue une superstar.

Ces trois personnes travaillaient toutes pour le même patron, mais dans des contextes différents. Quel était le dénominateur commun dans cette équation ? Ray Lane, connu pour mettre son équipe au défi et exiger l'intégralité de leurs capacités. Quand nous avons demandé à ses collaborateurs pourquoi ils donnaient tant à Ray, leurs réponses ont révélé la même chose : il les poussait hors de leur zone de confort.

Il savait repérer les intelligences chez les autres et leur donnait l'occasion d'aller bien au-delà de leurs capacités actuelles. Il leur donnait la possibilité de s'approprier les projets, non pas en fonction de ce dont ils étaient capables, mais toujours à un ou deux niveaux supérieurs.

Quand les investisseurs élargissent la fonction, ils grandissent la personne qui l'occupe. Cette fonction élargie crée alors un vide qui doit être comblé.

2. Investir des ressources

Dès que les investisseurs adoptent une position de responsable, ils commencent à investir. Ils protègent leur investissement en apportant au collaborateur en question les connaissances et les ressources dont il aura besoin pour mener à bien sa mission.

Enseigner et coacher

Lorsque Jae Choi chez McKinsey est intervenu dans la discussion de l'équipe de projet, ce n'était pas pour se vanter ou montrer l'étendue de ses connaissances. Il a « pris le stylo » pour enseigner et coacher. La distinction est simple, mais essentielle : les réducteurs vous disent ce qu'ils savent, les multiplicateurs vous aident à apprendre ce que vous devez savoir. Jae n'est pas seulement un chef d'entreprise, mais aussi un enseignant passionné qui recherche les moments propices à l'apprentissage chaque fois qu'une équipe tourne en rond ou subit des déconvenues. C'est à ce moment-là que les esprits sont vraiment ouverts et avides, et il sait comment apporter un éclairage pertinent ou poser la bonne question pour faire avancer le groupe.

K. R. Sridhar, PDG de Bloom Energy déjà mentionné à plusieurs reprises dans les chapitres précédents, est un autre de ces enseignants exceptionnels. Les enseignements de K. R. ne se déroulent pas dans une salle de classe ni dans un centre de formation continue. Il joue les entraîneurs en plein match houleux, quand son équipe est confrontée à des problèmes très concrets. Lorsque ses collaborateurs rencontrent un problème technique, K. R. ne propose pas de solution, mais il pose une question qui suscite la réflexion : Que savons-nous de ce qui ne fonctionne pas ? Quelles hypothèses nous ont conduits à ces résultats ? Quels sont les risques auxquels nous sommes confrontés et qu'il est important de limiter ? Son équipe se penche alors sur ces questions à tour de rôle et fait appel aux connaissances de chacun pour constituer tout un corpus d'intelligence collective.

K. R. explique : « On enseigne en aidant son équipe à résoudre des problèmes réels. Même si vous connaissez la solution, ne la proposez pas. Sinon, vous avez perdu une occasion d'enseigner. Il faut que ce soit socratique. Vous posez la question en amorçant un embryon de réponse. »

Si K. R. se concentre sur les problèmes immédiats, son investissement dans ces enseignements rapporte bien plus à moyen terme que de simples solutions. Quand les leaders enseignent, ils investissent dans la capacité de leurs collaborateurs à résoudre et à éviter les futurs problèmes. C'est l'un des moyens les plus puissants dont disposent les multiplicateurs pour développer l'intelligence autour d'eux.

Proposer des renforts

Quand on parle d'investir un capital intellectuel dans vos subordonnés directs, on pourrait facilement partir du principe que c'est vous qui devez fournir ce capital. Mais cela limiterait les options d'investissement à ce que vous connaissez et à ce que vous avez le temps et l'énergie d'investir. Par ailleurs, quand vous êtes le seul investisseur, votre présence peut sembler écrasante et vos coups de pouce plus intrusifs que bénéfiques, surtout quand les enjeux sont élevés.

Quand les gens sont tendus et travaillent au-delà de leur niveau de capacité supposé, ils sont susceptibles de trébucher ou de commettre des faux pas. Ce sont des contextes propices à l'apparition des réducteurs, notamment ces managers bien intentionnés qui ont tendance à voler au secours de leurs employés en difficulté. Comment un manager peut-il intervenir sans s'accaparer tout le contrôle ? Un multiplicateur fait en sorte qu'un filet de sécurité soit mis en place (des renforts prévus au besoin, quelqu'un vers qui l'employé peut se tourner pour obtenir des conseils sur le meilleur moyen de retomber sur ses pieds). Il n'est pas surprenant que les meilleurs filets de sécurité ne soient pas les managers eux-mêmes. Rares sont ceux qui apprécient d'être secourus par leur patron quand ils commettent des erreurs. En général, les mieux placés pour fournir ce soutien sont les collègues capables de donner des conseils sans jugement ni déception. Au lieu d'intervenir lui-même, l'investisseur propose des soutiens.

Une fois que les leaders ont clairement défini les responsabilités et ont investi auprès de leurs équipes, ils ont semé les graines du succès et gagné le droit de demander des comptes à leurs collaborateurs.

3. Demander des comptes

Dans mon travail pour des centaines de dirigeants d'entreprise, j'ai remarqué quelque chose concernant les meilleurs. Ils semblent tous avoir des tables inclinées dans leurs bureaux. Bien sûr, le bureau où ils sont assis (avec leur ordinateur et leur téléphone) est parfaitement plat, mais leur table de réunion présente une certaine inclinaison. Vous ne l'avez peut-être pas remarqué, mais vous avez sûrement constaté que la responsabilité de tel ou tel projet passait constamment de leur côté de la table vers l'autre côté, où sont assis les autres (et souvent vous). La table peut sembler plate au premier coup d'œil, mais si l'on place une bille d'un côté, elle roulera certainement vers l'autre extrémité ! Ces leaders ont un penchant naturel pour confier des responsabilités aux autres et les leur laisser. Même si les collaborateurs repoussent les problèmes du côté du manager, à la fin de la conversation, ils retournent invariablement d'où ils viennent. Le leader aide, émet des suggestions, pose d'excellentes questions et peut mettre en évidence ou faire remonter des problèmes critiques, mais la responsabilité incombe à son personnel. Sa table penche en direction des autres.

Un cadre supérieur pour lequel je travaillais apportait un petit carnet de notes à reliure en cuir à chaque réunion. Curieusement, il n'y écrivait jamais. Mais chaque fois, il était mentalement présent et pleinement engagé, il écoutait attentivement et dispensait ses idées avec intelligence. Moi, au cours de ces mêmes réunions, je prenais des notes avec acharnement, dressant ma liste d'actions à entreprendre, et autour de moi, les autres en faisaient autant. En de rares occasions, il écrivait quelques lignes dans son carnet. C'était uniquement quand il était le seul responsable d'une mesure précise. Voilà le bureau incliné en action. Ce leader savait exactement qui était responsable de quoi. Il était très impliqué, mais il ne prenait pas le dessus. Et parce qu'il assumait ses responsabilités avec une retenue mesurée, chaque fois qu'il inscrivait une action dans son petit carnet, vous pouviez être certain qu'elle serait réalisée au plus vite.

Rendre la responsabilité

Les investisseurs s'impliquent dans le travail des autres, mais ils leur confient systématiquement le leadership et la responsabilité.

John Wookey est vice-président exécutif des applications industrielles chez Salesforce. C'est un vétéran du secteur des applications et un multiplicateur reconnu qui bâtit des équipes douées d'un puissant savoir-faire. Il sait que livrer des logiciels de qualité dans les délais impartis n'est pas un travail de tout repos. Pourtant, il entretient une nette distinction entre la micro-gestion et l'implication dans le travail de ses collaborateurs.

L'un des terrains propices à la micro-gestion dans le domaine du développement de logiciels est la réunion de révision de l'interface utilisateur. Une application logicielle typique comporte environ 250 écrans, dont la facilité d'utilisation est déterminante dans la façon dont le produit sera accueilli sur le marché. La plupart des cadres tiennent particulièrement à ce que tout se passe bien. À la fin d'une réunion de révision de l'interface utilisateur, le responsable du développement coupable de micro-management aura pris le marqueur, se sera précipité sur le tableau blanc et aura redessiné lui-même tous les écrans devant le groupe pour montrer à tous son sens impressionnant du design.

John a vu ses anciens collègues et patrons commettre cette erreur à d'innombrables reprises. En ce qui le concerne, il préfère opter pour l'investissement. Quand John remarque des problèmes sur les différents écrans, il apporte des suggestions, discute des options et cherche des compromis, puis il demande à l'équipe de retourner dans son « laboratoire » et de trouver une solution. John explique : « Je donne aux gens des conseils plutôt que des ordres, en partant du principe que quelqu'un qui a travaillé à temps plein sur un projet pendant plusieurs semaines a des connaissances que je ne peux pas avoir acquises après quelques minutes. » Il rappelle à son équipe qu'il est important de réfléchir à ce que les utilisateurs réels attendent du logiciel. Puis il concentre ses conseils sur ce qu'ils peuvent faire collectivement pour concevoir un produit dont ils peuvent être fiers.

John intervient, mais comme le consultant de McKinsey à Séoul, il finit par rendre le stylo. Au passage, il ne manque pas de faire savoir à son équipe qu'il est intéressé et impliqué, mais qu'il n'est pas responsable. Il rend la responsabilité à ses interlocuteurs, qui conservent la capacité de concevoir et de fabriquer des produits de grande qualité, tout en gagnant en expérience.

Michael Clarke, président de l'infrastructure chez Flextronics, dispose d'une astuce en deux étapes pour responsabiliser ses collaborateurs et encourager leur implication intellectuelle. Il écoute attentivement une présentation ou une idée, puis avec un sourire en coin et son fort accent du Yorkshire, il s'exclame : « Eh, pas mal du tout ! » Il commence par faire l'éloge de la pertinence de l'idée exposée, et dans un second temps, il rappelle à son équipe qu'elle est l'unique responsable du problème en disant : « J'aimerais savoir s'il vaut mieux investir dans X ou Y. Enfin, vous êtes intelligents. Vous trouverez une solution. » Ce sont ces quelques mots que retient son équipe : « Vous êtes intelligents. Vous trouverez une solution. » Leurs idées sont validées et la responsabilité de résoudre le problème leur incombe.

Exiger un travail complet

C'était l'été 1987 et je venais de décrocher le stage de mes rêves. J'allais travailler pour Kerry Patterson, ancien professeur de comportement organisationnel à l'école de commerce que je fréquentais et qui dirigeait à présent une entreprise de formation au management en Californie du Sud.

Kerry était connu pour son esprit brillant et un brin excentrique. C'est ce qui arrive quand on met un cerveau de la taille de celui d'Einstein dans un corps à la

Danny DeVito. Tout le monde voulait travailler pour lui, mais c'est moi qui ai réussi à décrocher le poste grâce à des recommandations de la faculté et des astuces dignes d'un Jedi. J'avais hâte de me rendre en Californie du Sud pour travailler et étudier sous sa tutelle.

Comme dans la plupart des stages, j'ai réalisé toutes sortes de petites tâches. J'ai créé des contenus de formation, effectué du travail informatique et même traité quelques problèmes juridiques. Mais mon travail préféré consistait à corriger tout ce que Kerry écrivait. Il s'agissait parfois d'un manuel de formation, parfois d'un discours, et moi, je devais tout relire et détecter les erreurs. Ce jour-là, je travaillais sur une brochure de marketing que Kerry avait rédigée. C'était la routine habituelle. J'ai trouvé et corrigé les coquilles et les fautes de grammaire. J'ai réécrit quelques phrases qui me semblaient maladroites. Puis je suis tombée sur un imbroglio de mots particulièrement confus. J'ai essayé à plusieurs reprises de réécrire les phrases, mais je n'ai rien trouvé de mieux que ce que Kerry avait lui-même écrit. C'était trop brouillon pour que je puisse y remédier toute seule. Je me suis dit que Kerry, avec son cerveau brillant, saurait mieux que quiconque ce qu'il fallait faire, et j'ai indiqué dans la marge qu'il s'agissait d'une maladresse par l'abréviation consacrée, MD pour « mal dit ».

Environ une heure après que j'ai déposé le document sur le bureau de Kerry, il est rentré de réunion et a découvert mes modifications. Je l'ai entendu remonter le couloir en direction de mon bureau. À son pas, je comprenais qu'il ne venait pas pour me remercier. Il a franchi le seuil et il est venu se planter devant mon bureau. Un peu inquiète, je me suis redressée pour me préparer à ce qu'il allait me faire subir. Sans préambule, il a laissé tomber le document devant moi avec un bruit sourd, puis il m'a regardée droit dans les yeux et a déclaré : « Ne me donnez jamais de MD sans ID. » Avec une étincelle dans le regard, le professeur chevronné a tourné les talons et a quitté mon bureau. J'avais compris qu'il me demandait des idées. Je me suis concentrée, j'ai mobilisé un peu plus de matière grise et j'ai réussi à corriger les phrases maladroites. Puis je suis retournée dans le bureau de Kerry et je lui ai remis la nouvelle version.

Il a continué à enseigner et à écrire avec passion, publiant quatre best-sellers (*Crucial Conversations*, *Crucial Confrontations*, *Influencer* et *Change Anything*). Quant à moi, j'ai terminé mon stage et mes études de commerce et j'ai progressé dans le monde de l'entreprise, forte de cette maxime professionnelle que je dois à Kerry : Pas de MD sans idées. Ne pas se contenter d'identifier le problème, mais y apporter des solutions.

Tout au long de ma carrière de manager, j'ai raconté cette histoire à des dizaines, voire des centaines de personnes. Je l'ai partagée avec pratiquement tous ceux qui ont travaillé dans mon équipe et qui ont déposé sur mon bureau un problème non résolu. Je leur ai transmis le message suivant : « Pas de MD sans idées ! »

En demandant la solution, nous donnons aux autres l'occasion de compléter leur réflexion et leur travail. Nous les encourageons à échauffer et à exercer des muscles intellectuels qui pourraient s'atrophier en présence d'autres personnes brillantes et compétentes. Les multiplicateurs ne font jamais rien pour leurs collaborateurs si ceux-ci peuvent le faire eux-mêmes.

Respecter les conséquences naturelles

Il y a plusieurs années, notre famille a pris des vacances à Maui, à Hawaï. Nous nous sommes installés sur la plage, à l'extrémité de Ka'anapali, au pied de Black Rock Point. C'est une belle plage, mais à cet endroit, l'océan se heurte à l'énorme rocher qui s'avance depuis la plage et le ressac peut être violent. Mon fils Christian, âgé de trois ans à l'époque, était fasciné par la mer et ne cessait de s'éloigner des vaguelettes, attiré par les dangereux rouleaux. La scène est familière à tous les parents. Il s'aventurait trop loin, puis j'allais le chercher, je me baissais au niveau de ses yeux et je lui expliquais la force de l'océan et pourquoi il était trop dangereux pour lui de s'aventurer si loin. Il recommençait à jouer, mais quelques instants plus tard, il oubliait ma leçon et dérivait à nouveau vers le danger. La danse s'est ainsi répétée plusieurs fois.

Enfin, j'ai décidé qu'il était temps pour lui d'apprendre la leçon de Mère Nature plutôt que de maman. J'ai cherché une vague de taille moyenne en approche du rivage. J'en ai choisi une qui le ferait basculer, mais qui ne l'emporterait pas jusqu'au Japon. Au lieu de le ramener vers la plage alors que la vague arrivait, je l'ai laissé s'aventurer hors de la zone tranquille. Et au lieu de lui attraper le bras pour le hisser hors de l'eau, je suis restée à ses côtés. Plusieurs parents à proximité ont paru inquiets en voyant la vague arriver. L'un d'eux a même essayé d'attirer mon attention en me regardant avec l'air de m'accuser d'être une mauvaise mère. Je lui ai assuré que je veillais au grain, mais que j'étais plus un professeur qu'un sauveteur. La vague est arrivée et a tout de suite entraîné Christian, le chahutant un peu. Après sa frayeur, je l'ai pris dans mes bras, en sécurité. Une fois qu'il a repris son souffle et recraché le sable, nous avons reparlé de la force de l'océan. Cette fois, il a semblé comprendre et il est resté plus près du rivage. Il aime toujours l'océan à ce jour, passionné de surf, et il respecte la puissance des éléments.

C'est encore la nature qui nous enseigne le mieux. Quand on la laisse suivre son cours, que l'on permet aux autres d'expérimenter les conséquences naturelles de leurs actes, ils apprennent plus rapidement et avec plus d'impact. Quand on empêche les gens de faire l'expérience des conséquences naturelles de leurs actions, on freine leur apprentissage. La véritable intelligence se développe par l'expérimentation, par les essais et les erreurs.

Permettre aux conséquences de produire leur effet, c'est laisser les forces naturelles opérer une action intelligente. C'est une façon de montrer qu'en tant que leader, vous estimez que les gens sont assez intelligents pour comprendre. Ils deviennent ainsi plus indépendants parce qu'ils sentent qu'ils sont responsables de leurs actes, ainsi que des résultats ou des conséquences de ces actes. Les investisseurs cherchent la rentabilité, mais ils savent qu'ils ne peuvent pas intervenir et modifier les forces naturelles du marché. En leur offrant la possibilité d'échouer, ces leaders donnent aux autres la liberté et la motivation de grandir et de réussir. Elaben Bhatt a bien résumé cette idée : « Toute action comporte des risques. Chaque succès a aussi en lui la graine d'un échec. »

Les multiplicateurs ont la conviction profonde que les gens sont intelligents et qu'ils trouveront des solutions. Il est donc logique qu'ils se comportent comme des investisseurs, renonçant à la responsabilité qu'ils confient en permanence aux autres. Ils investissent les ressources dont ils ont besoin pour développer leur entreprise et ceux qui la composent. Ils s'engagent personnellement, en offrant leur vision et leurs conseils, mais ils n'oublient pas de « rendre le stylo » lorsqu'ils ont terminé, afin que les gens restent responsables des résultats attendus.

En investissant dans les autres, les multiplicateurs sont les artisans de leur indépendance. Ils créent des entreprises capables de maintenir leurs performances sans leur participation directe. Une fois que l'entreprise est réellement autonome, ces leaders ont gagné le droit de se retirer. En s'en allant, ils laissent un héritage.

L'exécution selon l'approche du réducteur

Les réducteurs fonctionnent selon une hypothèse très différente, persuadés que les gens ne seront jamais capables de se débrouiller sans eux. Ils estiment que s'ils ne se plongent pas dans les détails et n'assurent pas le suivi eux-mêmes, les autres ne seront pas à la hauteur. Ces idées reçues entraînent une dépendance de leurs équipes, à qui la pleine responsabilité n'est jamais confiée. Les réducteurs assignent des tâches disparates, puis ils interviennent en croyant que les autres ne pourront pas faire fonctionner le projet sans eux.

Malheureusement, en fin de compte, ces hypothèses se révèlent souvent vraies, car les gens deviennent bel et bien incapables, dépendants du réducteur pour obtenir des réponses, une approbation et pour assembler les pièces. Dans ces cas-là, les réducteurs se tournent vers l'extérieur en se demandant : Pourquoi les gens me laissent-ils toujours tomber ? Quand les réducteurs finissent par quitter l'entreprise, tout s'effondre. Plus rien ne tient en place, car le leader agissait par la micro-gestion et la répartition des tâches.

Prenons l'exemple d'un investisseur privé, au Brésil, qui a étouffé toute son entreprise par sa micro-gestion délétère. Celso était d'une intelligence hors du commun, considéré par ses collègues comme un génie de la finance. C'était un analyste hors pair et une véritable rock star de la bourse. Mais son style de gestion et son obsession du contrôle ont entravé sa capacité à forger de grandes entreprises. L'ennui, c'est qu'en tant que directeur d'une société de capital-investissement, son travail consistait justement à créer des entreprises.

Lors des réunions du personnel, ses collaborateurs terminaient rarement leurs présentations sur les investissements potentiels ou les entreprises du portefeuille avant qu'il ne les interrompe par son analyse lapidaire. Bien sûr, il proposait quelques remarques intéressantes, mais les autres se retrouvaient dans l'incapacité de réfléchir. Sa phrase fétiche était : « Je n'en reviens pas que vous n'ayez pas encore compris ça. »

Celso suivait les performances des entreprises du portefeuille à la seconde près et s'arrangeait pour recevoir tous les rapports des ventes sur son téléphone. Quand elles n'atteignaient pas les objectifs, il appelait le PDG à n'importe quelle heure de la nuit et se mettait à hurler. En toutes circonstances, Celso était le premier à réagir. Comme avec le chien de Pavlov, il n'y avait aucun délai entre le stimulus et la réponse. Quand il mettait le doigt sur un problème, il sautait immédiatement sur l'occasion et essayait de le résoudre lui-même.

Au fil du temps, la micro-gestion de Celso a créé de fortes dissensions au sein de l'entreprise. La plupart de ses collègues ne fournissaient plus d'efforts, sachant qu'il finirait par tout faire lui-même. Comme la plupart des talents se retiraient peu à peu, il compensait en embauchant de jeunes diplômés agressifs issus d'universités d'élite et qui manquaient d'expérience pour exiger de lui un autre mode de leadership. Au fil du temps, l'entreprise s'est mise à beaucoup lui ressembler, sorte de convention annuelle des mâles dominants avec une porte-tambour. Comme beaucoup de réducteurs, le micro-management de Celso a étouffé l'intelligence au sein de son entreprise pourtant pleine de personnes brillantes.

Penchons-nous sur les erreurs commises par les réducteurs pour paralyser les capacités de leurs collaborateurs et créer des entreprises dépendantes.

CONSERVER LA RESPONSABILITÉ. L'approche du micro-manager est bien résumée par le commentaire de l'employé d'un éminent professeur : « Je ne peux prendre aucune décision. Je n'ai pas de mine à mon crayon tant que le Dr Yang ne me l'a pas dit. » Les réducteurs n'ont pas confiance dans la capacité des autres à se débrouiller seuls et ils préfèrent conserver la mainmise sur tout. Quand ils délèguent, ce sont des tâches disparates, mais pas de véritables responsabilités. Ils ne donnent aux gens qu'une pièce du puzzle. Il n'est pas étonnant que les autres aient du mal à reconstituer le tableau d'ensemble sans eux.

Eva Wiesel est intelligente, dynamique et, malheureusement pour son équipe, résolument matinale. En tant que responsable des opérations dans une usine de fabrication, elle arrivait chaque jour au travail avec de nouvelles idées pour son équipe de direction. Elle planifiait sa journée sur le trajet, arrivait à l'usine, franchissait la porte et commençait à faire le tour des bureaux de ses collaborateurs pour leur dire précisément ce qu'elle attendait d'eux dans la journée. Certains jours, c'était la routine, mais parfois, les tâches prenaient des orientations totalement nouvelles. Les membres de son équipe ont remarqué ce schéma et ont adopté une habitude simple. Tous les jours, vers 8 h, ils s'alignaient dans le couloir conduisant de l'entrée à leurs bureaux. Blocs-notes et cafés à la main, ils attendaient qu'elle arrive et leur donne leurs « ordres » pour la journée. C'était plus facile pour tout le monde d'attendre qu'on leur dise quoi faire.

Eva devait se prendre pour un grand leader capable de déléguer et de communiquer clairement avec son équipe. En réalité, elle était un micro-manager qui réfléchissait et assumait les responsabilités à la place de son équipe.

INTERVENIR SPORADIQUEMENT. Les micro-managers confient le travail aux autres, mais ils le reprennent en main dès que des problèmes surviennent. Ils sont attirés comme un poisson par les appâts scintillants sur la ligne du pêcheur. Les premiers signes de problèmes et les obstacles sont irrésistibles pour les réducteurs, qui ne peuvent s'empêcher d'approcher. Ils sont fascinés par le défi intellectuel que représente la résolution d'un problème, ainsi que par l'attention et les félicitations qu'ils reçoivent pour avoir sauvé la situation en fin de compte. Et ils sont fermement attachés au sentiment d'importance, car les autres deviennent dépendants d'eux et de leur capacité à obtenir des résultats. Ils aiment se laisser happer et l'impact réducteur sur leurs collaborateurs ne tarde pas à se faire sentir.

Le problème, c'est qu'ils ne se laissent pas seulement attirer. Ils interviennent et repartent aussi vite. Un problème apparaît sur l'écran radar de l'exécutif, et soudain ils sont sur le pont. Ils prennent les choses en main, et quand le plaisir est terminé, ils se retirent. Ce sont des patrons élastiques.

Garth Yamamoto est directeur du marketing pour une entreprise de produits de consommation. Garth n'a que deux modes : l'un « à fond » et l'autre « complètement absent ». Quand son équipe travaille sur une question qui intéresse le PDG, il intervient, prend le relais et remet le travail lui-même à son patron, un leader très imprévisible. Lorsque ce dernier n'est pas impliqué, Garth n'est nulle part. Ses collaborateurs s'efforcent en vain d'attirer son attention sur les projets moins visibles, mais tout aussi critiques, qui constituent l'épine dorsale de l'entreprise.

En intervenant sporadiquement auprès de leurs propres équipes, ces leaders créent de la dépendance et nuisent à l'implication générale. En frappant au hasard, ils engendrent un chaos perturbateur.

REPRENDRE LA MAIN. J'avais vingt-cinq ans et j'occupais mon premier poste de direction depuis six mois. Il était 19 h 30, j'étais assise à mon bureau au 500 Oracle Parkway, le siège d'Oracle. Les couloirs étaient plongés dans le noir et tout mon personnel était rentré chez lui pour la nuit. Tout le monde, sauf moi. J'étais encore occupée, à essayer de terminer mes tâches de la journée dont beaucoup avaient émergé en cours de route, une petite crise en chassant une autre sur mon bureau. Je suis sortie de ma concentration et j'ai pensé : Pourquoi dois-je assurer encore une si grande partie du travail ? J'ai pourtant délégué. Pourquoi tout me revient sans cesse ? Les autres m'apportaient leurs problèmes, et moi, je reprenais la main.

À ce moment-là, j'ai commencé à m'agacer contre mon équipe qui me remettait tous les problèmes et ne faisait pas son travail. Puis, seule dans mon bureau obscur, j'ai eu une révélation : Non, je ne faisais pas mon travail. En tant que manager, mon travail n'était plus centré sur moi. Il m'incombait de gérer les choses, pas de les exécuter moi-même. J'avais résolu des problèmes comme une héroïne trop zélée alors qu'en réalité, j'étais censée aider les autres à les résoudre. Mon travail consistait à confier le travail à mon équipe et à le leur laisser. C'est d'une simplicité déconcertante, mais pour moi, en tant que toute jeune manager, cette prise de conscience était stupéfiante.

Dans le cadre de mon coaching des leaders, je suis souvent surprise de constater combien de dirigeants chevronnés et même de cadres exécutifs n'ont jamais appris cette leçon élémentaire. Quand les managers reprennent la main, non seulement ils se retrouvent avec tout le travail sur les bras, mais ils privent les autres de la possibilité d'exploiter et de développer leur propre intelligence. Ils freinent la croissance de l'intelligence autour d'eux. Ils s'engagent sur la pente glissante de la réduction involontaire.

Volontaires ou pas, ces mécanismes de réduction coûtent cher aux entreprises. Les réducteurs sont peut-être des superstars, mais ils deviennent aussi le facteur limitant la croissance de leur entreprise. Le coût du micro-manager est l'incapacité des entreprises à se développer au-delà de ses limites et leur difficulté à tirer parti des autres sources d'intelligence au sein de l'entreprise.

Les micro-managers n'exploitent pas tout le talent, l'intelligence et l'ingéniosité dont ils disposent, et ces capacités restent inexploitées dans leur entreprise. Pour contrer ce phénomène, ils ne cessent de réclamer plus de ressources à l'entreprise en se demandant pourquoi leurs employés ne sont pas plus productifs et les laissent toujours tomber.

A contrario, les investisseurs ne se contentent pas d'impliquer les autres en leur déléguant clairement les responsabilités, ils leur confient également des missions qui stimulent la réflexion et les capacités des individus et de l'équipe. Ils font croître les actifs de leur portefeuille. Par conséquent, ils tirent pleinement parti de leurs ressources existantes, tout en développant et augmentant la capacité de l'entreprise à assumer ses prochaines responsabilités.

Le multiplicateur en série

Après sept heures de discussion dans un petit appartement à côté de l'un des bidonvilles de Mumbai, Narayana Murthy et six de ses amis se sont mis d'accord sur un projet commun pour leur future entreprise de logiciels à Bangalore. Ils comptaient sur deux choses. Premièrement, persuader leurs épouses de verser chacune 250 dollars comme capital de départ. Deuxièmement, gagner le respect du monde entier. Il s'avère qu'ils ont réussi les deux.

Leur investissement en énergie intellectuelle et en capital financier s'est révélé particulièrement productif. Ainsi, Murthy a accompagné Infosys Technologies depuis ses débuts très modestes jusqu'à en faire la première entreprise indienne cotée au NASDAQ à 10 milliards de dollars. Murthy a su aider son équipe à dépasser ses rêves, encourager les entrepreneurs indiens à avoir confiance en eux et donner un visage à la nouvelle Inde.

Il est devenu une personnalité éminemment respectée à l'intérieur comme à l'extérieur de son entreprise (*The Economist* l'a classé parmi les dix chefs d'entreprise mondiaux les plus admirés en 2005[38]). Il aurait facilement pu rester au sommet et profiter de la gloire et du pouvoir que lui conférait sa position enviée.

Au lieu de quoi, le jour de son soixantième anniversaire, Narayana Murthy a renoncé au poste de PDG. Ce changement n'était le fruit d'aucune crise ni straté-gie pour le renverser. C'était le prolongement d'un plan mûrement réfléchi. Il avait passé des années à investir dans les autres cofondateurs afin que, le moment venu, ils puissent fonctionner indépendamment de lui. Conformément à ses projets, Murthy a confié le rôle de PDG à l'un des autres cofondateurs, Nandan Nile-Kani, et il est resté président non exécutif et mentor de la société, un rôle qu'il a assumé pendant dix ans après cela. Infosys a continué à développer sa valeur boursière (32 milliards de dollars en novembre 2016).

Interrogé au Forum économique mondial de Davos, en Suisse, sur les raisons qui l'ont poussé à prendre ses distances, Murthy a répondu que son rôle principal en tant que leader était d'assurer la succession des futures générations de dirigeants. Lorsqu'on lui a demandé ce qui le poussait à investir ainsi, il a répondu sans hésiter : « La récompense, quand on a gagné une partie de flipper, c'est la chance de jouer la suivante. » En d'autres termes, il n'a pas tant envie d'être sous les feux de la rampe en tant que PDG que d'investir ailleurs en toute liberté. Alors que certains PDG sont dépendants des honneurs et de la gloire, celui-ci recherchait la croissance des autres. Multiplicateur dans l'âme, il a reconnu que sa plus grande valeur ne résidait pas dans son intelligence, mais dans la manière dont il investissait son intelligence chez les autres.

Aujourd'hui, dans sa deuxième carrière, il investit à nouveau dans la croissance des autres, mais avec une sphère d'influence beaucoup plus large. Libéré de la ges-tion qui l'accaparait chez Infosys, Murthy a investi dans des gouvernements et des institutions du monde entier, dont la Thaïlande et les Nations Unies, ainsi que dans des établissements d'enseignement supérieur comme l'Université Cornell, la Whar-ton School of Business et la Singapore Management University. Il est conseiller du premier ministre indien, auprès de qui il plaide pour un investissement massif dans la prochaine génération. Selon lui, « il faut confier aux jeunes la responsabilité de ces initiatives éducatives de grande ampleur ». Sans compter que son approche de la gestion en tant qu'investisseur et multiplicateur a établi un modèle chez Infosys.

Quand des leaders comme Narayana Murthy investissent dans le développe-ment d'autres leaders, ils s'autorisent à prendre leurs distances sans mettre en péril la performance de l'entreprise. Non seulement l'investisseur touche sa récompense, mais il est disponible pour répéter le cycle d'investissement ailleurs.

Tout comme un entrepreneur en série qui construit une entreprise prospère après l'autre, ces leaders peuvent devenir des multiplicateurs en série. Bien sûr, pour cela, ils doivent se libérer de la dépendance aux honneurs qui peut piéger de nombreux leaders pour choisir plutôt de devenir dépendants de la croissance

(croissance de l'entreprise et de ceux qui les entourent). Les multiplicateurs en série développent l'intelligence. Cette intelligence n'est pas éphémère et ne disparaît pas en l'absence du multiplicateur. Elle est réelle et durable, ce qui permet au multiplicateur de reproduire le même effet à l'infini.

Devenir un investisseur

Pour devenir un multiplicateur (ou entrepreneur) en série, il faut avoir un point de départ et remporter un premier succès afin d'amorcer le cycle addictif. Voici quatre stratégies pour devenir investisseur.

Les starting-blocks

1. DONNER 51 % DES VOIX. Quand vous déléguez, vous annoncez certainement aux autres ce que vous attendez d'eux. Passez à l'étape suivante et faites-leur savoir que ce sont eux (et non pas vous) les responsables. Expliquez-leur que vous allez continuer à vous impliquer et à les soutenir, mais qu'ils restent responsables. Donnez-leur des chiffres pour que ce soit plus clair. Par exemple, dites-leur qu'ils ont 51 % des voix et que vous n'en avez que 49 %. Ou bien, allez jusqu'à annoncer une répartition à 75 % et 25 %.

Donnez-leur une responsabilité qui les oblige à dépasser leurs capacités existantes. Commencez par leur confier la pleine mesure de leur rôle, puis passez au niveau supérieur. Cherchez des moyens d'élever leur niveau de responsabilité et confiez-leur un travail pour lequel ils ne sont pas encore totalement qualifiés.

2. LAISSER LA NATURE SUIVRE SON COURS. La nature est le professeur le plus puissant. On peut facilement l'oublier quand des conséquences nous sont artificiellement imposées. Mais c'est une leçon que l'on apprend en faisant l'expérience des conséquences naturelles de nos actes. C'est difficile de laisser la nature intervenir à cause de nos instincts de performance. On tient à s'assurer que l'équipe effectue bien son travail. La bonne nouvelle, c'est qu'il n'est pas nécessaire de sacrifier un projet important pour cela. Trouvez les « petites vagues » qui constitueront des temps d'apprentissage naturels, sans conséquences trop catastrophiques. Pour laisser la nature enseigner ses leçons, suivez les étapes suivantes :

1. LAISSEZ LES CHOSES SE FAIRE. N'intervenez pas pour rectifier le tir, laissez la mission échouer. Ne prenez pas le contrôle d'une réunion pour la simple raison qu'un collaborateur ne s'y prend pas correctement. Laissez-le expérimenter un certain degré d'échec.

2. PARLEZ-EN. Soyez disponible pour aider les autres à tirer les leçons de leurs échecs. Soyez présent après une réunion ratée ou un échec commercial pour les aider à se relever, à recracher le sable et discuter de ce qui s'est passé. Posez les bonnes questions et évitez les sermons du type : « Je vous l'avais dit. »

3. CONCENTREZ-VOUS SUR LA FOIS SUIVANTE. Aidez l'autre à trouver un moyen de réussir la fois suivante. Donnez-lui une porte de sortie et une voie à suivre. S'il vient de rater un important entretien de vente, demandez-lui comment il compte gérer une situation similaire avec un autre client prévu prochainement.

Non seulement nos erreurs entraînent des conséquences naturelles, mais les bonnes décisions aussi. Laissez les gens profiter pleinement de leurs succès. Écartez-vous, accordez-leur du crédit et laissez-les récolter tous les bénéfices de leurs victoires.

3. EXIGER DES IDÉES. De nombreuses personnes sont promues à des postes de direction parce qu'elles sont naturellement capables de résoudre des problèmes. Ainsi, lorsque quelqu'un vous apporte un problème, il est tout à fait naturel que vous souhaitiez le résoudre. Et il y a de fortes chances que les autres s'attendent à ce que vous le fassiez, comme toujours. Dans la fraction de seconde qui précède votre réponse, pensez à Kerry Patterson dans le bureau de sa stagiaire, qui exigeait d'elle plus que des MD, mais des ID. Demandez aux autres de terminer leur processus de réflexion et de proposer une solution. Posez des questions simples, telles que :

➤ Quelle(s) solution(s) voyez-vous à ce problème ?
➤ Comment proposez-vous de le résoudre ?
➤ Que comptez-vous faire pour remédier à cette situation ?

Surtout, n'assumez pas la responsabilité de sa résolution. Remettez le problème sur le bureau de vos collaborateurs et encouragez-les à aller plus loin. Chaque fois que l'on vous mentionne un MD, demandez une ID.

4. RENDRE LA MAIN. Quand une personne est bloquée et vous demande votre avis, vous pourriez être tenté de prendre la main. Chez certains, cette tendance est si forte qu'ils restent les bras croisés, redoutant de s'exprimer de peur que cela ne se change en prise de contrôle forcée. Quand les membres de votre équipe sont aux prises avec des problèmes, proposez-leur votre aide, mais gardez toujours un plan de sortie. Une conversation peut avoir lieu n'importe où (dans une salle de conférence, en tête-à-tête dans votre bureau, spontanément dans le couloir). Quel que soit le cadre, visualisez le moment de la conversation où vous rendrez symboliquement le stylo. Imaginez-vous devant le tableau blanc, ajoutant quelques idées à la réflexion collective, puis terminez votre pensée et rendez le stylo. Ce geste simple montre à vos collaborateurs qu'ils sont toujours aux commandes et que vous attendez qu'ils terminent le travail.

Voici quelques déclarations indiquant que vous rendez la main :

➤ Je me ferai un plaisir de vous aider à y réfléchir, mais je compte toujours sur vous pour mener à bien ce projet.

➤ Vous êtes toujours le responsable du projet.

➤ Je suis là pour vous soutenir. Qu'attendez-vous de moi pour mener à bien ce projet ?

Chacun des points mentionnés précédemment n'est qu'une piste. Mais si elles sont répétées, ces actions peuvent entraîner un véritable effet multiplicateur au sein de votre entreprise.

L'effet multiplicateur

Lorsque les multiplicateurs investissent des ressources et de la confiance dans leurs collaborateurs et leur confient la responsabilité de leur réussite, ils découvrent l'intelligence et les capacités considérables qui les habitent. Muhammad Yunus, lauréat du prix Nobel 2006 et père du mouvement du micro-crédit, a déclaré : « Chaque personne a un potentiel incommensurable. À elle seule, elle peut influencer la vie des autres au sein de sa communauté et de sa nation, à son époque, mais aussi au-delà. »

Les multiplicateurs investissent de manière à créer chez les autres une indépendance qui leur permettra d'appliquer toute leur intelligence au travail à accomplir, mais aussi d'étendre leur champ d'action et leur influence. L'indépendance qu'ils laissent aux autres permet ainsi à l'investisseur de réinvestir ailleurs et de devenir un multiplicateur en série. Le calcul est simple, mais puissant. L'effet multiplicateur immédiat est d'obtenir le double de la capacité des autres. À ce rythme, sur une entreprise de taille moyenne, soit environ cinquante employés, cela équivaut à cinquante personnes supplémentaires. Ce processus répété sur dix rôles de direction différents au cours d'une carrière représente l'équivalent de cinq cents personnes.

Les multiplicateurs doublent constamment leurs effectifs sans coûts supplémentaires. Ce rendement indéfiniment multiplié par deux a de quoi convaincre même les investisseurs les plus avisés de Sand Hill Road d'adopter l'approche des multiplicateurs.

Résumé du chapitre six

Micro-manager versus investisseur

LES MICRO-MANAGERS gèrent chaque détail de telle sorte qu'ils créent chez leurs équipes une dépendance au leader, dont la présence devient indispensable pour que l'entreprise soit performante.

LES INVESTISSEURS donnent aux autres l'investissement et la responsabilité dont ils ont besoin pour obtenir des résultats indépendamment du leader.

Les trois pratiques de l'investisseur

1. *Définir les responsabilités*
   - Nommer les responsables
   - Étendre la responsabilité au résultat final
   - Élargir la fonction
2. *Investir des ressources*
   - Enseigner et coacher
   - Proposer des renforts
3. *Demander des comptes*
   - Rendre la responsabilité
   - Exiger un travail complet
   - Respecter les conséquences naturelles

Devenir un investisseur

1. Donner 51 % des voix
2. Laisser la nature suivre son cours
3. Exiger des idées
4. Rendre la main

Mobilisation des ressources

	Micro-managers	Investisseurs
Ce qu'ils font	Gérer chaque détail du travail pour s'assurer qu'il soit bien réalisé comme ils le feraient	Donner aux autres la responsabilité des résultats et investir dans leur réussite
Ce qu'ils obtiennent	Des personnes qui attendent qu'on leur dise quoi faire	Des personnes qui prennent des initiatives et anticipent les défis
	Des personnes qui se brident, parce qu'elles s'attendent à être interrompues et à ce qu'on leur dise quoi faire	Des personnes qui se concentrent entièrement sur les résultats à obtenir
	Des parasites qui attendent que le patron intervienne pour les sauver	Des personnes capables de devancer leurs responsables dans la résolution des problèmes
	Des personnes qui mobilisent constamment leurs dirigeants et ne cessent de trouver des excuses alambiquées	Des personnes qui réagissent aux forces naturelles qui les entourent

Découvertes surprenantes

1. Les multiplicateurs peuvent s'impliquer dans des détails concrets, mais ils laissent la responsabilité aux autres.
2. Partout dans le monde, les multiplicateurs sont évalués à 42 % d'efficacité en plus que leurs homologues réducteurs en ce qui concerne l'obtention de résultats.[39]

SEPT

Le Réducteur involontaire

Nous jugeons les autres selon leurs actes, mais nous
nous jugeons nous-mêmes selon nos intentions.

—EDWARD WIGGLESWORTH

On pourrait croire que les réducteurs décrits dans les chapitres précédents étaient tous des tyrans sans scrupules et d'affreux je-sais-tout, mais il s'avère bien souvent qu'ils n'avaient pas mauvais fond et certains étaient même très bien intentionnés. Si les plus narcissiques attirent la lumière à eux, la grande majorité des problèmes constatés sont le fait de réducteurs involontaires, des managers pétris de bonnes intentions et qui pensent faire leur travail correctement.

Comment, avec les meilleures intentions du monde, pouvons-nous avoir un impact négatif sur les personnes sous notre responsabilité ? Et nos tentatives sincères pour aider les autres, leur enseigner ou leur donner l'exemple peuvent-elles, en fin de compte, leur nuire ?

Un lycée approchait de la date butoir pour une candidature importante qui déterminerait son classement et son statut d'école de qualité supérieure. Sally, une directrice expérimentée, était responsable du dossier. Elle aimait le travail analytique et tout ce qui impliquait les données, les feuilles de calcul et les synthèses. Elle s'est absorbée dans les documents pour se faire une idée précise et approfondie de l'analyse qu'elle devait réaliser. Consciente de l'importance du projet et de la nécessité d'une analyse complexe, elle a décidé de faire appel à son directeur adjoint.

Marcus était relativement nouveau à ce poste (et dans l'analyse de données), mais il était intelligent, minutieux et intuitif. Elle a décidé de lui confier l'analyse, lui donnant ainsi l'entière responsabilité. Comme elle voulait qu'il réussisse, elle a soigneusement planifié le transfert de compétences. Elle l'a rencontré, a examiné avec lui les spécificités du rapport et lui a annoncé qu'il serait responsable, avant de définir clairement ses attentes.

Après quoi, Sally a commencé à travailler sur d'autres éléments du rapport en attendant que Marcus lui envoie son analyse des données. Comme il ne lui avait toujours rien envoyé deux jours plus tard, elle s'est dit qu'il éprouvait des difficultés et elle a voulu l'aider. Elle lui a donc envoyé plus d'instructions en suggérant quelques catégories à utiliser comme grille d'analyse. Une fois encore, elle n'a pas obtenu de réponse. Elle est donc passée le voir à son bureau pour savoir s'il avait terminé. Ce n'était pas le cas.

Connaissant la conscience professionnelle de Marcus, Sally a pensé qu'il avait besoin d'aide. Alors, elle s'est assise et lui a proposé son soutien en demandant : « Est-ce que je peux vous aider dans cette analyse ? » Comme elle n'obtenait toujours pas de réponse concrète, elle a commencé à émettre des suggestions : « Aimeriez-vous que je vous donne une formation rapide sur les fonctions statistiques d'Excel ? Ou bien, nous pourrions nous asseoir ensemble et passer les différents éléments en revue. » Étrangement, il ne répondait à aucune de ses propositions.

Sally était de plus en plus frustrée. De toute évidence, Marcus avait besoin d'aide, mais elle n'arrivait pas à trouver le moyen de l'aider. Elle était sur le point de lui proposer de réaliser la première série d'analyses avec lui, mais il a pris la parole avant elle. Sally a donc gardé le silence et lui a accordé toute son attention, ravie de sentir enfin qu'il allait lui demander son aide. Il a commencé timidement, contenant l'agacement que lui causait la déferlante de propositions, mais il a peu à peu trouvé le courage de lui expliquer : « Sally, je crois que j'aurais bien besoin... d'un peu moins d'aide de votre part. »

Sally a bien compris le message. Un peu gênée, elle s'est retirée, lui laissant l'espace dont il avait besoin pour comprendre par lui-même. En fin de compte, l'analyse de cet assistant intelligent et consciencieux a joué un rôle déterminant dans le rapport qui a, une fois de plus, valu à l'école son prix d'excellence.

Malgré ses meilleures intentions, ce leader était devenu un réducteur involontaire. Sally avait l'intention d'aider, mais son insistance était une entrave. Que se passe-t-il lorsqu'un manager réfléchit et agit trop rapidement ? Ou lorsqu'il propose trop de soutien et d'aide à ses équipes ? Ou, tout simplement, lorsqu'il se montre enthousiaste et optimiste ? Ce sont certainement de grandes qualités que l'on enseigne dans les écoles de commerce ou même au catéchisme, mais un bon nombre de pratiques courantes en management peuvent nous conduire, subtilement mais sûrement, sur le terrain glissant qui fera de nous des réducteurs involontaires.

Le réducteur involontaire

Nous connaissons tous des moments de réduction involontaire. Le secret de l'effet multiplicateur consiste à reconnaître ses vulnérabilités, à les repérer en action et à transformer ces situations en occasions de multiplication. Permettez-moi de vous présenter quelques exemples de leaders bien intentionnés qui finissent par avoir un impact réducteur sur leur entourage. En vous penchant sur chaque cas, demandez-vous : Quelle est ma vulnérabilité ? En quoi mes bonnes intentions peuvent-elles entraver les bonnes idées et l'intelligence de mes équipes ?

Celui qui foisonne d'idées

Ce type de leader est un penseur créatif et innovant qui aime les environnements foisonnants. C'est une véritable fontaine à idées. Elles bouillonnent dans son cerveau 24 heures sur 24, 7 jours sur 7, et quand il arrive au bureau, il est toujours débordant de nouvelles pistes à partager. Ce leader ne pense pas forcément que ses idées sont supérieures, mais il croit que plus il en exprimera, plus il en suscitera chez les autres.

Que se passe-t-il réellement en présence d'une fontaine à idées ? Les idées qu'il lance paraissent convaincantes et ses collaborateurs commencent à les suivre. Mais à peine progressent-ils sur l'idée de la veille que le lendemain apporte une nouvelle idée du jour. L'équipe fait ainsi des progrès éphémères sur plusieurs fronts à la fois. Leurs efforts aboutissent dans l'impasse quand ils se rendent compte qu'ils finissent toujours par revenir à la case départ. Dans ce cas, pourquoi ne pas y rester ? En même temps qu'ils renoncent à suivre les idées du leader, ils cessent d'essayer d'en trouver. Après tout, s'ils ont vraiment besoin d'une nouvelle idée, ils n'ont qu'à attendre que la fontaine leur en fournisse.

On peut facilement se laisser aller à la paresse avec les personnes trop riches en idées.

Celui qui ne s'arrête jamais

Ce leader dynamique et charismatique dégage une grande énergie. Il est toujours impliqué et présent, avec beaucoup de choses à dire. Avec sa forte personnalité, il a tendance à prendre toute la place. Il part du principe que son énergie est contagieuse, comme un virus que les autres peuvent attraper en sa présence.

Mais tout comme un mauvais rhume, ce leader peut être épuisant, tapant sur les nerfs au lieu de créer du dynamisme. Il se répand comme un gaz qui consomme tout l'oxygène disponible au point de faire suffoquer les autres. La plupart le trouvent éreintant. Bientôt, tout le monde évite de le croiser ou de le regarder dans les yeux en se disant : « Je n'ai pas l'énergie pour le moment. » Et trop souvent, en présence de ce leader, les introvertis capables de réflexion sont étouffés tandis que prédominent les extravertis qui privilégient l'action.

Nous connaissons tous les effets de ce leader qui ne s'arrête jamais. Nous l'avons tous vu en action et expérimenté... Mais quel effet produisent les autres sur ce type de leader ? Bonne question. Que faire d'un être humain inarrêtable ? En l'absence de variateur de lumière, on l'occulte complètement. On met sa lumière en arrière-plan et il devient un bruit de fond. Son discours incessant est assourdi et parfois totalement inaudible pour son équipe. Le leader qui ne s'arrête jamais pense être le maître du jeu, mais en réalité, il n'exerce aucun pouvoir et rend tout son entourage encore plus inefficace que lui. L'énergie n'est pas contagieuse, contrairement à l'état d'esprit et à la confiance.

Quand le leader ne s'arrête jamais, ce sont tous les autres qui terminent à l'arrêt.

Celui qui vole à la rescousse

C'est un bon gestionnaire, une personne honnête, le genre de leader qui n'aime pas voir les gens se débattre, commettre des erreurs évitables ou échouer. Au premier signe de détresse, il arrive à la rescousse, et quand les circonstances l'exigent, il se jette lui-même à l'eau pour opérer un sauvetage héroïque. Bien souvent, il se contente de donner un coup de main, de résoudre un problème par-ci par-là et d'aider les autres à franchir la ligne d'arrivée. C'est d'ailleurs dans cette catégorie que l'on constate le plus de réducteurs involontaires.

L'intention du sauveteur est noble. Il veut voir les autres personnes réussir et il désire protéger la réputation de ceux qui travaillent pour lui, mais en interrompant un cycle naturel de performance, il les prive de l'apprentissage vital dont ils ont besoin pour réussir. Lorsqu'un manager aide trop tôt et trop souvent, ceux qui l'entourent deviennent dépendants et impuissants. Au lieu d'avoir le sentiment de réussir, les employés éprouvent de la frustration, perdent confiance et échouent à franchir la ligne d'arrivée.

Bien sûr, par moments, les employés apprécient l'aide qu'on leur apporte, mais leur liberté d'action s'en retrouve amoindrie. Même s'ils peuvent ressentir du soulagement, ils n'ont pas grandi ni même utilisé pleinement l'intelligence dont ils disposaient. Et quand le sauveteur intervient, il risque de créer un décalage presque vexant entre les performances. Son omniprésence prive ses équipes du retour d'information qui découle des conséquences naturelles de leurs erreurs. Alors que le manager voit l'échec qui menace et les lacunes qu'il doit combler, les employés voient souvent le succès. On peut difficilement leur reprocher cette illusion. Après tout, leur travail franchit toujours la ligne d'arrivée à temps, car ils sont aidés par la main invisible du sauveteur.

En tant que leaders, nous sommes parfois plus utiles quand nous n'aidons pas.

Celui qui donne le rythme

C'est un leader orienté vers la réussite et qui donne l'exemple. Pour générer un élan, il fixe personnellement la norme de performance et d'exemplarité des valeurs de l'entreprise (en matière de qualité, de service à la clientèle, d'innovation, etc.). Il prend l'initiative, établit le rythme et s'attend à ce que les autres le remarquent, le suivent et, bien sûr, le rattrapent. Par exemple, un responsable peut vouloir envoyer un message fort indiquant que le service à la clientèle est une priorité absolue. Pour cela, il augmente le temps passé sur le terrain et se rend à la rencontre des clients. Il rédige et transmet des comptes-rendus. Son intention est simple : faire savoir à ses équipes que l'entreprise doit être activement à l'écoute de la voix du client.

Mais que se passe-t-il réellement quand le leader prend ainsi le volant ? Les autres suivent-ils le rythme ou prennent-ils du retard ? L'effet n'est pas aussi simple. En un sens, le leader a raison : ses collaborateurs le remarquent. Ils le comprennent, mais ils rattrapent rarement leur retard. Au lieu d'accélérer leur propre rythme, ils jouent le plus souvent le rôle de spectateurs passifs, regardant le meneur de jeu effectuer son travail. Alors qu'il attend de ses collaborateurs qu'ils mettent les bouchées doubles, ceux-ci ralentissent et stagnent. Au lieu d'initier eux-mêmes le contact avec le client, ils partent du principe que cela fait partie de la fiche de poste de leur chef et ils se mettent en retrait, lisant les comptes-rendus d'un œil distant. Il se peut aussi que, conscients de l'écart grandissant entre le leader qui donne le rythme et leur propre réalité, ils baissent les bras.

J'ai constaté cette dynamique à de nombreuses reprises dans le monde du travail, mais là où la leçon s'est avérée la plus percutante, c'était lors d'une course à pied contre un enfant de huit ans. Pendant la majeure partie de sa deuxième année d'école, mon fils Joshua tenait à ce que nous fassions la course jusqu'à l'arrêt de bus chaque jour. Comme tout bon parent, j'ai compris que le but de ces courses était d'encourager son amour naissant pour le sport et la compétition, et je faisais en sorte de le laisser gagner, ou du moins, que la compétition soit serrée et passionnante.

Mais de temps en temps, j'oubliais. Après tout, moi aussi, j'aime courir et me donner à fond pour franchir la ligne d'arrivée en premier (ou du moins, pas en dernier). Joshua est mon fils cadet, et à cet âge, il était le seul que je puisse encore battre à la course. Poussée par une ambition aussi futile que spontanée (en d'autres termes, la crise de la quarantaine), il m'arrivait de courir à toute vitesse jusqu'à l'arrêt de bus et de le battre haut la main. Alors que je reprenais mon souffle et regardais derrière moi, je voyais qu'il avait cessé de courir et qu'il marchait lentement. Cela me semblait étrange, car il adorait courir ! À mesure qu'il s'approchait, je remarquais dans son regard un mélange de découragement et de colère. Une fois à l'arrêt de bus, il haussait les épaules et déclarait avec indifférence : « On ne faisait pas la course cette fois. » Chaque fois que je me laissais aller à prendre la tête, créant un écart trop important pour qu'il puisse suivre le rythme, la même scène se produisait. Il avait décidé que s'il ne pouvait pas me suivre, alors il valait mieux me laisser gagner.

Parfois, en tant que leaders, plus on court et plus les autres marchent lentement. En donnant le rythme, on risque plus d'être observés passivement que suivis passionnément.

Celui qui réagit plus vite que son ombre

Penchons-nous à présent sur le leader qui réagit du tac au tac. C'est un leader qui privilégie l'agilité et la rapidité d'exécution, qui prend toutes les responsabilités et se charge de tout (il est prompt à réagir, à résoudre les problèmes et à prendre rapidement de micro-décisions). La plupart d'entre nous travaillent avec des responsables qui réagissent vite. Ils repèrent un problème et le résolvent. Ils voient un ours et l'abattent. Les e-mails ne font pas long feu dans leur boîte de réception. Ils les ouvrent, les lisent et y répondent immédiatement. Leurs intentions sont nobles, bien sûr. Ils souhaitent une entreprise souple et réactive qui s'attaque aux problèmes et répond rapidement à toutes les parties intéressées.

Malheureusement, au lieu d'engendrer de l'agilité, ce type de leader a tendance à générer une forme de mollesse rampante. Même les meilleurs employés sont lents à réagir s'ils savent que quelqu'un d'autre s'en charge déjà. Imaginez ce qui se passe lorsqu'un e-mail urgent arrive dans la boîte de réception d'une employée. Elle l'ouvre et constate son importance. Elle voit que son patron est en copie, mais comme le problème relève de son domaine de responsabilité, elle s'en charge elle-même. Elle le relit attentivement et réfléchit aux options qui s'offrent à elle pour se rendre compte qu'elle a besoin de plus d'informations. Elle consulte alors un collègue. Quand l'employée revient à son bureau pour rédiger sa réponse, elle constate qu'elle a reçu un nouvel e-mail et a le désagréable pressentiment que son patron a déjà répondu dans l'intervalle. Bien sûr, c'est le cas. Pour ne pas paraître à contre-temps, elle laisse tomber. Si le même phénomène se reproduit souvent, les employés prennent l'habitude de laisser le patron s'occuper lui-même de la question, même si le problème les concerne plus directement. Non seulement le leader qui réagit plus vite que son ombre est le premier et le seul à répondre, mais c'est aussi le seul à gagner en expérience.

Celui qui réagit trop rapidement risque de créer des goulots d'étranglement dans son entreprise. En réagissant du tac au tac aux problèmes et aux questions, il libère un grand nombre de décisions dans le flux de travail de son équipe. Les chemins de l'information sont alors inondés de décisions de toutes sortes et, comme elles entraînent des réactions en excès, tout le monde avance au ralenti, et bientôt, c'est un véritable embouteillage.

Dans ce cas, le leader réagit rapidement, mais les personnes qui l'entourent ont tendance à réagir plus lentement, voire pas du tout.

Celui qui voit le verre à moitié plein

Cette responsable positive et volontaire voit des opportunités partout. Elle est convaincue que la plupart des problèmes peuvent être résolus par un travail assidu et le bon état d'esprit. Elle a lu des recherches sur le pouvoir de la pensée positive et les bienfaits incroyables de l'optimisme, tant sur le plan mental que physique. Elle voit le verre à moitié plein plus qu'à moitié vide.

L'optimiste n'a pas constamment l'attitude d'une pom-pom girl, mais il se concentre sur ce qui est possible et croit que les personnes qui l'entourent (y compris lui-même) sont intelligentes et capables de s'en sortir. Alors, me direz-vous, en quoi cette attitude peut-elle être réductrice ?

Un collègue et moi-même étions en plein projet de recherche aux enjeux élevés. Nous avions une petite fenêtre de tir pour écrire un article pour une publication universitaire prestigieuse. Il nous fallait réaliser une analyse complexe et effectuer une série de recherches complémentaires avant de rédiger l'article, tout en travaillant sur d'autres projets en parallèle et avec un budget limité.

Après des années d'expérience dans le monde de l'entreprise, où au cours d'une semaine classique je jonglais avec des couteaux, faisais sortir des lapins de leurs chapeaux et rassemblais des bouts de chandelles pour financer le tout, cela me semblait réalisable, sans compter que le défi était intéressant. Je me suis donc attelée au projet avec enthousiasme en donnant des conseils à mon collègue plus jeune.

Lors d'une réunion cruciale pour le projet, il s'est tourné vers moi et m'a dit :
« Liz, il faut que tu arrêtes de dire ça ! »

« Quoi donc ? » ai-je demandé.

Il a répondu : « Quand tu dis : Ça ne peut pas être bien difficile. »

Je devais avoir l'air perplexe, parce qu'il m'a expliqué : « Tu dis ça tout le temps :
Ça ne peut pas être bien difficile. On peut y arriver, après tout, ce n'est pas sorcier. »

Je voyais bien où il voulait en venir. En travaillant pour Oracle, une entreprise
en pleine croissance, j'avais été projetée dans le management de haut vol à l'âge
de vingt-quatre ans et j'avais dû faire face à un assaut constant de défis pour lesquels je n'étais ni formée ni préparée. Ces expériences m'ont appris qu'une équipe
de personnes intelligentes et motivées pouvait presque tout accomplir et j'ai pris
l'habitude de me persuader que je pouvais y arriver. Après tout, ça ne devait pas être
si difficile. Cette attitude (appelée « mentalité de croissance » par le docteur Carol
Dweck)[40] avait toujours fonctionné à merveille pour moi et bon nombre de mes
collègues au fil des ans.

Mon collaborateur a repris la parole, me tirant de ma réflexion : « Oui, tu dois
arrêter de dire ça. »

« Mais pourquoi ? » ai-je demandé.

Il a marqué une pause, m'a regardée droit dans les yeux et m'a dit : « Parce que
c'est vraiment très difficile. » Après un autre silence lourd de sens, il a ajouté : « Et
j'aimerais que tu l'admettes. »

Il n'était pas opposé à l'idée que le projet soit réalisable, seulement il voulait
que je reconnaisse le défi et les difficultés que cela représentait. Il ne voulait pas
que je balaye l'importance du défi avec mon optimisme. Ayant compris le message profond, je l'ai regardé à mon tour dans les yeux et j'ai admis : « Oui, ce que
nous faisons est difficile. Vraiment très difficile. Je voulais simplement dire que nous
sommes parfaitement capables et que j'ai confiance en nous. Nous allons trouver
une solution. » J'ai tout de suite vu la tension retomber. Je lui ai assuré que je ferais
de mon mieux pour ne plus dire « ça ». Pendant ce temps, au fond de mon esprit, je
me disais : « Bien sûr que je peux arrêter de dire ça. Après tout, ça ne peut pas être
bien difficile. »

Est-il possible que l'attitude positive qui vous a si bien réussi à un poste antérieur joue en votre défaveur en tant que leader ? Quand vous jouez le rôle de l'optimiste à tout crin, vous sous-estimez les combats que mène votre équipe ainsi que
ses difficultés d'apprentissage. Vos collaborateurs peuvent alors se demander si vous
avez perdu le sens des réalités. Ou pire encore, vous pourriez leur envoyer un mes-

sage involontaire, à savoir qu'ils n'ont pas le droit à l'erreur ni à l'échec. Après tout, ça ne peut pas être bien difficile.

Quand le leader ne voit que le verre à moitié plein, les autres risquent de devenir obnubilés par sa moitié vide.

Celui qui protège

Il est facile pour un manager bien intentionné de tomber dans le piège de la « maman ourse » et d'endosser le rôle de protecteur, celui qui protège son personnel contre les dangers de la vie en entreprise, à l'image de la femelle grizzly protégeant sa progéniture des prédateurs. Si celui qui vole à la rescousse sauve la situation après l'apparition des problèmes, l'objectif de celui qui protège est simplement de garder son personnel en sécurité et à l'écart du danger, sans même se soucier des problèmes. Il craint que les membres de l'équipe ne se laissent dévorer vivants s'ils s'embourbent dans des stratégies politiques et il repousse les persécuteurs éventuels, protégeant coûte que coûte ses collaborateurs de toute expérience désagréable.

Souvent, les managers ont une meilleure compréhension des forces délétères à l'œuvre au sein de l'entreprise et ils considèrent que c'est leur propre croix à porter. Le protecteur craint que, si ses collaborateurs sont exposés à la dure réalité, ils se laissent contaminer ou sombrent dans la désillusion et décident de partir pour des pâturages plus verts. Il tient donc son personnel à l'écart des réunions les plus controversées avec les cadres supérieurs, sachant que ces rencontres risqueraient de les limiter dans leur carrière. Il le protège de la brutalité de certains services, éloigne son équipe du danger et crée un havre de paix apparente, un cocon bienheureux où ses collaborateurs pourront s'épanouir. Même si dans certaines circonstances, il est logique d'attendre que les managers les plus sages protègent leur équipe, cette pratique peut devenir dangereuse.

Malheureusement, en procédant ainsi, la « maman ourse » risque d'empêcher son personnel de tirer des leçons des difficultés rencontrées et d'assumer pleinement ses responsabilités. On cherche à créer un sentiment de sécurité artificiel. Nous savons que les multiplicateurs favorisent un climat de sécurité intellectuelle (où les gens sont libres d'exprimer leurs idées), mais ils ne protègent pas les gens de la réalité et ils n'éliminent pas systématiquement les obstacles que risquent de rencontrer leurs collaborateurs. Au contraire, partant du principe que les gens sont intelligents et qu'ils s'en sortiront, un multiplicateur est enclin à exposer ses employés à des éléments toxiques et des défis de taille, dans l'espoir qu'ils développeront leur résistance et leur force.

Si le leader protège constamment les autres du danger, ils n'apprendront jamais à se débrouiller seuls.

Celui qui élabore des stratégies

Ce leader est un intellectuel qui élabore une vision convaincante de l'avenir. Il montre à son équipe un endroit meilleur, une destination qui vaut la peine qu'on se batte pour l'atteindre. Il vend sa stratégie avec autant de zèle qu'un évangélisateur. Le stratège pense qu'il génère l'énergie et l'élan nécessaires pour échapper à l'attraction gravitationnelle du statu quo. Naturellement, un leader chevronné estime, à juste titre, qu'il est essentiel de fournir une vue d'ensemble, le contexte, le « pourquoi » de ce que fait l'équipe.

Mais parfois, un leader stratégique et visionnaire peut aller trop loin et se montrer trop prescriptif. Il risque de ne pas laisser suffisamment d'espace aux autres pour réfléchir eux-mêmes aux défis à relever et générer la force intellectuelle nécessaire pour faire d'une vision une réalité. Les gens peuvent passer leur temps à se demander ce que veut le patron plutôt que de trouver eux-mêmes les réponses. Au lieu de se lancer, ils gravissent la montagne pour interroger le gourou. Ce leader susciterait un meilleur élan en lançant un défi plutôt qu'en vendant sa vision d'avenir, aussi grandiose soit-elle.

Si vous avez la réputation d'être un intellectuel, ne soyez pas étonné que les gens vous confient une grande part des sujets de réflexion.

Celui qui cherche la perfection

Nous connaissons tous ce leader aux tendances perfectionnistes : il recherche l'excellence et n'aime rien plus que le sentiment d'obtenir quelque chose de parfait. Il ne se contente pas de placer la barre haut en attendant que les autres le suivent (comme celui qui donne le rythme, par exemple). Ce qu'il veut, c'est que tous ceux qui l'entourent aient la satisfaction d'obtenir exactement ce qu'ils méritent. Ainsi, il dispense des critiques utiles et souligne les petites erreurs et les défauts, tout comme un propriétaire utiliserait du ruban adhésif bleu pour marquer les moindres imperfections d'un projet de rénovation (une goutte de peinture par-ci, un clou qui dépasse par-là) afin que le constructeur puisse réparer les erreurs, dresser la liste des travaux à faire et être fier de son travail.

Tout en proposant ces suggestions d'amélioration, il imagine un futur chef-d'œuvre et une note de 20/20 pour un accomplissement important. Il sait que l'excellence ne s'acquiert pas d'un seul coup, mais par une succession de petites réussites. S'il voit un 20/20 en préparation, cependant, les autres ne voient que des marques rouges et du ruban bleu sur tout leur travail. Pour eux, cela correspond à plus d'efforts et de difficultés, ce qui peut facilement pousser au découragement et à la capitulation.

Parfois, une solution exécutée à 90 %, mais avec 100 % des responsabilités, est préférable à une solution exécutée à 100 % avec une équipe qui manque d'implication.

Les exemples ci-dessus ne sont que quelques-uns des effets réducteurs que peuvent produire des leaders pourtant bien intentionnés. Certains de ces profils de réducteurs involontaires vous ont sûrement interpellés ou touchés, peut-être même ressentez-vous de la culpabilité. La question n'est pas de savoir lequel de ces profils correspond à votre vulnérabilité, mais plutôt comment identifier vos domaines de vulnérabilité. Pour creuser la question, répondez à notre questionnaire en ligne : « Êtes-vous un réducteur involontaire ? » à l'adresse www. multipliersbooks.com. Ce questionnaire de trois minutes vous aidera à vous auto-évaluer et à analyser vos éventuelles habitudes réductrices.

Êtes-vous un réducteur qui s'ignore ?

Je tiens à préciser que ce n'est pas parce que vous présentez l'une des tendances décrites ci-dessus que vous êtes un réducteur. Disons que cela augmente simplement la probabilité que vous ayez un impact réducteur sur vos équipes. C'est la bonne nouvelle. La mauvaise, c'est que si vous avez un impact réducteur, il est probable que vous n'en soyez même pas conscient et vous serez sans doute le dernier à le savoir. En tant que dirigeant, comment savoir si vous avez un impact réducteur en dépit de vos meilleures intentions ? Comment augmenter sa conscience de soi ? Une première étape pourrait être de formuler et noter vos opinions sur la question, mais vous en apprendrez davantage en demandant aux personnes que vous dirigez ce qu'ils en pensent.

Il y a quelques années, j'animais un atelier sur les multiplicateurs à Abu Dhabi, aux Émirats arabes unis. La salle était remplie d'hommes vêtus de magnifiques vêtements longs et coiffes blanches appelées *kanduras*. Je me sentais sous tension, consciente que ces idées étaient peut-être non conventionnelles et que ma façon d'enseigner enfreignait probablement leurs normes culturelles. Mais le groupe était charmant, très impliqué et passionné par le sujet.

J'ai demandé à chacun d'écrire des situations dans lesquelles ils pourraient être des réducteurs involontaires. Ils se sont exécutés. Puis je leur ai demandé de partager leur point de vue avec leurs collègues autour de la table. Ils ont hésité un moment, mais ils l'ont fait. C'était un grand soulagement et je me suis assise pour rassembler mes idées. Quelques minutes plus tard, j'ai levé les yeux et remarqué que l'exercice ne se déroulait pas comme prévu. Il y avait un tourbillon de *kanduras* blancs et je voyais les gens se lever et se déplacer. J'ai tout de suite cru que les participants se retiraient de l'exercice pour vaquer à d'autres occupations. Inquiète, je me suis rapprochée pour mieux les observer, puis j'ai demandé à Khalid, un Émirati sympathique et vif d'esprit de m'aider à comprendre ce qui se passait. Il m'a répondu : « Nous partagions nos observations, mais ensuite nous avons réalisé que nous devions demander leur avis à nos collègues, pour savoir dans quels domaines nous sommes des réducteurs involontaires. Alors, nous changeons de groupes pour rejoindre les personnes avec lesquelles nous travaillons le plus souvent et avoir leur opinion. » J'ai observé avec fascination les uns et les autres se déplacer dans la salle, s'empressant d'aller trouver un petit groupe ou un partenaire susceptible de leur donner un avis honnête et éclairant.

Cette équipe de direction avait compris l'importance d'avoir une conscience de soi aiguë, en tant que leader, et que cela passait par la compréhension des perspectives de ceux que nous dirigeons autant que nous servons, les « clients » de notre leadership. Si l'apprentissage commence par notre propre compréhension, il ne doit pas s'arrêter là.

Pour recevoir l'avis des autres, vous pouvez utiliser une évaluation à 360 degrés afin d'avoir une opinion sans filtre (voir www.multipliersbooks.com), mais également procéder à l'ancienne, en posant des questions franches en face à face. Voici quelques suggestions de questions à vous poser pour obtenir des commentaires fructueux :

> ➤ En dépit de mes bonnes intentions, m'arrive-t-il de rejeter les idées et les actions des autres ?
> ➤ M'arrive-t-il de faire quelque chose, par inadvertance, qui risque d'avoir un impact négatif sur les autres ?
> ➤ Comment mes intentions peuvent-elles être interprétées différemment par les autres ? Quels messages mes actions pourraient-elles véhiculer en réalité ?
> ➤ Qu'est-ce que je pourrais faire différemment ?

Hazel Jackson, co-fondatrice et directrice générale d'une société de conseil à Dubaï, intègre cette question à chacun de ses entretiens de contrôle des performances avec ses employés : En quoi diriez-vous que je vous limite ? Puis elle écoute les réponses et ajuste son comportement en fonction. Vous pouvez obtenir des avis par le biais d'un outil officiel, d'une conversation informelle ou d'un contrôle régulier. Quoi qu'il en soit, ce qui compte, c'est d'obtenir de nouvelles informations qui vous permettront d'aiguiser votre conscience de soi et de redéfinir votre approche. Pour devenir des multiplicateurs volontaires, nous devons comprendre en quoi nos bonnes intentions peuvent être interprétées et reçues différemment par les autres.

Diriger à dessein

Diriger à dessein, c'est d'abord comprendre comment nos tendances naturelles peuvent nous entraîner sur la mauvaise pente (comment de bonnes habitudes et de fortes qualités en matière de leadership peuvent déraper et devenir des points de vulnérabilité).

John C. Maxwell, auteur, coach et conférencier spécialiste du leadership, est un génie incontesté dans ce domaine. Ses 105 livres, dont 13 best-sellers, se sont vendus à plus de 26 millions d'exemplaires. Il ne se contente pas d'enseigner le leadership, c'est également un professionnel aguerri. Il a fondé cinq entreprises prospères et encadré personnellement des centaines, voire des milliers d'autres dirigeants.

Quand John a entendu pour la première fois la notion de multiplicateur en leadership, elle a touché une corde sensible. Les idéaux et les pratiques des multiplicateurs trouvaient un écho avec ce qu'il avait pratiqué toute sa vie en tant que leader. L'idée du réducteur involontaire, en revanche, lui a donné matière à réfléchir. En apprenant les qualités du réducteur, il s'est rendu compte qu'il les possédait toutes et que certaines de ses forces naturelles risquaient bien d'avoir un effet négatif sur son équipe. John a identifié ses points faibles et ses tendances à la réduction, notamment son habitude de donner le rythme, son optimisme et son besoin de voler à la rescousse.

John s'est alors fixé un objectif d'un an pour modifier son approche et résister à ses effets réducteurs en tant que leader. Il a commencé par mieux comprendre en quoi ses bonnes intentions pouvaient involontairement limiter son équipe et a demandé l'avis de son cercle proche, notamment Mark Cole, le PDG qui dirige ses cinq entreprises. La conversion était possible grâce à la confiance qu'ils avaient établie l'un avec l'autre au cours de leurs nombreuses années de travail et de croissance commune. Mark et d'autres ont aidé John à comprendre que, même s'il devait souvent marquer des points pour son équipe, il n'était pas obligé de prendre lui-même la batte aussi souvent qu'il le faisait. En amateur de sport, John a tout de suite compris sa vulnérabilité. Il croit que tout repose sur le leadership et il a du mal à rester en retrait tandis que l'un de ses joueurs se fait éliminer. Il a repris une idée qu'il avait reçue de Glen Jackson, co-fondateur de Jackson-Spalding. Au base-ball, quand le score est de 3-2, on parle de « compte complet », ce qui signifie qu'une seule frappe supplémentaire entraînera le retrait du joueur et qu'il n'aura plus la possibilité de se placer sur une base et de marquer. John a déclaré : « Quand le compte est de 3-2, ma tendance naturelle est d'intervenir et de faire moi-même le dernier lancer. »

John et son équipe ont développé un code. Lorsqu'un projet semblait menacé, Mark ou un autre collègue de confiance disait : « Le score est toujours à 3-1. » Le message était clair : le membre de l'équipe éprouvait bel et bien des difficultés, mais il n'était pas encore en danger d'exclusion. John pouvait rester en retrait encore un moment.

Par exemple, l'un des collaborateurs de John s'est lancé dans la création d'un nouveau secteur d'activité. Cela n'a rien d'inhabituel, car John a une âme d'entrepreneur, tout comme le reste de son équipe. Mais cette activité ne convenait pas à John. Elle ne correspondait pas à sa vision. Sa tendance naturelle aurait été d'intervenir et de régler le problème lui-même. Au lieu de quoi, il a permis à Mark Cole de l'aborder comme il le souhaitait. John a pris du recul et laissé son collaborateur prendre le leadership dans ce domaine avec un joli succès à la clé.

John a alors pris conscience que lorsqu'il se retenait, cela n'exprimait pas de l'indifférence, mais plutôt un vote de confiance envers son joueur à la batte. Mark a déclaré : « John m'a permis de gérer la situation avec ma solution et à mon propre rythme. Cela a très bien fonctionné et j'ai obtenu plus de crédibilité auprès du dirigeant. Par ailleurs, cela nous a permis de remettre sur les rails le domaine d'activité de ce dirigeant. »

Plus tard, John a observé : « Apprendre à reconnaître les réducteurs et travailler sur mes propres tendances à la réduction ont été l'une des étapes les plus importantes pour ma croissance cette année. » Ce leader, qui en avait formé et développé des millions d'autres, avait réussi à changer parce qu'il ne cessait de se remettre en question.

Pour diriger à dessein, il faut d'abord comprendre comment nous agissons comme réducteurs involontaires. En quoi êtes-vous parfois un réducteur involontaire ? Comment ouvrir les yeux sur ce que vous seul ne voyez pas ?

Même les meilleurs leaders ont des angles morts. Une fois que vous avez identifié le vôtre, vous pourrez travailler avec votre équipe afin de développer un ensemble de signaux et de palliatifs. En parlant un langage commun, vous pourrez repérer et éviter les pièges du réducteur, et des palliatifs vous aideront à transformer ces épisodes en moments de nature multiplicatrice.

Le tableau suivant vous propose des stratégies pour développer ces nou-velles pratiques. Vous pouvez essayer l'une des expériences du multiplicateur présentées à l'annexe E ou bien tenter un palliatif spontanément. Il peut s'agir de respecter une règle simple, comme attendre vingt-quatre heures avant de répondre à un e-mail si vous voulez que d'autres personnes puissent y répondre, ou encore de vous imposer un filtre (« Si tu ne veux pas que les autres réagissent à cette idée, ne la partage pas tout de suite. ») Comme l'a dit un aspirant multi-plicateur : « Je ne peux pas contrôler les idées qui me passent par la tête, mais je peux contrôler ce qui sort de ma bouche.»

Moins d'action et plus de défis

Pour devenir un multiplicateur, il faut souvent commencer par devenir moins réducteur. Et cela signifie généralement en faire moins : moins parler, moins répondre, moins convaincre et moins aider les autres, qui ont besoin de se débattre et d'apprendre par eux-mêmes. En agissant moins, nous nous rappro-chons du rôle de multiplicateur.

En faire moins pour en obtenir plus est l'un des nombreux exemples où la contre-intuition est plus bénéfique que l'intuition. Quand personne d'autre ne prend la parole, il est naturel d'avoir envie de se jeter à l'eau et de combler soi-même le vide, mais on devient un multiplicateur en apprenant à se rete-nir et à laisser le silence motiver les autres. Quand on ressent le besoin d'être grand, c'est un signal et il faut au contraire apprendre à se faire petit et à dis-penser nos opinions à faibles doses, mais tout aussi intensément. Enfin, quand notre instinct nous dicte d'aider davantage nos équipes, peut-être est-il temps de prendre du recul.

Pour devenir un multiplicateur, il faut comprendre que nos plus nobles intentions peuvent avoir un effet réducteur, parfois même en profondeur. Le théologien américain Reinhold Niebuhr a dit : « Tout péché humain semble infiniment pire dans ses conséquences que dans ses intentions. » De même, alors que les dirigeants voient leur propre leadership à travers le prisme de leurs intentions positives, leurs collaborateurs ne perçoivent ce même comportement que par ses conséquences négatives. En apprenant à moins agir et à lancer plus de défis à nos équipes, nous passons du statut de réducteur involontaire à celui de multiplicateur volontaire.

LIMITER VOS TENDANCES À LA RÉDUCTION INVOLONTAIRE

TENDANCES	INTENTIONS ET RÉSULTATS	PALLIATIFS SIMPLES	EXPÉRIENCES ACQUISES
CELUI QUI FOISONNE D'IDÉES	**Intention :** Que ses idées stimulent celles des autres. **Résultat :** Il submerge les autres, qui se taisent ou passent leur temps à courir après l'idée du moment.	**S'imposer un moment de retenue.** Avant de partager de nouvelles idées, prenez le temps de vous demander si vous souhaitez que les personnes qui travaillent pour vous agissent tout de suite. Si ce n'est pas le cas, ne partagez pas vos idées et gardez-les pour plus tard.	Questions extrêmes Créer un débat
CELUI QUI NE S'ARRÊTE JAMAIS	**Intention :** Créer une énergie contagieuse et partager son point de vue. **Résultat :** Il s'accapare tout l'espace et les autres l'ignorent	**Le dire une seule fois.** Au lieu de vous répéter et de mettre l'accent sur tel ou tel point, essayez de dire les choses une seule fois. Vous donnerez ainsi aux autres une raison d'intervenir et de développer l'idée. Formulez des attentes afin que les autres s'expriment.	Jouer moins de jetons Donner 51 % des votes
CELUI QUI VOLE À LA RESCOUSSE	**Intention :** Assurer la réussite des autres et protéger leur réputation. **Résultat :** Les gens deviennent dépendants, ce qui affaiblit leur réputation.	**Exiger des idées.** Quand quelqu'un vous soumet un problème ou vous fait comprendre qu'il a besoin d'aide, n'oubliez pas qu'il a sans doute déjà une solution. Demandez-lui : « D'après vous, comment pourrait-on résoudre ce problème ? »	Faire de la place pour les erreurs Rendre la main

TENDANCES	INTENTIONS ET RÉSULTATS	PALLIATIFS SIMPLES	EXPÉRIENCES ACQUISES
CELUI QUI DONNE LE RYTHME	**Intention :** Placer la barre haut en matière de qualité ou de rythme. **Résultat :** Les autres deviennent des spectateurs ou abandonnent s'ils ne peuvent pas suivre.	**Rester en vue.** Si vous avez tendance à prendre trop d'avance sur vos équipes, n'oubliez pas de rester en vue afin que les autres n'abandonnent pas et ne se perdent pas. Restez à une distance telle que quelqu'un soit en mesure de vous rattraper.	Donner 51 % des votes
CELUI QUI RÉAGIT PLUS VITE QUE SON OMBRE	**Intention :** Faire en sorte que son entreprise avance vite. **Résultat :** Son entreprise évolue lentement à cause de trop nombreux change-ments ou décisions.	**Fixer une période d'attente obligatoire.** Attendez 24 heures (ou plus) avant de répondre à un e-mail relevant du domaine d'une autre personne.	Questions extrêmes Créer un débat
CELUI QUI VOIT LE VERRE À MOITIÉ PLEIN	**Intention :** Créer la conviction que l'équipe peut y arriver. **Résultat :** Les gens se demandent s'ils apprécient la difficulté et la possibilité de l'échec.	**Admettre la difficulté.** Avant de faire preuve d'un enthousiasme trop débordant, commencez par reconnaître que le travail est difficile. Dites à votre équipe : « Ce que je vous demande est difficile. Le succès n'est pas garanti. »	Faire de la place pour tles erreurs Parler de ses erreurs

TENDANCES	INTENTIONS ET RÉSULTATS	PALLIATIFS SIMPLES	EXPÉRIENCES ACQUISES
CELUI QUI PROTÈGE	**Intention :** Protéger les autres contre les forces politiques à l'œuvre dans l'entreprise. **Résultat :** Les gens n'apprennent pas à se débrouiller seuls.	**Exposer pour vacciner.** Exposez à petites doses les membres de votre équipe aux dures réalités, afin qu'ils puissent apprendre de leurs erreurs et développer leur force.	Faire de la place pour les erreurs
CELUI QUI ÉLABORE DES STRATÉGIES	**Intention :** Créer une envie irrépressible de dépasser le statu quo. **Résultat :** Les gens s'en remettent à leur supérieur et doutent de sa vision.	**Ne pas résoudre le puzzle.** Dépeignez une vision d'avenir, mais laissez des portions que votre équipe complétera. Définissez le puzzle en établissant le POURQUOI et le QUOI.	Poser un défi concret Interroger
CELUI QUI CHERCHE LA PERFECTION	**Intention :** Aider les autres à produire un travail exceptionnel dont ils seront fiers. **Résultat :** Les gens se sentent critiqués, se découragent et n'essaient même plus.	**Définir la cible.** Définir la cible dès le début. Faites savoir aux autres ce qu'ils devraient faire pour être « exceptionnels ». Demandez-leur de s'auto-évaluer en fonction de ces critères.	Faire de la place pour les erreurs Donner 51 % des votes

VOIR L'ANNEXE E POUR PLUS DE TRAVAUX PRATIQUES

Résumé du chapitre sept

Le réducteur involontaire

LES RÉDUCTEURS INVOLONTAIRES sont des managers qui, en dépit de leurs bonnes intentions, ont un impact réducteur sur les personnes qu'ils dirigent.

Quelques profils de réducteurs involontaires

Celui qui foisonne d'idées : Le leader qui pense constamment créativité et innovation et qui croit stimuler les idées des autres.

Celui qui ne s'arrête jamais : Le leader dynamique et charismatique qui croit que son énergie est contagieuse.

Celui qui vole à la rescousse : Le leader compatissant prompt à aider dès qu'il aperçoit quelqu'un en difficulté.

Celui qui donne le rythme : Le leader orienté vers le succès et qui donne l'exemple, attendant des autres qu'ils le remarquent et le suivent.

Celui qui réagit plus vite que son ombre : Le leader qui réagit du tac au tac et croit développer une équipe souple et agile, orientée vers l'action.

Celui qui voit le verre à moitié plein : Le leader positif, qui pense qu'en faisant confiance aux autres, ils atteindront de nouveaux sommets.

Celui qui protège : Le leader vigilant qui protège ses collaborateurs des problèmes afin de garantir leur sécurité.

Celui qui élabore des stratégies : Le leader intellectuel qui dresse une vision convaincante en pensant montrer aux autres un objectif auquel aspirer et une vue d'ensemble.

Celui qui cherche la perfection : Le leader qui vise l'excellence et gère les plus infimes détails pour aider les autres à produire un travail de qualité supérieure.

Diminuer ses tendances à la réduction involontaire

- Chercher à obtenir l'opinion de ses équipes
- Diriger à dessein

- Pratiquer les solutions palliatives et les expériences proposées dans l'annexe E : « Multiplicateurs : travaux pratiques »
- Agir moins et lancer plus de défis

HUIT

Affronter les réducteurs

Aussi vastes que soient les ténèbres, nous
devons y apporter notre propre lumière.

—STANLEY KUBRICK

Sean Heritage est un officier de guerre spécialiste en cryptologie dans la marine, qui a fréquenté l'Académie navale américaine. Également diplômé de l'Université Johns Hopkins et du Naval War College, il est représentatif d'une génération de plus en plus importante de militaires qui ne sont pas seulement de brillants commandants, mais aussi des innovateurs, des passionnés d'apprentissage et des leaders coopératifs.

Après avoir servi en tant que commandant, Heritage a été affecté à un commandement transversal sous la direction d'un colonel de l'armée de l'air. Le supérieur immédiat du commandant Heritage était non seulement issu d'une autre branche de l'armée, mais il opérait également avec un style de leadership très différent. Apparemment, ce colonel ignorait que la responsabilité d'un leader était d'inspirer les autres à accomplir le « quoi » et non de dicter un « comment ». Il disait précisément à ses subordonnés ce qu'ils devaient faire et ne cachait pas sa déception lorsque ces derniers adoptaient une approche différente, indépendamment du résultat obtenu. Alors que le commandant Heritage et le reste de son équipe avaient mis tout leur cœur et leur âme dans le projet, il est devenu la cible des critiques destructrices du colonel. Après des mois de remarques désobligeantes de la part de son supérieur, et malgré ses propres tentatives d'amélioration, le commandant Heritage a fini par frapper un mur (un vrai coup de poing dans le bureau du colonel). Après s'être ressaisi et avoir présenté ses excuses pour son manque de professionnalisme, il ressentait encore une douleur à la main, mais ce n'était rien en comparaison avec le déchirement de savoir qu'il lui restait encore deux ans à ce poste. Il se sentait pris au piège et a même envisagé de quitter la marine.

Le commandant Heritage s'est alors tourné vers ses pairs pour avoir leur avis. Leur réponse a été positive : « Ne nous abandonnez pas. Vous êtes notre phare, notre lueur d'espoir. » Le commandant Heritage a demandé des avis supplémentaires auprès de son conseil d'administration personnel, un groupe de mentors expérimentés qu'il consulte régulièrement. Les membres de son conseil lui ont donné l'occasion de s'exprimer et de bénéficier de leur sagesse. Enfin, le commandant Heritage a commencé à changer en profondeur. Au lieu de se plaindre et de regretter le supérieur qu'il n'avait pas, il serait le supérieur que son équipe méritait et tenterait d'inspirer le colonel et de le pousser à en faire de même. Pour affronter sa réalité décevante, il s'est forcé à faire semblant. Il a joué le jeu du « comme si », se comportant comme si son patron était un multiplicateur. Au lieu de tenir son supérieur à l'écart de ses opérations, il l'a fait participer. Comme il tenait à ce que le colonel perçoive l'énergie de son équipe, il l'a convié aux réjouissances. Au lieu de critiquer le travail qui se déroulait en son absence, le colonel est devenu le co-créateur d'un mouvement initié en sa présence. Sean témoigne : « Nous étions sur le même bateau et sur le même itinéraire, mais à présent, nous progressions plus vite. »

Heritage mettait en avant la notion de plaisir au travail, consacrant du temps à développer les compétences de leadership de ses pairs et de ses subordonnés. Il a présenté un résumé de cet ouvrage, organisé des discussions avec son équipe et a même créé un club pour ceux qui voudraient contribuer à créer un environnement de travail plus collaboratif. Il a renforcé ses compétences en leadership de type multiplicateur, non seulement avec son équipe proche, mais également dans toute la chaîne de commandement. Il n'a pas attendu un comportement idéal, encourageant chaque tentative dans le bon sens, aussi hésitantes soient-elles. Il a déclaré : « Si vous voulez changer votre culture d'entreprise, vous devez être comme Wayne Gretzky, la légende du hockey sur glace, et 'patiner là où le palet se dirige'. » Concentré sur ce qui relevait de son propre contrôle, il a pris l'initiative d'égayer son espace de travail, y introduisant une nouvelle œuvre d'art chaque semaine. Afin de partager ses goûts et de détendre l'atmosphère, il optait pour des œuvres légères et pleines d'espoir (des illustrations assorties de messages tels que « Quand on veut on peut » ou « Soyez extraordinaires », que son équipe a surnommées affectueusement le « mur de l'optimisme »).

Deux mois plus tard, le colonel a renvoyé son second et a proposé le poste à Heritage. Pour toute l'équipe, cette nomination était un net encouragement du style de leadership qu'avait adopté le commandant Heritage et de la culture qu'ils étaient en train de bâtir tous ensemble. Un an plus tard, lors de sa cérémonie de départ en retraite, le colonel a longuement parlé de l'influence que Sean avait exercée sur lui en tant que leader. Peu de temps après, l'amiral gradé quatre étoiles qui dirigeait le US Cyber Command à la NSA a demandé au commandant Heritage de le rejoindre (sans oublier toutes ses œuvres) au poste d'assistant exécutif. En passant de la confrontation à la construction, Sean s'est trouvé un objectif encore plus grand. Il n'était plus victime d'un mauvais leadership, mais il incarnait lui-même un leadership tourné vers l'avenir et qui remportait l'adhésion de ses équipes.

Parfois, le meilleur moyen de se sortir d'une situation de réduction est de devenir un multiplicateur. Quand on est coincé au service d'un réducteur, quelle est la meilleure stratégie à adopter ? Il serait tentant de donner un coup de poing dans le mur et d'affronter son réducteur, tout comme on pourrait avoir envie de se replier sur soi-même et d'obéir sans poser de questions. Mais il existe une troisième solution bien plus productive : multiplier les chances de s'en sortir.

Trop de managers bien intentionnés sont coincés sous les ordres de leaders réducteurs. Eux-mêmes aspirent à diriger en faisant ressortir le meilleur de leur équipe, mais ils se retrouvent aspirés dans le vortex du réducteur. J'entends souvent ce commentaire frustré : « J'aimerais être un leader multiplicateur, mais mon chef est un indécrottable réducteur, alors c'est impossible. » Ou comme ce groupe de managers sud-africains : « Nous avons tous entendu parler des multiplicateurs, mais p***, qu'est-ce qu'on fait des réducteurs, alors ? »

Comment travailler pour quelqu'un qui vous dévore et sape lentement toute votre énergie ? Comment faire ressortir le meilleur chez les autres quand votre supérieur fait ressortir le pire en vous ? Les recherches que mon équipe et moi-même avons menées, en interrogeant des dizaines de professionnels et en récoltant les avis de centaines d'autres, ont révélé que les cinq réactions les plus courantes face aux réducteurs étaient les suivantes : 1) l'affrontement, 2) l'évitement 3) la démission, 4) la soumission et la discrétion, et 5) le refus de voir le comportement réducteur. Mes recherches ont également montré que les cinq stratégies les moins efficaces en la matière sont les suivantes : 1) l'affrontement, 2) l'évitement, 3) la soumission et la discrétion, 4) la tentative de convaincre le réducteur que vous avez raison, et 5) l'implication du service des RH. En d'autres termes, les stratégies les plus courantes face à un réducteur sont également les moins efficaces.[41]

Cependant, cela ne devrait pas nous étonner. Après tout, c'est bien là le problème : les réducteurs nous empêchent d'être efficaces et pertinents. L'anxiété qu'ils génèrent déclenche l'amygdale de notre cerveau (notre cerveau émotionnel), qui réagit plus rapidement et prend le pas sur notre néocortex (notre cerveau rationnel), conduisant à des actions irrationnelles et destructives.[42] Lorsque les capacités de raisonnement sont menacées, le discernement et les stratégies d'adaptation pour faire face aux réducteurs sont discutables. Affronter un réducteur exige une grande réflexion.

Ce chapitre s'adresse à ceux d'entre vous qui se sentent bloqués par des leaders réducteurs. Il vous propose des stratégies éprouvées qui vous aideront à donner le meilleur de vous-même. Si vous avez la chance d'être entouré de multiplicateurs, alors passez directement au dernier chapitre : « Devenir un multiplicateur ».

Le message de ce chapitre est simple : vous pouvez être un multiplicateur tout en travaillant sous les ordres d'un réducteur. Avec la bonne mentalité et les tactiques pertinentes, vous pouvez atténuer l'effet du réducteur. Il n'y a pas de modèle, seulement des idées judicieuses à appliquer à bon escient et avec un peu de bon sens. Si les talents de multiplicateur relèvent de la science du management, la réaction à adopter au contact d'un réducteur est une forme d'art. Mais si vous y parvenez de manière réfléchie et avec persévérance, vous pourriez même découvrir que vous êtes immunisé contre les effets des leaders réducteurs. En fin de compte, vous pourriez bien rejoindre les rangs de ceux que j'appelle les invincibles (ceux qui continuent contre vents et marées au maximum de leurs capacités et de leur intelligence, même lorsqu'ils sont entourés de comportements réducteurs).

La spirale mortifère versus le cycle de croissance

Subir un réducteur, surtout au quotidien, peut être à la fois stressant et épuisant. Même si chacun réagit différemment à ce genre de situation, certains réflexes entrent en jeu. Comme l'a fait remarquer Dieter, un cadre moyen européen, « il est plus facile de s'aligner sur le réducteur et de se réjouir du malheur des autres que de se battre et de se faire dévorer à son tour ». Il est également plus facile de désamorcer les actions d'un réducteur par une réaction tout aussi réductrice. Malheureusement, cela ne fait qu'accentuer le problème.

Je vous propose l'image de la « spirale du désespoir ». Votre supérieur est un micro-manager : il vous contrôle, dicte votre conduite et s'intéresse aux moindres détails de votre travail. En public et en apparence, vous acquiescez respectueusement à ses directives et à ses questions incessantes, mais en privé, le masque professionnel tombe et vous vous sentez méprisé, sous-estimé et invisible. Vous n'avez plus confiance en vous et votre motivation profonde vous semble avoir été reniée.

Quand nous avons le sentiment d'avoir été lésés ou jugés à tort, notre instinct naturel nous pousse à juger en retour. Viennent alors les critiques. Nous cessons d'écouter et nous méprisons la contribution du réducteur. Nous souhaitons simplement que l'effet réducteur cesse et, pour cela, nous nous fermons au réducteur, gardant nos distances avec le supérieur en question. S'il nous a donné l'impression que nous n'étions bons à rien, nous cessons d'essayer ou nous faisons la sourde oreille.

Mais la spirale mortifère ne s'arrête pas à une simple hostilité. La réduction a toujours tendance à s'accentuer. Quand les supérieurs sentent que leur pouvoir est menacé ou que leurs idées ne sont pas entendues, ils réagissent avec encore plus de force, insistant lourdement sur leur point de vue. Quand on leur refuse l'accès aux détails d'un projet, les micro-managers deviennent nerveux, voire méfiants. Sentant que quelque chose ne va pas, ils interviennent encore plus et s'imposent avec détermination dans les discussions et les décisions. À présent, l'impasse n'oppose plus un réducteur et une victime, mais deux réducteurs obstinés (le supérieur initial coupable de micro-gestion et le nouveau réducteur, qui fait ressortir le pire chez son dirigeant).

Comme le montre le graphique ci-dessous, la spirale se poursuit : ils ordonnent, nous négligeons ; ils décrètent, nous abandonnons ; et une fois de plus, ils en déduisent que la seule solution pour obtenir quelque chose, c'est de nous harceler. Les recherches que j'ai menées indiquent que ce cycle prolongé dure en moyenne 22 mois, soit 85 % de la durée pendant laquelle les personnes interrogées ont travaillé avec le réducteur incriminé.

LA SPIRALE MORTIFÈRE

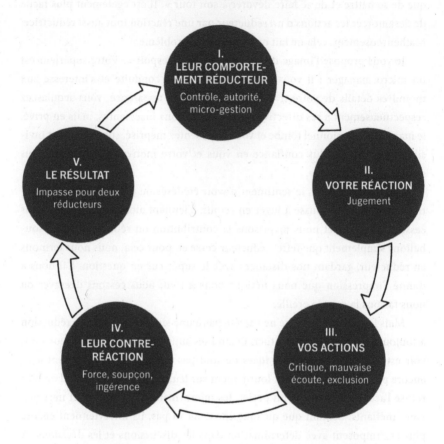

I.
LEUR COMPORTE-
MENT RÉDUCTEUR
Contrôle, autorité,
micro-gestion

II.
VOTRE RÉACTION
Jugement

III.
VOS ACTIONS
Critique, mauvaise
écoute, exclusion

IV.
LEUR CONTRE-
RÉACTION
Force, soupçon,
ingérence

V.
LE RÉSULTAT
Impasse pour deux
réducteurs

Malheureusement, ce scénario est bien trop fréquent. Il est impossible de réduire quelqu'un en espérant qu'il cesse d'être un réducteur. Pour sortir de la spirale de la réduction, il faut passer par la multiplication (en utilisant la logique de la multiplication et en vous comportant vous-même comme un multiplicateur).

Demandons-nous en quoi un changement de réaction de votre part peut enrayer le cycle de réduction. Partons du principe que vous travaillez pour un tyran qui exerce du micro-management. Et si, au lieu de réagir par la critique et l'évitement, vous réagissiez par la curiosité intellectuelle, une caractéristique propre aux leaders multiplicateurs ? La véritable curiosité intellectuelle est un désir profond et intense de savoir et de comprendre. La curiosité est peut-être un vilain défaut, comme le veut l'adage, mais elle vous permettra de désamorcer le conflit. Et si vous adoptiez le point de vue de l'autre et posiez des questions telles que : Pourquoi est-il inquiet ? Qu'attend-il de ma part pour se sentir en confiance et avoir le sentiment de maîtriser son entreprise ? Ou, plus simplement, qu'est-ce qui pousse un être humain par ailleurs très convenable à se comporter de manière réductrice ?

Tout en vous posant ces questions et en considérant ses craintes et sa réalité avec empathie, vous pourriez l'écouter attentivement afin de comprendre la source des tensions. Tout ego mis de côté, vous pourriez même remarquer et apprécier ses qualités ou vous sentir moins en colère. Grâce à cette compréhension, vous travaillerez dans un esprit plus coopératif qui arrondira les angles et tout le service y gagnera, avec des collaborateurs moins sur la défensive.

Si vous réagissez différemment, sachez que votre réducteur lui aussi est capable de changer. Il se sentira plus respecté et sera susceptible, à son tour, de vous accorder plus de respect. C'est le même processus à l'œuvre pour établir (ou rétablir) la confiance.[43] En montrant que vous comprenez ses attentes, vous donnez au manager réducteur la capacité de prendre ses distances et de vous laisser plus d'espace pour respirer et manœuvrer à votre aise. Il peut même se montrer reconnaissant envers votre travail. Comme l'illustre le tableau ci-dessous, le cycle mortifère réducteur se brise et le conflit (ou une attitude froide) est remplacé par la coopération, non pas entre un réducteur et un employé, cette fois, mais entre un réducteur plus souple et un multiplicateur, capable de faire ressortir le meilleur chez les autres, y compris chez un leader casse-pieds.

SORTIR DE LA SPIRALE MORTIFÈRE

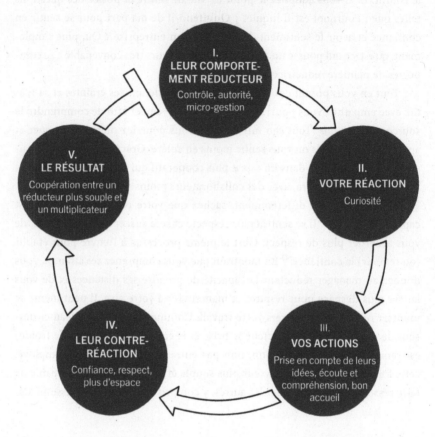

Je vais clarifier un peu mieux, pour ceux d'entre vous qui pensent : « Ça se voit que vous ne connaissez pas mon patron. C'est un réducteur endurci, qui a toujours vécu de cette manière et qui ne va pas changer. » Il n'y a aucune garantie que le fait de changer votre réaction, aussi habile que vous soyez, changera le comportement du réducteur, mais vous réduirez le champ d'action de celui qui cherche la perfection, qui vole à la rescousse, qui donne le rythme et autres pratiques réductrices. Vous vous donnerez plus d'espace pour penser et travailler.

Les briseurs de cycle

Face à un réducteur, vous pouvez espérer (ou même rêver) que cette personne devienne un multiplicateur. Peut-être le deviendra-t-elle. Ou bien, vous pouvez choisir d'être vous-même un multiplicateur. Pour réussir de grandes choses, il faut bien souvent un grand leader, mais le leader n'est pas toujours le patron. Bien sûr, personne n'aime devoir être « l'adulte » avec un partenaire incapable, mais tout le monde a envie de pouvoir travailler au mieux de ses capacités.

Nous proposons ici des stratégies pour briser le cycle de la réduction et limiter les dégâts causés par des leaders discutables et des collègues toxiques. Ces tactiques sont le fruit de mes recherches ainsi que de ma propre expérience professionnelle. Elles découlent d'un ensemble de principes fondamentaux sur la nature humaine dans le cadre du travail.

1. **IL NE S'AGIT PAS FORCÉMENT DE VOUS.** Même si c'est vous qui ressentez la douleur, vos actions n'en sont pas forcément la cause principale. Le comportement du réducteur dépend plus vraisemblablement de la pression qu'il reçoit d'en haut ou des effets résiduels de modèles dysfonctionnels de son passé. En revanche, vos réactions à l'égard du réducteur peuvent très bien aggraver la situation.

2. **LA RÉDUCTION N'EST PAS UNE FATALITÉ.** Face à un patron trop autoritaire, nous avons plus de contrôle que nous ne le pensons. C'est nous qui choisissons le degré de légitimité à accorder aux opinions d'un réducteur et qui décidons d'adopter ou non des attentes réduites envers nous-mêmes. Nous choisissons les ressentis qu'il provoque en nous. Ce sont des choix. De même, nous pouvons choisir de maintenir des attentes élevées envers nous-mêmes, et grâce à notre analyse et notre évaluation objective de notre propre contribution, tenir tête aux réducteurs dans une attitude saine et salutaire. Ce ne sera peut-être pas la fin du comportement réducteur, mais nous en aurons atténué les effets destructeurs.

3. **VOUS POUVEZ SUPERVISER VOTRE SUPERVISEUR.** Très peu de managers vous connaissent aussi bien que vous. Par conséquent, si vous voulez être exploité au mieux de vos capacités, vous devrez les aiguiller. Vous pouvez être votre propre agent, affirmer vos capacités et

vous défendre contre un management peut-être bien intentionné, mais trop écrasant.

Mes toutes premières recherches m'ont permis de conclure que les réducteurs obtenaient de la part des autres un niveau de capacité restreint. Mais ce n'est qu'après d'autres recherches, après avoir entendu des milliers de personnes coincées sous les ordres d'un réducteur, que j'ai pleinement compris la profondeur du gouffre creusé par ces leaders néfastes. Les employés exclus, entravés et brimés ressentent les effets toxiques qui s'infiltrent dans tous les aspects de leur vie. Ils rapportent systématiquement avoir constaté une augmentation du stress, une diminution de la confiance en soi, une baisse d'énergie, de la dépression, des dégâts sur la santé, un mal-être général et plus encore. Les dommages collatéraux ne s'arrêtent pas là. Si les problèmes ne sont pas résolus, la réduction s'étend à tous les domaines de la vie. La majorité des personnes interrogées ont également déclaré qu'elles ramenaient le stress à la maison et devenaient nerveuses et irritables. Elles avaient tendance à se plaindre plus souvent et à se replier sur elles-mêmes.

Parmi les centaines de commentaires recueillis dans le cadre de notre étude, deux m'ont particulièrement frappée. Quelqu'un a écrit : « Je doutais de pouvoir réussir quelque chose de bien, et j'allais jusqu'à remettre en question tout ce que j'avais fait jusqu'à présent. J'avais l'impression de décevoir ma famille, mes amis et mes collègues. J'ai supprimé presque tous mes contacts sur Facebook/Google+, j'ai connu d'importants épisodes dépressifs et j'ai même envisagé de mettre fin à mes jours. » L'autre témoignage déchirant est celui d'une personne qui a déclaré que le stress et le doute étaient devenus si importants qu'elle ne pouvait même plus s'occuper de son chien.

Les stratégies proposées ci-dessous sont destinées à améliorer vos réactions face aux réducteurs, à soulager votre stress, à régler les problèmes immédiats et à interrompre le cercle vicieux. Ce sont des stratégies de survie élémentaires qui vous aideront à travailler avec les réducteurs les plus acharnés et les plus endurcis. Ainsi, vous minimiserez l'ampleur de leur impact. Aucune de ces stratégies ne transformera du jour au lendemain le réducteur en leader multiplicateur (ni ne résoudra les problèmes psychologiques plus profonds). Ce que ces stratégies peuvent faire, en revanche, quand elles sont bien jouées, c'est diminuer considérablement l'effet réducteur qu'une personne exerce sur vous et permettre à vos idées d'être entendues, ce qui vous fait gagner un temps de réflexion précieux et vous permet de jouer plus grand.

Toutes ces stratégies reposent sur les hypothèses suivantes : il ne s'agit pas forcément de vous, la réduction n'est pas une fatalité et vous pouvez superviser votre superviseur. Au niveau 1, vous trouverez des réflexes de défense qui vous permettront de détourner les actions réductrices. Au niveau 2, je vous soumets des stratégies proactives, des tactiques offensives pour vous aider à progresser. Le niveau 3 propose des stratégies de coaching pour vous permettre d'aider le réducteur involontaire à devenir un multiplicateur.

Il peut être intéressant d'essayer les stratégies des niveaux 1 et 2 avant de passer au niveau 3. Vous pouvez considérer les trois niveaux comme un calendrier de « recherche et développement », dans un cas où vous ne souhaiteriez pas précipiter la mise sur le marché d'un nouveau produit sans les vérifications préalables requises. La plupart des gens aimeraient commencer directement au niveau 3, mais peu se sentent la légitimité de coacher les autres avant d'avoir eux-mêmes investi du temps dans le renforcement de leurs propres compétences.

Niveau 1 : Stratégies de défense contre les manœuvres troubles des managers réducteurs

1. BAISSER LE VOLUME. Un jour, quelqu'un a décrit l'une de mes collègues comme « un chien qui aboie pour un rien ». Cela voulait dire qu'elle était trop réactive aux menaces potentielles et ne faisait pas la différence entre les attaques sérieuses et les simples tracas passagers. Mes recherches ont montré que ceux qui s'adaptent le mieux aux réducteurs n'aboient pas à la moindre perturbation. Ils savent ce qu'il convient d'ignorer. Ils n'évitent pas le réducteur et ne font pas comme si le problème n'existait pas, mais ils se contentent d'ignorer une partie des interférences. Ils choisissent de baisser le volume, réduisant ainsi l'intrusion du réducteur dans leur tête et l'épuisement qu'il pourrait engendrer sur leur énergie psychique.

Quand on est sans cesse remis en question et décrédibilisé, on a tendance à se replier sur soi-même et à douter. Il est facile de supposer que le réducteur n'accorde aucune valeur à notre contribution, même si, en réalité, c'est avant tout qu'il accorde plus de valeur à la sienne. Au lieu d'interpréter une situation avec excès, il est possible de prendre du recul et d'adopter une perspective plus large.

Lorsque Jackie[44], cadre RH de talent, a accepté un poste de direction dans une start-up en plein essor, elle s'attendait à relever des défis et à connaître des aventures. Ce qu'elle n'avait pas prévu, c'était que son principal défi serait de travailler pour un PDG imprévisible qui ne cessait de changer d'avis sur les décisions importantes et s'immisçait dans chaque situation pour mieux dominer. Jackie se sentait perpétuellement frustrée par son patron et envisageait de partir. Après plusieurs mois d'angoisse, elle a décidé de ne pas se sentir visée personnellement et de ne pas laisser la situation la définir. Elle a pris du recul, dressé l'inventaire des valeurs de sa vie et s'est rendu compte que « la pire chose qui puisse m'arriver est d'être licenciée, et, quand on y pense, ce n'est même pas le pire qui puisse m'arriver ». Avec une perspective plus distante sur son patron, elle a fait son possible pour créer un environnement positif. Elle ne s'est pas laissé aller à faire profil bas et n'a pas laissé la situation étouffer sa joie de vivre.

Pour ignorer une situation négative, il faut bien souvent faire un choix actif. C'est ainsi que Glenn Pethel, responsable pédagogique de l'État de Géorgie, a appris à gérer ses fréquentes disputes avec des collègues peu coopératifs. Après chacune de ces rencontres houleuses, ses proches collaborateurs lui demandaient pourquoi il n'était pas contrarié. Pethel, qui s'exprime avec le charme avenant des régions du Sud, répondait : « Parce que je ne veux pas. Quelque chose a poussé cette personne à se comporter comme ça, et ce n'était pas forcément moi. Est-ce que ça me plaît ? Non. Mais je ne vais pas me laisser atteindre. »

Avec des adolescents, un parent intelligent sait qu'il vaut mieux ignorer beaucoup de bruit et de réactions négatives. Il faut toujours se rappeler que ce n'est pas contre soi et que cela ne durera pas éternellement. C'est difficile d'ignorer un message persistant, conquérant et assourdissant. Mais il est plus facile de le filtrer en baissant le volume des messages réducteurs et en augmentant celui d'autres voix plus favorables (la vôtre, mais aussi celles des dirigeants et des collègues qui vous soutiennent).

2. RENFORCER SES AUTRES CONNEXIONS. En s'appuyant sur l'idée précédente, on parviendra à réduire les effets du réducteur en augmentant ses connexions avec des personnes et des tâches différentes. En d'autres termes, si l'on ne peut pas entrer dans le cercle de confiance du réducteur, il faut se bâtir d'autres cercles d'influence.

Lorsque Chuck, aujourd'hui directeur d'un grand cabinet comptable, était chef de projet, il travaillait sous la direction indirecte d'un associé tyrannique, qui créait un environnement tendu, faisait des commentaires sans fondement et rendait les collaborateurs complètement dingues. Chuck n'arrivait pas à trouver grâce aux yeux de cet associé et il ne progressait pas, passant le plus clair de son temps à reprendre et retravailler des documents selon les avis imprévisibles de cet homme. Aux abois et malheureux, il a pris sur lui pendant quelques mois tout en songeant à un changement radical de carrière. Après une séance de défoulement thérapeutique avec ses collègues, son supérieur immédiat lui a donné un bon conseil : « Arrête de te plaindre. Réagis ou pars. »

Il a alors pris conscience qu'il n'allait pas changer l'associé tyrannique, mais qu'il pouvait changer son propre point de vue. Il a donc divisé sa journée en plusieurs sections afin de minimiser le temps qu'il passait à répondre à ses innombrables commentaires. Au lieu d'essayer de perfectionner son travail, il s'est arrangé pour qu'il soit acceptable selon les critères de l'entreprise, puis l'a transmis à l'associé en sachant très bien que d'autres récriminations étaient inévitables. Il n'a pas évité l'associé, mais il a pris l'habitude de passer beaucoup moins de temps à se défendre contre ses avis infondés. Ainsi, il pouvait consacrer ce temps à ses clients et à des travaux d'évaluation comparative avec d'autres collègues, deux activités qu'il trouvait gratifiantes. Il a repris confiance en lui et a même trouvé le courage d'envoyer un e-mail à l'associé pour lui faire part de l'inefficacité de ses méthodes. L'homme en question s'est contenté de rapides excuses, mais Chuck s'est senti plus fort en prenant le taureau par les cornes. Il en a tiré une leçon simple et précieuse : Ne donnez pas à votre patron autoritaire l'autorité sur votre journée.

Comme Chuck, les personnes dont la réaction envers les réducteurs est la plus efficace prennent des mesures pour élargir leur base de soutien et renforcer leurs autres relations, tout comme un ligament déchiré exigerait le renforcement des muscles proximaux. Un sergent de la marine américaine donne cette description : « Quand je suis confronté à un mauvais leader, je continue à suivre ses ordres, mais je me raccroche à un autre leader en qui j'ai confiance, quelqu'un qui puisse me donner un autre point de vue, notamment sur moi-même. »

Quand vous vous sentez affaibli par un collègue autoritaire ou rabaissant, investissez ailleurs, là où vous pouvez développer des forces collatérales. Créez un comité consultatif interne ou externe (un groupe de collègues ou de mentors de confiance capables de vous guider dans la gestion d'une relation difficile). Trouvez une oreille critique en qui avoir confiance, par exemple des collègues auprès de qui tester vos idées et vérifier la qualité de votre travail. Attention toutefois que cela ne devienne pas un simple défouloir ou une caisse de résonance pour vos pensées négatives). Constituez-vous une équipe de soutien, des personnes qui connaissent vos capacités réelles et pourront vous donner un deuxième avis utile et une nouvelle perspective saine sur vous-même. Leur point de vue différent vous rappellera que vous êtes intelligent et que vous trouverez la solution. Enfin, développez un réseau professionnel formé de personnes qui pourront vous aider à progresser si votre patron ne défend pas activement vos intérêts.

3. PRENDRE DU RECUL ET SE RECENTRER. Il n'est jamais sage d'aller à l'affrontement avec une personne forte, en particulier son patron. Mes recherches ont montré qu'une attaque frontale, comme essayer de prouver les mérites de ses idées, ne faisait qu'accélérer la spirale mortifère (vous n'avez peut-être pas oublié que la confrontation est l'approche la moins efficace). Même lorsque vous gagnez, ce sont généralement des victoires à la Pyrrhus.

Dans une impasse, essayez de vous recentrer et de redéfinir vos aspirations : au lieu d'essayer de gagner, restez dans le jeu. Une cadre supérieure d'Apple Inc. a partagé sa stratégie pour présenter des idées à Steve Jobs. Elle savait qu'il y avait peu de chances de l'emporter si Steve s'énervait ou avait des opinions trop tranchées. Plutôt que de présenter ses objections, elle a écouté, reconnaissant le point de vue de Steve. Ensuite, elle a demandé du temps pour réfléchir à ses idées et revenir avec un plan. Pendant qu'elle se recentrait, Steve campait moins sur ses positions. Lorsqu'elle est revenue quelques jours plus tard avec un plan qui intégrait le meilleur de leurs deux idées, elle a trouvé un public réceptif et le plan a pu avancer. Même si certaines personnes aiment le débat plus que d'autres, tout le monde apprécie de savoir que quelqu'un réfléchit sérieusement à ses opinions. Quand vous prenez du recul pour vous recentrer, vous donnez aussi au réducteur une porte de sortie, une occasion de repenser à un problème à tête reposée et de sauver la face.

4. ENVOYER LES BONS SIGNAUX. La principale cause de la micro-gestion (la forme la plus répandue de réduction) est la crainte que quelque chose ne soit pas entièrement ou correctement terminé. Comme l'a dit un réducteur : « Je ne deviens un micro-manager que lorsque je pense que ce ne sera pas fait. » Vous pouvez éviter cette forme de réduction en offrant une garantie de livraison. Quand vous livrez la marchandise comme promis, vous gagnez la confiance du réducteur. Comme le dit Stephen M. R. Covey : « La confiance, même perdue, peut toujours être reconstruite. »[45] La confiance se construit par couches, brique après brique. Chaque brique est une victoire, un petit succès qui indique au réducteur que cette personne réussira. Et le cycle positif se poursuit : chaque fois que vous réalisez une mission dans les temps, vous gagnez la possibilité de demander l'espace et le soutien dont vous avez besoin pour faire au mieux votre travail.

Nos récentes recherches ont montré que le risque de réduction extrême est plus élevé quand les deux personnes ont des personnalités ou des façons de travailler différentes. Par exemple, un manager de type jugement selon l'indicateur Myers-Briggs (méthodique et concentré sur les résultats) est plus susceptible de réduire un employé de type perception (souple et doué pour le multitâche) qu'un employé présentant le même style que le sien.

Pour contrer cette dynamique, les employés peuvent envoyer des signaux qui feront taire le réducteur intérieur de leur manager. Heidi, une responsable du marketing au style fortement axé sur le jugement, déclare : « Les membres de mon équipe qui sont des P [Perception] ne m'envoient pas les signaux dont j'ai besoin pour me sentir en confiance. J'ai besoin qu'ils fassent plus que me dire 'tout avance bien'. J'ai besoin qu'ils me donnent des nouvelles sans que je le leur demande et qu'ils me répondent quelque chose comme 'nous avons atteint chaque étape et nous serons prêts dès demain à 8 h'. » À l'inverse, les personnes au style relevant du jugement devront peut-être faire preuve de souplesse et faire savoir à leur patron de type perception qu'elles sont ouvertes à de nouvelles possibilités. Elles devront peut-être dire : « Nous avons un plan, mais nous sommes ouverts aux changements de dernière minute. » Dans les deux cas, vous pouvez gagner de l'espace en déterminant ce qui est important pour le réducteur et en envoyant des signaux indiquant que ces éléments-là sont importants pour vous aussi.

5. AFFIRMER SES CAPACITÉS. Megan Lambert, une consultante d'affaires extrêmement brillante, travaillait comme bénévole dans une communauté de méditation dont elle faisait partie. Megan devait coordonner un événement pour les membres de la communauté, mais elle avait pris du retard en raison de plusieurs projets professionnels urgents. La responsable des bénévoles, qui était également une amie, était constamment sur son dos et s'est mise à la traiter comme si elle était tout à coup devenue incapable, lui envoyant fréquemment des messages pour vérifier ses progrès. Après plusieurs jours de frustration, Megan se sentait devenir tiède et paresseuse dans son rôle. Elle savait qu'elle devait inverser la tendance. Adepte du leadership multiplicateur, Megan a dit à son amie et collègue : « Écoute, jouons à un jeu. Pendant trois jours, je veux que tu croies que je suis incroyable dans ce travail. Fais comme si j'étais totalement compétente. » Son amie a accepté et s'est retirée. Megan a pu faire un pas en avant et recommencer à remplir ses responsabilités de bénévole avec enthousiasme.

Parfois, vous devez dire à votre responsable ou collègue trop zélé que vous n'avez pas besoin d'aide. Si vous avez déjà essayé d'aider un enfant de trois ans à faire quelque chose qu'il est capable de faire seul (comme enfiler un manteau ou porter une assiette), vous savez exactement comment l'enfant va réagir. Avec un mélange de conviction et d'indignation, il vous dira : « Non, je peux le faire tout seul ! » Alors que l'enfant affirme son indépendance, l'adulte se rappelle que l'enfant mûrit et qu'il est chaque jour un peu plus capable que la veille. De même, il est facile pour les dirigeants d'entreprise de bafouer l'autonomie des personnes qu'ils supervisent. Cependant, lorsque nous entrons dans le monde du travail adulte, l'enfant de trois ans qui est en nous est déjà un être social. Au lieu de repousser les patrons qui font de la micro-gestion, nous avons tendance à les laisser intervenir alors que nous pourrions nous débrouiller seuls.

La prochaine fois qu'un patron ou un collègue en perte de vitesse essaiera de faire quelque chose pour vous que vous pouvez faire vous-même, essayez de lui rappeler que vous en êtes capable. Il n'est pas nécessaire de vous fâcher, annoncez et affirmez simplement vos capacités. Par exemple : « J'apprécie votre aide, mais je pense que je peux m'en sortir » ou « Je vais essayer seul et venir vous voir si je suis bloqué. »

Quand on demande un peu de répit, l'humour peut être très utile, surtout avec le réducteur involontaire. Ben Putterman, l'un de mes chers collègues de longue date, avait une façon franche et amusante de me faire savoir quand je basculais dans la micro-gestion. Si je m'impliquais trop ou si j'étais trop directif lors d'une réunion, il attendait que nous ayons quitté la pièce, puis il tirait sur une corde imaginaire autour de son cou, commençait à suffoquer et faisait semblant de dire : « Eh, chef, vous ne pourriez pas desserrer un peu le collier d'étranglement ? » C'était amusant, et surtout, je comprenais l'allusion. Je prenais alors du recul et je le laissais diriger.

Si votre patron n'a pas le sens de l'humour (notez d'ailleurs que l'humour est le trait le plus négativement corrélé aux réducteurs), jouez franc jeu. Une simple déclaration de type si/alors fonctionne, par exemple : « Si vous me donnez les sujets de réunion à l'avance, je viendrai avec des idées » ou « Si vous me laissez diriger la réunion, je m'assurerai que le problème soit entièrement résolu. » Que votre ton soit léger ou grave, il est toujours préférable d'affirmer ses capacités avec humilité et respect, notamment dans les cultures qui valorisent le respect de l'autorité. Enfin, quand vous affirmez vos capacités et que quelqu'un vous accorde l'espace dont vous avez besoin, soyez prêt à fournir en retour le meilleur de votre réflexion et de votre travail.

6. SE RENSEIGNER SUR LES PERFORMANCES. Il vous sera difficile d'être brillant s'il vous manque des informations cruciales. Les gens ont souvent besoin de deux types d'informations pour atteindre les meilleures performances. Le premier est une orientation claire : Quelle est la cible et pourquoi est-elle importante ? À force d'expliquer aux gens comment tirer, les réducteurs en oublient parfois de définir la cible. Lorsqu'un réducteur devient immédiatement prescripteur, vous pouvez lui demander de faire marche arrière et de vous fournir plus de contexte et de directives éclairées.

Lorsque Kevin Grigsby, expert en développement organisationnel dans le domaine de la médecine et des sciences universitaires, a raccroché après avoir discuté avec un médecin chef trop directif, il s'est retrouvé confronté à un dilemme. Le médecin avait été très clair sur ce qu'il attendait de Kevin et avait précisé la technique exacte qu'il voulait qu'il emploie. Mais Kevin savait que s'il se contentait de suivre les ordres, la situation ne s'améliorerait pas. Au lieu de suivre aveuglément ce qu'on lui avait demandé, il a élevé le niveau de la conversation en demandant : « Pouvez-vous m'en dire plus sur ce que vous attendez comme résultat ? Qu'essayez-vous d'accomplir ? » Après avoir écouté et compris le but recherché, il a demandé : « Êtes-vous d'accord pour que je prenne un chemin différent ? » Son chef a hésité un instant, puis il a répondu : « D'accord, tant que vous obtenez le même résultat. » La prochaine fois que quelqu'un vous donnera un cahier des charges précis, demandez à commencer par une définition du problème.

Le deuxième type d'information critique est le retour d'information sur les performances : Est-ce que je touche réellement la cible ? Quand quelqu'un rate une cible, les réducteurs ont tendance à lui répéter comment faire, plutôt que de lui communiquer des informations qui l'aideraient à ajuster sa technique ou sa visée. Face à un déluge de critiques, demandez plutôt des retours constructifs. Le terme « retour » a souvent une connotation de critique ou de jugement, mais d'un point de vue technique, les retours ne sont que des informations qui permettent de recalibrer quelque chose. Par exemple, un thermostat prend régulièrement des mesures pour déterminer si la température de la pièce est plus chaude ou plus froide que l'objectif établi. Cette information est ensuite utilisée pour augmenter ou diminuer la température. Si vous recevez trop de critiques mais pas assez d'informations constructives sur vos performances, demandez-les. Essayez par exemple : « Que devrais-je faire de plus ? De moins ? » Et si vous souhaitez pouvoir ajuster le tir en permanence, demandez des retours à intervalles plus fréquents.

7. CHERCHER UN NOUVEAU PATRON. Si vous vous trouvez dans un environnement réducteur, il est peut-être sage de vous demander si vous êtes au bon endroit. Si l'on vous fait entrer de force dans une petite boîte où vous ne pouvez pas vous épanouir, vous devriez peut-être adopter l'approche du bernard-l'ermite et trouver une maison plus grande où vous pourriez vous mettre à l'aise. Il n'est pas surprenant que la démission soit de loin la défense la plus efficace contre les réducteurs. (Malheureusement, contre certains, c'est même la seule envisageable).

Bien sûr, pour beaucoup de gens, démissionner n'est pas une option. Mais si vous le faites, ne vous contentez pas de remplacer un mauvais manager par un autre. Au lieu de simplement chercher un nouvel emploi, cherchez avant tout votre prochain patron. Vous allez vivre avec cette décision pendant des années, alors, comme vous le feriez pour tout achat important, renseignez-vous d'abord. Posez de bonnes questions et recherchez ensuite les signes d'un leadership multiplicateur. Prêtez attention au ratio parole/écoute. Écoutez-les parler de leur équipe. Mentionnent-ils l'intelligence de leurs collaborateurs ou énumèrent-ils leurs tâches ? Dans quelle mesure les membres de l'équipe sont-ils impliqués ? Comment les décisions sont-elles prises ? Consultez les critiques et voyez ce que disent leurs anciens employés. Il existe un certain nombre de sites web permettant de découvrir les rouages d'une entreprise et sa culture managériale.[46] Vous pouvez également essayer avant d'acheter, et travailler dans un premier temps en tant qu'entrepreneur indépendant ou consultant. Si ce n'est pas possible, demandez à assister à une réunion d'équipe ou à participer à une conférence téléphonique pour mieux comprendre le fonctionnement. Pour plus de conseils, voir l'expérience proposée en travaux pratiques à l'Annexe E « Chercher un nouveau patron ».

Si vous cherchez à éviter les actions réductrices, quelques mises en garde s'imposent. Premièrement, toutes ces suggestions sont des stratégies défensives qui minimisent les effets délétères des réducteurs. Le déploiement de l'une ou l'autre de ces stratégies ne nécessite pas forcément une grande conversation avec votre responsable (à l'exception de la démission). Ce sont de petits ajustements au quotidien qui vous aideront à ne pas perdre pied et à travailler au mieux de vos capacités. Elles sont destinées à mettre en avant vos points forts, et non à exposer les points faibles du réducteur. Ces stratégies ne sont pas susceptibles de changer le leader en question, mais elles peuvent modifier la dynamique dans une certaine mesure.

Deuxièmement, n'oubliez pas que si vous êtes constamment entouré de personnes qui vous réduisent, vous devrez forcément en passer par la question suivante : « Est-ce que ça vient de moi ? » Il se peut que vous preniez les choses trop à cœur, que vous lisiez de la malveillance dans des critiques pourtant bien intentionnées ou même que vous cherchiez des insultes cachées dans les compliments. Il est peut-être temps de considérer vos réducteurs comme des réducteurs involontaires, des leaders animés de bonnes intentions. Ou bien, vous devrez peut-être admettre que vous exercez une forme de réduction inversée : vers le haut. Dans tous les cas, le remède est le même : soyez un multiplicateur dans toutes les directions, vers le bas, l'extérieur et le haut.

Niveau 2 : Une multiplication vers le haut

De nombreux managers s'efforcent d'être des multiplicateurs en direction du bas, vers leurs subordonnés directs et leurs collaborateurs, mais ils sont moins nombreux à être des multiplicateurs orientés vers l'extérieur (leurs pairs) ou vers le haut (leurs supérieurs). Notre analyse de l'évaluation à 360 degrés sur la question des multiplicateurs[47] a montré qu'en moyenne, les managers utilisaient environ 76 % de l'intelligence de leurs subordonnés directs contre seulement 62 % de celle de leurs pairs et 66 % de celle de leurs supérieurs. Pourtant, mes recherches tendent également à montrer que l'on peut exercer une influence multiplicatrice à partir de n'importe quelle direction, même vers le haut, vers un superviseur réducteur.

En effet, les réducteurs veulent être appréciés pour leur intelligence et leurs idées. C'est ce que recherchent éperdument bon nombre d'entre eux. D'un autre côté, les multiplicateurs aiment trouver le génie des autres et l'exploiter. À bien des égards, les réducteurs ont besoin des multiplicateurs. Ce n'est peut-être pas un mariage parfait, mais c'est une stratégie qui vous permettra d'échapper à une expérience désagréable, car en faisant ressortir le meilleur chez votre patron, vous contribuez à créer des conditions de travail optimales. Quand les réducteurs se sentent intelligents, valorisés, entendus, intégrés et sereins, ils accordent plus de confiance en retour. En d'autres termes, en jouant le rôle de multiplicateur pour votre supérieur, c'est votre propre environnement de type multiplicateur que vous forgez, un endroit où vous pourrez vous épanouir au-delà de la simple survie.

Vous trouverez ci-dessous plusieurs approches pour devenir un multiplicateur pour ceux qui vous sont supérieurs dans l'entreprise ou les collègues réducteurs qui vous entourent. Il ne s'agit pas d'une stratégie défensive contre les réducteurs critiques et tyranniques, mais plutôt de tactiques offensives qui vous aideront à faire progresser votre contribution, notamment auprès des réducteurs involontaires, des personnes douées par ailleurs, mais qui ne parviennent pas à incarner le leadership.

1. EXPLOITER LES FORCES DE SON PATRON. Au lieu d'essayer de changer votre patron, tâchez de mieux exploiter ses connaissances et ses compétences au service du travail que vous supervisez. Pas la peine de lui céder la main, veillez simplement à puiser dans ses capacités aux moments déterminants et de la manière la plus utile. Si votre supérieure bénéficie d'un œil critique, vous pourriez l'utiliser pour vous aider à diagnostiquer les problèmes au sein d'un projet. Ou si votre chef a une bonne vision d'ensemble, vous pourriez lui demander de partager sa vision pour vous aider à convaincre un client important.

Ron, cadre supérieur chez Apple Inc. reconnu pour son propre génie créatif, a reçu la mission de créer une nouvelle activité hautement stratégique pour sa société. Il aurait pu laisser Steve Jobs, le PDG très impliqué, lui dicter les détails du projet ou essayer de l'empêcher d'interférer dans le processus. Au lieu de quoi, Ron a fait appel à la perspicacité de Jobs aux moments critiques du développement. Il lui a présenté la conception du produit et lui a demandé ouvertement : « Comment pourrions-nous l'améliorer ? » Jobs, dont on venait de faire appel au génie naturel, a répondu non pas par des critiques, mais par de nombreuses idées pour transformer de bonnes fonctionnalités en fonctionnalités excellentes. Ron a ainsi permis à son équipe de donner le meilleur d'elle-même, puis il a utilisé les forces de son patron pour passer au niveau supérieur. Même si vous ne travaillez pas pour un génie comme Steve Jobs, vous pouvez employer la même technique.

2. LUI DONNER UN MODE D'EMPLOI. Avec beaucoup de chance, vous avez un supérieur clairvoyant conscient de votre génie naturel (ce que vous faites facilement et librement). Mais si vous faites partie de la majorité sous-exploitée, sachez qu'il n'est pas obligatoire de rester inactif en attendant d'être découvert. Vous pouvez faire connaître vos capacités et aider vos collègues à capter le signal. Ou tout simplement dire aux autres ce que vous savez faire et en quoi vous pourriez être utilisé au mieux.

Imaginez qu'il s'agisse en quelque sorte d'un mode d'emploi pour apprendre à vous utiliser. Un bon manuel vous indique ce que le produit est censé faire et comment l'utiliser au mieux. Disons que vous envisagiez d'acheter une scie sauteuse sans fil. Le mode d'emploi indiquera que la scie est capable de couper une grande variété de maté- riaux (bois, plastique et métal), qu'elle peut être utilisée pour découper des montants en bois, des branches d'arbre, du PVC, des tuyaux métalliques et même des clous. Les documents publicitaires pourraient également indiquer qu'elle est très pratique pour la démolition et pour les travaux dans des endroits difficiles d'accès.

De la même manière, vous pouvez remettre aux autres votre mode d'emploi. Dans quel domaine êtes-vous doué ? Que faites-vous naturellement, sans trop d'efforts, et que faites-vous librement sans y être contraint ou incité ? Considérez qu'il s'agit de ce pour quoi vous avez été conçu. Par exemple, votre génie pourrait être de réparer des processus défaillants (vous décelez la source du déraillement et remettez le mécanisme d'aplomb). Une fois que vous avez identifié votre génie, donnez-lui un nom, comme « résolution de problèmes » (ou même un intitulé de super-héros du type « chirurgien des processus »), puis indiquez un certain nombre de moyens d'exploiter votre génie. Par exemple, vous pourriez aider votre service à livrer un projet en retard dans les délais, à récupérer un compte en difficulté ou à diriger un groupe de travail transversal afin de réduire les tra- vaux administratifs. Une fois que vous avez élaboré votre « guide », discutez de ces idées avec votre patron ou la personne capable de vous confier ces rôles.

Si vous souhaitez travailler au maximum de vos capacités, vous devez faire connaître votre valeur. N'oubliez pas que c'est un véritable privilège de pouvoir déve- lopper ses talents naturels au travail, alors ne jouez pas les divas. Ce n'est pas parce que vous connaissez votre génie naturel que vous êtes dispensé des parties de votre travail au quotidien qui vous déplaisent.

3. ÉCOUTER POUR APPRENDRE. Même bloqués sous la férule d'un réducteur, cher- chez toujours à savoir ce que cette personne peut vous apprendre et en quoi elle peut vous aider à réussir. Une erreur fréquente commise par ceux qui interagissent avec des patrons réducteurs est de rejeter trop rapidement leurs critiques. Pendant mes années à la direction d'Oracle, j'ai vu de nombreuses personnes se présenter devant Larry Elli- son, le patron de l'entreprise, aussi brillant qu'impitoyable. Ceux qui ont rencontré le plus de difficultés (et en ont réchappé de peu) étaient ceux qui se lançaient dans des joutes intellectuelles avec lui. Ceux qui se sont épanouis, en revanche, sont ceux qui partageaient avec confiance leurs idées, étayées par des données, avant de s'arrêter pour réellement écouter les réactions de Larry. Ils ne faisaient pas cela pour l'apaiser ni même pour trouver un meilleur angle afin de vendre leurs propres idées. Non, ils l'écoutaient pour apprendre. L'un des cadres de Larry a déclaré : « Trop de gens laissent passer l'occasion de découvrir ce qu'il peut leur apprendre. »

Au lieu d'aller à l'affrontement, cherchez un terrain d'entente. Glenn Pethel, le responsable pédagogique mentionné précédemment, est un expert dans l'art de dépasser les clivages et de construire des ponts. Peut-être la pratique de la guerre apprend-elle une forme de diplomatie. Jeune homme à la fin des années 1960, il a été soldat dans la guerre du Viêt Nam et y a appris ses plus importantes leçons de leadership. Il a découvert que dans l'obscurité de la nuit, quand vous êtes vulnérable et terrifié, vous apprenez à voir les choses différemment. Vous regardez au-delà des apparences et des différences (race, religion, conditions de vie ou statut) et vous apprenez à connaître les autres pour ce qu'ils sont vraiment. Même dans le noir absolu, vous pouvez apprendre à faire confiance et à trouver un objectif commun. Cette expérience intense l'a aidé à voir au-delà des comportements réducteurs pour découvrir des moyens de travailler main dans la main, même avec des personnes très difficiles.

Pethel nous donne ce conseil : « Les réducteurs veulent être entendus. Ils veulent avoir la certitude que les idées qu'ils avancent sont vraiment bonnes. Si vous commencez par reconnaître leur valeur et que leurs idées ont du mérite, alors c'est un bon début. » Mais Pethel ne se contente pas d'écouter. Il s'assure que la personne sache qu'il l'écoute vraiment. Il se place devant elle et lui demande : « Ça vous dérange si je prends des notes ? J'aime pouvoir revenir en arrière et réfléchir à ce que vous avez dit. » Il résume ensuite ce qu'il a entendu et recherche un accord mutuel. Ainsi, l'autre devient plus un partenaire qu'un réducteur.

Au lieu d'exprimer votre désaccord la prochaine fois que votre patron passera en mode réducteur, posez-lui des questions qui l'aideront à peser le pour et le contre à propos de ses idées. Demandez-lui quels sont ses objectifs fondamentaux. Vous pouvez même relever le défi des questions extrêmes et continuer à lui poser des questions sincères jusqu'à ce que vous compreniez vraiment son point de vue. Une fois que vous aurez compris ce qu'il attend, vous pourrez discuter des autres moyens de l'aider à atteindre son objectif.

Quand Shaw, directeur du succès client de son entreprise, a relevé un défi de quatorze jours intitulé « Affronter les réducteurs », il a décidé de se concentrer sur l'écoute pour apprendre de sa supérieure qui pratiquait le micro-management et avec laquelle il était souvent en désaccord. Shaw témoigne : « En l'interrogeant, j'ai découvert que nous étions plus souvent sur la même longueur d'onde que je ne le pensais. Je m'étais fermé et j'avais tiré des conclusions trop hâtives. »

Wahiba, directrice des ventes en Tunisie, a relevé le même défi de quatorze jours avec sa supérieure trop intrusive. Elle a déclaré : « Quand ma patronne s'est aperçue que je l'écoutais attentivement et que je prenais des notes, elle s'est montrée plus compréhensive, moins nerveuse, et nous avons pu avoir une discussion constructive. Comme je l'écoutais sans l'interrompre, ma patronne m'a partagé des informations déterminantes dont mon équipe avait besoin. »

4. ADMETTRE SES ERREURS. N'oubliez pas qu'au cœur de la logique du réducteur se trouve la conviction que les gens ne vont pas comprendre tout seuls. Rien n'alimente autant ce cercle vicieux que l'erreur impénitente. Quand un employé commet une erreur et la dissimule, le manager remet en question à la fois ses capacités et son jugement, partant du principe que cette erreur se répétera. Cela peut alors le pousser à se montrer trop directif ou à intervenir au premier signe d'erreur.

Envisagez de briser ce cercle vicieux en parlant ouvertement de vos erreurs et en partageant ce que vous avez appris, tant sur le plan des succès que des échecs. Ainsi, la conversation passera rapidement des reproches et de la dissimulation à la guérison. En transmettant ce que vous avez appris, vous gagnez l'espace dont vous avez besoin pour mieux faire la fois suivante. Au lieu d'être un micro-manager, votre patron devient un investisseur, vous donnant les responsabilités qui vous reviennent. Non seulement vous avez tout à gagner en créant un espace pour vous-même, mais vous permettez aux autres de partager leurs erreurs, peut-être même à votre patron. Un patron qui reconnaît ses propres fautes ! Cela pourrait même libérer toute votre équipe et créer une culture où l'expérimentation et la prise de risque innovante sont encouragées.

Alors, n'attendez pas que votre responsable organise une séance sur « les ratés de la semaine », où les gens pourront avouer leurs erreurs et en rire. Donnez vous-même le ton en admettant volontiers vos erreurs, en partageant ce que vous en avez tiré et en faisant savoir à votre supérieur que vous êtes tous les jours un peu plus intelligent. Vous renforcerez ainsi la conviction fondamentale du multiplicateur selon laquelle ses collaborateurs sont intelligents, capables d'apprendre de leurs erreurs et d'en sortir grandis.

5. DÉCIDER D'ALLER PLUS LOIN. Les managers peuvent facilement s'embourber dans une routine consistant à donner toujours plus de travail à leurs subordonnés, estimant qu'un surplus de tâches entraîne autant d'occasions supplémentaires de développement. Pourtant, répéter le même geste sans relâche et de plus en plus vite ne développe pas les compétences (à moins que vous cherchiez à jongler avec des couteaux).

On grandit et on apprend en faisant quelque chose de difficile et de nouveau, que l'on n'a encore jamais fait, et même quelque chose que l'on ne sait pas encore faire. Un bon multiplicateur est capable de définir les occasions qui vous pousseront à vous surpasser. Toutefois, ce n'est pas parce que votre patron ne vous a pas demandé de relever un nouveau défi que vous ne pouvez pas vous porter volontaire.

Montrez que vous êtes prêt à relever un défi un peu trop grand pour vous. Faites savoir à votre patron que vous êtes prêt à entreprendre quelque chose hors de votre zone de confort habituelle. Mais attention à ne pas laisser entendre, à tort, que vous réclamez une promotion ou un nouveau poste. La plupart des managers ne disposent pas d'une réserve inépuisable de promotions à distribuer et ils sont prompts à se mettre sur la défensive quand leurs employés viennent à la pêche aux responsabilités plus importantes. En revanche, la plupart des managers ont de nombreux défis à proposer. Au lieu de vous octroyer d'autorité les responsabilités d'un poste plus important, exprimez votre envie de travailler en dehors de vos tâches actuelles. Vous pourriez étendre vos compétences à un nouveau domaine ou vous greffer à une activité qui ne relève pas de votre fiche de poste. Vous pouvez aussi demander à votre manager s'il a quelque chose en réserve pour vous. Commencez petit et faites vos preuves. Au lieu d'attendre indéfiniment une promotion qui ne viendra pas, lancez-vous un nouveau défi et prouvez à votre patron que cela pourrait vous mener plus loin.

6. INVITER SON SUPÉRIEUR À LA FÊTE. Au lieu de tenir le réducteur à l'écart de vos activités, essayez de l'y convier. Quand une personne exerce une influence néfaste sur soi et sur les autres, on a tendance à s'en éloigner, à tenir l'ennemi à distance. Les réducteurs, lorsqu'ils sont bloqués, travaillent généralement de manière encore plus agressive pour s'insérer. En maintenant le réducteur de l'autre côté de la porte, vous risquez d'affaiblir toute l'équipe. Comme nous l'avons vu au chapitre 7, « Le réducteur involontaire », en essayant de protéger les gens contre des forces nocives, on les déconnecte de la réalité et ils ne sont plus capables de se débrouiller seuls.

Au lieu de gâcher votre fête, que diriez-vous d'inviter le réducteur à se joindre à vous ? Il s'agit peut-être de la stratégie multiplicatrice la plus révolutionnaire. Et si vous lui partagiez plus d'informations ou l'invitiez à des réunions pour lui demander de s'exprimer sur des sujets importants ? Certes, il risque d'y voir une occasion de vous persécuter et de vous gâcher la vie (mais s'il est de ce genre-là, c'est sûrement déjà le cas). Et si, au lieu de simplement le tolérer, vous l'invitiez franchement ? Votre transparence lui prouvera que tout va bien et que vous n'avez rien à cacher. Vous pourriez même constater qu'il apprécie cette interaction et se sent à l'aise dans son travail avec vous. Prenons l'exemple de cette manager qui a décidé d'inclure de son plein gré dans un important projet son cadre supérieur aux tendances réductrices qui, dans tous les cas, aurait fourré son nez partout. Elle aurait pu organiser les réunions sans lui, mais elle l'a délibérément inscrit à l'ordre du jour en lui demandant de donner le coup d'envoi de la séance et de définir le contexte avant de lui céder la parole. À la fin du projet, il lui a fait la remarque suivante : « En travaillant avec vous, j'ai l'impression que nous pouvons tout réussir. »

Partager votre espace ne signifie pas laisser libre cours à votre imagination. En initiant l'interaction, vous pouvez garder plus de contrôle sur le comportement de votre supérieur, ce qui atténue la dynamique redoutée du patron élastique. Par exemple, en le conviant à une réunion, vous pouvez lui suggérer le rôle que vous aimeriez qu'il occupe et préciser à quel moment vous aimeriez qu'il intervienne. Ou bien, en lui soumettant un document, indiquez-lui les questions spécifiques que vous aimeriez qu'il aborde. Ainsi, vous concentrez son énergie et orientez sa contribution là où elle est la plus utile ou, tout simplement, la moins délétère.

Si l'attitude multiplicatrice est un excellent moyen de briser un cycle négatif, elle ne se limite pas au travail avec les réducteurs. Elle fonctionne à 360 degrés, avec tous ceux qui vous entourent. C'est ce qui caractérise le contributeur invincible (l'individu qui ne se laisse pas décourager par des supérieurs réducteurs ou des collègues pénibles, et qui donne constamment son maximum, quoi qu'il arrive).

Niveau 3 : Inspirer chez les autres un leadership de type multiplicateur

Une conséquence naturelle de l'adoption d'un leadership de type multiplicateur est le désir d'aider les autres à devenir eux-mêmes des multiplicateurs, surtout avec son patron et si l'on ressent au quotidien ses effets négatifs. Avec les meilleures intentions, on se met en tête d'aider les autres à grandir dans le rôle de leaders. Mais c'est aussi avec les intentions les plus nobles, parfois, que l'on commet le plus de dégâts. Aussi juste que soit la cause, on ne peut pas faire de quelqu'un un multiplicateur par des moyens réducteurs.

On ne peut pas changer les autres, uniquement soi-même. Et le changement ne se produira que si l'autre reconnaît le problème de son plein gré et exprime le désir profond (et la motivation) de changer son mode de fonctionnement. Alors, comment aider les leaders 1) à reconnaître les dommages collatéraux laissés dans leur sillage, et 2) à trouver une meilleure façon de diriger ? Comment aider le réducteur involontaire à devenir un multiplicateur plus volontaire ? Voici quelques stratégies qui vous permettront de sensibiliser et d'inciter les leaders à opérer ce changement.

1. PARTIR D'UNE INTENTION POSITIVE. Peu de réducteurs sont prêts à s'engager dans une conversation sur leurs travers réducteurs. Mais la plupart des managers souhaitent approfondir leurs bonnes intentions. Si vous partez du principe que votre collègue a des intentions positives, cela vous aidera non seulement à interpréter ses actions sous un jour plus flatteur, mais cela vous fournira également un objectif commun. En partageant le même terrain, vous pouvez aider votre collègue à voir qu'il passe à côté de ce qu'il recherche. Par exemple, à ce collègue qui réagit plus vite que son ombre, vous pourriez dire : « Je sais que vous voulez créer une équipe réactive, mais en réagissant trop rapidement, vous privez les autres de l'occasion de le faire. Si vous étiez plus lent à réagir, les autres seraient plus rapides. »

2. ABORDER UN PROBLÈME À LA FOIS. Comme nous l'avons évoqué plus haut, on se sent souvent fatigué et à bout au contact de collègues réducteurs. Mais si l'on commet l'imprudence d'exprimer d'un seul coup toutes ses frustrations, le réducteur se sentira attaqué et se repliera sur ce qu'il sait faire de mieux, rejeter les idées qui ne sont pas les siennes. Introduisez plutôt une petite idée à la fois.

3. CÉLÉBRER LES PROGRÈS. Quand il travaille avec un dauphin, le dresseur n'attend pas que le dauphin saute à plus de six mètres au-dessus de la surface et exécute un saut périlleux (l'objectif final du dressage) pour lui donner un seau rempli de poisson. Tout comportement dans le bon sens est récompensé par du poisson ou un autre signal positif. Dans le même ordre d'idée, pour encourager quelqu'un à diriger autrement, reconnaissez et appréciez chaque tentative dans la bonne direction, même les plus petites, tant qu'elles relèvent d'un bon leadership.

S'il est facile de voir la réduction chez les autres, il est plus important de la voir chez soi. Nous avons tous un réducteur intérieur susceptible de se déclencher en période de stress ou de crise. Comme un gène récessif portant une prédisposition à certaines maladies, le gène peut rester en sommeil jusqu'à ce que les conditions environnementales déclenchent la maladie et que vous commenciez à présenter des symptômes. Votre plus belle occasion d'inspirer chez les autres un leadership de type multiplicateur pourrait être d'apprendre à reconnaître vos propres tendances à la réduction et de transformer ces conditions en moments propices à la multiplication.

Il se peut aussi que vous obteniez les meilleurs résultats en prenant conscience que vous pouvez être un meilleur leader que votre supérieur. Dans de nombreuses entreprises, il existe une idée reçue selon laquelle on n'est pas censé, ni même autorisé à surpasser son patron. Les couches de l'organigramme semblent former un plafond de verre qui limite l'efficacité du leadership. Au vu des résultats extraordinaires que les multiplicateurs obtiennent grâce aux autres, je suis convaincue que l'on peut diriger comme un multiplicateur même dans un environnement réducteur. Donnez-vous la permission d'être meilleur que votre patron. Et faites en sorte que votre entreprise le remarque.

Soyez votre propre lumière

Subir un supérieur réducteur qui ne vous exploite pas à votre juste valeur peut entraîner une période difficile et sombre dans votre carrière. La sinistrose peut même s'étendre à d'autres facettes de votre vie et vous dévorer lentement. Il est facile de succomber à la condamnation du travailleur invisible et de s'effacer entièrement, de participer à la réduction et de réagir en désapprouvant systématiquement, en méprisant votre travail ou en cessant de vous impliquer, ou encore en vous taisant en espérant que votre patron réducteur changera.

Sinon, vous pouvez choisir d'être un briseur de cycle. Vous pouvez interrompre la spirale mortifère du leader réducteur en affirmant vos capacités ou en devenant le leader que vous auriez aimé avoir. Au cours de nos recherches, le principal regret exprimé par les gens est de ne pas avoir agi plus tôt.

Le docteur Martin Luther King Jr. est l'auteur une célèbre citation :

> *L'ultime faiblesse de la violence est que c'est une spirale descendante, engendrant cela même qu'elle cherche à détruire. Au lieu d'affaiblir le mal, elle le multiplie... Rendre la violence pour la violence multiplie la violence, ajoutant une obscurité plus profonde à une nuit sans étoiles. L'obscurité ne peut pas chasser l'obscurité : seule la lumière le peut.*

Avec les réducteurs, nous devons parfois être cette lumière qui chasse l'obscurité. Dans les entreprises modernes, le leadership ne vient pas seulement du sommet, il rayonne à partir du centre et monte à partir du bas. Si vous vous sentez pris au piège au service d'un réducteur, la seule façon de vous en sortir est parfois de vous tourner vers le haut (d'agir en multiplicateur vers le haut). N'oubliez pas que l'unique réducteur que vous pouvez transformer en multiplicateur, c'est vous-même.

Résumé du chapitre huit

Affronter les réducteurs

Vous *pouvez* être un multiplicateur tout en travaillant pour un réducteur.

Briser le cycle de la réduction

1. Il ne s'agit pas forcément de vous
2. La réduction n'est pas une fatalité
3. Vous pouvez superviser votre superviseur

Affronter les stratégies de réduction

Niveau 1 : Stratégies de défense contre les manœuvres troubles des managers réducteurs

Stratégies de survie élémentaires destinées à améliorer vos réactions face aux managers réducteurs, à soulager le stress, à régler les problèmes immédiats et à interrompre la spirale mortifère.

1. Baisser le volume.
2. Renforcer ses autres connexions
3. Prendre du recul et se recentrer
4. Envoyer les bons signaux
5. Affirmer ses capacités
6. Se renseigner sur les performances
7. Chercher un nouveau patron

Niveau 2 : Une multiplication verticale

Stratégies offensives qui vous aident à devenir un multiplicateur pour vos supérieurs dans l'entreprise ou les collègues réducteurs qui vous entourent, notamment les réducteurs involontaires

1. Exploiter les forces de son patron.
2. Lui donner un mode d'emploi

3. Écouter pour apprendre
4. Admettre ses erreurs
5. Décider d'aller plus loin
6. Inviter son supérieur à la fête

Niveau 3 : Inspirer chez les autres un leadership de type multiplicateur
Stratégies visant à sensibiliser et encourager les dirigeants à passer du statut de réducteur involontaire à celui de multiplicateur plus volontaire.

1. Partir d'une intention positive
2. Aborder un problème à la fois
3. Célébrer les progrès

NEUF

Devenir un multiplicateur

Quand je me sépare de ce que je suis, je
deviens ce que je pourrais être.

—LAO TSEU

Bill Campbell, ancien PDG d'Intuit, a commencé sa carrière il y a plus de trente ans en tant que coach de football américain dans une université de l'Ivy League. C'était un entraîneur intelligent, agressif et sans concessions. Après avoir été recruté dans le secteur des technologies de consommation, il a continué sur la même lancée. Lorsqu'il était jeune directeur du marketing chez Kodak, il prenait l'initiative de réécrire le business plan des responsables des ventes en cas d'échec. Alors qu'il travaillait chez Apple Computer sous la direction de John Scully, un homme pointilleux dans les moindres détails, Bill est devenu la quintessence du micro-manager. Il s'est immiscé dans chaque détail de l'entreprise, supervisant chaque décision et chaque action. Il témoigne : « Je rendais tout le monde dingue. J'étais un authentique réducteur. Croyez-moi, je prenais toutes les décisions et je bousculais tout le monde. J'étais vraiment affreux. »

Confessions d'un réducteur

Bill se remémore l'un de ses pires moments. C'était à l'occasion d'une importante réunion du personnel. Un membre de son équipe de direction a posé une question simple. Agacé par ce cadre ignorant, Bill s'en est pris à lui en répondant sèchement (avec un langage fleuri qui ne peut être reproduit ici) : « C'est la question la plus stupide que j'aie jamais entendue. » Le silence est retombé dans la salle et Bill a poursuivi la réunion sans être interrompu par d'autres questions gênantes. Au cours des semaines suivantes, il a remarqué que la plupart de ses collègues avaient cessé de lui poser des questions. Il avait détruit la curiosité du groupe.

PDG de Claris, il a continué à faire preuve d'un leadership sans concessions. Une collègue proche est venue le voir un jour pour lui confier : « Vous savez, Bill, nous sommes tous venus ici parce que nous avons aimé travailler pour vous dans votre dernière entreprise. Mais là, vous êtes revenu à vos anciennes habitudes. Vous malmenez tout le monde et vous prenez toutes les décisions. »

Bill savait qu'elle avait raison. Et ce n'est pas la seule fois où son équipe a frôlé la mutinerie. Deux mois après le lancement d'une autre entreprise, un membre de son équipe l'a approché en lui disant : « Je viens vous parler au nom du groupe. Si vous ne nous laissez pas la liberté de faire notre travail, nous allons regretter d'être venus. Nous ne voulons pas partir, mais nous tenons à pouvoir travailler dans de bonnes conditions. » Pour reprendre une analogie sportive, Bill savait qu'il changeait de stratégie au quatrième down alors qu'il restait un yard à parcourir. Il causait du tort à son entreprise et mettait en danger son équipe de joueurs à l'intelligence pourtant exceptionnelle. Et il n'avait aucune envie de les perdre.

Devenir un multiplicateur

Les conseils de ces deux collègues courageux ont été l'électrochoc dont Bill avait besoin. Il a pris conscience qu'il devait absolument changer de cap, et c'est ce qu'il a fait. Il a commencé par écouter plus attentivement et parler moins, prêtant une oreille toute particulière à ce que ses collègues avaient à dire. À mesure qu'il reconnaissait l'effet réducteur qu'il exerçait sur son équipe de direction, il s'est mis à repérer d'autres réducteurs dans son entreprise et à les conseiller. Il se souvient d'un leader en particulier qui éprouvait le besoin permanent de prouver qu'il était le plus intelligent. Bill l'a convoqué et lui a expliqué : « Je me fiche que vous soyez brillant. Si vous continuez comme ça, vous allez nuire à l'entreprise. Vous êtes formidable, mais ici, vous ne pouvez pas travailler comme ça. »

Avec le temps, Bill est devenu un meilleur leader, opérant une transition régulière suscitée tout naturellement par son désir de conserver son équipe et de réaliser le plein potentiel des talents incroyables qu'il avait attirés. Quand

Bill est devenu PDG d'Intuit et a fait franchir à la société la barre du milliard de dollars de chiffre d'affaires en 2000, il avait pleinement révélé le multiplicateur en lui.

Un multiplicateur de multiplicateurs

Même après avoir pris sa retraite du poste de PDG, Bill a continué à siéger au conseil d'administration d'Intuit, consacrant du temps à l'accompagnement de nouvelles start-ups. Il a joué le rôle de mentor (un leader chevronné qui a commis des erreurs et en a tiré des leçons profitables). Il a travaillé en étroite collaboration avec les sociétés de capital-risque partenaires pour s'assurer que leurs rôles respectifs soient clairs : ces dernières investissaient et Bill développait les talents. Ainsi, il aidait le PDG et les principaux cadres de la nouvelle entreprise à cultiver les compétences nécessaires pour lui permettre d'atteindre son plein potentiel.

Comment Bill s'y prenait-il pour former les PDG ? Dans la mesure du possible, il en faisait des multiplicateurs. Il enseignait ce qu'il avait lui-même appris : « Si ça peut être appris, alors ça peut être enseigné. » Il a ainsi aidé des PDG brillants (et souvent jeunes) à tirer parti de l'intelligence collective de leurs équipes. Les PDG qu'il a coachés ont ensuite progressé jusqu'à bâtir certaines des entreprises les plus florissantes du domaine des technologies : Amazon, Netscape, PayPal, Google et bien d'autres.

En 2010, Bill a aidé un PDG à réformer ses réunions du personnel de direction. Les séances insipides qui se résumaient à des comptes-rendus froids et inintéressants sont alors devenues le cadre de débats pointus sur des questions professionnelles déterminantes. Jusqu'alors, les réunions suivaient un format prévisible : chaque membre présentait son rapport, informant ses collègues des progrès réalisés et des problèmes afférents à sa fonction. Bill a assisté à bon nombre de ces réunions et constaté la sous-exploitation de l'incroyable potentiel présent dans la salle. Il conseille : « On ne tire absolument rien de ces réunions du personnel. Il faut intéresser ses employés à des questions plus déterminantes. » Bill a demandé au PDG de préparer cinq sujets essentiels pour l'entreprise. Après quoi, ce dernier a envoyé la liste par e-mail à son équipe en demandant à chacun de réfléchir à chaque question et de venir avec des données et des opinions à partager.

Le PDG a ouvert la réunion suivante en demandant à ses cadres exécutifs de retirer les casquettes correspondant à leurs fiches de poste pour mettre celle, plus générale, de l'entreprise. Puis il a abordé la première question : Faut-il rester dans le secteur des services ou confier cette activité à nos partenaires ? Un cadre a alors cité les raisons pour lesquelles, d'après lui, il convenait de rester dans ce secteur. Un autre a soutenu le contraire. Chaque membre de l'équipe a fait part de son point de vue. Le PDG les a écoutés attentivement, puis il a pris la décision avant de décrire les implications et les actions qu'elle allait entraîner. Quelqu'un s'est aussitôt manifesté pour dire : « C'est bon. Je m'en occupe à partir de maintenant. » Le PDG pouvait alors passer au sujet suivant et un nouveau débat s'engageait.

Bill a réfléchi à son travail d'accompagnement et de consulting auprès de certains des PDG les plus en vue de la Silicon Valley : « Je peux les aider à voir les choses différemment, à sortir de leur zone de confort. Je leur pose les questions difficiles. »

Bill a commencé sa carrière en tant que réducteur, dictant à ses collaborateurs ce qu'ils devaient faire et distribuant d'autorité tous les rôles. Mais ensuite, il a fait l'effort de se transformer en multiplicateur, posant des questions difficiles qui faisaient réfléchir les autres. Et son parcours de leader ne s'est pas arrêté là. Bill Campbell n'était pas seulement un multiplicateur, il est devenu un multiplicateur de multiplicateurs, formant d'autres puissants leaders capables d'extraire et de multiplier l'intelligence et les capacités autour d'eux. Bill est décédé en avril 2016 après un long combat contre le cancer, mais il a laissé derrière lui un héritage puissant. En coulisses, il a été le mentor de dizaines de cadres parmi les plus éminents de la Silicon Valley. Scott Cook, co-fondateur d'Intuit, a déclaré que l'entreprise ne serait pas ce qu'elle est aujourd'hui sans Campbell. « Je crois que personne n'a produit d'impact aussi profond et important sur les leaders et la culture de la Silicon Valley, a déclaré Cook. Il nous a tous rendus meilleurs. »

Le parcours de Bill, de réducteur à multiplicateur de multiplicateurs, similaire à celui d'autres leaders que nous avons étudiés au cours de cette enquête, soulève un certain nombre de questions. Peut-on devenir multiplicateur avec des racines de réducteur ? La transition peut-elle s'opérer de manière authentique ? Cette évolution doit-elle être passive, par l'accumulation progressive de sagesse et de maturité, ou peut-on l'accélérer par un effort actif ?

Dans ce chapitre, nous répondrons à ces questions en réfléchissant à la transition vers le rôle de multiplicateur. Nous vous donnerons des exemples de leaders qui ont réussi cette transition et nous vous fournirons un cadre et des outils pour vous aider à devenir un multiplicateur et à développer autour de vous une culture positive.

Impact, prise de conscience et détermination

Quand ces idées et cet ouvrage ont été portés à la connaissance de nombreuses personnes aux contextes divers, j'ai observé une réaction quasiment similaire en trois étapes :

1. L'IMPACT. Un peu partout, les gens nous disent que la distinction entre réducteurs et multiplicateurs trouve un fort écho en eux. Nous entendons souvent : « Oui, j'ai travaillé pour ce type de manager. » Tout le monde a pu voir des réducteurs (et/ou des multiplicateurs) en action, ce qui décrit parfaitement les réalités du monde des affaires.

2. LA PRISE DE CONSCIENCE DU RÉDUCTEUR INVOLONTAIRE. Pratiquement tous les lecteurs ont reconnu avoir constaté un certain degré de réduction dans leurs propres comportements. Chez certains, c'est très faible. Chez d'autres, c'est un modèle récurrent. Tous se rendent compte que leurs pratiques managériales pourtant bien intentionnées ont un effet potentiellement réducteur sur les personnes avec lesquelles ils travaillent.

3. LA DÉTERMINATION DE DEVENIR UN MULTIPLICATEUR. Après avoir identifié leurs propres tendances à la réduction, ils développent l'authentique désir de devenir multiplicateur. Leur conviction grandit, mais ils sont souvent dépassés par les exigences du rôle de multiplicateur et l'ampleur de la tâche à accomplir pour y parvenir.

La prise de conscience et la détermination sont un bon début, mais ce n'est pas suffisant pour se maintenir sur la voie du leadership multiplicateur. Pour effectuer des changements concrets, il faut créer un lien entre sa vision personnelle et l'impact que l'on cherche à avoir sur les autres : un chemin pavé d'actions (de petits pas dans la bonne direction) et de victoires successives qui renforcent ses engagements.

Et le défi ne s'arrête pas là. Même si nous pouvons personnellement aspirer à devenir des multiplicateurs, peu d'entre nous sont les seuls dirigeants à bord de leurs entreprises. Nous sommes nombreux à travailler avec d'autres leaders, qui renforceront ou au contraire entraveront nos nouvelles habitudes et nos efforts pour créer un environnement de travail favorable. Comment entraîner les autres avec soi et aider le leader inconscient à ouvrir les yeux sur les inconvénients que présentent ses habitudes réductrices ?

Nous aborderons les deux défis suivants : 1) Comment passer de la prise de conscience à un effet concret ? et 2) Comment inspirer la prise de conscience et l'action collectives pour créer une culture multiplicatrice au complet ?

Devenir un multiplicateur

À partir d'exemples comme celui de Bill Campbell et d'innombrables autres, j'ai constaté que les pratiques multiplicatrices pouvaient être apprises et développées. Certaines personnes vont s'orienter dans cette direction par elles-mêmes, avec le temps et en tâtonnant, mais avec la bonne méthode, il est possible d'accélérer l'apprentissage. Les cinq accélérateurs suivants sont des pratiques éprouvées qui vous permettront de passer à la vitesse supérieure (d'arriver plus tôt, mais aussi de rester plus longtemps).

Accélérateur n° 1 : Commencer par le postulat de départ

Pour faire un strike au bowling, il faut toucher la quille du milieu. En la frappant directement, vous ferez tomber la plupart des autres quilles situées derrière elle, et en la frappant pile au bon endroit, légèrement à gauche ou à droite, vous êtes pratiquement certain que toutes les autres tomberont en un seul coup. Pour le multiplicateur, les postulats de départ constituent cette quille du milieu. Comme le comportement découle des idées, il est possible d'éliminer toute une série de comportements en adoptant une mentalité multiplicatrice.

Considérez le scénario suivant et la manière dont vous pourriez l'aborder, tour à tour avec des postulats de type réducteur et de type multiplicateur :

> Un autre cadre vous a demandé de nommer un représentant de votre département au sein d'un groupe de travail transversal chargé d'évaluer la position concurrentielle de l'entreprise et de recommander des changements en matière de marketing. Vous décidez d'envoyer Jyanthi dans ce groupe de travail et prévoyez de démarrer la mission par un entretien individuel.

AVEC LE POSTULAT DU RÉDUCTEUR : *LES AUTRES SONT INCAPABLES DE SE DÉBROUILLER SANS MOI.* Avec ce postulat de départ, vous aborderez sûrement cette réunion en faisant de Jyanthi votre représentante, vos yeux et vos oreilles dans le projet. Elle assistera aux réunions, recueillera des informations, puis vous fera un rapport afin que vous puissiez vous exprimer sur les questions.

Quel est le résultat de cette approche ? Jyanthi passe beaucoup de temps à assister aux réunions, mais elle contribue très peu au travail de groupe. Afin de ne pas outrepasser son rôle, elle ne saisit pas les occasions de s'exprimer et évite les questions controversées sur lesquelles elle pourrait être appelée à influencer la décision finale. En fin de compte, vous apprenez par les bruits de couloir que le chef du groupe de travail a fait des commentaires négatifs sur le manque d'implication de votre département.

AVEC LE POSTULAT DU MULTIPLICATEUR : *LES AUTRES SONT INTELLIGENTS ET CAPABLES DE SE DÉBROUILLER SEULS.* Vous faites savoir à Jyanthi que vous l'avez choisie pour sa compréhension du marché et sa capacité à assimiler les grandes quantités de données que le groupe de travail est en train de rassembler. Vous reconnaissez que vous lui confiez une tâche importante, car elle représentera l'ensemble du département et sera entièrement responsable de la mise en œuvre des résultats du groupe de travail. Vous pouvez lui recommander de venir aux réunions armée de données concrètes afin qu'elle puisse peser dans le débat et réfléchir activement aux questions soulevées. Vous lui rappelez que ce groupe de travail est son projet, mais que vous êtes disponible pour lui donner des conseils si elle souhaite que vous réfléchissiez ensemble à certains problèmes.

Quel est le résultat de cette approche ? Jyanthi s'engage pleinement au sein du groupe de travail, elle acquiert une nouvelle compréhension du paysage concurrentiel et plaide pour des programmes de marketing qui auront des conséquences directes sur votre département. Elle impressionne le chef de projet, qui se dit alors : « Ce groupe a du talent. »

Nos postulats de départ façonnent nos points de vue et nos pratiques et, en bout de course, ont un effet puissant sur les résultats (ce sont souvent de véritables prophéties auto-réalisatrices). Pour vous exercer à appliquer de manière naturelle et instinctive les compétences et les comportements du multiplicateur, essayez les postulats ci-dessous et demandez-vous en quoi ils pourraient guider vos actions.

POSTULATS DE DÉPART

Discipline	Postulat du réducteur	Postulat du multiplicateur
L'aimant à talents	Les gens doivent faire appel à moi s'ils veulent pouvoir avancer.	Si je parviens à identifier le génie de quelqu'un, je pourrai le mettre au travail.
Le libérateur	La pression augmente les performances.	Les meilleures réflexions viennent dans la spontanéité, pas sous la contrainte.
Le lanceur de défis	Je dois absolument détenir toutes les réponses.	Les gens sont plus intelligents quand on les met au défi.
Le créateur de débats	Seules quelques personnes valent la peine d'être écoutées.	Avec tous les cerveaux sur le pont, on peut trouver une solution.
L'investisseur	Les autres ne se débrouilleront jamais sans moi.	Les autres sont intelligents et ils se débrouilleront.

Accélérateur n° 2 : Travailler sur les extrêmes

En 2002, Jack Zenger et Joe Folkman ont publié des résultats de recherche fascinants dans leur livre *The Extraordinary Leader*[48]. Ils y étudient les données d'évaluations à 360 degrés de 8000 leaders en cherchant ce qui différencie les leaders extraordinaires des leaders moyens. Ils ont ainsi découvert que les leaders perçus comme n'ayant aucune force distinctive étaient classés au trente-quatrième centile d'efficacité de l'ensemble des sujets de l'étude. En revanche, dès qu'un leader était perçu comme doté d'une seule force distinctive, son efficacité grimpait jusqu'au soixante-quatrième centile. Le fait d'avoir un unique point fort prédominant doublait presque l'efficacité du leader, à condition qu'il n'ait pas de point faible marquant. Quant aux leaders dotés de deux, trois et quatre points forts, ils passaient respectivement aux soixante-douzième, quatre-vingt-unième et quatre-vingt-neuvième centiles. L'étude de Zenger-Folkman démontre que les leaders n'ont pas besoin d'être doués dans tous les domaines. Ils doivent simplement maîtriser un petit nombre de compétences et ne pas présenter de faiblesses flagrantes.

Les aspirants multiplicateurs peuvent en déduire qu'il n'est pas nécessaire d'exceller dans chacune des disciplines du multiplicateur et de maîtriser chaque pratique. En étudiant les multiplicateurs, nous avons remarqué qu'ils n'étaient pas systématiquement doués dans les cinq disciplines. La majorité des multiplicateurs sont forts dans trois disciplines seulement, alors qu'un grand nombre présentent quatre points forts, ou même les cinq. Seules trois disciplines suffisent pour obtenir le statut de multiplicateur. Nous avons également remarqué que ces multiplicateurs se situaient rarement dans la catégorie des réducteurs pour l'une des cinq disciplines. Un leader n'a donc pas besoin d'être exceptionnel dans les cinq disciplines pour être considéré comme un multiplicateur. Il lui suffit de deux ou trois points forts, tant qu'il n'est pas mauvais dans les autres domaines.

Au lieu d'essayer de développer ses forces dans les cinq disciplines, un multiplicateur en devenir a tout intérêt à prévoir de développer les extrêmes. Commencez par évaluer vos pratiques actuelles, puis travaillez sur les deux extrémités du spectre : 1) supprimez une faiblesse ; 2) complétez une force.

SUPPRIMER UNE FAIBLESSE. Une idée fausse très répandue dans le coaching des cadres, c'est que par le coaching et le développement, on peut (et on doit) transformer ses faiblesses en forces. Les clients m'ont souvent dit : « Je suis très mauvais dans ce domaine et je dois devenir excellent. » Je leur fais alors comprendre que, sans être impossible, ce projet de transformer sa pire faiblesse en force principale est difficilement envisageable. Pour tout dire, vous n'avez pas besoin d'être exceptionnel en tous points. Il vous faut surtout éviter d'être très mauvais. Vous devez supprimer cette faiblesse et la faire passer dans la zone intermédiaire, à savoir acceptable. Avec des objectifs plus réalistes, vous libérez vos capacités pour effectuer le travail de développement le plus important : transformer vos forces relatives en forces absolues.

COMPLÉTER UNE FORCE. Comme l'ont constaté Zenger et Folkman (et bien d'autres), les leaders qui comptabilisent un petit nombre de points forts sont mieux perçus que ceux qui disposent de tout un éventail de capacités. Parmi les cinq disciplines, identifiez votre domaine de prédilection, puis dressez tout un répertoire de pratiques qui vous permettra d'exceller dans ce domaine. Devenez un lanceur de défis hors catégorie ou un aimant à talents sans pareil. Investissez votre énergie à bon escient et passez de bon à excellent en renforçant l'une de vos forces existantes. Le tableau suivant illustre ces deux stratégies de développement :

TRAVAILLER SUR LES EXTRÊMES, STRATÉGIE DE DÉVELOPPEMENT

LE MULTIPLICATEUR	l'aimant à talents	le libérateur	le lanceur de défis	le créateur de débats	l'investisseur
Point fort hors du commun	**2** ⬆				
Compétence		◯	**1** ⬆	◯	◯
Point faible					
LE RÉDUCTEUR	le bâtisseur d'empire	le tyran	le je-sais-tout	le décideur	le micro-manager

Sur la base de nos recherches, nous avons mis au point un outil d'évaluation à 360 degrés que vous pouvez consulter à l'adresse suivante : www.multipliersbooks.com. Avec cette évaluation, vous commencerez par identifier vos forces en matière de relations, sur le spectre réducteur-multiplicateur. En analysant le résultat, cherchez quels sont vos extrêmes. Dans quelle discipline êtes-vous le plus fort ? Identifiez-vous certaines disciplines qui empiètent sur le territoire dangereux des réducteurs ?

Accélérateur n° 3 : Tenter une expérience

Pour un apprentissage efficace et durable, mieux vaut privilégier de petites expériences successives avec de nouvelles approches : tester un nouveau comportement, analyser les retours, ajuster et répéter. Les expériences de l'Annexe E ont été conçues comme des amorces pour les disciplines les plus importantes des multiplicateurs. Choisissez une expérience de la discipline à laquelle vous aspirez ou dans laquelle vous souhaitez améliorer une tendance à la réduction involontaire. Le plus important est d'en choisir une (de préférence une seule) et de tenter une nouvelle approche.

Lorsque ces petites expériences donnent des résultats positifs, l'énergie qui en résulte alimente l'expérience suivante, un peu plus importante. Au fil du temps, elles forment de nouveaux modèles comportementaux qui établissent une nouvelle ligne de conduite. Essayez de prolonger votre expérience sur une période de trente jours. Pourquoi trente jours ? Une étude publiée dans l'*European Journal of Social Psychology* montre qu'il faut environ soixante jours d'efforts assidus pour acquérir une nouvelle habitude[49]. Un défi de trente jours vous permet donc d'atteindre la « mi-temps » et vous donne l'occasion de réfléchir à l'élaboration d'une stratégie pour la deuxième partie de la création de votre nouvelle habitude. Comme tout bon chercheur, n'hésitez pas à consigner vos expériences dans un journal de bord afin d'apprendre ce qui fonctionne et ce qui ne fonctionne pas.

Voici quatre témoignages de dirigeants (avec, dans certains cas, toutes leurs équipes) qui ont entrepris ces expériences dans un défi sur trente jours.

NOMMER LE TALENT. Jack Bossidy[50] était chef d'équipe dans une manufacture. Il s'était rendu compte que certains collègues avaient tendance à dominer les réunions tandis que d'autres s'effaçaient. Curieusement, la personne qui prenait la parole le plus souvent lors des réunions était également celle qui se sentait le plus sous-exploitée et sous-estimée.

Jack a alors décidé de relever un défi de trente jours, en commençant par une observation attentive du génie chez ses collaborateurs. Il a pris note du génie intrinsèque à chaque membre de son équipe. Lors de la réunion suivante, il a parlé de chaque personne, de la raison pour laquelle elle était nécessaire dans l'équipe et des capacités uniques qu'elle lui apportait. Il ne s'est pas contenté de nommer le génie de chacun en tête-à-tête, mais il l'a fait devant l'ensemble du groupe. L'équipe a ensuite passé en revue le travail à accomplir au cours du prochain trimestre et déterminé les tâches à prévoir. Même si cela ne leur avait pas été explicitement demandé, l'équipe s'est naturellement assurée que chacun reçoive une mission en accord avec l'une ou plusieurs de ses capacités uniques.

Que pensez-vous qu'il soit advenu du collègue sous-estimé, mais trop présent ? Il a moins parlé, davantage écouté, et il a commencé à mobiliser les capacités de chacun. Sous la direction d'un multiplicateur en devenir, il est passé de la domination à la multiplication. Il a dit à Jack : « J'ai le sentiment que nous travaillons vraiment en équipe maintenant. »

LIBÉRER LOKESH. Christine a été confrontée à un défi courant en management : comment obtenir le meilleur de Lokesh, un collègue intelligent mais timide ? Lokesh était toujours très respectueux envers les idées des autres. Au lieu de donner sa propre opinion, il se contentait de suivre les recommandations des autres, donnant l'impression qu'il n'avait pas d'idées propres. Christine avait naturellement tendance à prendre toute la place lors de ses réunions avec Lokesh. Sans le vouloir, elle finissait par développer ses points de vue à l'excès, mobilisant 80 % du temps de parole. Plus elle essayait de lui tendre la main, plus la situation empirait. Plus elle conseillait Lokesh, moins il semblait contribuer.

Dans le cadre d'un défi de trente jours, Christine s'est efforcée de devenir une libératrice pour Lokesh en lui laissant plus de place. Elle a commencé par se demander : « Quelle forme prend l'intelligence de Lokesh ? » Cette question l'a poussée à sortir de son postulat de départ de type réducteur, la plaçant dans le rôle d'enquêtrice. À mesure qu'elle prenait conscience de ses aptitudes (ses années d'expérience et sa capacité à décomposer des activités complexes en projets concrets et réalisables), il est devenu plus facile de lui poser des questions et de lui donner l'espace nécessaire pour y répondre.

Christine a constaté un changement immédiat. Lokesh s'est mis à donner son avis. Désormais, il parlait à 50 % ou plus dans leurs interactions et il se portait volontaire pour la majorité des tâches à entreprendre. Il avait endossé le rôle de créateur. En quelques jours, l'un des clients avait remarqué la différence au point d'en faire part à Christine. Elle résume ainsi la leçon qu'elle en a tirée : « Le silence crée l'espace nécessaire, et l'espace engendre des résultats. Les résultats sont précieux. Et j'en ai déjà constaté les bénéfices ! »

DÉBATTRE DES CONDITIONS DE L'ACCORD. Gary Lovell est chef de projet chez HP Enterprise Services au Cap, en Afrique du Sud. Lorsqu'un client a acheté une nouvelle succursale qui devait être intégrée à son système de gestion des dépenses, Gary et son équipe ont été chargés de trouver la meilleure solution produit pour le client. Plus précisément, ils devaient recommander une stratégie d'intégration, en tenant compte des contraintes de temps et de ressources. Comme les enjeux de cette décision étaient élevés pour le client, Gary a décidé d'opter pour le débat.

Il devait faire participer deux parties de l'entreprise qui étaient habituellement en désaccord et les amener à trouver une solution cohérente et convaincante. Naturellement, il s'attendait à une certaine appréhension de la part du client et de son équipe technique. Malgré son intuition quant à la solution à présenter, Gary a lancé un débat avec l'équipe technique. Tout au long de la discussion, il a demandé à chacun d'incarner un rôle différent du sien pour peser le pour et le contre de l'éventail de décisions possibles. Ainsi, presque tous les participants ont été amenés au moins une fois à défendre une position différente de leur opinion initiale.

En fin de compte, tous se sont mis d'accord sur une solution. Lorsqu'ils l'ont présentée, le directeur informatique du client a posé de nombreuses questions, non seulement à Gary mais aussi à toute l'équipe technique de HP. Comme ils avaient déjà répondu à ce type de questions dans leurs exercices consistant à changer d'angle de vue pendant le débat, tout le monde était prêt. Devant ce front uni, l'appréhension du client s'est changée en confiance et il a décidé d'aller de l'avant avec une solution innovante et originale qui représentait une occasion en or pour l'entreprise.

INVESTIR DANS LES ÉNERGIES RENOUVELABLES. Gregory Pal est un homme réfléchi et studieux, diplômé du MIT et titulaire d'un MBA de Harvard, qui exerce en tant que manager dans une start-up spécialisée dans les énergies alternatives. Gregory est connu pour sa capacité à résoudre des problèmes complexes. Après avoir lu et donné son avis sur les premières versions de ce livre, il a admis qu'il se sentait tiraillé entre son désir de diriger comme un multiplicateur et les pressions croissantes qu'il subissait au travail. Il a trouvé une solution à son dilemme en relevant le défi des trente jours, avec un objectif clair et précis.

Gregory avait récemment embauché Michael, un employé talentueux fort d'une grande expérience à l'ambassade du Brésil, mais il sentait qu'il ne l'exploitait pas à son plein potentiel. Michael était l'unique membre de l'équipe à travailler à distance, vérifiant l'adage « loin des yeux, loin du cœur ». Ainsi, il estimait être seulement employé à 20 ou 25 % de ses capacités.

Gregory a commencé le défi en opérant quelques investissements simples. Il a confié à Michael l'entière responsabilité de rédiger la stratégie de leur partenariat brésilien en vue d'une réunion importante du conseil d'administration. Ensuite, il a intégré virtuellement Michael aux réunions afin que ses idées puissent être entendues. Il l'a souvent contacté, sans toutefois prendre le contrôle de son travail. En l'espace de quelques semaines, Michael a déclaré qu'il avait désormais l'impression d'être utilisé à 75 ou 80 %, soit trois fois plus qu'à l'origine !

Mais le véritable avantage, selon Gregory, est venu d'un léger changement de perspective. Dès qu'il a commencé à regarder les gens qui l'entouraient par le prisme du multiplicateur, dit-il, les opportunités ont commencé à se présenter d'elles-mêmes. Au lieu de se sentir frustré de devoir intervenir et recommencer le travail des autres, il a trouvé des moyens de les aider à faire progresser leur réflexion. Il pouvait prendre les choses en main sans les diriger. S'il faisait désormais les choses différemment, c'était parce qu'il avait tout simplement porté un regard différent sur son rôle.

Accélérateur n° 4 : Se préparer aux déconvenues

Pour passer de l'inspiration à l'impact, il faut s'attaquer aux postulats de départ *et* créer de nouvelles habitudes de type multiplicateur. Ce processus n'est ni automatique ni immédiat, mais avec suffisamment de technique et quelques outils pratiques, vous pouvez transformer vos anciens postulats en nouvelles habitudes.

Comme les disciplines du multiplicateur sont faciles à appréhender, on pourrait commettre l'erreur de croire que la mise en œuvre de leurs idées est tout aussi facile. Il est rare que la connaissance seule suffise à vous transformer en multiplicateur. Bien souvent, pour remplacer des habitudes réductrices par des comportements multiplicateurs, il faut passer par un long travail de persévérance et d'abnégation. Il est donc essentiel d'anticiper les échecs éventuels (et de créer des outils pour y remédier).

Après tout, le changement d'un comportement réducteur n'est pas aussi radical qu'une opération du genou, où une articulation usée est remplacée par une nouvelle. La volonté de transformer les postulats négatifs ne suffit pas à remplacer spontanément les anciennes habitudes. Les graines des nouveaux postulats multiplicateurs doivent être plantées et cultivées, en même temps que les anciens seront progressivement déracinés.

La bonne nouvelle, c'est que la partie de notre cerveau qui emmagasine les nouveaux postulats conscients et mûrement réfléchis est la même que celle qui forge inconsciemment nos nouvelles habitudes.[51] Or (et c'est là que le bât blesse) tant qu'une nouvelle habitude n'est pas formée (par la création de nouvelles voies neuronales au moyen d'un comportement cohérent), le subconscient pensera que vous devez continuer à fonctionner selon vos anciennes habitudes réductrices, même si elles entrent en contradiction avec vos nouveaux postulats multiplicateurs. Le danger, durant cette période intermédiaire difficile, c'est que ces jugements de type « il faut » risquent de vous démotiver et même de vous conduire à baisser les bras avant d'avoir pu développer et mettre en pratique vos nouveaux postulats.

L'astuce suivante pourrait vous aider à traverser cette période. Tout d'abord, ne vous interdisez pas les faux pas pendant que vous cultiverez de nouveaux comportements multiplicateurs tout en réformant vos anciennes habitudes. Sachez que ce sera difficile. Vous ferez certainement deux pas en avant pour un pas en arrière, à mesure que vous développerez de nouvelles mentalités et compétences. La stratégie suivante peut vous aider à faire preuve d'indulgence envers vous-même en attendant que ces habitudes soient complètement ancrées en vous.

1. En tant que multiplicateur, je pars du principe que [les gens sont intelligents et peuvent trouver des solutions]. Par conséquent, je dois prendre la nouvelle habitude de [leur laisser de l'espace].

2. Comme je suis en cours de transition pour devenir un multiplicateur, mes anciennes habitudes vont se mélanger à mes nouveaux postulats.

3. Tant que ces habitudes ne seront pas complètement déracinées, je continuerai à commettre des erreurs de réducteur en [intervenant auprès des autres], alors que j'essaie d'apprendre à me comporter comme un multiplicateur en [leur laissant plus d'espace].

Ensuite, partagez votre stratégie avec des collègues susceptibles de vous encourager. Si vous effectuez un virage à 180 degrés, il peut être utile de vous en ouvrir auprès de quelques membres de votre équipe. Vous réduirez ainsi le facteur de panique que vos changements pourraient créer. Après tout, cette volte-face entre des comportements réducteurs et des comportements multiplicateurs peut paraître suspecte si elle n'est pas précédée d'une entrée en matière. Cela vous aidera par ailleurs à mieux vous impliquer dans votre projet de réforme tout en vous assurant le soutien dont vous avez besoin.

Accélérateur n° 5 : Demander à un collègue

Pour véritablement accélérer votre développement en tant que leader multiplicateur, laissez un collègue (un employé, un équivalent ou un supérieur) choisir l'expérience à votre place. Choisissez quelqu'un qui soit capable de percevoir vos tendances de réducteur involontaire, mais qui reconnaisse aussi vos bonnes intentions. Donnez-lui la fiche d'exercices de l'Annexe E (pages 285-310) et expliquez-lui que vous souhaitez choisir une nouvelle pratique pour vous aider à devenir un meilleur leader. Posez ensuite la question suivante : Si je veux faire ressortir le meilleur chez les personnes que je dirige, laquelle de ces neuf expériences m'aiderait le plus ? Mais attention, cette étape n'est pas pour vous si vous manquez d'enthousiasme ou dirigez en dilettante. C'est de la dynamite pour le multiplicateur en devenir (ainsi, vous atteindrez votre but encore plus rapidement).

Nous avons été très inspirés, mon équipe et moi-même, en voyant des dirigeants chevronnés et des managers de première ligne dans le monde entier se prêter à nos expériences à leur rythme et se sentir à l'aise dans leurs nouvelles habitudes. Pour beaucoup, les réactions de leurs employés suffisaient à les pousser à continuer. D'autres ont été convaincus du bien-fondé de leur initiative en prenant conscience que leur nouvelle approche était tout autant libératrice pour eux-mêmes que pour leurs employés. Prenons l'exemple de Dave Havlek, responsable des relations avec les investisseurs. Après avoir confié l'entière responsabilité d'un projet à son équipe (voir l'expérience « Rendre la main », page 163), il a déclaré : « Soudain, le fardeau de devoir prendre chaque décision et répondre à chaque demande m'était enlevé. Ce lâcher-prise m'a fait un bien fou, et encore plus lorsque l'équipe a obtenu de beaux résultats. Je commence tout juste à me dire que je ne suis pas obligé de travailler jusqu'à minuit chaque soir. » Comme Dave a réussi à transférer la responsabilité des réflexions à son équipe, celle-ci a pu avancer plus vite et prendre des décisions plus éclairées, tandis que Dave redéfinissait son rôle de leader.

Si l'onde de choc d'un seul leader qui change de comportement peut être ressentie dans toute une entreprise, aucun leader ne dirige de manière isolée. Chacun fait partie d'un système et il faut la mobilisation des leaders à tous les niveaux pour créer un environnement où l'intelligence collective est exploitée dans sa juste mesure.

Bâtir une culture multiplicatrice

Mike Felix est un leader de renom à la réputation solide, qui n'a pas son pareil pour redresser des entreprises et des équipes en difficulté. En 2012, après avoir réalisé avec succès un redressement en Alaska en tant que président d'Alascom (une filiale d'AT&T), Mike a été envoyé par sa société dans le Midwest pour diriger près de 8500 personnes au sein du département Midwest Internet and Entertainment Field Services. Cette mutation s'inscrivait dans le cadre de la transformation en profondeur du géant mondial des télécommunications, qui aspirait alors à devenir la première société de communication intégrée au monde. Pour cela, l'entreprise tenait à s'assurer le concours d'un personnel alerte, capable de prendre des risques mesurés et intelligents et de créer une culture où chaque voix serait entendue et où chaque opinion compterait.

À ce nouveau poste, Mike serait chargé de superviser une équipe exécutive de sept directeurs, 68 managers régionaux et près de 500 responsables divers. Pour pimenter les choses, le département du Midwest ne décollait pas de la dernière place parmi les cinq départements de la société (selon presque tous les critères d'analyse). En d'autres termes, c'était une branche qui semblait souffrir d'un excès de gestion doublé d'un manque de direction.

Le réveil

Mike a passé la majeure partie de sa première année à visiter les différents services du Midwest, observant les comportements, écoutant les conversations et posant des questions afin de se faire une idée de ce qui freinait les équipes. Sur le terrain, il a fait une découverte déterminante : de nombreux cadres avaient été promus parce qu'ils étaient de bons techniciens, mais on ne leur avait jamais appris à diriger et à encadrer. Il a donc créé un programme de mentorat afin que les responsables des différents secteurs puissent acquérir de nouvelles compétences en matière de leadership et obtenir de leurs équipes des performances optimales et régulières.

Un an après le début de son affectation, Mike a assisté à un colloque mondial sur le leadership, à l'occasion duquel il a entendu parler des multiplicateurs et, plus important encore, de la notion selon laquelle même les excellents leaders pouvaient devenir des réducteurs malgré eux. Cette idée a fait écho en lui, en tant que leader naturel, lui donnant le vocabulaire dont il avait besoin pour décrire ses propres pratiques de leadership et mieux comprendre les postulats réducteurs qui avaient entravé les progrès de son département. Cette idée a touché une corde sensible, mais aussi un nerf sensible. Il a déclaré : « Ces notions m'ont vraiment mis au défi et m'ont aidé à voir les domaines dans lesquels j'étais un réducteur involontaire. » Après avoir lu *Les Multiplicateurs*, Mike a trouvé des moyens d'atténuer ces tendances négatives. Au lieu de submerger son personnel par sa vision et son énergie débordante, il se contenterait de lancer des idées, puis il prendrait du recul et poserait de simples questions. À l'aide des différentes pratiques des multiplicateurs, il a pu proposer des défis plus stimulants et déléguer efficacement les responsabilités, donnant à son rôle de mentor et de coach un tout autre niveau.

Aucun leader, quelles que soient ses compétences et sa lucidité, n'est capable de transformer une entreprise à lui tout seul. Pour redresser un département de 8500 personnes, Mike savait qu'il devait étoffer ses propres capacités de leadership, mais plus important encore, développer une importante culture multiplicatrice. Les plus de 500 managers de son département allaient devoir devenir de meilleurs leaders et, ensemble, créer un système de valeurs communes à toute l'entreprise.

Le coup d'envoi

Mike a commencé par présenter le vocabulaire des multiplicateurs. En spécialiste du leadership et des questions professionnelles, il était conscient que pour changer une culture, il devait changer la façon d'en parler. Pour ce faire, les gens allaient avoir besoin de nouveaux mots, notamment sur les comportements qui mèneraient aux résultats escomptés. Mike a demandé à tous ses managers de lire *Les Multiplicateurs* et de répondre au questionnaire « Le réducteur involontaire » (que vous pouvez trouver sur www.multipliersquiz.com). Bientôt, tous ses managers employaient le même vocabulaire, notamment le lexique des réducteurs involontaires. Ils parlaient de « celui qui ne s'arrête jamais » et de « celui qui donne le rythme » et commençaient à déceler les tentatives pourtant bien intentionnées de « celui qui vole à la rescousse » et des autres. Mike a déclaré : « Cela nous a donné un langage commun et la permission de dénoncer les actions réductrices. »

Mais dénoncer les comportements inefficaces n'était qu'un début, ils allaient devoir définir les nouveaux comportements de leadership nécessaires pour créer une culture de confiance et de haute performance. Mike a passé plus de temps sur le terrain afin de comprendre ce que les gens attendaient de leurs managers pour donner le meilleur d'eux-mêmes et atteindre leurs objectifs professionnels. Il n'a pas construit un modèle de compétences élaboré. Il est resté simple, se contentant de noter les types de comportements et la progression qu'il attendait sur une petite feuille de papier de seulement quelques centimètres carrés. Au cours de plusieurs tournées dans le Midwest et avec des dizaines de milliers de kilomètres parcourus en voiture et en avion, Mike a rencontré les 68 responsables de secteur et plus de 400 managers de première ligne pour discuter de ces comportements multiplicateurs et leur apprendre comment diriger et encadrer le reste de l'équipe. Les directeurs et les responsables de secteur ont suivi l'exemple de Mike dans sa nouvelle approche du leadership. Un responsable de l'Ohio a déclaré : « J'essaie d'enseigner et non de dicter. Je pose une question, je cherche à savoir ce que les autres savent, puis je les aide à trouver une solution. J'essaie de les autoriser à être la personne la plus intelligente de la salle. » Si les directeurs et les responsables de secteur étaient les enseignants, ils n'étaient pas des surveillants pour autant. Au lieu d'essayer d'identifier et de rectifier toutes les erreurs de comportement, ils encourageaient et poussaient leurs équipes à s'auto-évaluer et à s'adapter constamment.

Mais Mike n'a pas seulement attendu de ses subordonnés qu'ils apprennent de nouveaux comportements, il a lui-même continué à opérer des ajustements personnels en matière de leadership. Par exemple, à la fin de chaque réunion publique, Mike demandait à ses subordonnés directs leur avis sur son intonation et les messages involontaires qu'il avait pu envoyer. Mike rapporte : « Les gens voient souvent en quoi ils sont des multiplicateurs, mais plus rarement en quoi ils agissent comme des réducteurs. Pour cela, il faut des retours de l'équipe et j'ai la chance d'avoir tout un groupe de personnes capables de me donner cette information. » Quand nous avons interrogé un groupe de managers sur les tendances de Mike à se comporter comme un réducteur involontaire, ils ont éclaté de rire. L'un d'eux a répondu : « Il les a toutes ! Mais ce n'est pas vraiment réducteur, parce qu'il en est le premier conscient. Il nous dit : 'J'ai peut-être adopté une mauvaise approche.' Peu importe que ce soit en petit comité ou à l'occasion d'une conférence téléphonique avec 4000 personnes, il admet sans problème qu'il s'est trompé. » Un responsable de la région de Chicago ajoute : « Comme ça, nous n'avons pas peur de commettre des erreurs ni de prendre des décisions par nous-mêmes. En cas d'échec, nous faisons en sorte de passer rapidement à autre chose. »

Après avoir trouvé un consensus clair et précis sur les comportements autorisés, Mike et son équipe étaient prêts à prendre des décisions plus directes concernant les individus. Les décisions déterminantes en matière de leadership ont été prises sur la base d'un principe clair que Mike avait établi : « Les résultats passés ne prédisent pas les résultats futurs. Ce sont les comportements passés qui prédisent les comportements futurs, qui eux détermineront ensuite les résultats futurs. » Ainsi, les leaders qui présentaient la bonne mentalité et le bon comportement ont été promus, tandis que ceux qui se sont avérés incapables de faire la transition ont été écartés. Mike et son équipe de direction se sont efforcés de toucher tout le monde dans l'entreprise, mettant en lumière les bonnes pratiques de leadership. Par exemple, un manager avait eu l'idée de créer un jeu télévisé visant à souligner l'importance de la sécurité. À son image, d'autres héros comme lui sont devenus des modèles, donnant à l'organisation dans son ensemble l'occasion de raconter de nouvelles histoires et de fonder de nouvelles convictions sur les notions de réussite et de succès. Des actions novatrices ont vu le jour dans toute l'entreprise.

Mike et son équipe ont bien compris la nécessité de développer la confiance. Les gens avaient besoin de savoir qu'on leur faisait confiance, et en retour, ils comprenaient que leur direction protégeait avant tout leurs intérêts. Mike aurait pu prêcher la confiance et organiser des séminaires sur le sujet depuis son bureau, se contentant d'envoyer des employés jouer les inspecteurs sur le terrain et lui signaler les moindres écarts de conduite. Au lieu de quoi, Mike et son équipe de direction ont entrepris d'instaurer la confiance, en l'étendant aux employés et en s'intéressant à leur travail. Il ne s'agissait pas de les interroger en leur posant des questions pièges. Leur intérêt était sincère : « Je tiens à savoir ce que vous pensez et pourquoi. » Ces questions transmettaient la confiance. Non pas une confiance aveugle, la certitude qu'ils allaient tout faire sans commettre la moindre erreur en cours de route, mais plutôt l'assurance qu'ils allaient apprendre à faire les choses correctement. Comme les responsables posaient constamment des questions, les techniciens et le reste du personnel ont bientôt compris le message : on attendait d'eux qu'ils réfléchissent par eux-mêmes et on les autorisait à surmonter leurs erreurs.

Une culture commune

Au début, les nouvelles convictions sont fragiles. Elles doivent être renforcées et validées pour être bien inculquées et profondément enracinées. Mike et son équipe ont créé et mis en avant des programmes visant à fêter les progrès de l'équipe et à les partager. Par exemple, les responsables dont le secteur n'avait pas connu d'accident pendant tout un trimestre étaient récompensés par un manteau du Cercle de Sécurité, rappelant à toute l'équipe que la sécurité comptait tout autant que les objectifs financiers et opérationnels. Le programme de mentorat mis en place par Mike est devenu une pratique mensuelle.

Sans surprise, dans les cours que Mike assure encore aujourd'hui, *Les Multiplicateurs* figure tout en haut de la bibliographie conseillée. Il y parle de ses propres tendances à la réduction involontaire et encourage les autres à s'ouvrir également. Auparavant, un manager ne parlait de ses faiblesses qu'à huis clos, mais aujourd'hui, le sujet est ouvert, procurant aux employés une véritable bouffée d'air frais. Il y a trois ans, dans cette entreprise, l'idée que le manager puisse être un révélateur de génie était encore nouvelle. Désormais, c'est acquis pour tout le monde et cela fait partie de la culture du quotidien pour les équipes.

Fin 2015, trois ans seulement après l'arrivée de Mike Felix à la tête de l'entreprise, le département Midwest IEFS d'AT&T était en passe de remporter son troisième JD Power Award consécutif en matière de satisfaction clientèle pour son service de télévision U-verse, et de décrocher la meilleure performance financière des cinq départements. Chaque mois, il alterne entre la première et la deuxième places en ce qui concerne les mesures opérationnelles. De l'éternel dernier, le département est passé au premier presque indétrônable. Les employés qui bénéficient du mentorat de Mike l'ont nommé au concours du multiplicateur de l'année 2015 dont il est devenu, sous leurs encouragements, l'un des finalistes.

Mike ne s'est pas contenté de changer personnellement, il a bouleversé toute une culture. Même si tout a commencé par une idée singulière et soudaine, il a obtenu un impact durable en créant une culture (un langage commun, tout un système de postulats partagés, de normes et de solutions pour gagner collectivement et grandir sans cesse en intelligence et en compétence).

Pour bâtir vous aussi une entreprise hors du commun, ne vous contentez pas de votre propre révélation personnelle : construisez une culture multiplicatrice qui générera des moments de type multiplicateur chaque jour, entre tous les membres de l'entreprise.

Cultiver la croissance

Alors, comment bâtir une culture multiplicatrice, un environnement où les mentalités et les pratiques des multiplicateurs sont partagées et deviennent la nouvelle norme ? Avant de développer de nouvelles normes culturelles, il faut comprendre ce qu'est la culture et comment se forme une culture forte. Commençons par les définitions classiques. Du point de vue anthropologique, la culture est « l'ensemble de croyances, les coutumes, les arts, etc. d'une société, d'un groupe, d'un lieu ou d'une époque donnés ». Dans un cadre professionnel, la culture est « une façon de penser, de se comporter ou de travailler partagée au sein d'un même lieu ou d'une entreprise »[52]. Les cultures fortes présentent généralement les caractéristiques suivantes :

➤ *Un langage commun* : des mots et des phrases revêtant une signification commune au sein d'une communauté, fondée sur des opinions, des principes et des valeurs[53]

➤ *Un comportement acquis* : un ensemble de réactions acquises à des stimuli donnés[54]

➤ *Des convictions partagées* : l'acceptation d'une vérité commune[55]

➤ *Des héros et des légendes* : des personnes admirées ou idéalisées pour leurs qualités, leur comportement et/ou leurs accomplissements et les histoires partagées sur leurs actions héroïques[56]

➤ *Des rituels et des normes* : un comportement cohérent suivi avec régularité par un individu ou un groupe[57]

Penchons-nous sur un exemple de culture puissante, où ces éléments correspondent et, ensemble, façonnent un nouveau comportement et produisent des résultats positifs. Les Alcooliques Anonymes sont une association d'entraide regroupant plus de 2 millions de personnes dans 170 pays, dont l'objectif principal est d'aider les alcooliques à « rester sobres et à aider les autres à le devenir ». Bien que les AA n'aient pas de direction à proprement parler, qu'il s'agisse d'une fraternité dispersée dans le monde entier et qu'il y ait peu de connexions entre ses différentes branches, l'organisme entretient une culture forte. Où que vous assistiez à une réunion des AA, votre expérience sera similaire. Comment est-ce possible ?

Chez les AA, les membres utilisent un langage commun en se référant au Grand Livre, aux Douze Étapes et aux Douze Traditions. Ils partagent des convictions communes, comme leur aveu d'impuissance face à l'alcool et le besoin d'une « puissance supérieure ». Chez les AA, les personnes combattent l'alcoolisme par le biais d'un certain nombre de comportements acquis : l'un d'entre eux consiste à endosser une certaine responsabilité en assistant aux réunions et en parlant régulièrement avec un parrain. Chez les AA, tout le monde devient un héros en partageant son histoire avec les autres (en racontant leur histoire, ils s'aident eux-mêmes, mais également les autres, à rester sobres). L'association crée ainsi ses légendes. Parmi les rituels des Alcooliques Anonymes, citons la participation régulière aux réunions, la récitation commune de prières spécifiques et la présentation bien connue : « Bonjour, je m'appelle [Oliver] et je suis alcoolique. »

Quelle que soit notre opinion sur les AA, nous pouvons reconnaître sans conteste que la culture de cet organisme est puissante. Elle est puissante parce qu'elle réoriente et façonne les comportements ; ses forces surpassent l'intention des individus et rejettent les comportements inacceptables ou contraires aux normes. Aux AA, tout le monde peut se présenter et intégrer le groupe, mais la culture exige que si quelqu'un empêche le groupe d'atteindre son objectif principal, il ne sera plus le bienvenu. Citons Platon : « L'écrasante majorité des individus se révéleront incapables de résister à la voix de la culture qui les entoure : typiquement leurs valeurs, leurs convictions et même leurs perceptions tendront à refléter celles de la culture environnante. »[58]

Plonger en profondeur

La plupart des entreprises et leurs leaders reconnaissent la nécessité de se débarrasser des vieilles habitudes improductives et d'introduire de nouveaux comportements plus adaptés aux besoins futurs. Pour tenter d'instaurer de nouvelles normes, ces entreprises bien intentionnées exposent leurs cadres aux idées neuves, souvent au moyen de beaux discours, sans se soucier de l'intégration de ces nouvelles pratiques dans le fonctionnement quotidien de l'organisme. Elles espèrent ainsi inspirer leurs équipes, en supposant que la révélation de la nouveauté générera l'élan nécessaire pour contrecarrer l'attraction gravitationnelle des pratiques actuelles et du statu quo. Mais la durée de vie d'une inspiration qui ne serait pas suivie d'actes concrets est bien courte.

Si présenter des idées et susciter des discussions et des débats peut être un bon début, cela ne va pas assez loin. C'est un peu comme lorsqu'un patient commence à prendre un traitement antibiotique prescrit et ne le suit pas jusqu'au bout, courant le risque que les bactéries survivent, mutent et gagnent en résistance. De même, les tentatives incomplètes pour introduire une nouvelle culture au sein d'une entreprise restent non seulement sans résultats, mais risquent aussi de provoquer un ressentiment susceptible de créer une résistance aux initiatives futures.

Une entreprise de logiciels en plein essor s'est intéressée à la notion de multiplicateurs comme élément essentiel de sa croissance, de son innovation et de sa stratégie pour garder ses talents. Les responsables ont été priés de lire le livre et d'intégrer ses concepts à leur management et à leurs programmes de formation. Bientôt, dans les bureaux et les salles de conférence, tout le monde parlait de multiplicateurs, de réducteurs et de réducteurs involontaires. Certains réducteurs ont été identifiés et les graines de multiplicateurs se sont senties inspirées. Mais lorsque l'entreprise a rencontré des difficultés dans sa courbe de croissance, de nombreux managers sont revenus à leur style par défaut, non parce qu'il était meilleur, mais simplement parce qu'il était plus simple. Après avoir retrouvé une croissance régulière, l'entreprise a réalisé qu'elle avait perdu de vue ses aspirations. Aujourd'hui, les équipes se regroupent et s'engagent de nouveau à construire et à entretenir une véritable culture multiplicatrice. Cette fois, elles ne se contentent pas d'amorcer la discussion, elles développent une véritable capacité, en interne, à enseigner les idées et les intégrer dans leurs pratiques de gestion des talents et des performances.

Pour bâtir une culture, il ne suffit pas d'une injection unique ni d'un rapide coup de jet d'eau. Il faut une connexion aux couches plus profondes de la culture. En commençant par les éléments de surface (le vocabulaire et un comportement communs), on touche des éléments plus profonds (les rituels et les normes), comme l'illustre le graphique ci-dessous.

COUCHES DE LA CULTURE

Un langage commun

Un comportement acquis

Des convictions partagées

Des héros et des légendes

Des rituels et des normes

Se contenter de pratiques superficielles reviendrait à tremper son orteil dans une piscine, sentir la température de l'eau, mais en effleurer seulement la surface. Quand votre entreprise s'engage dans des pratiques plus profondes, les idées de surface deviennent des convictions profondément ancrées et les nouveaux comportements des pratiques courantes. Et quand les nouvelles idées deviennent de nouvelles normes, vous pouvez considérer que vous avez créé une culture durable.

Créer une culture profonde

Comment créer de nouvelles normes ? Cette section propose un ensemble de pratiques qui vous aideront à bâtir les éléments essentiels de la culture (voir le tableau ci-dessous), depuis les éléments de surface comme la création d'un langage commun jusqu'aux pratiques plus ancrées comme l'intégration des comportements multiplicateurs dans les pratiques d'évaluation et de recrutement des cadres.

Chaque pratique est illustrée par un exemple de mise en œuvre de la stratégie. Dans la plupart des cas, ces entreprises ont toutes déployé plusieurs de ces pratiques, mais seul un échantillon de l'ensemble de leurs activités est présenté ci-dessous.

10 PRATIQUES POUR CRÉER UNE CULTURE MULTIPLICATRICE

Élément culturel	Pratique multiplicatrice
Langage commun	1. Organiser un groupe de lecture
	2. Parler des réducteurs involontaires
Comportements acquis	3. Présenter les mentalités du multiplicateur
	4. Enseigner les compétences du multiplicateur
	5. Intégrer les multiplicateurs aux décisions du quotidien
Convictions partagées	6. Établir une éthique du leadership
Héros et légendes	7. Mettre en lumière les moments de type multiplicateur
	8. Évaluer les managers
Rituels et normes	9. Piloter une pratique multiplicatrice
	10. Intégrer les pratiques aux mesures professionnelles

Un langage commun

Lorsqu'un groupe partage un vocabulaire commun, il peut plus aisément nommer les comportements souhaitables ou indésirables qui, à défaut de langage adéquat, seraient insaisissables ou invisibles. De nombreux modèles de leadership listent un certain nombre de comportements souhaitables sans parvenir à susciter la discussion sur les comportements indésirables. Un vocabulaire disponible et compris par tous donne aux gens la possibilité de parler de la notion de réduction (une notion qui n'est souvent évoquée qu'à mots couverts et à voix basse). Pour renforcer une culture commune, créez un espace sécurisé où les gens pourront parler de leadership (non seulement en termes théoriques ou sous forme de modèles, mais également d'expériences et d'interactions quotidiennes bien réelles). Utilisez l'une des deux pratiques ci-dessous pour aider les gens à nommer et exprimer ce qui fonctionne et ce qui ne fonctionne pas, pour eux comme pour leurs collègues.

PRATIQUE 1 : *ORGANISER UN GROUPE DE LECTURE.* Ryan Sanders, directeur de l'exploitation de Bamboo HR, une société de logiciels-service en pleine expansion, a présenté *Les Multiplicateurs* à son entreprise. Il était tout particulièrement conscient de deux principes qu'il avait appris en gérant des croissances à trois chiffres. Primo, des personnes peu performantes pouvaient facilement se cacher dans des entreprises à forte croissance. Secundo, un mauvais management et un leadership défectueux pouvaient accentuer le problème. Il a donc entamé ses efforts d'amélioration en demandant à son équipe de direction de lire ce livre et de discuter de la nécessité d'un leadership de type multiplicateur dans leur entreprise en plein essor, à l'occasion de plusieurs réunions hebdomadaires.

PRATIQUE 2 : *PARLER DES RÉDUCTEURS INVOLONTAIRES.* En plus de discuter des idées du livre, les cadres supérieurs de Bamboo HR ont chacun répondu au questionnaire « Réducteurs involontaires » avant de comparer leurs auto-évaluations. Les conversations étaient sincères, à cœur ouvert, les membres de l'équipe comparant leurs comportements réducteurs et s'encourageant mutuellement dans leurs pratiques multiplicatrices. Les larmes étaient au rendez-vous. Alors que de nombreuses entreprises se contentent d'amorcer le dialogue, cette équipe exécutive l'a poursuivi, créant un espace confortable où évoquer en toute liberté ses comportements réducteurs et travailler avec les autres pour les remplacer par des pratiques multiplicatrices. Cette vision collective a engendré une véritable transformation culturelle qui leur a permis de mieux retenir leurs meilleurs talents au sein de l'entreprise. Plus important encore, la conversation se poursuit encore à tous les niveaux de la hiérarchie.

Un comportement acquis

En voyant son patron ou un autre leader faire de la micro-gestion dans des situations aux enjeux élevés, on apprend un comportement « approprié », en quelque sorte, et l'on est susceptible d'adopter ce comportement par défaut lorsqu'une situation similaire se présente. Le comportement devient naturel, inconscient. Pour acquérir un ensemble de nouveaux comportements, les gens doivent passer du statut de réducteur inconscient à celui de multiplicateur conscient, comme le résume le tableau suivant.[59]

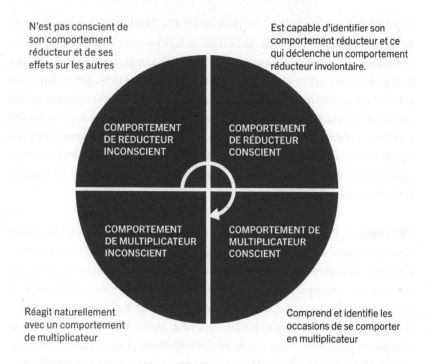

DE RÉDUCTEUR INCONSCIENT À MULTIPLICATEUR CONSCIENT

N'est pas conscient de son comportement réducteur et de ses effets sur les autres

Est capable d'identifier son comportement réducteur et ce qui déclenche un comportement réducteur involontaire.

COMPORTEMENT DE RÉDUCTEUR INCONSCIENT

COMPORTEMENT DE RÉDUCTEUR CONSCIENT

COMPORTEMENT DE MULTIPLICATEUR INCONSCIENT

COMPORTEMENT DE MULTIPLICATEUR CONSCIENT

Réagit naturellement avec un comportement de multiplicateur

Comprend et identifie les occasions de se comporter en multiplicateur

Au début, les gens doivent comprendre les inconvénients d'un comportement réducteur ancré. Après quoi, ils doivent apprendre à repérer les déclencheurs, les situations qui attirent et activent les réactions négatives. Une fois qu'ils ont été initiés à de nouveaux comportements multiplicateurs, ils doivent faire l'expérience de ces comportements et remporter des succès. Mais pour que ce comportement demeure permanent, la réaction au stimulus doit devenir habituelle ou spontanée. Les pratiques suivantes peuvent aider les managers à désapprendre leurs comportements réducteurs et à repérer les occasions de les remplacer par des pratiques multiplicatrices.

PRATIQUE 3 : *PRÉSENTER LES MENTALITÉS DU MULTIPLICATEUR.* Mike Felix, le leader décrit plus haut, n'était pas une anomalie. Ses actions s'inscrivaient dans un mouvement plus large de toute son entreprise, AT&T. Comme le savent les employés d'une grande société, on peut facilement être sous-exploité dans les grandes structures, se perdre dans la paperasse, les stratégies politiques et l'étendue de la hiérarchie. Afin de devenir la première société de communication intégrée au monde, AT&T devait trouver un moyen d'exploiter l'intelligence au sein de l'entreprise et de créer une culture de confiance et de transparence où les gens pourraient s'exprimer. Il leur fallait un moyen nouveau et efficace d'atteindre plus de 100 000 leaders de divers niveaux. AT&T a commencé ses efforts d'harmonisation par le sommet. Sous la direction de son PDG, AT&T University a organisé une série de séminaires pour les 150 cadres de l'entreprise. Ces séminaires ont permis de présenter la mentalité et les pratiques propres aux multiplicateurs tout en suscitant des discussions entre les hauts dirigeants (non pas sur ce qu'ils voulaient que leurs subordonnés fassent, comme c'est trop souvent le cas dans les entreprises, mais sur leurs propres vulnérabilités en tant que réducteurs involontaires). Le nouveau cadre est ainsi devenu un prisme puissant par lequel on entrevoyait comment des leaders aux intentions positives pouvaient produire des effets négatifs et comment les mentalités cachées façonnaient à la fois les actes et leurs résultats.

À mesure que les cadres supérieurs expérimentaient les pratiques multiplicatrices, d'autres membres de l'entreprise le remarquaient et prenaient conscience que des changements de comportement en apparence mineurs pouvaient avoir un fort impact. Par exemple, Brooks McCorcle, présidente d'AT&T Partner Solutions, a connu une expérience tellement positive en jouant avec moins de jetons (voir page 79) que les managers de son équipe ont commencé à s'essayer au même exercice. Si l'effort d'AT&T a commencé au sommet de l'entreprise, il ne s'est pas arrêté en si bon chemin. AT&T University a distribué un exemplaire du livre à l'ensemble de ses 6700 directeurs généraux, puis a organisé un séminaire en ligne sur les multiplicateurs auquel ont assisté plus de 125 000 managers dans le monde entier (soit environ 46 % de l'ensemble du personnel). Le webinaire était accompagné d'un guide pratique de 48 pages encourageant les managers à convertir leurs idées en pratiques professionnelles au quotidien.

Si cet effort n'a pas suffi à supprimer définitivement tous les comportements réducteurs ni tous les réducteurs, il a néanmoins permis de susciter une ambition collective et d'introduire des méthodes de travail pour limiter les hésitations et adoucir la hiérarchie. Désormais, les employés entendraient plus souvent leurs dirigeants poser des questions, écouter et faire des commentaires du type : « Il n'y a pas qu'une seule bonne réponse à ce problème », « À quoi pensez-vous exactement ? » ou « Passons-leur un coup de fil et discutons-en. » Un leader a décidé de donner à ses jeunes cadres un meilleur accès aux hauts dirigeants de l'entreprise (qui se tiennent généralement à l'écart des idées actives de terrain). Les cadres moyens, sentant la confiance qu'on leur accordait, ont entrepris de réfléchir avec plus de rigueur, sans craindre de faire des propositions qui pouvaient paraître audacieuses. Le responsable à l'initiative de ce changement déclare : « Ce style plus lisse et plus collaboratif est un modèle de fonctionnement beaucoup plus rapide. »

Par ailleurs, les employés se sentaient autorisés à relever des comportements bien intentionnés, mais qui allaient à l'encontre du but recherché. Par exemple, lorsqu'un collègue trop enthousiaste dominait constamment les conversations, quelqu'un d'autre est intervenu en lui lançant avec humeur : « Oh là, on ralentit, cow-boy. » C'était un message envoyé spontanément, en toute légèreté, alors que la situation aurait pu s'envenimer ou attendre d'être mentionnée dans l'évaluation annuelle des performances. Comme nous l'avons vu dans l'entreprise de Mike Felix, quand les managers apprennent à reconnaître les déclencheurs d'un comportement réducteur et à les transformer en moments de type multiplicateur, il devient tout naturel de diriger comme tel.

PRATIQUE 4 : *ENSEIGNER LES COMPÉTENCES DU MULTIPLICATEUR.* Pour développer le talent et l'innovation nécessaires à la transformation d'une entreprise de produits de consommation courante en une entreprise de produits chimiques spécialisés, Eastman Chemical a organisé une série d'ateliers de leadership d'une durée de deux jours sous la direction de Mark Hecht, un coach exécutif expérimenté. Les ateliers ont présenté le cadre des multiplicateurs, mettant uniquement l'accent sur les pratiques multiplicatrices en lien avec leurs objectifs commerciaux. En plus d'enseigner les compétences utiles, ils ont réalisé des évaluations à 360 degrés pour dégager des données permettant aux dirigeants de reconnaître leurs points faibles et de progresser. Certains sont allés plus loin dans le développement des compétences en ajoutant des « moments multiplicateurs » à l'ordre du jour de leurs réunions d'équipe afin d'aider les leaders à raconter les moments où ils ont pu transformer des actions réductrices en véritables occasions de tirer le meilleur de leurs employés.

PRATIQUE 5 : *INTÉGRER LES MULTIPLICATEURS AUX DÉCISIONS DU QUOTIDIEN.* Le système des multiplicateurs correspondait parfaitement aux valeurs professionnelles d'Intuit, mais l'entreprise tenait à s'assurer que les idées passeraient bel et bien des scénarios de la salle de formation aux décisions de terrain, dans la pratique quotidienne des dirigeants. Au lieu de se contenter d'enseigner des compétences, elle a utilisé une simulation de direction d'entreprise de la société de consulting BTS. Dans cette simulation, les équipes devaient gérer une entreprise fictive calquée sur celle d'Intuit et prendre une série de décisions stratégiques et tactiques en choisissant les actions qui leur permettraient d'obtenir les résultats souhaités tout en utilisant et en multipliant les talents de l'entreprise. Au fil de la simulation, les équipes ont appris à aborder les problèmes les plus difficiles avec un état d'esprit et des comportements de multiplicateur. Après quoi, quand ils se sont retrouvés réellement confrontés à des décisions similaires dans leur travail, les leaders étaient conscients des compromis et prêts à diriger en tant que multiplicateurs.

Des convictions partagées

Dans une culture forte, les gens ne partagent pas seulement un ensemble de convictions sur ce qui constitue la vérité, ils partagent également un ensemble de postulats sur le fonctionnement du monde. Les sommets et les périmètres sont clairement définis (les membres savent quel comportement permet à quelqu'un d'obtenir le statut de héros et quel comportement leur vaut d'être expulsés de la tribu). Dans une culture multiplicatrice, on sait clairement ce qui constitue un bon leadership, et les personnes qui se comportent conformément à l'éthique du leadership atteignent le sommet. Chaque fois que ceux qui défendent ces convictions sont récompensés, la culture s'en trouve renforcée. De la même manière, chaque fois qu'un comportement réducteur est négligé, cette culture perd de sa force. Pour bâtir une culture forte, définissez les convictions fondamentales en matière de leadership et assurez-vous qu'elles soient confortées plus fréquemment qu'elles ne sont bafouées.

PRATIQUE 6 : *ÉTABLIR UNE ÉTHIQUE DU LEADERSHIP.* En 2011, Nike, le géant mondial de l'athlétisme, a renforcé ses efforts pour créer une culture du management solide et durable. L'entreprise a analysé le leadership nécessaire pour soutenir sa croissance mondiale et a mis au point un « manifeste du manager », sorte de règlement intérieur du PDG Mark Parker qui définissait l'objectif et les normes d'excellence à rechercher par tous les managers de Nike. Avec le concept de multiplicateur comme pierre angulaire, ce règlement définit les attentes de Nike envers ses managers : ceux qui parviennent à extraire et à développer le génie des autres obtiennent beaucoup plus de leurs collaborateurs. Ils deviennent une force qui multiplie les performances de l'équipe et alimente la croissance de l'entreprise en dirigeant, encadrant, canalisant et inspirant leurs équipes. Ce manifeste passe un message fort à tous les managers : votre travail consiste à libérer le plein potentiel de chaque membre de votre équipe.

Des héros et des légendes

Tous ceux qui incarnent les valeurs de leadership recherchées peuvent ainsi devenir des modèles puissants et motivants pour des managers pleins d'espoir (ou même réticents). Non seulement ces leaders peuvent avoir un effet contagieux sur l'entreprise, mais également devenir des légendes de la culture, laissant une empreinte durable longtemps après leur départ. Les héros d'une culture multiplicatrice pourraient être ces leaders réellement inspirants qui incarnent les mentalités et les bonnes pratiques des multiplicateurs. Cependant, vos modèles les plus puissants restent peut-être les multiplicateurs en devenir, ces leaders qui cherchent sincèrement à comprendre et à affronter leurs propres tendances à la réduction.

Dawn Cunningham est devenue une légende chez 3M. Après avoir participé au programme Amplify de 3M, Dawn (qui dirige le service à la clientèle) s'est lancée dans une quête pour se racheter de ses tendances à la réduction involontaire. Elle est allée jusqu'à téléphoner à d'anciens collègues afin de s'excuser d'actions passées qu'elle considérait désormais comme réductrices. Elle a tellement marqué ses collègues qu'elle a été invitée à s'adresser aux 100 principaux cadres de l'entreprise. Avec courage, elle leur a fait part de son auto-évaluation et les a mis au défi de réfléchir à la manière dont leurs bonnes intentions pouvaient entraver l'innovation qu'ils recherchaient pourtant avec acharnement.

PRATIQUE 7 : *METTRE EN LUMIÈRE LES MOMENTS DE TYPE MULTIPLI-CATEUR.* Lorsque Casey Lehner, directrice principale des opérations de design chez Nike, a remporté le concours du multiplicateur de l'année[60] en 2012, Nike a sorti le grand jeu. L'entreprise a fait une annonce en interne et organisé une cérémonie de remise de prix au siège social, au cours de laquelle les employés de Lehner ont parlé avec enthousiasme de leur travail pour elle. L'un d'eux a déclaré : « Elle nous croit capables, alors nous le croyons aussi. » Après lui avoir rendu hommage, ses collègues lui ont remis une paire de baskets conçue et fabriquée spécialement en son honneur. Il n'est pas nécessaire d'attendre qu'un membre de votre entreprise reçoive un prix. Vous pouvez tout à fait mettre en lumière les leaders qui illustrent le leadership multiplicateur. Transformez en véritables héros ces créateurs de génie capables de faire ressortir le meilleur chez les autres.

PRATIQUE 8 : *ÉVALUER LES MANAGERS.* Les entreprises peuvent renforcer les pratiques multiplicatrices en évaluant régulièrement la façon dont les managers intègrent les comportements multiplicateurs dans leurs pratiques quotidiennes. Après tout, ne dit-on pas qu'on obtient des résultats quand on peut les mesurer ? Certaines entreprises intègrent l'évaluation à 360 degrés des multiplicateurs dans leur système d'évaluation des managers. D'autres intègrent ces comportements dans leurs évaluations déjà existantes. Par exemple, Nike invite ses employés à évaluer leurs managers une fois par an, selon un ensemble de huit habitudes positives basées sur les pratiques des multiplicateurs. NBN, un fournisseur australien de réseaux à haut débit, a ajouté les pratiques des multiplicateurs à ses compétences de leadership essentielles et utilise un outil d'évaluation à 180 degrés pour évaluer ses managers. Ces données sont non seulement intégrées dans les évaluations de performance semestrielles, mais également recensées dans un tableau qui révèle, à l'échelle de l'entreprise, les forces et les faiblesses collectives de ses leaders.

Des rituels et des normes

Les méthodes de leadership des multiplicateurs prennent corps dans l'entreprise à mesure que vous intégrez leurs disciplines dans les pratiques opérationnelles comme la gestion des performances, la planification des talents et les compensations financières. Ce qui était autrefois expérimental, et peut-être même un peu iconoclaste, devient une partie intégrante du tissu de l'entreprise. Les deux pratiques suivantes permettent de normaliser des idées jusqu'alors nouvelles.

PRATIQUE 9 : *PILOTER UNE PRATIQUE MULTIPLICATRICE.* Chris Fry, ancien vice-président du développement des produits chez Salesforce, a organisé un atelier de deux jours sur les multiplicateurs pour son équipe de direction. À la fin de l'événement, Chris a suggéré à son équipe de concentrer ses efforts sur la mise en œuvre d'une seule idée. Il a proposé le défi suivant : « Je veux que l'intégralité de l'équipe s'améliore de 1 %. » Afin de promouvoir la libre circulation et la croissance des talents au sein de l'entreprise, l'équipe s'est concentrée sur la discipline « L'aimant à talents ». Elle a dressé un principe directeur : il doit être plus facile d'être transféré au sein de l'entreprise que de saisir une opportunité à l'extérieur. Ensuite, ils ont ébauché une nouvelle politique de transfert appelée « marché aux postes », qui permettait aux développeurs de logiciels d'être transférés vers de nouvelles équipes après chaque version trimestrielle dans le cadre de leur cycle de développement de produits agile. Après chaque nouvelle mouture, ils organisaient donc un salon de l'emploi en interne qui leur a permis de faire connaître les différentes opportunités de carrière au sein de l'entreprise. Les managers n'avaient pas le droit de s'opposer aux transferts, ce qui offrait aux employés la possibilité d'évoluer librement. Le projet pilote a remporté un tel succès auprès des employés (et des managers) que le programme a été étendu à l'ensemble de l'entreprise.

PRATIQUE 10 : *INTÉGRER LES PRATIQUES AUX MESURES PROFESSION-NELLES.* Lorsque Rick de Rijk, du cabinet de consulting néerlandais Leadership Natives, a travaillé sur un programme de développement du leadership avec la banque internationale ABN AMRO, il ne s'est pas contenté d'un ensemble de compétences et de programmes de formation. Ils ont commencé par mettre en corrélation les caractéristiques des multiplicateurs et le nouveau vocabulaire défini par ABN AMRO en matière de leadership. Après avoir constaté que 96 % des notions se recoupaient, ils ont adopté les multiplicateurs comme nouvelle méthode de formation pour mettre en œuvre le langage qu'ils souhaitaient adopter. Dans le cadre de leur formation, les participants ont créé un plan de leadership d'entreprise associant les comportements multiplicateurs à leurs objectifs et aux indicateurs de performance employés. Ces plans de leadership ont ensuite été intégrés à la stratégie générale de l'entreprise afin d'établir des associations claires entre les paramètres les plus importants et les comportements permettant d'atteindre ces résultats. Quand l'impact de leur programme pilote a été mesuré, ils ont constaté un retour sur investissement de 163 %[61].

Les pratiques décrites ci-dessus ne constituent en aucun cas une liste exhaustive ni un programme unique. Elles sont proposées à titre d'exemples, comme des actions ciblées visant à infuser dans l'entreprise un ensemble de mentalités et de pratiques qui, par la suite, pénétreront la couche superficielle de la culture et créeront une base solide pour une entreprise intelligente (une équipe qui ne soit pas seulement une accumulation de personnes brillantes, mais un organisme doué d'intelligence collective).

Créer un élan

Il est communément admis que le changement, et notamment un changement de culture, doit commencer par le sommet, avec les cadres exécutifs. S'il est cohérent que les normes culturelles se diffusent à partir du sommet (comme c'est le cas chez AT&T), ce n'est pas la seule et unique stratégie. Mes collègues et moi avons remarqué que les mises en œuvre les plus réussies commençaient généralement par le milieu. Voici pourquoi. Lorsque les cadres moyens expérimentent les mentalités et les pratiques des multiplicateurs au sein de leur entreprise, ils forment des poches de succès, en quelque sorte, des anomalies qui attirent l'attention des cadres exécutifs et des employés doués pour détecter les différences (négatives comme positives). Quand l'exécutif constate des résultats positifs, il s'empresse de valoriser et d'approuver les nouvelles pratiques, qui se répandent ensuite à d'autres parties de l'entreprise. En d'autres termes, la plupart des cadres supérieurs ont l'art de repérer une parade et de se faufiler pour en prendre la tête ! (Notez qu'il s'agit de l'une des nombreuses compétences des cadres exécutifs que vous ne trouverez pourtant dans aucun manuel officiel de leadership.)

Si vous ne disposez pas encore du capital politique nécessaire pour mener une initiative à l'échelle de toute votre entreprise, conduisez un projet pilote avec quelques cadres moyens motivés. Mettez en lumière leur réussite et laissez les pratiques se répandre parmi leurs équivalents. Exposez leurs succès à l'équipe de direction et mettez-vous à sa disposition pour transformer la parade locale en véritable mouvement de foule.

Quel que soit le point de départ, cela ne change pas la manière dont vous allez maintenir l'élan ainsi généré. Malheureusement, la plupart des nouvelles initiatives (qu'il s'agisse d'un changement au sein d'une entreprise ou dans la vie privée) démarrent en fanfare, mais s'essoufflent dans ce que j'appelle le cycle du « lancement raté », décrit dans le graphique suivant[62]. Il vaut mieux commencer petit et connaître une série de victoires successives. Comme l'illustre le graphique, chaque victoire fournit l'énergie nécessaire pour vous faire passer à la phase suivante. Ces séries de victoires génèrent l'énergie et la volonté collective nécessaires pour compléter le cycle de la réussite. À mesure que ce cycle se déroule, les nouvelles convictions s'enracinent plus profondément et les anciennes stratégies de survie sont supplantées par de nouvelles méthodes permettant non seulement de survivre, mais également de s'épanouir au sein de l'entreprise.

LANCEMENT RATÉ VERSUS CYCLE DE LA RÉUSSITE

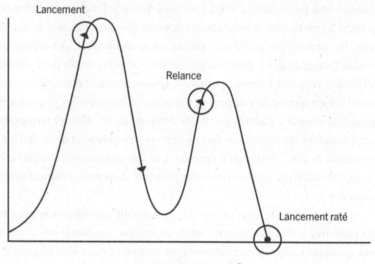

LANCEMENT RATÉ

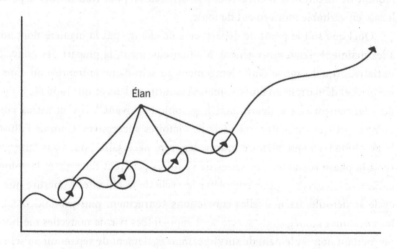

CYCLE DE LA RÉUSSITE

Enfin, n'hésitez pas à vous appuyer sur le pouvoir de la communauté pour susciter et maintenir cet élan, notamment en cas de déconvenues. Quand des leaders aux idées communes se réunissent sous forme de tribus, ils créent un espace sécurisant pour expérimenter de nouvelles pratiques et incuber les succès qui pourront se changer en véritables légendes pour la culture d'entreprise. Une tribu favorise également la pression positive des pairs, qui permettra de maintenir l'élan initial. Les participants qui ont le mieux réussi le défi des trente jours ont travaillé collectivement ou avaient un partenaire qui jouait à la fois le rôle d'oreille attentive et celui de témoin de responsabilité.

Vous pourriez commencer petit en trouvant quelques collègues ou amis ayant lu ce livre et souhaitant relever le défi. Ensuite, pourquoi pas créer une communauté d'apprentissage en ligne ou choisir de rejoindre la communauté des leaders du monde entier qui aspirent à incarner un leadership multiplicateur. Rejoindre une communauté ne vous oblige pas à avoir toutes les réponses (ni même les bonnes questions). Vous pouvez compter sur le génie du groupe pour vous guider.

L'effet multiplicateur revisité

Quand mes collègues et moi enseignons les notions des multiplicateurs aux équipes et aux entreprises, nous demandons souvent à notre auditoire : « Est-ce que tout cela vous semble avoir une quelconque importance ? » En quoi l'adoption d'un leadership de type multiplicateur est-il important à vos yeux, pour votre entreprise ou même pour le monde en général ? Examinons chacun de ces points.

Primo, c'est important pour vous car vous savez que vos collaborateurs vous donneront plus. Mes recherches ont montré sans conteste que même les personnes les plus performantes donnaient 2× plus aux multiplicateurs qu'à leurs homologues réducteurs. Non seulement ils donnent plus, mais ils donnent *beaucoup* plus. En réalité, ils ne ménagent pas leurs efforts ni leur énergie mentale. Ils creusent au maximum pour accéder à des ressources dont ils ne soupçonnaient peut-être même pas l'existence et ils utilisent la pleine mesure de leur intelligence. Ils raisonnent plus clairement, comprennent mieux et apprennent plus rapidement. En d'autres termes, ils deviennent plus intelligents et plus compétents.

Vos collaborateurs vous donneront plus, et en retour, ils vivront une expérience riche et satisfaisante. « Épuisant, mais vraiment exaltant » résume bien les témoignages de ceux qui travaillent pour des multiplicateurs. Comme le rapporte cette femme : « C'était éreintant, mais j'étais toujours prête à recommencer. Ce n'est pas une fatigue écrasante, c'est une expérience enrichissante. » À mesure que vous deviendrez vous-même un multiplicateur, les gens se tourneront vers vous, car vous serez devenu « le patron idéal ». Vous serez un aimant à talents, qui attirera et développera les talents tout en offrant un rendement extraordinaire à l'entreprise et à ses subordonnés directs.

Secundo, c'est important pour l'entreprise pour laquelle vous travaillez. De nombreux organismes sont confrontés à la double peine des défis émergents et des ressources insuffisantes. Vous connaissez peut-être une start-up qui a connu des années de croissance extraordinaire. Sa stratégie consistait alors à injecter des effectifs pour résoudre chaque problème. Mais quand leur croissance a décliné, ils se sont vus contraints de se surpasser sans augmenter leur personnel. Tout à coup, l'effet de levier des ressources est devenu aussi important sur le plan stratégique que l'allocation de ces mêmes ressources. Un chef d'entreprise du Fortune 500 nous a récemment confié que dans l'un de ses départements, un employé sur trois était utilisé en dessous du niveau de 20 % ! Les entreprises dirigées par des multiplicateurs, quant à elles, peuvent doubler la capacité de leurs employés (et même plus), et par conséquent de leurs entreprises.

Ce message est plus important que jamais. Avec les récessions et les périodes de pénurie, les managers cherchent des moyens d'accroître les capacités et la productivité de leurs ressources existantes. Les entreprises et les organismes divers ont besoin de leaders capables de passer de la logique de l'addition (plus de ressources nécessaires pour répondre à l'accroissement de la demande) à celle de la multiplication, où les leaders peuvent obtenir plus de capacités de leurs ressources existantes. Cet effet de levier est tout particulièrement pertinent, à la fois actuel et intemporel.

Il est valable en tout temps, car même en période d'abondance et de croissance, les entreprises ont besoin de leaders capables de multiplier l'intelligence et les aptitudes de leurs collaborateurs et d'augmenter les capacités de l'entreprise pour répondre aux exigences de la clientèle. Que les marchés soient en baisse ou en hausse, le leadership de type multiplicateur est crucial pour votre entreprise.

Tertio, incarner un leadership multiplicateur est important pour le monde en général. On attribue à Albert Einstein la citation suivante : « Aucun problème ne peut être résolu sans changer le niveau de réflexion qui l'a engendré. » Que se passerait-il si nous pouvions accéder au double du niveau d'intelligence disponible et le canaliser vers nos problèmes récurrents ? Quelles solutions pourraient voir le jour si nous disposions de toute l'intelligence sous-exploitée dans ce monde ? Nous avons résolument besoin de leaders capables d'extraire et d'utiliser toute l'intelligence disponible afin de résoudre nos défis les plus complexes et les plus essentiels. Il nous faut non seulement des génies à la tête de nos entreprises, mais surtout des créateurs de génie.

Génie ou créateur de génie ?

Quand Philippe Petit a tendu en toute illégalité une corde de funambule entre les tours jumelles de New York, à 410 mètres de hauteur, il avait encore la possibilité de changer d'avis. Le moment de vérité est arrivé plus tard, une fois qu'il était debout, un pied sur le bâtiment et l'autre sur le fil, devant lui. Alors que la corde rebondissait dans le vent qui s'engouffrait entre les deux bâtiments, il a gardé son poids sur sa jambe arrière. Rappelez-vous comment Petit décrit ce moment critique au bord du gouffre : « J'ai dû prendre la décision de transférer mon poids d'un pied ancré au bâtiment à l'autre en l'air. Quelque chose d'irrésistible m'a attiré sur cette corde. » Il a alors déplacé son poids en faisant le premier pas.

À la fin de ce livre, vous vous sentirez peut-être comme Petit, avec un pied sur le bâtiment du statu quo et l'autre sur le fil du changement. Vous pouvez retirer votre pied de la corde, vous pencher en arrière et continuer à diriger comme vous l'avez toujours fait par le passé. Ou bien vous pouvez déplacer votre poids sur le fil et vous lancer dans l'expérience des multiplicateurs. L'inertie voudrait vous maintenir sur le bâtiment, un endroit confortable et sécurisant. Mais beaucoup d'entre nous ressentent aussi une force qui les attire vers le fil, vers une manière plus efficace et plus satisfaisante de diriger leurs équipes. Le leadership multiplicateur est un choix du quotidien, et même de tous les instants. Quels choix allez-vous faire ? Et en quoi ces choix affecteront-ils les personnes qui vous entourent ? Vos choix en matière de leadership peuvent-ils avoir un impact non seulement sur votre équipe ou votre sphère d'influence immédiate, mais également sur les générations à venir ? Un seul réducteur involontaire devenu multiplicateur peut avoir un impact profond et de grande portée dans un monde où les défis sont de taille et l'intelligence réelle sous-exploitée.

La recherche de réduction des coûts freine des entreprises entières. Que se passerait-il si un multiplicateur en devenir faisait découvrir ces notions prometteuses autour de lui ? Que se passerait-il si une entreprise qui fonctionne actuellement à 50 % de son intelligence passait à 100 % ? Quand les réducteurs involontaires deviennent des multiplicateurs, ils sont comme Galaad, dont « la force équivalait à la force de dix hommes ». En effet, les multiplicateurs sont la clé permettant d'accéder à l'intelligence de tous les autres. Un multiplicateur est essentiel pour débloquer les capacités de tous. À cet égard, un seul multiplicateur peut faire toute la différence.

Il ne serait pas étonnant que les écoles au taux d'échec élevé soient sous-tendues par des postulats réducteurs. Que se passerait-il, dans un établissement donné, si un directeur apprenait à diriger comme un multiplicateur et parvenait à donner aux enseignants, aux parents et aux élèves une plus grande responsabilité dans la réussite de l'école ? Et si ces élèves et ces enseignants, à leur tour, apprenaient et adoptaient ces nouveaux postulats tous ensemble ? Les familles pourraient être transformées si les parents dirigeaient comme des multiplicateurs au sein de leurs foyers.

De nombreux gouvernements suffoquent et s'effondrent. Nos dirigeants auraient tout à gagner à se lancer des défis et à se tourner vers la communauté pour trouver des réponses. Est-il possible que les réponses à nos problèmes les plus complexes émergent de débats rigoureux, quand toute l'intelligence de la communauté est mise à contribution ? Ne pourrait-on pas remplacer les dirigeants réducteurs par de véritables multiplicateurs, qui inspireraient l'intelligence et les capacités de la collectivité à grande échelle ?

Je crois que les cultures réductrices à l'œuvre dans nos entreprises, nos écoles et même nos familles ne sont pas une fatalité. En fin de compte, les cultures réductrices sont vouées à l'échec. Dans la mesure où elles sont fondées sur des postulats de départ erronés, elles vont à l'encontre des vérités qui régissent le travail et l'épanouissement de chacun. Comme de nombreux empires de l'Histoire, elles finiront par s'effondrer. Il se pourrait bien que les seules institutions encore debout en périodes troublées soient celles qui savent récolter l'intelligence disponible en abondance et qui fonctionnent sur la base de postulats multiplicateurs.

Enfin, votre type de leadership est non seulement déterminant pour vos entreprises et les personnes que vous dirigez, mais également pour vous. Il détermine la perception que vous avez de vous-même et l'héritage que vous laisserez. Comment voulez-vous que l'on se souvienne de vous ? Comme d'un leader à poigne ? Ou d'une personne qui faisait grandir ceux qui l'entouraient ? Pour être un multiplicateur, il n'est pas nécessaire de s'effacer. Pour faire grandir les autres, il suffit de jouer de telle sorte qu'ils se sentent conviés à participer en donnant le maximum. Vous découvrirez qu'en faisant ressortir le meilleur chez les autres, vous faites également ressortir le meilleur de vous-même.

Nous avons commencé cette enquête par l'observation intéressante de deux leaders politiques qu'illustrait cette phrase de Bono, musicien et militant : « Il paraît qu'après avoir rencontré l'incroyable Premier ministre britannique William Ewart Gladstone, on repartait avec le sentiment que cet homme était la personne la plus intelligente du monde, mais qu'après avoir rencontré son rival, Benjamin Disraeli, on repartait avec le sentiment d'être soi-même la personne la plus intelligente. » Cette observation traduit l'essence même et toute la puissance du multiplicateur.

Peut-être avez-vous, en ce moment même, un pied sur le bâtiment et l'autre sur la corde, hésitant encore à déplacer votre poids et à faire le premier pas. C'est un choix important. Que serez-vous : un génie ou un créateur de génie ?

Résumé du chapitre neuf

Devenir un multiplicateur

Le début de l'aventure

1. Impact
2. Prise de conscience du réducteur involontaire
3. Détermination de devenir un multiplicateur

Les accélérateurs

1. Commencer par le postulat de départ
2. Travailler sur les extrêmes (supprimer une faiblesse, compléter une force)
3. Tenter une expérience
4. Demander à un collègue
5. Se préparer aux déconvenues

Les éléments d'une culture

- *Un langage commun :* des mots et des phrases revêtant une signification commune au sein d'une communauté, fondée sur des opinions, des principes et des valeurs
- *Un comportement acquis :* un ensemble de réactions acquises à des stimuli donnés
- *Des convictions partagées :* l'acceptation d'une vérité commune
- *Des héros et des légendes :* des personnes admirées ou idéalisées pour leurs qualités, leur comportement et/ou leurs accomplissements et les histoires partagées sur leurs actions héroïques
- *Des rituels et des normes :* un comportement cohérent suivi avec régularité par un individu ou un groupe

Bâtir une culture multiplicatrice

Élément culturel	Pratique multiplicatrice
Langage commun	1. Organiser un groupe de lecture
	2. Parler des réducteurs involontaires
Comportements acquis	3. Présenter les mentalités du multiplicateur
	4. Enseigner les compétences du multiplicateur
	5. Intégrer les multiplicateurs aux décisions du quotidien
Convictions partagées	6. Établir une éthique du leadership
Héros et légendes	7. Mettre en lumière les moments de type multiplicateur
	8. Évaluer les managers
Rituels et normes	9. Piloter une pratique multiplicatrice
	10. Intégrer les pratiques aux mesures professionnelles

Remerciements

Vous aurez compris que ce livre est l'œuvre de nombreuses personnes, pas seulement d'une ou deux. Je suis redevable à un très grand nombre de collaborateurs et je tiens à remercier tous ceux qui m'ont fait part de leurs idées, laissant ainsi leur empreinte sur cet ouvrage.

Le premier groupe est peut-être le moins évident, et pourtant le plus essentiel : les volontaires, ceux qui nous ont accordé des entretiens et nous ont raconté leurs expériences auprès de multiplicateurs et de réducteurs tout au long de leur carrière, ainsi que les dizaines de personnes qui ont partagé leurs témoignages et leurs stratégies pour faire face aux supérieurs hiérarchiques de type réducteur. Le programme de protection des témoins m'empêche de citer leurs noms, mais ils se reconnaîtront. Si ce livre existe, c'est parce qu'ils ont partagé leurs expériences et leurs idées. Bien sûr, il y a les multiplicateurs qui nous ont permis de les étudier et nous ont fait part de leurs histoires (ils sont mentionnés dans l'Annexe C, « Les Multiplicateurs »). Ces leaders, ainsi que les autres rock-stars dont je n'ai pas pu intégrer les nombreuses histoires dans ce livre, ont été une source d'inspiration constante. J'espère que leur leadership inspirera d'innombrables autres leaders à suivre leur exemple.

Ensuite, ce livre a été enrichi par une équipe de relecteurs qui ont travaillé sur les premières versions de ce texte et ont contribué à en affiner les idées. Vos commentaires m'ont permis de rester sur la bonne voie et de continuer à avancer. Pour la première édition, un grand merci à : Evette Allen, Shannon Colquhoun, Sally Crawford, Margie Duffy, Peter Fortenbaugh, Holly Goodliffe, Sebastian Gunningham, Ranu Gupta, John Hall, Kirsten Hansen, Jade Koyle, Matt Macauley, Stu Maclennan, Justin McKeown, Sue Nelson, Todd Paletta, Ben Putterman, Gordon Rudow, Stefan Schaffer, Lisa Shiveley, Stan Slap, Hilary Somorjai, John

Somorjai, Fronda Stringer Wiseman, Ilana Tandowsky, Guryan Tighe, Mike Thornberry, Jake White, Alan Wilkins, Beth Wilkins, John Wiseman, Britton Worthen, Bruce et Pam Worthen. Pour la deuxième édition, je remercie tout particulièrement : Ellen Gorbunoff, Deborah Keep, Dustin Lewis, Rob Maynes, Eunice Nichols, Ryan Nichols, Ben Putterman et Andrew Wilhelms.

Plusieurs personnes ont pris leur rôle de relecteur tellement à cœur que je me dois de leur adresser des remerciements spéciaux. Elles m'ont proposé de nouvelles idées, des histoires passionnantes, des réécritures spontanées et un précieux soutien moral. S'il s'agissait d'une enquête sur une scène de crime, les personnes suivantes auraient laissé plus que des empreintes sur ce travail... leur ADN serait partout : Jesse Anderson, Heidi Brandow, Amy Hayes Stellhorn, Mike Lambert, Matt Lobaugh, Greg Pal, Gadi Shamia et Kristine Westerlind. Pour la deuxième édition, je remercie les personnes suivantes, de fervents adeptes des *Multiplicateurs*, qui m'ont offert des idées, des exemples, des critiques et bien plus encore : Heidi Brandow, Rick de Rijk, Rob DeLange, Jennifer Dryer, Elise Foster, Alyssa Gallagher, Jon Haverley, Hazel Jackson, Megan Lambert et Jeffrey Ong. J'ai une dette toute particulière envers ma mère et correctrice à la demande, Lois Allen. Elle a travaillé sur la première et la deuxième éditions comme sur un mémoire de fin d'études, relisant attentivement chaque mot et corrigeant d'innombrables fautes afin que les lecteurs puissent découvrir les idées de ce livre sans se laisser distraire. Maman, tu ne cesses de me rendre meilleure.

Les personnes suivantes nous ont fourni une analyse critique des données pour nos nombreuses enquêtes : Jared Wilson et Jim Mortensen de BYU ; Crystal Hughes, Derek Murphy et Josh Sheets de la Booth Company ; et Chad Foster, un brillant ingénieur qui n'a pas hésité à partager généreusement son génie naturel avec nous. Pour la maquette, tout le mérite revient à la merveilleuse équipe de Big Monocle et à Anthony Gambol.

J'ai eu de la chance de décrocher une équipe éditoriale expérimentée et coopérative chez HarperCollins. Alors que de nombreux auteurs se sentent abattus à ce stade de la publication, je me suis sentie encouragée par l'équipe. C'est grâce à ma brillante éditrice, Hollis Heimbouch. Hollis, merci d'avoir immédiatement compris, de m'avoir guidée et d'avoir incarné si merveilleusement les qualités de multiplicatrice dans votre travail. Et merci à Matthew Inman, Stephanie Hitchcock et toute l'équipe de HarperCollins pour leur travail soutenu sur ce livre. À Shannon Marven, mon agent chez Dupree-Miller, merci de vous être engagée avec nous et merci pour votre ténacité. Tout cela, c'est grâce à vous.

Il y a plusieurs personnes que je tiens à remercier, dont le rôle dépasse de loin la rédaction de ce livre. J'ai eu la chance d'avoir de nombreux mentors formidables qui m'ont fait bénéficier de leurs lumières et m'ont permis de voir le monde à travers leurs prismes les plus pertinents. Voici quelques noms qui ont façonné mes opinions et profondément influencé ce livre. Le regretté docteur C. K. Prahalad, grand penseur du management, m'a enseigné l'importance d'aller puiser l'intelligence au plus profond des entreprises et de bâtir une vision collective. C. K. a encouragé ces idées, m'a aidée à identifier les postulats de base et a orienté le livre de nombreuses manières. J'ai toujours été fière d'être son élève et je suis fière aujourd'hui de faire partie de ceux qui poursuivent son travail et honorent son héritage. Le docteur J. Bonnor Ritchie, professeur et artisan de paix, a partagé très tôt sa curiosité intellectuelle insatiable avec moi (et chacun de ses étudiants), nous incitant à accepter pleinement l'ambiguïté. Ray Lane, chef d'entreprise extraordinaire, m'a appris le rôle de leader. Il a été un multiplicateur pour moi et tant d'autres. Kerry Patterson, écrivain et professeur émérite, a élevé ma vision et m'a encouragée à écrire ce livre non seulement pour les chefs d'entreprise, mais aussi pour les leaders du monde entier. Kerry, merci de m'avoir coachée et poussée à aller toujours plus loin, même quand l'aventure ne me laissait pas indemne.

Je tiens à remercier tout spécialement mon collaborateur de la première heure et partenaire de réflexion, Greg McKeown. Si ce livre est ce qu'il est, c'est grâce à sa quête absolue de clarté, à ses exigences élevées et sa recherche incessante de vérité dans tout ce qu'il entreprend. Merci d'avoir contribué à cette aventure. Cette deuxième édition ne serait pas possible sans la formidable équipe du Wiseman Group. Karina Wilhelms a été à la fois chef de projet, rédactrice et partenaire de réflexion à chaque étape du processus. Sa capacité à réfléchir en profondeur et à réagir rapidement sans perdre son sang-froid m'inspire chaque jour. L'équipe est complétée par Alyssa Gallagher, qui a mené des recherches et contribué à une mise à jour importante des travaux pratiques, Shawn Vanderhoven, qui a contribué à la réflexion critique du chapitre 9 et a prêté son génie à l'équipe graphique, Judy Jung, qui a géré l'organisation des entretiens et me permet de continuer à enseigner et à apprendre, et Heidi Brandow qui non seulement m'a fait bénéficier de ses idées et de ses critiques, mais qui a également passé les cinq dernières années à enseigner aux professionnels du monde entier à dispenser des formations aux managers aspirant à devenir des leaders multiplicateurs, un rôle qu'elle a elle-même joué à la perfection et avec passion. Merci à tous pour ce beau défi et pour le plaisir que j'ai eu à travailler à ce projet.

C'est à mon mari, Larry, que j'exprime ma plus sincère gratitude. Merci d'avoir cru en ce projet dès le premier jour, d'avoir surveillé mon espace de travail comme un chien de garde et de me donner le sentiment d'être un génie chaque jour de ma vie.

À toutes les personnes mentionnées, merci d'avoir si généreusement consacré votre temps et votre énergie à la formulation de ces idées. J'espère avoir fait honneur à tout ce que vous m'avez donné.

ANNEXE A

Le processus de recherche

Vous trouverez ici un compte-rendu détaillé des recherches ayant permis d'étudier les différences entre les réducteurs et les multiplicateurs. Ce processus de recherche se présente en quatre phases : 1) le travail préliminaire ; 2) la recherche elle-même ; 3) le développement du modèle multiplicateur ; et 4) la question de la recherche sur les réducteurs.

Phase 1 : Le travail préliminaire

ÉQUIPE DE RECHERCHE. Greg et moi-même étions les membres principaux de l'équipe de recherche, mais C. K. Prahalad a joué le rôle de conseiller aussi important qu'informel. Si de nombreuses personnes ont contribué aux recherches dans ce livre, notre noyau dur était le suivant :

> Liz Wiseman, Master en comportement organisationnel, Marriott School of Management, Brigham Young University

> Greg McKeown, Master en administration des entreprises, Stanford Graduate School of Business

> C. K. Prahalad, Paul and Ruth McCracken Distinguished University, Professeur de stratégie des entreprises à la Ross School of Business de l'Université du Michigan

SUJET DE RECHERCHE. Par un processus itératif, nous avons affiné notre question directrice pour obtenir la version finale (en deux parties) : « Quelles sont les quelques différences déterminantes entre les réducteurs d'intelligence et les multiplicateurs d'intelligence, et quel impact ont-elles sur les organisations ? »

Un contraste s'exprime dans cette question. Nous avons estimé qu'il ne suffisait pas d'étudier les multiplicateurs. Comme l'a expliqué Jim Collins, si vous étudiez exclusivement les médaillés d'or aux Jeux olympiques, vous pourriez conclure à tort qu'ils ont gagné parce qu'ils avaient tous un coach. Ce n'est qu'en comparant les gagnants avec les perdants que l'on se rend compte que tout le monde a un coach, et qu'avoir un coach ne peut donc pas être l'ingrédient actif de la victoire[63]. Nous devions chercher les ingrédients actifs ou les facteurs de différenciation.

DÉFINITION DES TERMES PRINCIPAUX. Pour pouvoir répondre à notre question de recherche, nous devions d'abord définir nos trois termes principaux : réducteur, multiplicateur et intelligence.

RÉDUCTEUR: une personne qui a dirigé une entreprise ou une équipe de management fonctionnant en vase clos, qui a eu du mal à obtenir des résultats et, alors qu'elle disposait de personnes intelligentes, ne semblait pas réussir à faire ce qu'il fallait pour atteindre ses objectifs.

MULTIPLICATEUR: une personne qui a dirigé une entreprise ou une équipe de management capable de comprendre et de résoudre rapidement des problèmes difficiles, d'atteindre ses objectifs, de s'adapter et d'accroître ses capacités au fil du temps.

INTELLIGENCE: dans nos recherches bibliographiques, nous avons trouvé un texte dressant plus de 70 définitions de l'intelligence[64]. Nous nous sommes appuyés tout au long du processus de recherche sur un document datant de 1994, signé par 52 chercheurs. Tous s'accordaient sur la définition suivante : l'intelligence est « la capacité de raisonner, de prévoir, de résoudre des problèmes, de penser de manière abstraite, de comprendre des idées complexes, d'apprendre rapidement et d'apprendre par l'expérience. Ce n'est pas... restreint. C'est une capacité plus vaste et plus profonde à saisir notre environnement : 'percuter', 'capter les choses' ou comprendre quoi faire. »[65] En plus de cela, nous avons intégré la capacité à s'adapter à de nouveaux environnements, à apprendre de nouvelles compétences et à réaliser des tâches complexes.

CHOIX DU SECTEUR PROFESSIONNEL. Après avoir observé pour la première fois le phénomène réducteur/multiplicateur chez Oracle, une société de logiciels, nous avons choisi d'étudier le phénomène dans d'autres entreprises du secteur technologique au sens large. Ces entreprises sont les suivantes :

Secteur technologique	Entreprise
Biotechnologie	Affymetrix
Commerce en ligne	Amazon
Électronique grand public	Apple
Réseaux et communications	Cisco
Recherche Internet	Google
Micro-processeurs	Intel
Logiciels	Microsoft
Applications et logiciels professionnels	SAP

Phase 2 : La recherche

VOLONTAIRES. Au lieu d'essayer d'identifier nous-mêmes les réducteurs et les multiplicateurs, nous avons trouvé des personnes susceptibles de nous décrire des leaders correspondant à ces profils. Nous avons utilisé deux critères pour la sélection de nos volontaires. Primo, ce devaient être des professionnels accomplis. Il était important que ces personnes aient connu des expériences professionnelles positives. Nous voulions éviter d'interroger des personnes qui auraient un parti pris, craignant que cela fausse les données. Secundo, ils devaient avoir eux-mêmes une expérience d'environ dix ans en tant que leaders. Nous voulions obtenir des informations concrètes, de la part de professionnels ayant été confrontés aux défis du leadership. Notons qu'en grande partie, les volontaires issus des entreprises mentionnées ci-dessus nous ont parlé de multiplicateurs et de réducteurs qu'ils avaient rencontrés dans des entreprises et souvent des secteurs radicalement différents.

ANALYSE DE L'ENQUÊTE. Nous avons demandé aux volontaires d'évaluer les multiplicateurs et les réducteurs qu'ils avaient identifiés sur une échelle de 1 à 5, selon 48 pratiques de leadership. Nous avons élaboré une liste complète en nous appuyant sur des modèles de compétences classiques, des évaluations courantes en leadership et des pratiques qui, selon nous, permettraient de différencier les réducteurs des multiplicateurs.

L'enquête comprenait des compétences (par exemple : « Se concentre sur le client », « Fait preuve de curiosité intellectuelle », « Développe le talent de l'équipe » ou encore « Sens des affaires ») et des mentalités (par exemple : « Se considère comme un leader visionnaire » et « Considère l'intelligence comme une aptitude en perpétuelle évolution »). Nous avons recueilli les résultats de cette enquête et analysé les données de différentes manières. Nous avons recherché les écarts les plus importants entre les multiplicateurs et les réducteurs, les compétences et mentalités principales des multiplicateurs, ainsi que les compétences les plus souvent associées aux mentalités principales des multiplicateurs et des réducteurs.

LE PROCESSUS DE RECHERCHE

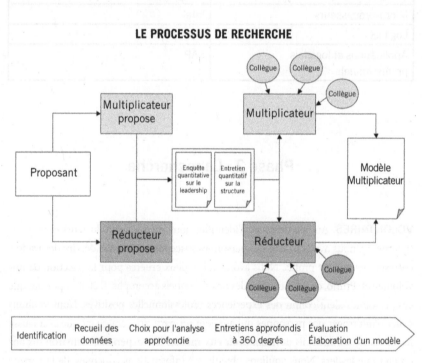

ENTRETIENS STRUCTURÉS. Lors des premiers entretiens avec les volontaires, nous avons suivi un plan structuré. Nous avons repris les mêmes questions dans le même ordre afin de minimiser l'effet de contexte (ou du moins d'assurer une constance) et garantir ainsi une cohérence et une fiabilité qui permettent la comparaison des réponses que nous avions reçues entre les différents entretiens et les différentes périodes.

Tous ont été réalisés entre octobre 2007 et octobre 2009 (la première série a eu lieu en 2007). Les entretiens, réalisés en personne ou par téléphone, ont duré entre soixante et quatre-vingt-dix minutes en moyenne. Nous avons conservé des transcriptions écrites de toutes les conversations afin de garder une trace des citations et des témoignages. Si le format était structuré, nous nous sommes tout de même autorisé une certaine latitude pour déterminer le temps à consacrer à chaque question. Le format type d'un entretien obéissait à la structure narrative suivante :

1. *Identification de deux leaders* : l'un ayant étouffé l'intelligence de ses équipes et l'autre l'ayant amplifiée

2. *Identification d'une expérience ou d'une anecdote de travail avec chaque leader cité*

3. *Contexte de travail avec le réducteur* : expérience, cadre

4. *Impact sur le volontaire* : pourcentage de sa capacité exploité

5. *Impact sur le groupe* : rôle dans le processus de groupe, perception dans l'organisation au sens large

6. *Les actions du leader* : ce qu'il a fait ou non ayant entraîné un impact sur les autres

7. *Résultat des actions* : conséquences, objectifs atteints

8. Reprise des questions 3 à 7 pour le multiplicateur cité

ENTRETIENS APPROFONDIS. Ensuite, nous avons mené une deuxième série d'entretiens afin de recueillir plus d'informations sur les multiplicateurs les plus forts. Cela comprenait : a) des entretiens avec les multiplicateurs eux-mêmes ; b) des seconds entretiens avec les volontaires afin de recueillir plus de détails et d'informations et c) des entretiens approfondis à 360 degrés avec les membres (anciens et actuels) de l'équipe de direction du multiplicateur.

OUVERTURE DU SECTEUR PROFESSIONNEL. À mesure que nous avons élargi notre recherche pour inclure jusqu'à 144 leaders différents, et trouvé d'autres exemples au sein de nos entreprises cibles initiales, nous avons ajouté d'autres entreprises dans les secteurs des technologies et des biotechnologies, allant jusqu'à dépasser ces secteurs pour inclure d'autres organisations professionnelles, mais aussi des associations à but non lucratif et des organismes gouvernementaux. Dans le cadre de nos recherches, nous avons traversé quatre continents et rencontré un ensemble de leaders riche et divers (voir l'annexe C, « Les multiplicateurs »). Voici une liste des entreprises dans lesquelles nous avons observé les multiplicateurs en action. Par souci de confidentialité, nous ne publions pas la liste des entreprises où nous avons étudié les réducteurs.

Secteur	Entreprises étudiées
Biotechnologies	Hexal, Affymetrix
Technologies vertes	Bloom Energy, Better Place
Éducation	Université de Stanford, VitalSmarts
Divertissement	DreamWorks Studios
Gouvernement	Maison Blanche, armée israélienne
Production industrielle	GM Daewoo, Flextronics
Associations	Boys and Girls Club of the Peninsula, Green Belt Movement, Bennion Center, Unitus
Investissement et capital-risque	Advent International, Kleiner Perkins Caufield & Byers
Services professionnels	Bain & Company, McKinsey & Company
Vente au détail	Gap, Lands End, Gymboree
Sports	Highland High School Rugby, programme de basketball féminin de l'Université d'État de Caroline du Nord
Industrie technologique	Amazon, Apple, Cisco, Infosys Technologies, Hewlett-Packard, Intel, Intuit, Microsoft, SAP, Salesforce
Syndicats	Self-Employed Women's Association

Phase 3 : Le modèle

Nous avons compilé environ 400 pages de retranscriptions, puis nous les avons étudiées attentivement pour procéder à une analyse croisée des entretiens. Ensuite, nous avons repris cette analyse thématique et l'avons étalonnée par rapport aux données quantitatives recueillies lors de l'enquête préliminaire sur le leadership.

Enfin, en suivant une méthodologie rigoureuse, nous avons débattu pour élaborer chacune des disciplines qui ont constitué les différents chapitres de ce livre.

Autant Greg que moi assurons avoir été durement malmenés par l'autre au cours de ce débat. Nous espérons que notre recherche en sortira renforcée.

Phase 4 : La question des réducteurs

Si la recherche initiale pour ce livre a été menée de 2007 à 2009, la recherche pour le chapitre 8, « Affronter les réducteurs », a eu lieu en 2016. L'objectif de cette recherche était de mieux comprendre l'impact causé par les réducteurs, dans toutes ses dimensions et sa portée, et d'établir des stratégies visant à minimiser l'effet délétère de ces réducteurs. Cette recherche a été menée par Liz Wiseman, Karina Wilhelms, Alyssa Gallagher et Jared Wilson, du Wiseman Group. La recherche comprenait les éléments suivants :

ENTRETIENS APPROFONDIS. J'ai mené vingt-quatre entretiens avec des professionnels aguerris afin de mieux comprendre comment survivre, et même s'épanouir, en présence de patrons et de collègues aux tendances réductrices. Les personnes interrogées ont été sélectionnées sur la base de deux critères : 1) la réussite de leur carrière en général et leur capacité à manœuvrer dans des situations professionnelles complexes ; et 2) leur compréhension du concept de multiplicateur et de réducteur. À chaque entretien, les personnes interrogées ont identifié des situations dans lesquelles elles avaient travaillé pour des réducteurs, puis elles ont répondu à une série de questions visant à explorer leurs stratégies d'adaptation pour en évaluer l'efficacité.

ENQUÊTE GÉNÉRALE. Le groupe Wiseman a mené une enquête auprès d'environ 200 participants dans le but de déterminer les stratégies les plus efficaces face aux réducteurs, de comprendre pourquoi certains semblaient plus sensibles aux réducteurs que d'autres et enfin de savoir si les personnes rabaissées sur une longue période étaient plus ou moins susceptibles de devenir elles-mêmes des réducteurs. L'enquête nous a fourni de nombreuses informations utiles sur les stratégies efficaces et inefficaces, ainsi que sur les facteurs qui accentuent l'effet réducteur sur certains plus que sur d'autres. En revanche, nous n'avons pas obtenu de données concluantes nous permettant de déterminer si les personnes ayant subi un réducteur étaient plus enclines à le devenir elles-mêmes. Des données complémentaires seraient nécessaires pour traiter efficacement cette question.

LES STRATÉGIES À L'ÉPREUVE. Après avoir formulé les treize stratégies décrites au chapitre 8, nous avons proposé à plusieurs personnes (qui avaient participé à l'enquête) de tester les stratégies auprès de leurs patrons réducteurs pendant une période de quatorze jours. L'objectif de ce défi était de déterminer si la stratégie pouvait bel et bien apporter une différence concrète en deux semaines seulement. Après quoi, nous avons recueilli les résultats de leur expérience et organisé une conférence téléphonique pour en analyser les résultats. Sur les cinq personnes ayant mené à bien l'expérience, toutes ont mentionné un changement notable (voire remarquable) dans leur relation avec leur collègue réducteur ou dans leur épanouissement personnel et leurs perspectives professionnelles. Mon exemple préféré est celui du volontaire pour la solution « baisser le volume » qui, au lieu de se laisser obséder par son travail, a canalisé son énergie pour tester de nouvelles recettes et préparer chaque soir de bons petits plats à sa femme et ses enfants. Non seulement il était plus heureux au travail et en général, mais sa femme était ravie.

RÉFÉRENCES BIBLIOGRAPHIQUES. Nous avons compulsé la littérature existante sur la question des « victimes » afin de dégager des pistes de stratégies d'adaptation positives. Dans l'ensemble, nous n'avons constaté que peu de recoupements avec le milieu professionnel et nous avons choisi de nous concentrer sur les données des entretiens et des enquêtes pour formuler les meilleures stratégies d'adaptation.

ANNEXE B

Foire aux questions

SOMMES-NOUS SOIT DES RÉDUCTEURS SOIT DES MULTIPLICATEURS, OU EST-IL POSSIBLE DE SE SITUER QUELQUE PART ENTRE LES DEUX ?

Nous considérons le modèle réducteur/multiplicateur comme un spectre avec quelques personnes aux deux extrémités et la plupart entre les deux. Après avoir été initié à la question, chacun reconnaît en soi une part de réducteur et une part de multiplicateur. Un leader avec lequel nous avons travaillé en est l'illustration parfaite. C'était une personne brillante, consciente de ne pas correspondre à l'archétype du réducteur, et pourtant, en lisant ce livre, il a compris qu'il se comportait parfois de manière réductrice. En étudiant ce phénomène de leadership sous l'angle du contraste, on considère ce modèle comme un continuum ou un spectre, la majorité d'entre nous se situant quelque part au milieu.

EST-IL POSSIBLE D'ÊTRE UN RÉDUCTEUR POUR CERTAINS ET UN MULTIPLICATEUR POUR D'AUTRES ?

Oui, le secret pour comprendre cette dynamique est de mieux définir les postulats que vous entretenez sur ces personnes différentes. Il se peut que vous vous comportiez de la même manière avec les deux, mais qu'en raison de vos postulats, votre attitude s'exprime différemment selon votre interlocuteur.

PUIS-JE ÊTRE UN MULTIPLICATEUR LA PLUPART DU TEMPS ET UN RÉDUCTEUR DE TEMPS À AUTRE ?

Certaines situations peuvent faire ressortir le pire en chacun. La plupart des leaders, même les meilleurs, ont des tendances réductrices qui se réveillent dans certaines situations, en particulier : a) en cas de crise (voir le point suivant) ; b) quand les enjeux sont élevés ; c) quand le temps presse ; et d) quand ils sont soumis au stress. Le plus important est de prendre conscience des situations qui provoquent nos tendances à la réduction et de trouver des solutions de rechange.

Rob Delange, expert multiplicateur, l'explique ainsi : « Ce n'est pas parce que l'on gère ses équipes comme un multiplicateur par principe que l'on ne peut pas être un réducteur à l'occasion. » En d'autres termes, si vous avez établi une confiance solide avec votre équipe, elle pardonnera plus facilement vos moments réducteurs. C'est tout particulièrement vrai si vous attirez vous-même l'attention sur vos tendances à la réduction, expliquant votre raisonnement avant de retrouver votre style multiplicateur habituel. La clé réside dans l'accumulation de moments de type multiplicateur.

Y A-T-IL DES MOMENTS (NOTAMMENT EN CAS DE CRISE) OÙ UN LEADERSHIP RÉDUCTEUR EST INÉVITABLE ?

Oui, par moments, quand la crise est forte, il est légitime pour un leader d'intervenir et de diriger avec autorité. Mais ces situations ne doivent pas forcément avoir un effet négatif. Les leaders avisés peuvent éviter cela en procédant ainsi :

1. **CONSIDÉREZ CES MOMENTS COMME DE VÉRITABLES EXCEPTIONS.** Quand un manager dirige comme un multiplicateur le reste du temps, il peut se comporter en réducteur ponctuellement. Voici un exemple. Alors que je donnais un séminaire sur le leadership dans un hôpital pour l'école de médecine de Yale, plusieurs médecins en chef responsables des programmes d'internat ont exprimé une curieuse frustration. Ils étaient désireux de laisser à leurs médecins résidents l'espace et la liberté nécessaires pour donner le meilleur d'eux-mêmes, mais comme il était souvent question de vie et de mort dans leur métier, ils se sentaient contraints à la micro-gestion et aux ordres stricts. Selon eux, il n'y avait pas de place pour l'apprentissage ou pour jouer les multiplicateurs si un patient agonisait sur la table d'opération. J'ai acquiescé et je leur ai demandé : « À quel pourcentage de votre temps associez-vous de telles situations ? » Ils ont suggéré que c'était sans doute entre 3 % et 5 % de leur temps. J'ai reconnu leur dilemme, mais j'ai sous-entendu que les 95 % restants pouvaient bénéficier d'une approche diffé-

rente. Quelques mois plus tard, j'ai eu une conversation similaire à l'Université de la marine américaine avec un groupe d'officiers qui commandaient des bateaux militaires. Ils ont estimé à un maximum de 2 % à 3 % le temps passé dans des situations de vie ou de mort. Certes, ces situations critiques ne sont pas propices au leadership de type multiplicateur, mais il n'en reste pas moins 95 % à 97 %.

2. **EXPLIQUEZ CE QUE VOUS FAITES.** Au lieu de céder à la micro-gestion ou de dicter vos ordres, faites savoir à vos collaborateurs qu'il s'agit de l'un de ces moments, de 3 % à 5 % du temps, où vous devez prendre les choses en main. Mieux encore, demandez-leur la permission. Quand vous avez terminé, rendez la main à votre équipe. Vous pouvez aussi leur expliquer en détail sur quels aspects de l'entreprise vous devez garder un contrôle étroit. Dites-leur que vous souhaitez qu'ils s'investissent dans les autres domaines.

Consciente de ces situations exceptionnelles, je tiens tout de même à rappeler que la plupart des contextes, et même les plus extrêmes, peuvent être envisagés sous l'angle de la réduction ou de la multiplication. Les situations dont on est souvent persuadé qu'elles exigent une approche réductrice peuvent être, au contraire, le moment idéal pour faire appel à toute la puissance intellectuelle de ceux qui vous entourent. Quand les enjeux sont élevés et les défis complexes et tortueux, l'approche multiplicatrice pourrait bien être particulièrement pertinente.

C'EST PEUT-ÊTRE EFFICACE POUR LES MEILLEURS TALENTS, MAIS QU'EN EST-IL DES EMPLOYÉS LES MOINS PERFORMANTS ?

Si chacun peut apporter quelque chose, tous ne contribuent pas au même niveau. Les multiplicateurs considèrent le talent moins comme un parc industriel (un groupement tentaculaire de bâtiments à trois étages presque identiques) que comme un horizon de ville, où les immeubles de hauteurs et de couleurs différentes forment un profil dentelé irrégulier. Pour les multiplicateurs, les équipes ressemblent à ces lignes d'horizon. Ils apprécient la diversité d'intelligence et de talent qui les entoure. Ils reconnaissent que tout le monde n'a pas le même niveau, mais ils sont convaincus que les capacités de chacun peuvent augmenter. Au lieu d'essayer d'amener tout le monde au même niveau, ils élèvent chaque collaborateur, en construisant un étage ou deux à la fois.

Voici quelques suggestions pour mieux diriger des individus aux performances en apparence inférieures :

1. Partez du principe que la personne est intelligente et capable d'être hautement performante. Parfois, on a simplement besoin d'un patron aux attentes et aux exigences plus élevées.

2. Au lieu de vous demander : « Cette personne est-elle intelligente ? » demandez-vous plutôt : « En quoi est-elle intelligente ? » Vous ne parviendrez peut-être pas à en faire ce que vous considérez comme un collaborateur hautement performant, mais vous découvrirez ses points forts et vous pourrez alors les mettre au service de vos principaux défis.

3. N'oubliez pas que les personnes aux performances discutables sont souvent d'anciennes (ou de potentielles) superstars victimes d'un leadership réducteur (souvent par accident ou par négligence). Vous avez beau tout faire pour être un multiplicateur, il se peut qu'elles ne réagissent pas immédiatement, soit parce qu'elles n'ont pas l'habitude de se voir confier un travail stimulant, soit parce qu'elles ont appris à ne pas faire confiance à leurs responsables. Commencez modestement et gagnez peu à peu leur confiance.

Ce n'est pas parce que vous dirigez comme un multiplicateur que vous ne rencontrerez aucun problème de performance. Si vos collaborateurs pèchent souvent dans ce domaine, prenez la situation en main et offrez-leur un environnement ou une équipe où ils pourront contribuer davantage.

EN QUOI CES DYNAMIQUES DIFFÈRENT-ELLES SELON LES CULTURES ?

Nos recherches ont été menées dans trente-cinq entreprises sur quatre continents différents. Si nous constatons que le mode multiplicateur (et son impact positif) est omniprésent dans toutes les cultures, dans celles où la notion de hiérarchie est la plus forte, l'impact réducteur tend également à être plus important (le réducteur moyen recevant entre 30 % et 40 % de l'intelligence de ses équipes au lieu de la moyenne mondiale de 48 %). Nous avons également constaté que dans ces cultures plus hiérarchisées, les leaders doivent produire des efforts supplémentaires et prendre plus de précautions pour instaurer la sécurité intellectuelle, émotionnelle et organisationnelle dont les gens ont besoin pour contribuer au mieux de leurs capacités.

N'oubliez pas que les multiplicateurs ne procèdent pas tous de la même manière. Bien que leurs pratiques individuelles varient, ils partagent une mentalité et un postulat communs, la conviction que leurs équipes sont intelligentes et qu'elles trouveront la solution. Par ailleurs, ils sont conscients de l'impact de leur propre intelligence et de leur présence sur leurs équipes et s'efforcent activement de créer un espace favorisant la contribution. Ces actions peuvent prendre différentes formes selon la culture.

VOUS IDENTIFIEZ CERTAINS LEADERS COMME ÉTANT DES MULTIPLI-CATEURS, MÊME S'ILS EXERCENT PARFOIS UN EFFET RÉDUCTEUR SUR LEURS ÉQUIPES. COMMENT EXPLIQUEZ-VOUS CETTE CONTRADICTION ?

En effet, cela nous a intrigués aussi. Même dans notre base de données originale, nous avons parfois constaté que quelques leaders étaient considérés comme des réducteurs par certaines personnes et comme des multiplicateurs par d'autres. En y regardant de plus près, nous avons conclu à un paradoxe plus qu'à une contradiction. Pour ne citer qu'un exemple, certains leaders avaient compris comment impliquer leurs subordonnés directs sans pour autant étendre leur leadership à l'ensemble de l'entreprise (avec leur hiérarchie ou les autres services). Plus les équipes étaient éloignées du leader, plus elles se sentaient réduites. C'est un cas typique de réduction involontaire. À l'évidence, jouer le rôle de multiplicateur pour tout le monde exige une intention et un effort délibérés. Un leader doit penser consciemment à ceux qui évoluent à la périphérie de son équipe s'il veut être un multiplicateur pour eux aussi.

QU'EN EST-IL DES LEADERS COMME STEVE JOBS (OU AUTRES LEA-DERS EMBLÉMATIQUES ET PERFORMANTS QUI SEMBLENT POUR-TANT AVOIR DE FORTES TENDANCES À LA RÉDUCTION) ?

De nombreux fondateurs et leaders visionnaires présentent un mélange de réducteur et de multiplicateur. Pour bon nombre de ces leaders très en vue, les médias mettent l'accent sur leurs aspects réducteurs (il faut croire que le public en est friand). En réfléchissant aux travers réducteurs de ces fondateurs et autres leaders emblématiques, considérez les points suivants : 1) les leaders forts (et surtout les fondateurs) présentent souvent des caractéristiques réductrices, mais ils présentent également des caractéristiques multiplicatrices encore plus fortes qui compensent leurs tendances à la réduction ; 2) les leaders de haut rang (les PDG, par exemple) présentant des caractéristiques réductrices compensent souvent en faisant appel à d'autres leaders (présidents ou directeurs des opérations) qui, eux, sont de puissants multiplicateurs ; 3) les leaders présentant de fortes tendances à la réduction peuvent être aptes à diriger des entreprises dans des environnements stables, mais éprouveront des difficultés dans des environnements complexes et mouvants ; enfin 4) les fondateurs créent souvent des entreprises sur la base de leurs propres idées. Les entreprises peuvent atteindre une certaine taille grâce à l'intelligence exceptionnelle de leurs fondateurs, mais pour qu'une entreprise se développe, prospère et perdure, ces leaders devront devenir des multiplicateurs, tôt ou tard, ou s'entourer d'autres leaders produisant un effet multiplicateur.

VOUS PRÉTENDEZ QUE LES MULTIPLICATEURS OBTIENNENT 2× PLUS DE LEURS ÉQUIPES. CE TAUX PARAÎT TRÈS ÉLEVÉ. EST-CE VRAIMENT AUTANT ?

Oui, le nombre nous a semblé élevé au début, à nous aussi, mais pour plusieurs raisons nous estimons que le ratio est correct.

D'abord, nous avons demandé aux volontaires de comparer les multiplicateurs aux réducteurs plutôt que de comparer les multiplicateurs aux leaders moyens. L'effet ×2 suppose une comparaison du meilleur et du pire. Ensuite, nous avons posé cette même question à des personnes issues de différents secteurs d'activité, à différents postes et niveaux de management, et ce ratio moyen s'est vérifié dans l'ensemble. Enfin, cette différence étonnamment élevée peut s'expliquer par l'effort spontané fourni par les équipes. En tant que managers, nous sommes capables de percevoir si une personne travaille à son niveau de productivité habituel, au-dessus ou en dessous. Ce qui est plus difficile à déceler, c'est ce qu'elle retient. D'après leurs réponses à cette question, les volontaires estiment retenir une quantité considérable d'efforts en présence de certains managers.

Nous en avons conclu que, même si la différence peut paraître étonnante, les multiplicateurs obtiennent réellement 2× plus que leurs homologues réducteurs en moyenne.

TROUVEZ-VOUS DES DIFFÉRENCES SIGNIFICATIVES DANS LA FAÇON DONT LES HOMMES ET LES FEMMES DIRIGENT ?

S'il peut y avoir des différences réelles dans la façon dont les hommes et les femmes dirigent, on note plus de variations dans un groupe de même sexe qu'entre les deux. Nous ne disposons pas de données suggérant qu'un sexe soit plus enclin qu'un autre à la réduction, et les taux de réducteurs et de multiplicateurs sont d'une homogénéité remarquable. Nous constatons toutefois qu'il peut exister une certaine variation dans la façon dont se manifeste la réduction involontaire chez les hommes et les femmes, peut-être à cause d'une vision historiquement limitée des styles de leadership dits masculins et féminins. Par exemple, de nombreuses femmes qui ont commencé leur carrière dans les générations précédentes se sont adaptées à un monde défini par les hommes, choisissant un modèle de leadership qui ne leur convenait pas vraiment. Certaines ont adopté un modèle « viril » et se sont montrées coriaces, refusant la peur et s'efforçant de surpasser leurs homologues masculins. D'autres sont tombées dans l'archétype de la « maman ourse », prenant leurs collaborateurs sous leurs ailes et se lançant à la rescousse de projets en danger. Ces deux caricatures peuvent avoir des effets délétères. Les leaders font ressortir le meilleur chez les autres quand ils ne jouent pas un rôle, quand ils sont authentiques, ce qui ne peut avoir lieu que lorsque l'éventail complet des styles et des forces de leadership est accessible aux femmes comme aux hommes.

LES MULTIPLICATEURS RÉUSSISSENT-ILS MIEUX QUE LES RÉDUCTEURS ?

Oui, ils réussissent mieux en ce qu'ils obtiennent plus de leurs collaborateurs. Ce constat s'est avéré particulièrement stable tout au long de l'étude. Même les cadres de haut rang, véritables icônes dans le milieu professionnel, s'ils persécutent leurs collaborateurs, ne parviendront pas à en tirer autant que leurs homologues multiplicateurs. Nous n'avons pas étudié les carrières des réducteurs et des multiplicateurs, mais la réussite de ceux qu'ils côtoyaient. Nous avons ainsi constaté que les individus (et leurs carrières) étaient plus épanouis et réussissaient mieux au contact des multiplicateurs que des réducteurs.

TOUT LE MONDE PEUT-IL DEVENIR UN MULTIPLICATEUR OU CERTAINES PERSONNES SONT-ELLES TROP RÉDUCTRICES POUR CHANGER ?

À partir du moment où l'on est conscient de son comportement réducteur, on est capable de changer. Tout le monde peut devenir un multiplicateur s'il est prêt à déplacer son centre de gravité et à regarder au-delà de lui-même. Certains irréductibles sont peut-être si farouchement investis dans leur approche réductrice du leadership qu'ils sont incapables de changer, mais ils restent des exceptions.

Dans notre travail d'enseignement et de coaching, nous avons assisté à d'importantes transformations. Par exemple, un leader avec lequel nous avons travaillé présentait de fortes tendances à la réduction. Il a entrepris une approche de leadership plus multiplicatrice et son équipe a remarqué la différence. En accédant à un poste plus important dans une autre entreprise, il a pu faire table rase du passé et adopter cette nouvelle approche. Désormais, il est considéré comme un multiplicateur et porteur de ces valeurs aux membres de son entreprise.

Nous n'entretenons pas l'illusion que chaque réducteur va se réformer, mais nous pensons que la grande majorité est capable de changement. Tout commence par une prise de conscience et une intention délibérée.

LES ENTREPRISES DOIVENT-ELLES SE DÉBARRASSER DE LEURS RÉDUCTEURS ?

Les entreprises intelligentes ne sont pas obligées de licencier tous leurs réducteurs, mais elles doivent les écarter des postes de direction déterminants. Si quelqu'un persiste dans le rôle de réducteur, il peut être utile de l'isoler ou de le maintenir à un poste où il ne peut pas commettre de gros dégâts. S'ils sont tenus à distance des principaux rôles de direction, les capacités de leurs équipes pourront se libérer et les réducteurs risqueront moins de pousser les managers dont ils sont responsables à adopter à leur tour des pratiques réductrices.

Bien sûr, c'est plus facile à dire qu'à faire. Les réducteurs sont, par définition, intelligents et intimidants. La solution de facilité consiste à les maintenir à leurs postes de leaders. Pourtant, quand vous aurez commencé à calculer le coût élevé des réducteurs dans votre entreprise, vous serez plus enclins à prendre les mesures qui s'imposent. Par exemple, si l'une de vos machines fonctionnait au ralenti, contraignant le reste de votre ligne de production à tourner à 50 % de ses capacités, vous constateriez immédiatement combien elle est coûteuse pour votre entreprise. En remplaçant cette machine, vous pourriez doubler la capacité et le débit de toute votre chaîne de production ! Il en va de même pour chaque réducteur à un poste de direction. Même s'ils fonctionnent à pleine capacité, ils ralentissent tous ceux qui les entourent. La solution n'est peut-être pas de licencier tous les réducteurs, mais il est indéniable que les laisser à des postes de direction coûte trop cher.

EST-CE UTILE ET ENVISAGEABLE DE REMETTRE CE LIVRE À UN RÉDUCTEUR ACHARNÉ ?

Oui, mais lâchez-le vite et partez en courant ! Vous pouvez peut-être aussi l'envoyer de la part d'un de vos autres collègues réducteurs !

Plus sérieusement, si vous partagez ce livre comme le ferait un réducteur, avec jugement et autorité, votre interlocuteur risque de se fermer et vous ferez perdurer le cycle de réduction. En revanche, si vous l'abordez comme un multiplicateur et cherchez à ce que l'autre apprenne de nouvelles idées en toute sécurité, vous pourriez constater un accueil et un impact surprenants. Voici deux stratégies de type multiplicateur :

1. ÉVOQUEZ VOTRE PROPRE EXPÉRIENCE. Commencez peut-être par reconnaître que chacun peut être un réducteur involontaire par moments, avec une entrée en matière telle que : « Ce livre m'a montré que je pouvais réduire les autres sans le vouloir. » Vous pouvez aussi mettre l'accent sur l'impact que ce livre a eu sur vous et le présenter ainsi : « J'ai travaillé pour développer les caractéristiques de multiplicateur et je constate que cela augmente les performances de mon équipe. Je me suis dit que cela pourrait aussi vous intéresser. »

2. ÉVOQUEZ LES AVANTAGES POUR L'ENTREPRISE. La plupart des managers seraient intéressés à l'idée de doubler la capacité de leurs entreprises. Vous pourriez introduire cette idée en disant : « Je pense qu'il y a plus d'intelligence dans notre entreprise que nous n'avons réussi à en exploiter. Nous pouvons prendre des mesures en tant qu'équipe de direction pour augmenter le niveau de QI de notre entreprise. »

Par ailleurs, n'hésitez pas à introduire ces notions de manière indirecte en organisant un déjeuner informel ou en partageant une idée ou une pratique des multiplicateurs. Nous sommes persuadés qu'il est possible de partager ces contenus avec tout le monde ou presque, mais vous aurez plus de chances de réussite si vous l'abordez comme un multiplicateur. On ne convainc pas les autres à devenir des multiplicateurs par des moyens de réducteur.

FAUT-IL MAÎTRISER LES CINQ DISCIPLINES POUR ÊTRE CONSIDÉRÉ COMME UN LEADER MULTIPLICATEUR ?

Non, il n'est pas nécessaire d'exceller dans les cinq disciplines pour être un multiplicateur et obtenir l'effet escompté au sein de son équipe. D'ailleurs, très peu de leaders parmi ceux que j'ai étudiés étaient forts dans les cinq disciplines (la plupart avaient trois ou quatre disciplines de prédilection). Vous pouvez utiliser l'évaluation à 360 degrés des multiplicateurs pour déterminer approximativement vos points forts et vos points faibles. Pour vous développer, une bonne stratégie consiste à identifier votre discipline la plus forte et à y exceller. Ensuite, assurez-vous de ne pas tomber dans le travers de la réduction pour aucune des autres disciplines. Après quoi, efforcez-vous de vous améliorer dans une ou deux autres disciplines identifiées.

SI JE DEVAIS ENTREPRENDRE UNE CHOSE POUR AMORCER MON CHANGEMENT, QUE ME CONSEILLEZ-VOUS ?

La seule chose que nous vous conseillons, c'est de poser des questions pertinentes et intéressantes qui poussent à la réflexion. Il s'agit d'une mesure pratique qui s'applique à toutes les disciplines. Par exemple, que vous essayiez de devenir un libérateur, un lanceur de défis ou un créateur de débats, des questions pertinentes et intéressantes pourraient vous mettre le pied à l'étrier. Si vous cherchez à développer une compétence particulière, commencez par les questions.

Si vous souhaitez travailler sur un postulat, par exemple, nous vous suggérons d'essayer : « Ils sont intelligents et ils trouveront ». Pour cela, demandez-vous : « En quoi cette personne est-elle intelligente ? » Cette seule question peut enrayer une tendance au jugement binaire et vous permettre une entrée fracassante dans le monde en Technicolor où évoluent les multiplicateurs.

ANNEXE C

Les multiplicateurs

Voici notre panthéon des multiplicateurs présentés dans ce livre. Certains figurent dans plusieurs chapitres, mais ils ne sont mentionnés qu'une seule fois ci-dessous, dans le chapitre où ils apparaissent le plus.

Multiplicateur	Poste présenté	Poste actuel
Chapitre 1 : L'effet multiplicateur		
Commandant Abbot	Commandant, US Navy	
George Schneer	Directeur de division, Intel	Cadre résident, Sevin Rosen Funds ; associé, Horizon Ventures
Tim Cook	Directeur délégué, Apple Inc.	PDG, Apple Inc.
Deborah Lange	Vice-présidente, fiscalité, Oracle Corporation	Retraitée
George Clooney	Acteur	Acteur ; militant
Chapitre 2 : L'aimant à talents		
Mitt Romney	Consultant principal, Bain & Company	Dirigeant politique
Andreas Strüengmann	Cofondateur, Hexal, Allemagne	Investisseur
Thomas Strüengmann	Cofondateur, Hexal, Allemagne	Investisseur

Larry Gelwix	Coach principal, Highland High School Rugby	PDG, Columbus Travel
Alyssa Gallagher	Surintendante adjointe, département scolaire de Los Altos	Directrice de la mise en œuvre du développement du leadership à l'international, The Wiseman Group
Marguerite Gong Hancock	Directrice de camp pour filles	Directrice exécutive, Exponential Center, Computer History Museum
K. R. Sridhar	PDG, Bloom Energy	PDG, Bloom Energy
Chapitre 3 : Le libérateur		
Robert Enslin	Président, SAP Amérique du Nord	Président des opérations clientèle à l'international, SAP AG
Ernest Bachrach	Associé principal, Advent International, Amérique latine	Directeur et associé spécial, Advent International Corporation
Steven Spielberg	Réalisateur de cinéma	Réalisateur de cinéma
Patrick Kelly	Professeur d'histoire et de sciences sociales au collège	Professeur d'histoire et de sciences sociales au collège
Casey Lehner	Directeur principal des opérations de design à l'international, Nike Inc.	Directeur principal de l'expérience en milieu de travail à l'international, Nike Inc.
Ray Lane	Président, Oracle	Investisseur
John Brandon	Vice-président, circuits de vente, Apple Inc	Vice-président, ventes internationales, Apple Inc.
Mark Dankberg	PDG, ViaSat	PDG, ViaSat
Chapitre 4 : Le lanceur de défis		
Matt McCauley	PDG, Gymboree	Retraité

Irene Fisher	Directrice, Centre Bennion	Militante communautaire
C. K. Prahalad	Professeur, Université du Michigan	Décédé le 16 avril 2010
Alan G. Lafley	PDG, Procter & Gamble	Président exécutif, Procter & Gamble ; co-auteur de *The Game Changer*
Sean Mendy	Directeur, centre pour la nouvelle génération, Boys and Girls Clubs of the Peninsula	Directeur général du développement, Boys and Girls Clubs of the Peninsula
Wangari Maathai	Fondatrice, Green Belt Movement, Afrique, lauréate 2004 du prix Nobel de la paix	Décédée le 25 septembre 2011
Chapitre 5 : Le créateur de débats		
Arjan Mengerink	Chef de la police de district des Pays-Bas de l'Est	Chef de la police de district des Pays-Bas de l'Est
Lutz Ziob	Directeur général, Microsoft Learning, Microsoft Corporation	Doyen, 4Afrika Academy, Microsoft Corporation
Tim Brown	PDG et président, IDEO	PDG et président, IDEO
Sue Siegel	Présidente, Affymetrix	PDG, GE Ventures, Licences & Healthymagination, General Electric
Chapitre 6 : L'investisseur		
Jae Choi	Associé, McKinsey & Company, Corée	Directeur général exécutif, chef de la stratégie, équipements de construction, Doosan Infracore, Corée
Elaben Bhatt	Fondatrice, SEWA, Inde	Membre, The Elders World Council
John Chambers	PDG, Cisco Systems	Président exécutif, Cisco Systems

John Wookey	Vice-président exécutif, Oracle ; vice-président exécutif, SAP	Vice-président exécutif, applications industrielles, force de vente
Michael Clarke	Président de département, Flextronics	Président et PDG, Nortek Inc.
Kerry Patterson	Cofondateur, Interact Performance Systems	Auteur ; cofondateur, VitalSmarts
Jubin Dana	Coach, California Youth Soccer Association	Coach, California Youth Soccer Association ; avocat
Narayana Murthy	PDG, Infosys, Inde	Présidente émérite, Infosys ; leader d'opinion en politique et affaires, Inde
Chapitre 8 : Affronter les réducteurs		
Sean Heritage	Commandant de l'US Air Force	Officier de guerre spécialiste en cryptologie, US Navy
Chapitre 9 : Devenir un multiplicateur		
Bill Campbell	PDG, Intuit	Décédé le 18 avril 2016
Mike Felix	Vice-président, service commercial Internet et divertissement, Midwest, AT&T	Vice-président, service commercial Internet et divertissement, Midwest, AT&T

Multiplicateurs : guide de discussion

Ce guide propose une série de questions permettant de discuter en équipe des idées des multiplicateurs. N'hésitez pas à préparer vos discussions en cherchant un moyen de créer une expérience multiplicatrice au sein de votre équipe, alors qu'elle débat de ces sujets.

Chapitre	Sujets de discussion
L'effet multiplicateur	Un réducteur qui réussit doit-il essayer de devenir un multiplicateur ? Pourquoi ?
	Peut-on être un multiplicateur quand on travaille pour un réducteur ?
	Certaines personnes font-elles particulièrement ressortir le réducteur en vous ? Pourquoi ?
L'aimant à talents	Combien de temps faut-il pour acquérir la réputation du patron idéal avec lequel travailler ?
	Quand faut-il embaucher de nouveaux employés plutôt que de développer les talents de ceux dont on dispose déjà ?

Le libérateur	Un climat libérateur donne beaucoup d'espace, mais attend beaucoup en retour. Comment savoir si l'on est allé trop loin sur l'un ou l'autre de ces éléments ? Pour être un libérateur, faut-il à la fois être « détesté et aimé », comme M. Kelly dans son école ? (Voir page 65)
Le lanceur de défis	Comment partager ses propres connaissances et opinions sans exercer un effet réducteur sur ses subordonnés ? Citez une mesure que Richard Palmer pourrait prendre afin de passer d'un leadership de type réducteur à un leadership de type multiplicateur. (Voir page 87)
Le créateur de débats	Imaginez que vous n'ayez que trente minutes pour prendre une décision aux enjeux élevés. Devriez-vous aborder cette décision en tant que créateur de débats ? Si non, pourquoi ? Si oui, comment ? Le rôle de créateur de débats demande de prendre des décisions pertinentes en suivant un processus rigoureux. Comment savoir à quel moment arrêter les débats et prendre une décision ?
L'investisseur	Quelle est la différence entre le souci du détail et la micro-gestion ? Comment donner aux autres la possibilité de s'approprier un projet sans se désengager soi-même ?

| Devenir un multiplicateur | Si vous deviez définir une idée commune aux cinq disciplines, laquelle choisiriez-vous ?

Dans quelle discipline pourriez-vous faire le plus de progrès en un minimum de temps ?

Serait-il possible de se concentrer sur un seul domaine de développement pendant un an ?

Où est situé votre poids sur la corde métaphorique ? (Voir page 250)

Parmi les différentes structures dont vous faites partie (entreprise, communauté, famille), où pourriez-vous mettre en œuvre l'approche multiplicatrice avec le plus fort impact ? Pourquoi ? |

Si vous souhaitez organiser un événement plus structuré sur le thème des multiplicateurs, téléchargez le guide complet de l'animateur sur www.multipliersbooks. com. Utilisez-le pour aborder la question du leadership multiplicateur dans vos discussions au travail !

Multiplicateurs : travaux pratiques

NOMMER LE GÉNIE

Identifiez le génie intrinsèque à
chaque personne de votre équipe.

Nommez le génie propre à chaque individu de votre équipe et trouvez des
moyens novateurs pour l'exploiter plus pleinement. Travaillez individuellement ou en équipe afin que chacun prenne conscience du génie
intrinsèque des autres.

DISCIPLINE DU MULTIPLICATEUR

L'aimant à talents
Remède contre **le réducteur involontaire qui foisonne d'idées, celui qui ne
s'arrête jamais** et **celui qui élabore des stratégies.**

MENTALITÉ DU MULTIPLICATEUR

Tout le monde est brillant dans un domaine.

PRATIQUES DU MULTIPLICATEUR

Réflexion individuelle :

1. **Identifier :** Trouvez ce que cette personne fait spontanément.
   Demandez-vous :
   - Que fait cette personne mieux que tout le reste ?
   - Que fait cette personne mieux que les autres ?
   - Que fait cette personne facilement (sans effort ni même en
     avoir conscience) ?
   - Que fait cette personne librement (sans qu'on le lui demande ou
     qu'on la rémunère) ?

2. **Nommer :** Donnez à ce génie intrinsèque un intitulé simple (par exemple :
   « synthétiser des idées complexes », « construire des ponts » ou «
   identifier les causes profondes »). Testez votre postulat avec les collègues
   de cette personne et la personne elle-même. Peaufinez votre définition
   jusqu'à ce qu'elle corresponde parfaitement à son génie.

3. **Exploiter :** Identifiez les missions ou les tâches qui permettront d'utiliser et
   d'étendre le génie de cette personne. Ne vous contentez pas des fiches
   de poste classiques, identifiez des rôles sur mesure. Discutez avec la
   personne et permettez-lui de chercher les meilleures façons d'exploiter
   son génie.

Réflexion en équipe :

1. Définissez le concept de génie intrinsèque.
2. Demandez à chacun d'identifier le génie intrinsèque de chacun de ses collègues.
3. Rassemblez le groupe.
4. Concentrez-vous sur une seule personne à la fois.
   - Demandez à chaque membre de l'équipe de décrire le génie intrinsèque de cette personne.
   - Demandez à la personne concernée de donner son propre point de vue.
   - Discutez des moyens d'utiliser au mieux le génie de cette personne.

Résultats du laboratoire

Stephanie Post, directrice des ventes et de la formation client chez Sysmex America, a appris ce qu'était le « génie intrinsèque » lors d'un atelier sur les multiplicateurs et a décidé de découvrir le génie qui se cachait dans sa nouvelle équipe. Pour elle, c'était l'occasion idéale de « les faire participer à des projets et de creuser ce qui leur donnait envie de venir travailler ». En équipe, ils ont recherché le génie de chacun et l'un d'eux en particulier (« Kimmy, le génie des ressources ») s'est distingué. C'est cette personne qui vous vient en aide quand vous ne vous rappelez plus le nom du restaurant ou l'endroit préféré de l'un de vos clients principaux... cette personne qui se souvient de la date d'anniversaire de votre patron, contrairement à vous. Elle effectue des recherches Google et vous les envoie par texto en quelques minutes. Mieux encore, elle ne peut pas s'empêcher d'explorer et de rechercher un tas de choses, à peu près tout et n'importe quoi. En ce qui concerne son poste, elle est spontanément curieuse, intéressée par tous les processus et les procédures. Après avoir nommé le génie intrinsèque de Kimmy, Stephanie lui a donné la liberté de travailler sur une composante essentielle de leur travail jusqu'à présent réalisée en externe, ce qui a entraîné des économies financières et posé les bases pour la perspective palpitante d'un nouveau secteur d'activité.

À votre tour : Préparez-vous pour le succès avec les pratiques du multiplicateur. Utilisez cette grille pour planifier vos expériences et en discuter.

Cherchez les occasions	Augmentez votre impact
Où et comment pourriez-vous utiliser cette expérience ?	Où et comment pourriez-vous utiliser cette expérience ?

Optimisez votre apprentissage	Développez vos compétences
Que s'est-il passé et quelles sont vos preuves ?	Où pouvez-vous l'utiliser tà nouveau ?

TAILLER PLUS GRAND

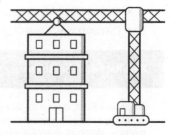

Confiez à quelqu'un un travail
un peu trop grand pour lui.

Reconnaissez que chaque membre de votre
équipe présente des niveaux de capacité
différents. Pourtant, tout le monde est capable
d'évoluer. Définissez les rôles et les responsabilités de la même manière que
vous achèteriez des chaussures pour de jeunes enfants : trop grandes d'une
taille. Ensuite, laissez cette personne évoluer dans ses nouvelles responsabilités.

DISCIPLINE DU MULTIPLICATEUR

L'aimant à talents, le lanceur de défis, l'investisseur
Remède contre **le réducteur involontaire qui donne le rythme et celui
qui protège**.

MENTALITÉ DU MULTIPLICATEUR

Tout le monde peut grandir.

PRATIQUES DU MULTIPLICATEUR

1. Dressez la carte des niveaux de capacité de votre équipe, en sachant qu'elle ressemblera plus vraisemblablement à une ligne d'horizon en dents de scie qu'à une barre de saut en hauteur.
2. Choisissez une ou deux personnes prêtes à aller plus loin.
3. Définissez un ensemble de responsabilités qui dépassent leurs capacités actuelles et les pousseront à se surpasser. Expliquez-leur que vous leur confiez un « travail » qui leur paraîtra peut-être un peu trop grand pour eux. Assurez-les que vous croyez en leur capacité d'apprendre et de s'épanouir dans ce rôle.
4. Entretenez un vide qui doit être comblé... par eux, non par vous.
5. Procédez de la même manière pour tous les membres de votre équipe.

Résultats du laboratoire

Il restait douze mois à Jessica Parisi, PDG de BTS, une société de stratégie en leadership pour les entreprises, avant de lancer une nouvelle approche du développement du leadership pour ses clients. Elle s'est rendu compte qu'elle aurait besoin d'un leader au niveau intermédiaire et d'un autre en première ligne pour développer cette nouvelle approche. Lors d'une réunion d'équipe, Megan, une recrue relativement récente chez BTS, a exprimé à la fois sa passion et son intérêt pour le développement du programme de leadership de première ligne. Jessica a reconnu que Megan était douée, comme elle l'avait prouvé récemment en gérant deux programmes de leadership de première ligne, et elle a sauté sur l'occasion pour lui confier un rôle plus important. Jessica n'a pas été freinée par la jeunesse de Megan, qui n'avait que vingt-quatre ans. Elle y a vu l'occasion d'associer sa passion à son expertise croissante. Après sa surprise initiale, Megan est devenue la personne de référence à l'international pour les offres en leadership de première ligne. La décision de placer Megan à ce poste a non seulement amélioré le travail d'équipe au niveau mondial, mais a également poussé les consultants les plus expérimentés à adopter plus vite ce modèle et servi d'exemple de ce que BTS attendait de tous les partenaires.

À votre tour : Préparez-vous pour le succès avec les pratiques du multiplicateur. Utilisez cette grille pour planifier vos expériences et en discuter.

Cherchez les occasions	Augmentez votre impact
Où et comment pourriez-vous utiliser cette expérience ?	Où et comment pourriez-vous utiliser cette expérience ?
Optimisez votre apprentissage	**Développez vos compétences**
Que s'est-il passé et quelles sont vos preuves ?	Où pouvez-vous l'utiliser à nouveau ?

JOUER MOINS DE JETONS

Jouez moins de jetons lors d'une réunion.

Avant une réunion, accordez-vous un budget de « jetons de poker », chacun représentant un commentaire ou une contribution à la réunion. Utilisez vos jetons à bon escient et laissez le reste de l'espace aux autres pour qu'ils puissent contribuer.

DISCIPLINE DU MULTIPLICATEUR

Le libérateur
Remède contre **le réducteur involontaire qui ne s'arrête jamais** et **celui qui élabore des stratégies.**

MENTALITÉ DU MULTIPLICATEUR

En étant petit, je donne aux autres l'occasion d'être grands.
En me mettant moins souvent en avant, je permets à mes propres idées d'avoir plus d'impact.

PRATIQUES DU MULTIPLICATEUR

Voici quelques façons de « s'imposer » en utilisant les jetons, et les moments où il serait préférable de « s'effacer ».

S'imposer	S'effacer
Ouvrir la réunion en définissant la question (quelle est la question/décision, en quoi elle est importante, comment elle sera discutée/décidée).	Quand vous éprouvez l'envie de dire : « Oui, c'est aussi ce que je pense. »
Poser une question importante.	Quand vous voulez reformuler ce que vous avez entendu avec vos propres mots.
Proposer une idée personnelle (qui n'a pas déjà été évoquée).	Quand vous souhaitez dire : « J'ai effectué des recherches et les données le confirment. »
Réorienter la conversation ou la remettre sur le bon chemin.	
Résumer.	

Résultats du laboratoire

Mahmoud Mansoura, responsable de l'assistance mondiale pour HP Enterprise au Maroc, a souhaité repenser sa contribution en tant que leader. Après sa participation à un atelier sur les multiplicateurs, Mahmoud a constaté qu'il prenait trop de place dans son équipe (il parlait en permanence). Lors de ses réunions hebdomadaires, il avait l'habitude d'ouvrir les séances par des annonces et des nouvelles avant de donner des instructions aux membres de son équipe. C'était une pratique de longue date, mais il a commencé à prêter attention à son impact sur l'équipe et il s'est dit que les autres pourraient contribuer davantage s'il s'exprimait moins. Mahmoud a alors décidé de limiter ses contributions en utilisant les jetons. Il a cessé d'introduire les réunions par ses remarques, commençant plutôt par une table ronde où tous les membres étaient invités à partager. Ainsi, Mahmoud a pu écouter ses collaborateurs évoquer leurs succès et leurs difficultés et les regarder résoudre les problèmes. Désormais, il n'intervient que lorsque l'équipe a besoin d'être aiguillée ou lorsqu'il pense qu'un commentaire bien placé de sa part pourrait avoir un impact positif sur les autres. Mahmoud a réussi à modifier l'espace qu'il consomme en réunion grâce à une pratique délibérée et quelques jetons de poker.

À votre tour : Préparez-vous pour le succès avec les pratiques du multiplicateur. Utilisez cette grille pour planifier vos expériences et en discuter.

Cherchez les occasions	Augmentez votre impact
Où et comment pourriez-vous utiliser cette expérience ?	Où et comment pourriez-vous utiliser cette expérience ?
Optimisez votre apprentissage	Développez vos compétences
Que s'est-il passé et quelles sont vos preuves ?	Où pouvez-vous l'utiliser à nouveau ?

PARLER DE SES ERREURS

Invitez à l'expérimentation et à l'apprentissage en partageant vos propres erreurs.

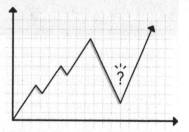

Faites connaître les erreurs que vous avez commises et ce que vous en avez tiré. Expliquez comment vous avez intégré cet apprentissage dans vos décisions et vos pratiques de leadership actuelles.

DISCIPLINE DU MULTIPLICATEUR

Le libérateur
Remède contre **le réducteur involontaire qui donne le rythme**, celui qui voit **le verre à moitié plein** et **celui qui cherche la perfection.**

MENTALITÉ DU MULTIPLICATEUR

Les erreurs font partie intégrante du processus naturel d'apprentissage et de réussite.

PRATIQUES DU MULTIPLICATEUR

1. **Parlez de sujets personnels.** Réfléchissez à votre propre cheminement de carrière en soulignant les hauts et les bas de votre parcours. Identifiez plusieurs erreurs importantes que vous avez commises. Plus elles sont grosses, mieux c'est ! Pour chaque erreur, identifiez :

   - Ce que vous avez fait

   - Ce qui s'est passé

   - Où vous vous êtes trompé (actions ou hypothèses)

   - Ce que vous en avez appris

   Cherchez des occasions de partager ces histoires. Vous pouvez le faire avant que quelqu'un ne s'attelle à une tâche difficile ou au moment où il commet une erreur regrettable.

2. **Parlez en public.** Au lieu de discuter de vos erreurs et de celles de votre équipe à huis clos ou en tête-à-tête, exposez-les devant tout le monde, afin que la personne qui a commis une erreur puisse se soulager et que tout le monde en tire des leçons. Essayez d'intégrer cette habitude à votre rituel.

Par exemple, vous pourriez ajouter « la gaffe de la semaine » à l'ordre du jour de vos réunions régulières. Si un membre de l'équipe, y compris vous-même, a commis une erreur, c'est le moment d'en parler publiquement, d'en rire et de passer à autre chose.

Résultats du laboratoire

Quynh Vu, responsable de la pharmacie des patients hospitalisés, a éprouvé le besoin de « parler de ses erreurs » après avoir lu Les Multiplicateurs. Quynh, une manager recrutée depuis peu, supervise quarante techniciens en pharmacie dans un environnement où des milliers de doses sont soigneusement préparées et administrées chaque jour aux patients admis à l'hôpital. Les pharmacies utilisent un système de double vérification, qui réduit de manière significative le taux d'erreurs sans parvenir à les éliminer complètement. Il peut y avoir des ratés dans la façon dont les médicaments sont étiquetés, entreposés, dosés ou même distribués. Quynh ne s'est pas contentée de partager une erreur mineure qu'elle avait commise, mais elle est allée plus loin en travaillant avec d'autres membres de la direction de son service à la création d'un « temps de sécurité quotidien » qui ne dure pas plus de dix minutes et rassemble les 10 à 12 personnes en service en même temps. Pendant le temps de sécurité, les membres de l'équipe ont la possibilité de partager leurs erreurs et d'inviter les autres à les résoudre. Quynh a déclaré : « Ce temps de sécurité est le moment où les gens se sentent libres de discuter ouvertement des erreurs évitées de justesse, c'est-à-dire repérées avant de quitter la pharmacie, afin que tous puissent en bénéficier. Cela nous permet aussi de discuter des pistes d'amélioration. »

À votre tour : Préparez-vous pour le succès avec les pratiques du multiplicateur. Utilisez cette grille pour planifier vos expériences et en discuter.

Cherchez les occasions	Augmentez votre impact
Où et comment pourriez-vous utiliser cette expérience ?	Où et comment pourriez-vous utiliser cette expérience ?
Optimisez votre apprentissage	Développez vos compétences
Que s'est-il passé et quelles sont vos preuves ?	Où pouvez-vous l'utiliser à nouveau ?

LAISSER LA PLACE AUX ERREURS

Créez un espace où les gens se sentent libres d'expérimenter, de prendre des risques et de se relever.

Favorisez un environnement sûr où les gens peuvent prendre des risques. Précisez les domaines dans lesquels : a) les membres de votre équipe ont la possibilité d'expérimenter ; et ceux où b) les enjeux sont trop importants pour autoriser l'échec.

DISCIPLINE DU MULTIPLICATEUR

Le libérateur
Remède contre **le réducteur involontaire qui vole à la rescousse, celui qui voit le verre à moitié plein, celui qui protège et celui qui cherche la perfection.**

MENTALITÉ DU MULTIPLICATEUR

Les gens apprennent mieux des conséquences naturelles de leurs actions.

PRATIQUES DU MULTIPLICATEUR

Créez une « ligne de flottaison » claire au-dessus de laquelle les gens peuvent expérimenter et prendre des risques avec la possibilité de s'en relever, mais en dessous de laquelle toute erreur ou « boulet de canon » risquerait de provoquer un échec catastrophique et « couler le bateau ». Travaillez avec votre équipe pour déterminer cette ligne de flottaison.

1. Sur un tableau blanc ou un paper-board, notez deux catégories.
2. Avec des post-it, demandez à chacun d'énumérer un certain nombre de scénarios dans lesquels l'échec est autorisé et d'autres où l'échec est interdit.
3. Laissez les participants déplacer le post-it d'une catégorie à l'autre tout en débattant de celle qui convient le mieux. Déplacez physiquement le post-it jusqu'à ce que le groupe se mette d'accord.
4. Poussez la réflexion en encourageant autant de scénarios que possible dans la catégorie l'échec est autorisé. Enfin, tracez la « ligne de flottaison » entre les deux catégories.
5. Regroupez les scénarios similaires.

6. Définissez les thèmes de chaque catégorie. Par exemple :

- Il est autorisé d'échouer lorsque : a) l'apprentissage est plus important que le coût ; b) nous avons le temps ou les ressources pour nous relever ; ou c) les clients ou les étudiants ne sont pas lésés, etc.
- Il est interdit d'échouer lorsque : a) cela va à l'encontre de notre éthique ou de nos valeurs ; b) cela nuit à notre marque/réputation sur le marché ; c) cela risque de mettre en danger la carrière de quelqu'un (y compris du leader), etc.

7. Notez les principes essentiels au-dessus et en dessous de la ligne de flottaison. Partagez ces informations avec l'équipe.

Résultats du laboratoire

Quand l'équipe de direction de l'entreprise de prêt-à-porter Banana Republic s'est inscrite à un atelier sur les multiplicateurs, elle cherchait des moyens de permettre à ses employés de prendre des risques intelligents et d'innover. Ils ont décidé de créer un espace propice aux erreurs en identifiant les domaines de l'entreprise dans lesquels il était autorisé d'expérimenter et d'échouer, par rapport aux domaines où le succès était essentiel. Les membres de l'équipe de direction ont noté leurs opinions sur des post-it, qu'ils ont ensuite disposés sur un grand tableau blanc, avec un côté intitulé « échec autorisé » et l'autre « échec interdit ». L'équipe a discuté et débattu de chaque idée, déplaçant les post-it d'un côté du tableau à l'autre jusqu'à ce qu'un consensus soit atteint. Les leaders ont ensuite pris du recul en cherchant à dégager un thème dans chaque catégorie. En une minute ou deux, les domaines où il était interdit d'échouer étaient très clairement définis. Cela pouvait s'exprimer en un seul mot : « décembre ». Le président l'a résumé ainsi : « Onze mois de l'année, il est permis de faire des expériences avec les produits, les prix, les promotions, etc., mais on ne doit pas mettre en péril le mois de décembre », la saison cruciale des achats pour les fêtes. Imaginez le sentiment de clarté et de liberté qu'ils ont ensuite éprouvé en présentant ces conclusions à l'ensemble de leur équipe de direction.

À votre tour : Préparez-vous pour le succès avec les pratiques du multiplicateur. Utilisez cette grille pour planifier vos expériences et en discuter.

Cherchez les occasions	Augmentez votre impact
Où et comment pourriez-vous utiliser cette expérience ?	Où et comment pourriez-vous utiliser cette expérience ?

Optimisez votre apprentissage	Développez vos compétences
Que s'est-il passé et quelles sont vos preuves ?	Où pouvez-vous l'utiliser à nouveau ?

QUESTIONS EXTRÊMES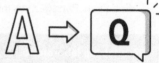

Stimulez votre curiosité en menant toute une conversation au cours de laquelle vous ne pourrez poser que des questions.

Tout ce que vous direz doit se terminer par un point d'interrogation. En d'autres termes : êtes-vous capable de conclure tout ce que vous dites par un point d'interrogation ?

DISCIPLINE DU MULTIPLICATEUR

Le lanceur de défis

Remède contre **le réducteur involontaire qui foisonne d'idées, celui qui ne s'arrête jamais, celui qui vole à la rescousse, celui qui réagit plus vite que son ombre, celui qui élabore des stratégies et celui qui cherche la perfection.**

MENTALITÉ DU MULTIPLICATEUR

On peut apprendre des gens qui nous entourent et mieux comprendre.

MULTIPLIER PRACTICES

Accédez à ce que savent les autres personnes. Exprimez vos points de vue grâce aux questions que vous poserez. Jouez le jeu et ne vous exprimez que par questions !

Réfléchissez en termes d'heures, pas de minutes. Mettez-vous au défi de poser différents types de questions.

Défi : Remettent en question les postulats

Découverte : Personne n'a encore la réponse

Éclairage : Aident les autres à voir ce que vous pouvez voir

Direction : Dirigent vers un résultat

- Questions directrices : Dirigez les autres vers un résultat spécifique
- Questions éclairantes : Aidez les autres à voir ce que vous pouvez voir
- Questions de découverte : Créez une idée ou une solution tous ensemble
- Questions de défi : Intervenez pour remettre en question les postulats dominants

Ouvertes : Suscitent des pistes d'explication

Fermées : Oui ou non

Résultats du laboratoire

Tom Mottlau, chargé de clientèle international au département d'hygiène et soin de LG Electronics, a reçu la mission d'intégrer Mike, un nouveau membre de l'équipe de vente. Autrefois, cette mission aurait demandé à Tom au moins une journée entière et se serait résumée à un défilé des employés de LG partageant leur expertise et leurs conseils au nouveau. Mais après s'être engagé dans le programme de coaching des multiplicateurs, Tom y a vu une occasion d'utiliser les questions extrêmes. Au lieu de faire des suppositions sur ce que Mike savait ou non, Tom s'est préparé à leur rencontre en rédigeant une liste de questions. Ainsi, Tom a pu en apprendre davantage sur les expériences antérieures de Mike et évaluer quels aspects du processus d'intégration seraient les plus utiles à Mike et à LG. En commençant par des questions, Mike a pu couvrir plus de terrain en un temps plus court, et ce qui aurait été une journée entière de réunions n'a finalement mobilisé que quatre heures du temps de Tom. Mieux encore, Mike a déclaré que l'intégration chez LG était la plus unique et efficace de toutes ses expériences de « premier jour ».

À votre tour : Préparez-vous pour le succès avec les pratiques du multiplicateur. Utilisez cette grille pour planifier vos expériences et en discuter.

Cherchez les occasions	Augmentez votre impact
Où et comment pourriez-vous utiliser cette expérience ?	Où et comment pourriez-vous utiliser cette expérience ?

Optimisez votre apprentissage	Développez vos compétences
Que s'est-il passé et quelles sont vos preuves ?	Où pouvez-vous l'utiliser à nouveau ?

ÉTENDRE SA PORTÉE

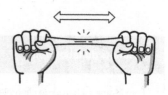

Quel exploit difficile votre équipe ou votre entreprise pourrait-elle être capable de réaliser ?

Motivez les membres de votre équipe en leur donnant une « mission impossible », une tâche difficile qui les mettra au défi ainsi que l'ensemble de l'entreprise. Aidez-les à voir ce qui pourrait être réalisable, proposez-leur un défi attirant et intéressant, et faites naître en eux la conviction qu'ils sont capables d'y arriver.

DISCIPLINE DU MULTIPLICATEUR

Le lanceur de défis

Remède contre le réducteur involontaire qui donne le rythme, celui qui protège et celui qui élabore des stratégies.

MENTALITÉ DU MULTIPLICATEUR

Les gens sont capables d'accomplir des missions difficiles.

PRATIQUES DU MULTIPLICATEUR

- Identifiez la mission difficile que les membres de votre équipe ou de votre entreprise pourraient être capables de réaliser.
- Créez un défi attirant, passionnant et réaliste pour susciter leur réflexion.
- Identifiez une étape accessible afin de renforcer leur conviction.
- Transformez à présent votre défi en question qui captera leur imagination.
- Posez votre question, mais n'y répondez pas. Laissez votre équipe trouver des solutions.

Résultats du laboratoire

Ses supérieurs ont chargé Jason Grodman, fonctionnaire au département régional de récupération des eaux usées du Comté de Pima, d'accroître la productivité dans son service. En tant que responsable de dix employés chargés des inspections, Jason s'est interrogé sur la meilleure approche à adopter. Il a rassemblé des données sur les années précédentes et s'est rendu compte que le taux d'inspections réalisées par l'équipe le plus élevé en un an était de 750. Fort de ces informations, et afin de responsabiliser son équipe, Jason lui a lancé un défi : « Que faudrait-il faire pour réaliser 1000 inspections en 2016 ? » Il n'était pas certain de la réponse qu'allait apporter son équipe, mais il faisait appel à leurs meilleures idées, confiant l'élaboration d'un plan aux inspecteurs. Non seulement ces derniers ont élaboré un plan, mais ils n'ont cessé de l'améliorer par de nouvelles questions et de nouvelles idées. Au cours des sept premiers mois de 2016, l'équipe avait déjà dépassé la meilleure année de son histoire. Ils étaient sur la bonne voie pour atteindre l'objectif et ils dépasseraient très certainement les 1000 inspections prévues pour l'année. Aussi motivant que ce soit pour l'équipe de battre son précédent record et de relever le défi, c'est encore plus enthousiasmant pour Jason de voir le niveau d'implication augmenter dans son département et d'être témoin de la puissance d'un défi stimulant.

À votre tour : Préparez-vous pour le succès avec les pratiques du multiplicateur. Utilisez cette grille pour planifier vos expériences et en discuter.

Cherchez les occasions	Augmentez votre impact
Où et comment pourriez-vous utiliser cette expérience ?	Où et comment pourriez-vous utiliser cette expérience ?
Optimisez votre apprentissage	**Développez vos compétences**
Que s'est-il passé et quelles sont vos preuves ?	Où pouvez-vous l'utiliser à nouveau ?

CRÉER UN DÉBAT

Utilisez le débat pour développer l'intelligence collective et la rapidité d'exécution.

Identifiez une décision importante. Établissez les termes du sujet. Suscitez un débat. Prenez une décision.

DISCIPLINE DU MULTIPLICATEUR

Le créateur de débats
Remède contre **le réducteur involontaire qui réagit plus vite que son ombre et celui qui voit le verre à moitié plein.**

MENTALITÉ DU MULTIPLICATEUR

Réunissez les personnes à impliquer dans la décision. Une fois qu'ils comprendront la logique, ils sauront quoi faire.

PRATIQUES DU MULTIPLICATEUR

1. Établissez le sujet

- Définissez la question : Une bonne question comporte des options claires parmi lesquelles choisir.
- Expliquez en quoi c'est une question essentielle qui nécessite un débat.
- Formez l'équipe : Demandez aux gens de venir préparés, avec des informations/données/preuves en renfort.
- Communiquez clairement sur le processus de décision.

2. Suscitez le débat

- Posez la question du débat.
- Demandez aux gens d'étayer leurs points de vue par des preuves.
- Demandez à chacun de donner son avis.
- Demandez aux participants de changer de position et d'argumenter selon l'autre point de vue.

3. Prenez une décision éclairée

- Clarifiez une fois de plus le processus de prise de décision.
- Prenez la décision.
- Communiquez la décision et sa justification.

Résultats du laboratoire

Clay Gilbert, président de Thornton Brothers Inc., une société experte en solutions de nettoyage, d'emballage et de sécurité innovantes, a expérimenté le programme « Créer un débat » après avoir perdu un membre de son équipe exécutive au profit d'un concurrent du même secteur. Si Clay avait suivi les anciennes pratiques, il aurait fait appel aux deux autres cadres qui composent l'équipe de direction pour une réunion en petit comité. Au lieu de quoi, après avoir lu Les Multiplicateurs, Clay a vu une occasion de permettre à d'autres membres de l'entreprise de partager leurs meilleures idées avant la prise de décision. Clay a organisé un débat. Il a fixé une date de réunion, invité un échantillon représentatif d'employés et leur a demandé de venir préparés, avec leurs arguments. Quand le jour du débat est arrivé, Clay a défini le cadre de la réunion par une question centrale axée sur les objectifs de l'entreprise et ses valeurs fondamentales. Il est resté neutre pendant toute la réunion, n'intervenant que pour aider à faire évoluer les réflexions ou amorcer un débat complémentaire. En groupe, ils ont trouvé des solutions créatives et fiables, sur lesquelles Clay travaille actuellement. Même si le résultat final n'est pas encore connu, Clay a trouvé « libératrice » l'expérience de définir la question et de susciter le débat. Quel que soit le résultat, cette démarche a demandé à chacun de donner le meilleur, améliorant ainsi la confiance que l'équipe porte au processus de décision.

À votre tour : Préparez-vous pour le succès avec les pratiques du multiplicateur. Utilisez cette grille pour planifier vos expériences et en discuter.

Cherchez les occasions	Augmentez votre impact
Où et comment pourriez-vous utiliser cette expérience ?	Où et comment pourriez-vous utiliser cette expérience ?
Optimisez votre apprentissage	**Développez vos compétences**
Que s'est-il passé et quelles sont vos preuves ?	Où pouvez-vous l'utiliser à nouveau ?

DONNER 51% DES VOIX

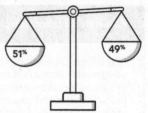

Donnez la responsabilité à quelqu'un d'autre en lui accordant 51 % des voix.

Au lieu de déléguer le travail, faites savoir à vos collaborateurs qu'ils (et non vous) sont responsables et doivent rendre des comptes. Dites-leur qu'ils ont 51 % des voix, mais 100 % des responsabilités.

DISCIPLINE DU MULTIPLICATEUR

Le libérateur et l'investisseur
Remède contre **le réducteur involontaire qui ne s'arrête jamais**, celui **qui vole à la rescousse** et **celui qui cherche la perfection.**

MENTALITÉ DU MULTIPLICATEUR

Les gens fonctionnent au meilleur de leurs capacités lorsqu'ils sont responsables et tenus de rendre compte de leur travail.

PRATIQUES DU MULTIPLICATEUR

1. Identifiez le projet que vous allez confier à un membre de l'équipe.
2. Décrivez le projet et répondez à ses questions pour vous assurer de sa compréhension.
3. Donnez-lui la majorité des voix accompagnée d'un nombre pour que ce soit plus concret.

   Par exemple, dites-lui qu'il dispose de 51 % des voix et que vous n'en avez que 49 %. Ou allez jusqu'à 75 % et 25%, pourquoi pas ? Au-dessus de 50%, vous faites passer le message suivant : C'est vous qui êtes responsable. À vous de prendre la décision finale.

Assurez-vous qu'ils comprennent ce que 51 % (ou plus) signifie :
- Vous êtes responsable (par conséquent, je ne le suis pas).
- Il vous revient de prendre les décisions finales (je partagerai mon opinion, mais en cas de désaccord, c'est à vous de décider).
- Je m'attends à ce que vous fassiez avancer les choses (je participerai, mais je suivrai votre exemple).

Vous pouvez enfoncer le clou en disant (avec un peu d'humour !) :
   « Vous êtes à 51 %. Je suis à 49 %. C'est ça de moins sur ma liste. » En d'autres termes : « Je pars du principe que c'est sur la vôtre ! »

Résultats du laboratoire

Stacey et Jim dirigeaient un cours de théologie pour les lycéens. Ces enseignants avaient l'idée d'un grand spectacle de fin d'année où les élèves pourraient montrer ce qu'ils avaient appris à leurs parents. Il s'agissait non seulement d'une idée nouvelle, mais aussi d'une initiative que Stacey et Jim voulaient que les élèves mènent eux-mêmes, notamment les plus âgés qui seraient bientôt diplômés. Ils ont donc rassemblé les plus âgés un soir chez Stacey pour le dessert. Stacey et Jim ont partagé leur vision, ont donné aux élèves quelques paramètres, puis leur ont dit qu'ils étaient entièrement responsables et qu'ils pouvaient organiser n'importe quel type d'événement tant que cela répondait aux critères. Les élèves ont commencé à discuter de leurs idées, mais ils s'en remettaient toujours aux enseignants. Stacey leur a fait comprendre que c'étaient eux les responsables, leur disant que le vote décisif leur revenait. Pour que ce soit bien clair, Jim et Stacey se sont levés et ont quitté la pièce. Stacey s'est occupée dans la cuisine et Jim s'est assis au piano pour jouer. Lorsqu'ils sont revenus dans la salle dix ou quinze minutes plus tard, ils ont découvert que les élèves avaient eu une idée amusante et avaient travaillé pour dresser une liste de choses dont ils auraient besoin de la part de leurs enseignants. Après quoi, les élèves ont continué à diriger les opérations et ont réussi à organiser un événement tout à fait spectaculaire, qui dépassait ce que Stacey et Jim auraient pu imaginer (ou organiser eux-mêmes).

À votre tour : Préparez-vous pour le succès avec les pratiques du multiplicateur. Utilisez cette grille pour planifier vos expériences et en discuter.

Cherchez les occasions	Augmentez votre impact
Où et comment pourriez-vous utiliser cette expérience ?	Où et comment pourriez-vous utiliser cette expérience ?
Optimisez votre apprentissage	Développez vos compétences
Que s'est-il passé et quelles sont vos preuves ?	Où pouvez-vous l'utiliser à nouveau ?

RENDRE LA MAIN

Remettez la responsabilité à la personne à laquelle elle revient de droit.

Lorsque quelqu'un vous soumet un problème qu'il est pourtant capable de résoudre, rendez-lui la main et demandez-lui des idées (voir page XXX). Jouez le rôle de coach plutôt que de résoudre vous-même le problème.

Si quelqu'un a légitimement besoin d'aide, intervenez (prenez « le stylo ») et apportez votre contribution, mais n'oubliez pas de lui rendre clairement la main.

DISCIPLINE DU MULTIPLICATEUR

L'investisseur
Remède contre **le réducteur involontaire qui foisonne d'idées** et **celui qui vole à la rescousse.**

MENTALITÉ DU MULTIPLICATEUR

Les gens sont intelligents et trouveront la solution.

PRATIQUES DU MULTIPLICATEUR

1. **Demandez des idées :** Quand quelqu'un vous soumet un problème, demandez-lui de mener le processus de réflexion et de fournir une solution (une idée). Pour l'aider, utilisez des questions de coaching, comme celles ci-dessous, tout en prenant soin de laisser la responsabilité entre ses mains :

   - Quelle(s) solution(s) voyez-vous à ce problème ?
   - Comment proposez-vous de le résoudre ?
   - Qu'aimeriez-vous faire pour le résoudre ?

2. **Rendez le « stylo » :** Quand les membres de votre équipe éprouvent des difficultés, offrez-leur votre aide, mais conservez un plan de sortie. Voici quelques déclarations et questions qui vous aideront à faire clairement comprendre que vous comptez rendre la main aux membres de votre équipe.

   - Je suis content de vous aider à y réfléchir, mais c'est toujours vous qui dirigez cette opération.
   - C'est un bon sujet de réflexion. Vous pouvez poursuivre sur cette lancée.
   - Je suis là pour vous soutenir. Qu'attendez-vous de moi pendant que vous dirigez ?

Résultats du laboratoire

Dave Havlek est un cadre compétent qui se décrit comme « ultra-stressé et aux idées très arrêtées ». Il est responsable des relations avec les investisseurs de Salesforce.com, une entreprise de cloud computing à forte croissance connue pour ses innovations rapides et sa constante évolution. Il avait beau travailler fréquemment jusqu'à minuit et demi et au-delà, Dave constituait toujours un goulot d'étranglement pour son groupe. Ses collaborateurs se demandaient ce qu'ils devaient faire pendant qu'il trouvait les solutions et prenait les décisions tout seul. Un jour où il était soumis au besoin pressant de déterminer un plan pour que son équipe aux ressources limitées vienne à bout d'une période critique de huit semaines, mais à court de temps pour trouver lui-même une solution, Dave (qui avait passé la journée en formation au leadership sur le thème des multiplicateurs) a changé radicalement de modus operandi. Au lieu de trouver la réponse lui-même, il a décidé de confier le défi à son équipe sous la forme d'une question. L'équipe s'est aussitôt mobilisée, ravie d'accepter la responsabilité de cette tâche. Ils ont ensuite travaillé ensemble pour élaborer un plan convaincant, plus rapidement que Dave n'aurait pu le faire seul.

À votre tour : Préparez-vous pour le succès avec les pratiques du multiplicateur. Utilisez cette grille pour planifier vos expériences et en discuter.

Cherchez les occasions	Augmentez votre impact
Où et comment pourriez-vous utiliser cette expérience ?	Où et comment pourriez-vous utiliser cette expérience ?
Optimisez votre apprentissage	**Développez vos compétences**
Que s'est-il passé et quelles sont vos preuves ?	Où pouvez-vous l'utiliser à nouveau ?

CHERCHER UN NOUVEAU PATRON

Si vous voulez un emploi qui vous permette de donner le meilleur de vous-même, ne vous contentez pas de chercher la bonne entreprise ou le bon poste/rôle ; cherchez votre futur patron. Voici un guide d'achat qui vous aidera à trouver un multiplicateur.

---

1. **Cherchez les signes d'un comportement multiplicateur ou réducteur.** Les trois caractéristiques les plus corrélées aux leaders multiplicateurs sont : la curiosité intellectuelle, le fait de poser des questions importantes et celui de placer la clientèle au premier plan. De même, les caractéristiques les moins souvent associées aux leaders réducteurs sont : le fait d'accepter le débat et les opinions contraires, de donner du pouvoir aux autres et de chercher à comprendre, ainsi que le sens de l'humour. Voici quelques signes révélateurs, et des questions pour vous aider à repérer les multiplicateurs et les réducteurs.

   Signes d'un multiplicateur :
   - ☐ Présente un faible ratio parole/écoute
   - ☐ Pose des questions de suivi par curiosité
   - ☐ Demande « pourquoi » pour mieux comprendre
   - ☐ Partage différents points de vue
   - ☐ Souligne ses erreurs et en rit

   Signes d'un réducteur :
   - ☐ Présente un ratio parole/écoute élevé
   - ☐ Accepte les réponses superficielles
   - ☐ Pose des questions sur le « quoi » et le « comment »
   - ☐ Met l'accent sur les idées
   - ☐ Se prend très au sérieux

2. **Posez des questions révélatrices.** Cherchez à déceler la mentalité et les postulats de base des leaders.

   - ☐ **Leur mentalité est-elle figée ou axée sur la croissance ?**

     Demandez : Comment vous êtes-vous amélioré en tant que leader ?
     Soyez attentif : Montrent-ils qu'ils sont conscients de leurs

vulnérabilités et recherchent-ils activement à connaître leurs points faibles ? Les commentaires de leurs collègues ont-ils contribué à leur amélioration ? Perçoivent-ils les inconvénients de leurs bonnes intentions ?

☐ **Sont-ils centrés sur l'équipe ou sur eux-mêmes ?**

Demandez : Parlez-moi de votre équipe. Soyez attentif : Non pas à ce qu'ils disent, mais à la durée de leur réponse. S'ils sont centrés sur eux-mêmes, la conversation reviendra rapidement sur eux.

☐ **Comment considèrent-ils leur rôle?**

Demandez : Quel est le rôle fondamental que les leaders jouent ici ? Comment les autres décriraient-ils votre rôle dans l'équipe ? Soyez attentif : Se considèrent-ils comme des leaders éclairés ou comme des catalyseurs ?

☐ **Comment considèrent-ils l'intelligence ?**

Demandez : Quel type de personnes considérez-vous comme intelligent ? Soyez attentif : Ont-ils une vision étriquée de l'intelligence ou pensent-ils que les gens ont tous des capacités uniques ?

☐ **Quelle part de responsabilité donnent-ils aux autres ?**

Demandez : Auriez-vous un exemple de projet dont soit actuellement responsable un employé de mon niveau ? Soyez attentif : Décrivent-ils un ensemble de tâches ou un grand projet ou initiative ?

3. **Consultez les avis.** Enquêtez pour savoir s'il est intéressant de travailler pour ce patron. Parlez à ceux qui travaillent actuellement pour lui ou utilisez des outils comme Glassdoor.com.

4. **Essayez avant d'acheter.** Si vous avez des doutes, demandez à travailler d'abord comme contractuel ou consultant. Si ce n'est pas possible, demandez à assister à une réunion d'équipe ou à participer à une conférence téléphonique pour mieux comprendre le fonctionnement du groupe.

Remarque : Si le manager potentiel n'est pas à l'aise avec ces questions ou ces initiatives, ne cherchez pas plus loin. Vous avez toutes les informations dont vous aviez besoin.

Multiplicateurs : travaux pratiques

ÉTAPE 1 : Une fois que vous avez identifié vos tendances à la réduction involontaire, choisissez une expérience qui remédiera à cette vulnérabilité et vous aidera à devenir un multiplicateur. Besoin d'étudier vos tendances à la réduction involontaire ? Répondez au questionnaire sur www.multipliersbook.com.

TENDANCES À LA RÉDUCTION INVOLONTAIRE

EXPÉRIENCE	Celui qui foisonne d'idées	Celui qui ne s'arrête jamais	Celui qui vole à la rescousse	Celui qui donne le rythme	Celui qui réagit plus vite que son ombre	Celui qui voit le verre à moitié plein	Celui qui protège	Celui qui élabore des stratégies	Celui qui cherche la perfection
Nommer le génie Identifiez ce que les membres de votre équipe font facilement et librement afin de les aider à exploiter leur génie intrinsèque.	✓	✓						✓	
Ailler plus grand Confiez à quelqu'un une tâche ou une mission un peu trop grande pour lui et aidez-le à grandir et à s'épanouir dans ce rôle.				✓			✓		

Jouer moins de jetons Dans une réunion, accordez-vous un nombre de jetons, chacun représentant un commentaire ou une contribution au groupe.		✓						✓	
Parler de ses erreurs Invitez aux expérimentations et à l'apprentissage en partageant vos propres erreurs.				✓		✓			✓
Laisser la place aux erreurs Créez un espace (projet, type de tâches ou secteur) où les gens se sentent libres d'expérimenter, de prendre des risques et de se relever de leurs erreurs.			✓			✓	✓		✓
Poser des questions Dirigez une discussion ou une réunion en ne posant que des questions.	✓	✓	✓		✓			✓	✓
Étendre sa portée Au lieu de donner un objectif aux gens, posez-leur un défi concret : définissez une énigme intéressante à résoudre ou une question à approfondir				✓			✓	✓	
Créer un débat Au lieu de donner une réponse rapide à une décision importante, soulignez les différentes options et demandez aux gens d'intervenir avec des données étayant leurs points de vue.					✓	✓			

Donner 51% des voix Donnez la responsabilité à quelqu'un d'autre en lui accordant la majorité des voix sur un sujet important.		✓	✓						✓
Rendre la main Si quelqu'un a besoin d'aide, intervenez et apportez votre contribution, mais n'oubliez pas de lui rendre clairement la main.	✓		✓						

ÉTAPE 2: Pour accélérer votre développement en tant que leader multiplicateur, désignez un collègue (un employé, un équivalent ou un patron) qui choisira l'expérience à votre place.

ÉTAPE 3: DEMANDEZ À VOTRE COLLÈGUE :

➤ Laquelle des tendances du réducteur involontaire est mon point faible ? (En d'autres termes, en quoi est-ce que je décourage les bonnes idées et les initiatives des autres, en dépit de mes bonnes intentions en tant que leader ?)

➤ Quelle expérience m'aiderait à tirer le meilleur des autres ? Pourquoi ?

➤ Quelles idées pouvez-vous me donner qui m'aideraient à m'améliorer en tant que leader pour vous et pour l'équipe ?

Multiplicateurs : évaluation

Êtes-vous un réducteur involontaire ?

Au cours de nos recherches, nous avons eu la surprise de découvrir que peu de réducteurs involontaires comprenaient l'effet négatif qu'ils exerçaient sur les autres. La plupart avaient accédé à des postes de direction et avaient été félicités pour leur mérite personnel (et souvent intellectuel). Ils supposaient donc que leur rôle de leader consistait à avoir les meilleures idées. D'autres avaient eu une mentalité de multiplicateur, autrefois, mais travaillaient depuis si longtemps parmi des réducteurs qu'ils avaient adopté leur fonctionnement.

Que ce soit involontaire ou non, l'impact sur votre équipe est le même : vous ne disposez peut-être que de la moitié de ses véritables capacités.

L'évaluation du réducteur involontaire est un questionnaire rapide qui vous permettra de :

- Réfléchir à dix scénarios de management courants et déterminer en quoi ils décrivent votre approche du management.
- Comprendre dans quelle mesure vous êtes susceptible, sans le vouloir, de réduire les capacités de vos employés. Vous obtiendrez instantanément votre score de RI (plus il est petit, mieux c'est) !
- Obtenir un rapport immédiat analysant vos réponses, avec des suggestions sur la manière d'adapter vos pratiques de leadership pour agir comme un multiplicateur et tirer le maximum de vos équipes.

Pour accéder à l'évaluation des réducteurs involontaires, **rendez-vous sur : www.multipliersbooks.com.**

Cliquez sur le lien de l'évaluation des réducteurs involontaires pour réaliser l'évaluation en ligne.

Pour une évaluation complète à 360 degrés ou pour mesurer l'intelligence que vous ou votre équipe obtenez des personnes qui vous entourent, contactez :

The Wiseman Group sur www.TheWisemanGroup.com ou envoyez un e-mail à info@TheWisemanGroup.com.

Notes

1   .Peter F. Drucker, *Management Challenges of the 21st Century* (New York : Harper Business, 1999), 135.

2   David R. Schilling, « Knowledge Doubling Every 12 Months, Soon to Be Every 12 Hours », *Industry Tap*, 19 avril 2013 ; « Quick Facts and Figures about Biological Data », *ELIXIR*, 2011 ; Brian Goldman, « Doctors Make Mistakes. Can We Talk About That? » TED Talks, novembre 2011 ; Brett King, « Too Much Content: A World of Exponential Information Growth », *Huffington Post*, 18 janvier 2011.

3   Le nom a été modifié.

4   http://www.gallup.com/poll/165269/worldwide-employees-engaged-work.aspx.

5   https://www.shrm.org/ResourcesAndTools/hr-topics/employee-relations/Pages/SHRM-Job-Security-Is-No-Longer-Top-Driver-of-satisfaction.aspx#sthash.x5fhRn2v.dpuf.

6   Ces données proviennent de l'évaluation et de l'indice d'utilisation des Multiplicateurs 360, réalisée auprès de 1626 managers entre 2010 et novembre 2016. Dans cette évaluation, les collègues, les employés et le patron d'un manager évaluent dans quelle mesure ce dernier utilise pleinement son intelligence et ses capacités.

7   Bono, « The 2009 Time 100: The World's Most Influential People », *Time*, 11 mai 2009.

8   Le nom a été modifié.

9   Le nom a été modifié.

10 Méthode de recherche et données disponibles dans l'annexe A.

11 Carol Dweck, *Mindset : The New Psychology of Success* (New York : Random House, 2006).

12 Nicholas D. Kristof, « How to Raise Our I.Q. », *New York Times*, 16 avril 2009.

13 Ibid ; Richard E. Nisbett, *Intelligence and How to Get It: Why Schools and Cultures Count* (New York : W. W. Norton & Company, Inc., 2009).

14 Gary Hamel et C. K. Prahalad, *Competing for the Future* (Boston : Harvard Business School Press, 1994), 159.

15 Le nom a été modifié.

16 Dweck, *Mindset*, 6.

17 Ibid., 7.

18 Adrian Gostick et Scott Christopher, *The Levity Effect : Why It Pays to Lighten Up* (Hoboken, NJ : Wiley, 2008), 12. Pat Riley, discours à SAP (Miami, 12 juillet 2011).

19 Joel Stein, « George Clooney : The Last Movie Star », *Time*, 20 février 2008.

20 Le nom a été modifié.

21   Carol Dweck, *Mindset : The New Psychology of Success* (New York : Random House, 2006).

22   Jack et Suzy Welch, « How to Be a Talent Magnet », *Business Week*, 11 septembre 2006.

23   Le nom a été modifié.

24   Le nombre d'élèves ayant obtenu un score de niveau « compétent » ou « avancé » est passé de 82 % à 98 %. Les élèves ayant obtenu un niveau « inférieur aux bases » ou « très inférieur aux bases » sont passés de 9 % à 2 %.

25   Le prix du Multiplicateur de l'année est un concours annuel parrainé par The Wiseman Group et décerné aux leaders qui incarnent les idéaux et l'impact des multiplicateurs, sur proposition de leurs employés. Vous trouverez des informations à l'adresse suivante : http://multipliersbook.com/nominated-leader-2016-multiplier-year-award/.

26   Peter B. Stark et Jane S. Flaherty, *The Only Negotiating Guide You'll Ever Need* (New York : Random House, 2003).

27   Larry Huston et Nabil Sakkab, « Connect and Develop : Inside Procter & Gamble's New Model for Innovation », *Harvard Business Review*, mars 2006.

28   Interview de Riz Khan, *One on One*, diffusé sur Al Jazeera le 19 janvier 2008.

29   Noel Tichy, *The Leadership Engine* (New York : Harper Business, 1997), 244.

30   Dans la Roseraie, le mardi 18 avril 2006, alors que des pressions étaient exercées pour que le secrétaire à la défense Donald Rumsfeld soit démis de ses fonctions, Monsieur Bush a décrit son approche de la prise de décision. Il a expliqué : « Don Rumsfeld fait du bon travail... J'entends les on-dit, je lis les unes et je connais les spéculations. Mais je suis le décideur et c'est moi qui décide de ce qui est le mieux. Et le mieux, c'est que Don Rumsfeld reste secrétaire à la défense. »

31   Joe Klein, « The Blink Presidency », *Time*, 20 février 2005.

32   Michael R. Gordon, « Troop 'Surge' Took Place Amid Doubt and Debate », *New York Times*, 30 août 2008.

33   Cité par Adam Bryant, « He Prizes Questions More Than Answers », *New York Times*, 24 octobre 2009.

34   Ibid.

35   L'enquête partagée est une méthode d'apprentissage développée et enseignée par la Junior Great Books Foundation.

36   Nic Paget-Clarke, entretien à Ahmedabad, 31 août 2003, magazine *In Motion*.

37   « The Big Picture » a été développé par Catalyst Consulting.

38   Classement *The Economist* pour Murthy/Infosys : http://www.marketwired.com/press-release/worlds-most-admired-ceos-2005-microsofts-bill-gates-named-most-admired-global-leader-nasdaq-wppgy-571937.htm.

39   Basé sur notre enquête de recherche sur les pratiques de leadership des multiplicateurs et des réducteurs. Voir l'Annexe B.

40   Carol Dweck, *Mindset : The New Psychology of Success* (New York : Random House, 2006).

41   Pour une description détaillée de la recherche menée pour Affronter les réducteurs, voir la seconde moitié de l'Annexe A.

42   Freedman, Joshua. « Hijacking of the Amygdala », https://web.archive.org/web/20091122194535/http://www.inspirations-unlimited.net/images/Hijack.pdf (PDF). Archivé à partir de l'original le 22 novembre 2009. Consulté le 2010-04-06.

43   Elinor Ostrom et James Walker, *Trust & Reciprocity : Interdisciplinary Lessons from Experimental Research* (New York : Russell Sage Foundation, 2003), 3-7.

44   Le nom a été modifié.

45   www.speedoftrust.com/How-The-Speed-of-Trust-works/book.

46   Exemples : glassdoor.com, greatplacetowork.com et vault.com.

47   Ces données proviennent de l'évaluation et de l'indice d'utilisation des Multiplica-

teurs 360, réalisée auprès de 1626 managers entre 2010 et novembre 2016. Dans cette évaluation, les collègues, les employés et le patron d'un manager évaluent dans quelle mesure ce dernier utilise pleinement son intelligence et ses capacités.

48   John H. Zenger et Joseph Folkman, *The Extraordinary Leader* (New York : McGraw- Hill, 2002), 143-47.

49   Phillippa Lally, Cornelia H. M. van Jaarsveld, Henry W. W. Potts et Jane Wardle, « How Are Habits Formed : Modelling Habit Formation in the Real World », http:// onlinelibrary.wiley.com/doi/10.1002/ejsp.674/abstract (16 juillet 2009).

50   Le nom a été modifié.

51   David D. Burns, *Feeling Good : The New Mood Therapy* (New York : William Morrow and Company, 1980).

52   « culture », Merriam-Webster.com, 2016, https://www.merriam-webster.com (24 octobre 2016).

53   Saritha Pujari, « Culture : The Meaning, Characteristics, And Functions ». Yourarticlelibrary.com: The Next Generation Library. http://www.yourarticlelibrary.com/culture/culture-the-meaning-characteristics-and-functions/9577/.

54   Ibid.

55   Kim Ann Zimmermann, « What Is Culture? | Definition of Culture », http:// www.livescience.com/21478-what-is-culture-definition-of-culture.html   (19 février 2015)

56   Ifte Choudhury, « culture ; some definitions », https://www. tamu.edu/faculty/choudhury/culture.html, Texas A&M.

57   « culture », BusinessDictionary.com, 2016, http://www.businessdictionary.com/definition/culture.html.

58   « Elements of Organizational Culture », http://www.kautilyasociety.com/tvph/communi cation_skill/organizational_culture.htm.

59   Daniel Pekarsky, PhD, « The Role of Culture in Moral Development », *Parenthood in America*. Publié par le General Library System de l'Université du Wisconsin-Madison. http://parenthood.library.wisc.edu/Pekarsky/Pekarsky.html, 1998.

60   Le prix du Multiplicateur de l'année est un concours annuel parrainé par The Wiseman Group et décerné aux leaders qui incarnent les idéaux et l'impact des multiplicateurs, sur proposition de leurs employés. Vous trouverez des informations à l'adresse suivante : http://multipliersbook.com/nominated-leader-2016-multiplier-year-award/.

61   Le retour sur investissement de 163 % a été mesuré par le ROI Institute Europe et approuvé par Jack & Patti Phillips.

62   Ce cycle du lancement raté provient de l'atelier des multiplicateurs. C'est un dérivé du Gartner Hype Cycle, qui commence par un déclencheur technologique, connaît un pic d'attentes exagérées avant de dégringoler dans un creux de désillusion pour enfin amorcer une ascension régulière (illumination et productivité). Contrairement à ce vaste cycle de marché, les cycles de changement personnel et organisationnel sont souvent interrompus avant de progresser sur cette pente éclairée.

63   James C. Collins, Good to Great: Why Some Companies Make the Leap—and Others Don't (New York: Harper Business, 2001), 7.

64   Shane Legg et Marcus Hutter, *Technical Report : A Collection of Definitions of Intelligence* (Lugano, Suisse : IDSIA, 15 juin 2007).

65   Linda S. Gottfredson, « Mainstream Science on Intelligence : An Editorial with 52 Signatories, History, and Bibliography », *Intelligence* 24, no 1, (1997) : 13-23.

THE ULTIMATE COMPETITIVE ADVANTAGE

À PROPOS DE FRANKLIN COVEY FRANCE

Franklin Covey France a été créée en 2015 et aide les organisations et les entreprises françaises à améliorer leurs performances organisationnelles et leurs compétences en leadership. Nous sommes également responsables de la version française de l'ensemble des solutions FranklinCovey dans le monde de la francophonie et nous attachons une grande importance à apporter notre aide à la francophonie.

Notre expertise en France porte sur six domaines : le leadership, l'exécution, la productivité, la confiance, la performance commerciale et la fidélisation des clients. Parmi les clients de Franklin Covey France figurent plusieurs entreprises du CAC40 et de nombreuses petites et moyennes entreprises et plusieurs milliers d'individus ont déjà suivi nos formations, coachings et parcours de transformation. Découvrez-nous sur www.franklincovey.fr.

Pour plus d'information sur les problématiques que nous pouvons vous aider à résoudre, contactez-nous.

- Burhan Ocakoglu, Président Franklin Covey France / +33 6 24 60 67 46 / burhan.ocakoglu@franklincovey.fr.
- John Leary, Directeur et Associé, Franklin Covey France / +33 6 29 82 30 89 / john.leary@franklincovey.fr

Vous pouvez également nous découvrir sur les réseaux sociaux avec de nombreux témoignages, interviews de leaders d'opinion et études de cas.

- LinkedIn : franklincovey france
- Twitter : @ FranklinCoveyF
- Facebook : franklincovey-france
- Instagram : franklincoveyfrance
- YouTube : chaine FranklinCovey France

Fondé en 2014, Mango Publishing publie une liste éclectique d'ouvrages signés par différents auteurs — des plumes nouvelles ou reconnues — sur des sujets variés allant du monde de l'entreprise au développement personnel, au leadership des femmes, aux études LGBTQ, à la santé et à la spiritualité, en passant par l'histoire, la culture populaire, la gestion du temps, l'organisation et le tri, le quotidien, le bien-être mental, le vieillissement et les modes de vie durables. Récemment, en 2019 et 2020, Publishers Weekly nous a attribué le titre de première maison d'édition indépendante à la croissance la plus rapide. Nous devons notre succès à notre objectif premier, publier des ouvrages de grande qualité qui séduisent les lecteurs et améliorent positivement leur vie.

Nos lecteurs sont au centre de nos préoccupations. Vos commentaires, suggestions et idées nous tiennent à cœur, alors n'hésitez pas à communiquer avec nous. Après tout, c'est pour vous que nous publions nos livres !

Merci de nous contacter et de nous suivre sur :

Facebook : Mango Publishing
Twitter : @MangoPublishing
Instagram : @MangoPublishing
LinkedIn : Mango Publishing
Pinterest : Mango Publishing
Newsletter : mangopublishinggroup.com/newsletter

Rejoignez la grande aventure de Mango et participez au renouveau de l'édition, un livre à la fois.

Milton Keynes UK
Ingram Content Group UK Ltd.
UKHW041323171123
432756UK00002B/3